高等院校经济管理类专业系列教材

企业策划学

（第三版）

主　编　李生校

副主编　曹喜平　徐井岗　王华锋

科学出版社

北　京

内 容 简 介

　　本书吸收了国内外关于企业策划研究的成果，坚持理论与实践相结合的原则，对企业策划学的一般原理和方法进行了讲述，力求让读者对企业策划学的历史发展有一个全面的了解。本书突出实用性，从我国实际市场环境出发，对企业战略策划、企业形象策划、企业营销策划、企业项目策划、企业重组策划及企业公关策划做了专题介绍，最后还专门介绍了企业策划书的相关内容。

　　本书可作为高等院校经济管理类专业的教材，也可供企业管理人员阅读。

图书在版编目（CIP）数据

企业策划学/李生校主编. —3 版. —北京：科学出版社，2024.3
（高等院校经济管理类专业系列教材）
ISBN 978-7-03-075298-7

Ⅰ.①企⋯　Ⅱ.①李⋯　Ⅲ.①企业管理-经营决策-高等学校-教材
Ⅳ.①F272.31

中国国家版本馆 CIP 数据核字（2023）第 050739 号

责任编辑：纪晓芬　周春梅 / 责任校对：马英菊
责任印制：吕春珉 / 封面设计：东方人华平面设计部

科 学 出 版 社 出版
北京东黄城根北街 16 号
邮政编码：100717
http://www.sciencep.com
天津市新科印刷有限公司 印刷
科学出版社发行　各地新华书店经销
*

2004 年 7 月第　一　版　　2024 年 3 月第二十一次印刷
2012 年 3 月第　二　版　　开本：787×1092　1/16
2024 年 3 月第　三　版　　印张：18 1/2
字数：438 000
定价：59.00 元
（如有印装质量问题，我社负责调换〈新科〉）

销售部电话 010-62136230　编辑部电话 010-62135397-2021（HF02）

第三版前言

今天，企业面临市场环境的重大变化，高质量发展是全面建设社会主义现代化国家的首要任务。党的二十大报告提出建设现代化产业体系的要求，明确了产业发展的重点战略和基本方向，这也是推进实体经济高质量发展的根本要求和主要着力点。建设现代化产业体系，必须依靠创新驱动实体经济提升供给质量和高质量发展，实体经济最核心、最主体的部分是制造业，因此，促进实体经济发展的核心内容无疑是继续推进和深化工业化进程，企业策划面临新的形势和任务。

畅通国内大循环、促进国内国际双循环正在成为未来发展的新格局，企业需要不断进行管理创新以应对复杂的国际环境。随着新技术的发展应用，当前商业运行中的数智化程度不断提高。数智化，顾名思义，就是"数"和"智"的结合。"数"就是数字化，包括从消费端到供给端的全域、全场景、全链路的数字化，如品牌、商品、销售、营销、渠道、制造、服务、金融、物流供应链、组织、信息技术等十一大商业要素。"智"就是智能化，是基于数字化的闭环来进行智能决策，以实现对市场需求变化的精准响应和实时优化。大变革时代，企业只有不断更新引擎、保持持续发展的动力、进行全新的企业策划，才能在市场上立于不败之地。

企业是现代经济的细胞，企业的效益和成长是国民经济发展的基础，企业策划对经济成长的贡献主要表现在其解决企业成长与发展中的基本问题上。企业策划促使企业实现从规划到行动的转变——它搭建了一个概念上的桥梁，从而改变职业经理人的想法。企业的发展与战略管理是制定战略规划和一系列行动的依据。今天的全球市场不再是一个停滞的静态环境，而是一个充满了新机遇的动态环境。为了抓住这些新的机遇，管理团队无法再以传统自由放任的态度去制定随意的长期战略。新全球市场的动态需要职业经理人在应对环境改变时，变得积极主动，并且能持续地重新定义公司的战略目标，进行系统的企业策划。企业策划应该成为一种帮助公司取得成功的思维方式。

企业在成长过程中是有战略的，不同发展阶段的战略不同，发展路径也不同。有的企业急于求成，无法适应大环境的变化，就逐渐被淘汰了。有的企业能够有自己的战略目标，科学地进行企业策划，善于利用自己内部的资源禀赋，能够随着环境的变化而变化，不断地调整自己的战略目标，去适应环境，从而持续健康成长。具有专业水准的策划能为企业正确进入产业提供指引，即帮助企业抓住发展机遇，同时抵制来自市场的各种诱惑，坚持正确的发展战略。职业经理人的能力通常包括认知策划能力、执行能力和担当能力。认知策划能力是指职业经理人要了解企业的状况，善于分析问题、解决问题，因为只有找到问题的根源，进行具有专业水准的策划，才能找到更好的解决方法。

只有创新才能引领市场。现在很多企业觉得市场拓展是一个重要的问题。过去10年或者20年用的营销方式现在虽然还有一些价值，但是现在的市场情况发生了很大的变化，要想获得市场份额、获得市场绩效，就要不断通过企业策划去创新、去引领市场。企业只有进行策划创新才能引领市场，才能拓展自己的蓝海，促进市场的成长。

现在越来越多的年轻人选择创业，但创业过程中需要进行专业的企业策划，需要形成有效的商业模式。虽然创业时需要一股子激情，需要各方面的能力与潜质，但是创业首先要考虑有没有找到一个有效的商业模式，生产的产品、提供的服务必须有人购买，而且有一定的市场容量，如果没有营收，那创业是很可怕的。一个好的、有前景的创业概念，开始的时候大家都是一哄而上的，但这种商业模式并不成熟，购买的人还没有落实，商业模式会受到怀疑，需要认真分析和策划。因此，媒体上那些宣传中充满前景或者有巨大发展潜力的项目，创业者首先要考虑自己能不能做，有没有这种独立的能力，有没有竞争的壁垒，有没有足够的资源。有效的商业模式往往是有营收的，有不断的、可持续的增长。这个既是基于创业者的个人能力，也关系到各方面资源的综合运用。

本书在总结国内企业策划学研究成果的基础上，力求成为一本符合经济管理类专业学生需要、符合时代发展要求的企业策划教材。本书首次出版于 2004 年，2012 年出版了第二版，已重印多次，得到用书老师的广泛好评。鉴于今天市场环境发生了很大的变化，有必要进行比较大的修改。在第三版修订中，编者坚持科技是第一生产力、人才是第一资源、创新是第一动力的思想理念，将许多过时的案例作了置换，并将网络数智化时代的有关内容也充实到各章中，体现了更浓厚的时代气息。

本书要求学生重点掌握企业策划学的原理、技术和方法，以及一些专项的企业策划内容。在条件许可的情况下，学生应参与实际的企业策划活动。通过本课程的学习，学生不仅能系统掌握企业策划学的基本知识，而且能初步掌握企业策划的技术和方法，学会撰写企业策划书。

本书由李生校担任主编，曹喜平、徐井岗、王华锋担任副主编，周鸿勇、雷宇参编。具体编写分工如下：李生校、曹喜平编写第 1 章；李生校编写第 2 章、第 6～7 章；徐井岗、李生校编写第 3～4 章、第 9～10 章；王华锋编写第 5 章；李生校、周鸿勇、雷宇编写第 8 章。李生校拟定本书的修改方案并完成统稿和修订工作。

本书的顺利出版得到了绍兴文理学院商学院、浙江师范大学工商管理学院、湖南广播电视大学的大力支持，在此表示衷心的感谢。

由于编者水平有限，加之时间仓促，书中不足之处在所难免，恳请读者批评指正。

第一版前言

企业策划学是一门应用管理学科，国外的研究起步较早，我国则始于改革开放之后。国外企业对企业策划的需求是持续和稳定的，全球的管理咨询市场规模目前已达 1 000 亿美元以上。中国企业在我国加入 WTO（World Trade Organization，世界贸易组织）后，不仅要面对国内的竞争，更有来自世界上强劲对手的挑战，所以迫切需要向世界先进企业学习先进管理经验，学习西方企业先进的企业策划方法是其中的重要内容。

我国企业的商务模式经历了四个阶段的发展与演变。第一个阶段是 20 世纪 80 年代的以基础设施为导向的时期，此时我国正处于由计划经济向市场经济转型过程中，国家千方百计获取各种资源创办企业，完善企业基础设施。20 世纪 80 年代末至 90 年代，我国企业开始高度重视营销，我国主流的企业商务模式进入第二个阶段。20 世纪 90 年代后期，我国企业进入大规模的扩张时期，其重要特征是伴随着大规模的技术改造和资本扩大，我们称这一时期的中国企业商务模式为技术与规模至上的商务模式，这是我国企业商务模式的第三个阶段。进入 21 世纪，随着我国加入 WTO、世界经济的全球化及知识经济的兴起，市场竞争比以前更加激烈，我国众多的企业面临许多发展中的瓶颈问题，重视管理、重视企业升级，成为更新的企业商务模式，这是我国企业商务模式的第四个阶段。在重视管理的商务模式中，企业自然而然对企业策划有着强烈的需求。

企业是现代经济的细胞。企业的效益和成长，是国民经济发展的基础，企业策划对经济成长的贡献，主要表现在解决企业成长与发展中的基本问题上。

企业策划学为企业进入产业提供了指引。具有专业水准的策划能为企业正确进入产业提供指引，帮助企业抓住发展机遇，同时抵制来自市场的各种不良诱惑。

企业策划学为企业成长提供了战略管理原则，企业策划将企业成长视为与变化的环境保持长期适应关系的过程。为此企业必须不断了解变化的环境，预测其趋势，不断创新其经营管理策略，不断成长。

企业策划学为企业整合资源提供了系统的策略方案。在市场经济条件下，任何企业的资源都是有限的，通过策划整合企业资源为企业实现战略目标提供了保证。

企业策划学也为企业成长提供了经营管理的战术技巧和管理细节，为企业提供了具体的解决方案。

加入 WTO，对于我国众多企业而言，如同从平地到高原，企业面临着越来越复杂的生存条件，企业的管理也必须从传统的粗放式向现代精细化模式转变，必须认真把握企业经营管理的内在规律，进行理性的规划与安排。

企业策划顺应了企业管理的这一发展趋势，它是企业对自身的社会经济活动进行的谋划，即对企业未来的经济活动开展的部署和安排、设计和规划。企业策划学是一门研究企业策划规律的学科，它是研究企业经营与管理策划的基本理论、工具和方法的一门应用性很强的管理学科。今天，企业策划学在我国各种类型的企业中得到广泛的应用。因此，全面、系统地学习和把握企业策划的原理、工具和方法，对于经济管理类专业的大学生和从事企业经营管理的人来说，是有重要意义和价值的。

国内有关企业策划学的著述已相当丰富，但作为教材的书籍目前还是一个薄弱环节。因此，本书在总结国内企业策划学成果的基础上，力求为普通院校经济管理类专业的学生编写一本符合当前我国企业策划要求的教材。本书具有以下一些特点。

（1）力求全面。本书对企业策划学的研究进行了较为系统的介绍，力求让学生对企业策划学的历史发展有一个全面的了解。

（2）突出实用性。本书重点突出了常见的企业策划内容，列举了大量的实例并结合理论加以阐述和剖析，对一些重要的策划书还提供了范例。

（3）注重创新性。本书一方面注重吸收国内外企业策划领域中的最新研究成果；另一方面注重在此基础上加以创新，提出了一些新的见解，以发展企业策划学的理论体系。

本书在教学中要求重点掌握企业策划学的原理、技术和方法，以及一些专项的企业策划内容。在条件许可的情况下，教师最好能组织学生参与实际的企业策划活动。通过该课程的学习，学生不仅能系统掌握企业策划学的基本知识，而且能初步掌握企业策划的技术和方法，学会撰写企业策划书。

本书由李生校担任主编，负责编写第 1 章和第 4 章；徐井岗担任副主编，负责编写第 3 章、第 5 章、第 9 章和第 10 章；吴荣金负责编写第 2 章；金钟负责编写第 6 章和第 7 章；周鸿勇和雷宇负责编写第 8 章。全书由李生校拟定提纲并统稿。

本书在编写和出版过程中，得到了科学出版社、绍兴文理学院经济与管理学院、浙江师范大学工商管理学院的大力支持；本书在编写过程中，深受李宝山和张利庠编著的《企业策划学》、胡屹的《策划学全书》及陈放的《策划学》的启发和影响，正是他们的开创性贡献，为我们编写教材创造了良好的条件，在此一并表示衷心的感谢。

由于编者水平有限，书中难免存在不足之处，恳请读者批评指正。

编　者

目　　录

第 1 章 企业策划概述

内容提要

　　企业策划学是一门新兴的应用管理学，国外对其研究起步较早，我国则始于改革开放之后。当今时代，企业策划对企业的经营管理活动发挥着越来越大的作用。本章对企业策划的内涵进行了阐释，明确了企业策划学的研究对象和研究内容，介绍了企业策划学产生和发展的历史，介绍了世界著名的策划机构，同时指出了我国的企业策划研究存在的问题。

导入案例

没有资本，白手起家的企业家

　　2019 年瑞典皇家科学院宣布将诺贝尔经济学奖授予阿比吉特·班纳吉（Abhijit Banerjee）、埃丝特·迪弗洛（Esther Duflo）和迈克尔·克雷默（Michael Kremer）三名经济学家，以表彰他们在减轻全球贫困研究领域作出的突出贡献。

　　阿比吉特·班纳吉和埃丝特·迪弗洛来自美国麻省理工学院，两人运用了很多考察记录来阐述贫穷家庭为改变贫困现状所作的选择与努力，呼唤人类共有的人性，帮助人们开辟新的前进道路，其对解决贫困问题的深入见解，获得了世界关注。两人在合著的《贫穷的本质——我们为什么摆脱不了贫穷》一书中，用大量实例，提出了一些实用性较强的建议，寻找那些经得起检验的扶贫方案，为政策制定者、慈善家、政治家及所有希望实现脱贫的人提供重要指导。

　　这本书的中文版于 2013 年由中信出版社出版，并在 2018 年进行了修订。在中文版的第九章中，他们研究了诺贝尔和平奖得主穆罕默德·尤努斯（Muhammad Yunus）创办的格莱珉银行的小额信贷服务案例，同时研究了 20 世纪 80 年代来自中国绍兴农村 20 岁女孩徐爱华的创业故事。书中讲述徐爱华的创业故事用了近两页，主要介绍了徐爱华年轻时学习服装设计，回乡后开展缝纫教学并开办服装店，从而把企业做大做强走向世界，最终成为一位成功的企业家的历程。

　　1982 年，在我国浙江省绍兴市，徐爱华是村里优秀的中学生之一。她的父母都是农民，与所有人一样，手里几乎没有现钱。然而，徐爱华非常聪明，家里决定送她去上海的一家时装设计学校学习。但是，当徐爱华接受完培训回到家时，却因为缺少实际工作经验、年纪小（18 岁）而没有被任何一家乡镇企业接收。

　　徐爱华不愿意闲着，她决定自己做点儿什么。她先后招收了 100 名学徒。拿着收来的学费，她买了一台二手缝纫机，还有当地国有工厂一些多余的布料，然后开始教学。在课程结束时，她留下了 6 名优秀的学徒，并开了一家服装店。她们为当地工厂的工人制作工作服。一开始，她们都在徐爱华的家里工作，但随着生意的扩大，徐爱华培训并雇用了更多的人，她们就搬到了从村委会租来的一栋楼中。

到 1991 年，徐爱华积攒了一大笔做生意赚来的钱，可以买 60 台自动缝纫机（价值 54 000 元）。八年时间，她的固定资产总额增长了 100 多倍，每年增长 80%。即使考虑到每年 10% 的通货膨胀率，每年超过 70%（刨除通货膨胀率之后）的实际增长率也是令人震惊的。此时，她已经是一位成功的企业家了。不久，出口合同纷至沓来。她的销售客户是美国梅西百货公司、贝纳通公司、杰西潘尼公司及其他一些大型零售机构。2008 年，她首次向房地产领域投资 2 000 万元。因为据她所说，她有大量的闲置资金，而大多数人没有。

她是白手起家的企业家，抓住了中国改革开放的机遇。他们所拥有的资金很少，几乎无法获得融资渠道，但是那些努力拼搏的人终于成为企业家，"这一事实常常被认为是其企业家精神的体现。"两位作者指出。

20 世纪 80 年代，我国农村还没有小额信贷服务，在这两位诺贝尔奖获得者眼中，18 岁女孩徐爱华，所拥有的资金少之又少，但最终抓住改革开放的机遇，靠着敢为人先、艰苦奋斗的精神，成为一名成功的企业家，成为白手起家没有资本的企业家。徐爱华是千千万万中国企业家的一个缩影，她的故事也是我国改革开放以来老百姓脱贫致富奔小康的历史性记录。她的创业过程有许多可以称为经典的企业策划案例。

（资料来源：李坤晟，2019. 她的创业故事，为何被诺贝尔经济学奖得主当案例？[EB/OL].（2019-12-17）[2023-02-23]. https://www.sohu.com/a/363054403_117503?scm=1002.44003c.fe01b4.PC_ARTICLE_REC; 王晓宏，殷俊，2019-11-12. 努力拼搏的人终于成为企业家[N]. 绍兴晚报（1）.）

今天，企业面临着越来越复杂的生存条件，企业的管理也必须从传统的粗放式管理向现代精细化管理发展，企业必须认真把握企业经营管理的内在规律，进行理性的规划与安排。

企业策划顺应了企业管理这一发展趋势，它是企业对自身的社会经济活动进行的谋划，也就是对企业未来的经济活动开展的部署、安排及设计规划。企业策划学是一门研究企业策划规律的管理学科，它是研究企业经营与管理策划的基本理论、工具及方法的一门应用性很强的管理学科。今天，企业策划学在我国各种类型的企业中得到了广泛的应用。因此，全面、系统地学习和掌握企业策划的原理、工具和方法，对于经济管理类专业的学生和从事企业经营管理的人来说，具有重要意义和价值。

1.1　企业策划释义

要明确地给出企业策划的定义是一件十分困难的事。为了能更全面、准确地理解企业策划的内涵，下面介绍一下人们对策划和企业策划的不同认识。

1.1.1　策划的内涵

什么是策划？百家争释，众说纷纭。

"策划"一词亦作"策画"，谋划、计划、打算。按《现代汉语词典》的解释为筹划、谋划。其实，策划之说，我国古已有之，称为"策画"。策划就是谋划、运筹、筹划。由于策划的有效性，它不仅仅被运用于政治活动中，更被广泛地应用于企业管理领域，其发端可追溯到美国的科学管理运动。进入 20 世纪 80 年代，"策划"一词在大众媒介上出现的频率越来越高，逐渐流行。

归纳起来，策划就是对某件事、某个项目进行计划和谋划，以求取得更佳的效果。

策划按不同行业可以分为以下五种。

1. 企业策划

企业策划，又称商业策划，即企业进行的各种经营管理活动的策划。企业策划是企业的一种管理程序，其任务是发展和维持企业的资源、目标，使之与千变万化的市场机会实现切实可行的配合。

2. 事业策划

事业策划，即事业单位进行的各种策划。例如，各大学为招生进行的策划、为吸引优秀教师所进行的招募策划，社会团体为树立良好的形象所进行的策划及社会公益策划等。

3. 文化策划

文化策划，即为举办各种文化娱乐活动所进行的策划，如大型演唱会的策划等。

4. 政府策划

政府策划，即政府部门进行的各种策划。例如，政府为推行某一项工程所进行的策划、政府为招商引资而进行的策划及政府为选举而进行的策划等。

5. 军事策划

军事策划，即在军事活动中实施的各种策划。

以上五种策划既相互联系，又各有特点。所有的策划都是为了保证组织活动的顺利进行，并使之有效地达到预期的目标。

1.1.2　企业策划的内涵

"企业策划"一词有着丰富的内涵，也有很多相似的概念，但还不能说有了人们一致认同的定义。"企业策划"一词的英文一般为 strategy planning 或 consulting。

策划是一种程序，在本质上是一种运用脑力的理性行为，是针对未来要发生的事情作出当前的决策。换言之，策划是找出事物的因果关系，衡量未来可采取的措施，并将其作为当前决策之依据，即策划是事先决定做什么、何时做、谁来做。企业策划是企业为实现特定的目标，提出新颖的思路对策，并制订出具体实施计划方案的思维活动。

企业策划是企业对各种经营管理业务进行的策划活动，如企业战略策划、资本运营策划、人力资源管理策划、物流策划等。营销策划就属于企业策划的范畴，是其一个分支。

企业策划包含战略策划和战术策划。战略策划是一个跨越下一个财务年度的计划，通常为未来的 3～5 年。战术策划所涵盖的时间比战略策划要短得多，一般都在 1 年以内。

将战略策划和战术策划进行区分是很有必要的。战略策划解决的是"效果"的问题，即做正确的事的策划；战术策划解决的则是"效率"的问题，即怎么样去做事的策划。具体地讲，战略策划就是制定战略，并同时考虑如何通过各种有创意的战术提高实现战略意图的可能性；战术策划则是对某一项具体的活动进行规划，考虑如何有效地利用有限的资源，使该项活动达到预期的结果。在两者的联系上，战略策划对战术策划的实施具有指导作用，战术策划则对战略策划的实现具有支撑作用，也就是说，没有战略策划的战术策划将会迷失方向。

1.2　企业策划学及其发展

企业策划学是一门新兴的管理学，迄今还没有形成公认的理论体系，人们从各自理解的角度去阐述企业策划，虽然能自成一体，但难免存在许多不足。因此，我们需要对企业策划学的形成和发展做深入的研究与探索。

1.2.1　企业策划学的研究对象

根据《现代汉语词典》（第 7 版）的解释，"对象"的含义之一乃是"行动或思考时作为目标的人或事物"。一门学科的研究对象应该把考察的客体和研究的目的联系在一起。从企业策划的概念、内容及企业策划学说的产生和发展的全过程来考察，本书认为，企业策划学的研究对象应是以企业经营管理活动为中心的企业策划活动及其规律性。

由此可见，企业策划学是从企业经营与管理的角度出发，以企业策划活动为目标进行的研究，目的在于通过企业策划活动的实践，找出它的规律性，从而指导企业按照客观规律，科学、有效地开展策划活动。

经营活动的成功，首先来自最佳的思考和行动，因此，企业策划学要研究获取经营管理活动成功的策划活动及其规律性。具体地说，就是研究怎样综合运用各种科学的理论和实践方法、手段，揭示企业策划的规律性。

1.2.2　企业策划学的研究内容

企业策划学到现在还没有形成公认的理论体系，本书根据我国企业的实际情况，考虑经济管理类专业学生毕业后理论与方法方面的状况，把企业策划学的研究内容界定为以下 10 个方面。

（1）企业策划概述。

（2）企业策划的基本理论与方法。

（3）企业策划的基本程序和具体方法。

（4）企业战略策划。

（5）企业形象策划。

（6）企业营销策划。

（7）企业项目策划。

（8）企业重组策划。

（9）企业公关策划。

（10）企业策划书的撰写。

以上 10 个方面既包含了企业策划的定义、理论、方法、工具和企业具体的策划内容，还包含了企业策划中应注意的技巧。

1.2.3　企业策划学的产生与发展

1. 企业策划学的产生

现代企业策划随同科学管理运动一起发端于美国。1895 年，以 W. 泰勒（W. Taylor）为代表的"效率"顾问开始介入企业经营活动。以泰勒为代表，一大批经营顾问致力于为企业生产部门提供咨询服务，这可以看作现代企业策划的萌芽。泰勒的科学管理理论也可以视为企业策划学的早期理论基石。

泰勒为人们留下了一份特别的遗产。泰勒的研究方案使他后来被人们称为"科学管理之父"。泰勒关注的实际上就是后来的组织方法。他提出的简化复杂制造工作、监督模式清晰化及提高生产率的观点，在当时的美国和欧洲产生了深远的影响，一直到 20 世纪 70 年代依然如此。

20 世纪 30 年代，科学管理的故乡——美国，形成了新一代的企业策划队伍。他们博学多才，能给企业主提供所需的目标和方法。1935 年，心理学家 E.布兹（E. Booz）建立了博思咨询公司，美国政府也购买了它的咨询服务；管理学教授兼注册会计师 J. 麦肯锡（J. McKinsey）创办了麦肯锡咨询公司，日后成为国际著名的咨询策划机构。二战后，管理咨询组织规模进一步扩大，服务质量不断提升，服务范围逐步由一般工商企业扩大到政府部门及公共企业，以提供策划服务为特性的管理咨询组织在规模扩大的同时也出现了质的提高，如美国管理咨询公司协会的 55 家成员公司，日本的八大公益法人管理咨询机构，英国的英布康（In Bucon）公司及 PA 咨询集团等，作为"智囊团""思想库""头脑企业"，在世界上颇有影响力。也就是在这一时期，企业策划学的基本体系得以形成，今天企业策划学的基本理论基石、基本分析工具和方法都是在二战后到20世纪末得以形成的。这一时期还产生了像伊戈尔·安索夫（I. Ansoff）、彼得·F. 德鲁克（Peter F. Drucker）、迈克尔·波特（M. Porter）这样伟大的战略家。安索夫于1979年出版的《战略管理》一书中提出了著名的环境服务组织（environment serving organization，ESO）模式，指出企业要适应环境动荡，必须从组织行为上不断调整预算行为、文化行为、管理能力、后勤能力和策略能力，并从内外结合的角度，提出了制定对策的ESO行为模式。

美国管理学家德鲁克在其《创业精神与创新——变革时代的管理原则与实践》一书中阐明了他的企业策划主张。他指出，成功的企业家不是坐等灵感的降临、寻求突然的灵机一动，而是要系统地分析创新机遇，有组织地对其加以运用，并将此作为日常工作的一部分。德鲁克把寻求机遇作为环境与企业最佳衔接的突破口，给企业策划学以深远的理论影响。

20世纪70年代，管理思想的一系列发展对企业策划行业也产生了相应的影响。日本的柔性制造系统，尤其是质量管理等生产方法对企业策划行业产生了巨大的影响。金融市场的自由化、国际关税壁垒的降低及企业国际化经营，创造了对全球公司战略和全球市场营销战略的需求。波特的创造性著作《竞争优势》（1985年版）就是在这种新的商业环境下诞生的。波特认为企业必须"创造价值"，他是这个观点的早期支持者，并且提出了"价值链"的概念。企业开展的每一项活动都可以进行分析，寻找它们之间的相互影响。波特认为，对这些在战略上具有重要意义的活动，如果一家企业能够比它的竞争对手付出更低的成本或者做得更加优秀，它就可以获得竞争优势。波特的竞争优势理论促进了企业策划学理论体系的发展。

2. 企业策划在我国的发展

我国古代的策划实践在公元前就已经达到一个相当高的水平，孙武的《孙子兵法》，不仅对我国企业，而且对日本、美国的企业产生了深远的影响。汉代以后，我国产生了一个特有的策划群体——幕僚，明清时期盛行的绍兴师爷是其代表。策划实践的繁荣和厚重似乎在一定程度上印证着当时的社会发展水平。必须指出，当时的策划更多的是为政治服务的，把它们看成企业策划的前身是牵强的，但后来我国的企业策划吸收了这些优秀的文化积淀是一个不争的事实。

从中华人民共和国成立到1978年12月，我国长期处于计划经济时期，全国的企业必须按国家计划行事，没有也不可能对企业策划提出要求。这个时期，我国香港、台湾地区出现了一些企业策划方面的专家，其中较著名的有司徒达贤、邱义城、樊志育等。他们的很多策划理论思想受日本策划师的影响，偏重实践指导和经营诊断。

我国内地企业策划学的形成和发展是改革开放的产物，起初是以企业诊断形式出现的。

以企业诊断形式出现的企业策划始于1979年。1979年10月，国家经济委员会与日本外务省海外协力事业团就日本经营管理、企业诊断专家来华讲学和派遣研修生赴日学习企业经营管理诊断达成协议。1979 年成立的中国企业管理协会，立足我国国情，以请进来、派出去的方式首先从日本引进了企业管理诊断的理论与方法。这一时期的企业诊断咨询可以看成是我国企业策划的开创性阶段。

进入 20 世纪 90 年代，在商业实践中出现了一批实战派的策划家，以营销实务策划见长，其代表人物是屈云波、王志纲、叶茂中、孔繁任等，他们的营销策划给我国众多的企业插上了跨越式发展的翅膀；同时，我国民间智业异军突起，国外咨询机构纷纷入驻，中外交流的结果是形成了一批企业策划学的研究成果。其中，我国企业策划理论体系构建的代表作，是 1995 年由李宝山、冯筑生所著的同心出版社出版的《企业策划》一书。该书从管理系统工程的角度研究企业策划，初步提出了企业策划的理论框架，明确提出了企业策划是研究企业为达到预定目标，利用科学理论与方法，构思、生成、执行最佳方案的设计学问，形象化的表示是以设计（design）为花心，由创意（innovation）、技术（skill）、艺术（art）、有效（effect）四个花瓣组成的花朵。在此后对该书的修订中，作者又提出了企业策划是"一种企业与环境巧妙衔接的技术，使企业能有效地借用外力，发挥自身优势，实现良性循环，加速企业成长"的观点。这些观点成为构建基于动优化的企业策划理论框架研究的直接思路。

其他以策划学命名的书有：1996 年出版的牡丹江师范学院孙清彬、霍树柏、张廷友撰写的《策划学概论》，1996 年出版的安徽师范大学舒咏平编写的《实用策划学》，1998 年出版的陈放编写的《策划学》和 2002 年出版的苏姗编写的《现代策划学》。

21 世纪初，一批创新的企业策划学的理论成果开始涌现，集大成者是中国人民大学李宝山和张利庠编著的由企业管理出版社出版的《企业策划学》。该书运用现代西方经济学和管理科学的最新思想和系统分析、运筹学和计算机模型等现代化科学方法，分析企业资源的特点与环境变化的趋势，探讨实现企业资源与环境最佳衔接的原则、方法、步骤和人员结构的规律，搭建起一个基于企业资源与环境联动优化的企业策划理论新框架。该书是学院派企业策划学的力作。

这一阶段出版的书籍数量不少，许多为实战性、专题性的企业策划书籍，由吴灿所著、中国人民大学出版社 2004 年出版的《策划学》堪称其代表。该书以传播学的原理为基本框架，研究了企业策划，并引用了大量时新的案例，实践性强。其间，还有不少国外咨询公司的书籍得以大量翻译出版，丰富了企业策划学的内容，为企业策划学的研究注入了新的活力。今天，竞争的速度、环境变化的速度在加快，一些旧的思想变得不再适用。面临如今过度差异化的时代，我们真正需要思考的究竟是什么？

企业的产品要在竞争中取胜，必须有明确的、有别于竞争者的、符合顾客需要的定位，它的实质是把握顾客的心智。这种观点在我国已经流行了几十年，但是今天的消费者面临着新的、复杂的、动荡的营销环境，这要求企业不断去适应。现代人更重视消费体验，更重视个体的认知，这需要企业从需求方共性出发，创造差异化的供给。这一实践的发展，需要人们从理论上加以总结。许战海先生的《七寸竞争战略》，站在旧定位理论之上，重新定义了差异化、定位（主要矛盾）、品类、品牌、营销体系，形成了完整的新定位理论体系，理论逻辑非常清楚，有许多创新性发展，应用导向非常鲜明，把握了时代营销的脉搏，有利于企业清晰地审视自己的政策，制定精准的战略，整合社会资源，并为企业提供了各种应用工具。

1.3　企业策划的本质特征

1.3.1　企业策划的本质

策划作为管理决策活动和计划管理活动的先发设想和前导程序，从原始社会萌芽、产生，经由社会发展的各个时期，一直发展到今天，已显现出自身本源的内在联系和固有的内在规律。这种联系和规律，是企业策划活动中稳定的、持久的方面，集中映现在竞争性、前导性和科学性三个聚焦点上。这种策划本质的映现和聚焦，也决定着策划的存在及其自身的发展。

1.　企业策划的竞争本质

竞争本质是指策划的起源和发展来自不同社会发展时期的竞争需要。哪个社会发展时期存在竞争，哪个时期就需要策划，竞争越激烈，其策划活动就越频繁，策划思想就越丰富；反之，哪个时期缺少竞争或者没有竞争，哪个时期就冷落策划活动，越是排斥竞争，其策划活动和策划思想就越淡漠，甚至处于"休克"状态。我国战国时期和三国时期，策划人才济济，策划活动频繁，奇谋妙计迭出，策划思想极大丰富。《孙子兵法》和《三国演义》这两部至今仍被西方企业界视为瑰宝的名著，就是这两个时期策划思想极大丰富的历史写照。此外，《战国策》一书专门把战国时期的策士、谋士们的策划言论作了汇编，也为古证。与此相反，我国从秦至清末的两千多年里，除三国、南北朝和五代十国等短期分裂，基本上处于封建主义的集中统治和统一管理之下。尽管该时期我国的四大发明、数学、天文学、地理学和金属冶炼、车船制造等科学技术大多领先于欧洲各国（这里有战国和三国时期竞争动力和策划思想的滞延作用），社会生产也有了迅速发展，但封建统治的一统天下、少有竞争意识，特别是为维护其统一实行的愚民政策和文化禁锢，使策划在曲折中艰难发展，极为缓慢。两千多年里，包括战国时期策划思想的滞延作用在内，很难找出能达到《孙子兵法》高度的著述。

1949—1976 年，西方国家的企业挖掘并运用我国的策划思想来加强企业经营管理获得了发展，而作为策划思想发源地之一的中国（不包括港澳台），却把策划排除在企业经营管理之外。与此同时，我国港台企业把策划作为手段和工具，不仅研究运用中国传统的策划思想，而且推进了我国策划思想的发展，把经验策划推向科学策划的新阶段。学术界经过研究探索，还把科学策划推向学科化、理论化，为建立具有东方特色的企业策划学建立了基础。

策划是社会竞争的产物。正如达尔文《物种起源》所述，在竞争中，适者生存、发展，不适者淘汰、消亡。策划的发展及其生命力是社会竞争的产物。因此，竞争本质是企业策划本质最根本的映现和聚焦，它制约着企业策划本质的其他内容。

2. 企业策划的前导本质

前导本质是指企业的管理决策和计划管理需要以策划为前提和依据。不论什么性质的社会还是哪个历史时期，不论是经验策划还是科学策划，不论是按策划程序运作形成策划方案的成型策划，还是捕捉机遇的随机策划，为了保证计划管理活动和管理决策活动的成功，都要在计划管理和管理决策之前进行有科学程序的策划活动，并用科学策划来确保计划管理活动和管理决策活动的理智化、效能化和科学化。我国台湾学者在其企业管理理论体系中研究了企业策划的理论和实践，其理论观点是基本上所有的策划都是关乎未来的事物，即策划是针对未来要发生的事情做当前决策。通常，我们提到的"计划"二字，可能是指"策定计划"这件事，也可能是指已经策定完妥的计划本身。我们把前者称为策划，把后者称为计划。计划是连接策划与实施的桥梁。很明显，企业策划是企业决策和企业计划的前导活动。管理决策理论学派的创始人、诺贝尔经济学奖获得者赫伯特·西蒙（Herbert Simen），把决策程序划分为情报探索阶段、方案拟订阶段和方案选定阶段，并把这三个阶段分别称为参谋活动、设计活动和选择活动，而且它们是任何完整的决策过程所必需的，都应当加以重视，不能以对某一阶段的加倍重视来弥补对其他阶段的忽视。西蒙所言的参谋活动和设计活动，正是选择活动之前的策划活动，是方案选定的前导策划运作过程。由此可见，前导本质也是企业策划本质的重要映现和聚焦。

3. 企业策划的科学本质

科学本质是指策划在贡献于决策科学和计划科学的同时，其自身也向学科化、理论化方向发展。策划在起源和发展过程中，其主流是促进社会向前发展的，但有时也起促退作用，这是由策划的中介性质决定的。但是，企业策划作为一种科学程序，自参与到企业计划管理和管理决策体系之中，成为管理科学、决策科学和计划科学的重要组成部分以来，就始终如一地推动着政治、军事、经济、文化和社会的发展，对决策理智化和计划效能化等皆做出了重要贡献。策划在作用于全社会的管理和决策、推动整个社会的进步和发展的同时，其自身也不断地向学科化的方向发展，呈现出一个由经验策划向科学策划发展的过程。策划在原始社会里是策划实践的思想体现，发展到战国时期形成了丰富多彩的策划思想，到社会主义市场经济发展时期，又走向科学策划的新里程，形成了策划的科学理论。随着社会主义市场经济的进一步发展，以及我国企业逐步参与国际国内市场竞争而对科学策划需要的加深，企业策划必将系统化、理论化，在企业学、竞争学、决策学、创造学和管理学的交叉地带形成独立的边缘学科——中国企业策划学。

1.3.2　企业策划的性质和特征

1. 企业策划的中介性质

企业策划具有中介性质。研究企业策划的中介性质，对于自觉坚持企业策划运作的科学程序具有现实意义。企业策划作为一种中介，存在于各种管理活动之中。一方面，它居于企业理念之后和企业决策之前，成为企业理念和企业决策的中介；另一方面，它居于市场环境之后和企业计划之前，成为市场变化和企业计划的中介。企业策划虽然受企业理念宗旨和市场环境变化的制约，是企业理念宗旨的指导和市场环境应变的产物，但不是企业理念宗旨和市场环境的原型；企业策划虽然是企业决策和企业计划的依据和保证，是管理决策和计划管理的前馈程序和智谋母体，但不是企业决策和企业计划本身。它居于企业理念与企业决策、市场环境变化与企业计划之间的接合部、渗透层，成为连接、沟通的桥梁和纽带，其交叉融会点，就是发挥中国企业策划学作用的基源。

2. 企业策划的特征

企业策划的本质和中介性质决定了企业策划的特征，企业策划的特征反映企业策划的本质和中介性质。

（1）企业策划的程序特征。企业策划是一种程序，它是决策活动和计划活动之前的一种科学程序，因而可以保证企业管理决策活动和企业计划管理活动的理智化、效能化和科学化。从程序角度看，企业决策和企业计划又都是企业策划程序的结晶和实施企业策划的一种程序。同时，企业策划自身也是一种科学程序，只有严格按照运作程序进行策划活动，才能限制假公济私的策划行为，避免阴谋策划的发生，从而确保策划活动健康、科学地开展。

（2）企业策划的智谋特征。企业策划的活动过程是策划目标、策划对象、策划人才、创新实力、培训教育、策划方案和策划实施七要素相互作用的行为过程，也是应用企业学、竞争学、创造学、决策学和思维学理论开发企业创造力的过程。企业策划在本质上是一种运用智谋的理性行为，在企业策划全过程中，智谋既是逻辑起点，又贯穿于策划行为过程的始终。智谋作为创造性策划的内核，在企业策划活动七要素的相互作用中，特别是在平衡主体目标与客体对象之间的关系中，始终发挥着基因性的作用。离开智谋的参与、渗透，企业策划的创造力就缺少来源。不论是遵循策划程序进行的成文策划，还是在科学策划指导下充分运用策划经验和策划艺术进行的随机策划，智谋的奉献份额都是举足轻重的。因此，智谋是企业策划的重要特征。

（3）企业策划的迂直特征。迂直性是指在企业策划活动中，表面上走迂回曲折的路途，而实际上却为更直接、更迅速、更有效地达成主体目标创造了有利条件。在企业策划过程中，为了实现策划目标，"山路不通走水路，水路不通创新路"，做某种"变通"与"超越"，是一种把长远和当前有机结合的高明手段。《孙子兵法》中写道："先知迂直之计者胜。"可见，迂直是一个重要的策划思想。在企业策划活动中，急功近利、欲速则不达的教训不在少数，必须认真汲取。曲中见直，直中见曲，统筹达成主体目标的时间和空间两大因素是企业策划的一大特征。

（4）企业策划的时机特征。在瞬息万变的社会环境中，时间和速度是企业策划的重要因素。《兵经百篇·速字》中写道："见而不决，人将先发；发而不敏，人将先收。难得者时，易失者机，迅而行之，速哉！"作战要讲究时机，企业策划也有一个时机问题，只有时机成熟，企业策划才能奏效，过早或过晚企业策划都会失利。这就要求企业家和策划师在与偶然机遇"打交道"时，要准确把握时机，把握偶然性的必然规律，随机策划。这既是企业策划的特征，也是企业策划的一种艺术。

（5）企业策划的咨询特征。咨询是指在企业策划运作中，企业策划师为企业管理决策和企业计划管理，以及为企业战略和策略服务的一种职能。在现代社会里，"谋"与"断"由一体化走向科学分离，促使企业策划和企业决策成为两种职能，这就为企业策划师给企业决策者进行策划咨询提供了平台。策划师在这个平台上大有用武之地。企业策划的科学和企业决策的成功息息相关，是企业策划咨询特征的一个重要方面。

1.3.3　企业策划活动的构成要素

企业策划既是一种行为，又是一个过程。这种行为当中包含智谋和咨询的双重含义，这个过程是探究主体目标与环境对象相互适应的行为过程。企业策划行为发生在企业策划活动之中，企业策划过程也是一个策划活动过程。企业策划活动是由活动要素构成的，无论哪种企业策划类型，都是由各种策划要素相互作用、相互制约形成的整体。企业策划活动构成的要素包括以下几方面。

1. 企业策划目标

企业策划目标是指企业所希望达到的预期结果和企业策划将要完成的策划任务。或者说，企业策划目标是指企业策划在一定的宗旨原则、价值观念指导下，为解决企业发展战略和经营管理中的问题而提出来的企业环境对象应达到的预期状态。企业策划目标是评价和监督全部企业策划行为的准则，并不断影响、调整、控制策划运作过程和企业策划方案实施的过程。

2. 企业策划对象

企业策划对象是指企业以外一切发展变化的环境，其核心对象是市场环境变化。环境包容企业，成为企业生存发展的外部条件。因此，外部环境为企业策划提供了客观指向，被称为企业策划对象。企业策划活动中，或者改变企业内部条件去适应外部环境对象，或者创新市场使外部环境适应企业内部条件，从而使企业策划目标与企业策划对象相互适应。

3. 企业策划人才

企业策划人才作为企业策划活动的核心要素，具有智谋、探究、咨询三位一体的含义。其中，智谋是智慧和计谋含义的综合，是指企业策划人才对其理论造诣、知识结构、艺术修养和多种能力的综合运筹；探究是探讨、求索和研究含义的综合，是指企业策划人才对企业策划目标与企业策划对象之间的平衡和相互适应进行深入探讨、多方求索和反复研究企业经营管理问题及创新动机而进行的创造性设计；咨询是顾问、参谋含义的综合，是指企业策划人才在对企业策划方案进行科学论证的基础上及时实施方案，为企业提供咨询服务。

4. 企业创新实力

企业创新实力的核心是技术创新，是指从认识社会需求动力（市场拉引力为主、科技推动力为辅）入手，采用相关的科学发现或者技术发明，到开发试制、生产制造、营销并且直达市场，将产品和服务转化为货币全过程的一系列创新活动。企业策划活动中的创新实力，既是与竞争对手的创新实力相对比，从中研究能否争夺到商战赢家地位的一个重要条件，也是企业经营策划和形象策划成功的基础。

5. 企业培训教育

企业培训教育是指以提高职工的职业技能和技术水平为目的的职业培训。培训对象是企业自身的技术工种，目的是不断提高各工种的职业操作技能，以不断适应技术开发、产品创新和服务创新的需求。加强培训、提高职工队伍素质，不仅是企业策划的基础，也是在同竞争伙伴进行竞争时的重要获胜条件。

6. 企业策划方案

企业策划方案是指按科学策划运作程序制定并准备实施的标准格式。在企业策划活动中，企业策划人才以创新实力和培训教育为基础探索策划目标与策划对象相互适应而形成的策划方案，是一个重要的因素。如果没有策划方案，企业不仅无法达成策划目标，也无法作用于策划对象，更无法完成企业策划人才的职能和任务。没有策划方案的企业策划活动是不存在的。

7. 企业策划方案的实施

企业策划方案的实施是指对于经过决策程序拍板定案的策划方案，不仅要用计划预算加以实施，而且要用目标管理加以保证。在总的目标管理体系中，总经理有总经理的目标和手段，部门经理有部门经理的目标和手段。企业要把实施企业策划方案的计划和预算，细化成为目标体系，并且从上到下一直落实到每个职工；还要严肃认真地贯彻执行目标管理。在实施目标管理过程中，要对实施目标管理成绩卓著者进行奖赏，对实施目标管理不力者进行批评教育，对执行目标管理玩忽职守者进行惩罚。这是对实现企业策划目标、完成策划任务的保证。

综上所述，企业策划活动是企业策划人才为实现策划目标，针对策划对象的变化现状和发展趋势，在研究运用企业创新实力和培训素质的基础上，设计、制订策划方案并付诸实施的一个活动过程；也是企业策划方案实施运作反馈给企业策划人才，又进一步作用于企业策划目标和企业策划对象的一个反馈过程。构成整体企业策划活动的七个要素之间相互制约又相互作用，是一个创造性思维和创造性想象的系统工程，其中，以智谋为起点，以智谋、探究、咨询三位一体的企业策划人才为核心要素。智谋在企业策划活动中，既是最抽象、最简单、最基本的研究范畴，又是最原始、最普遍、最基础的社会现象。因此，智谋应当是企业策划活动七个要素相互作用和理论研究的逻辑起点。这样，企业策划活动各要素之间相互作用的创造性思维和创造性想象的系统工程及其全部理论抽象才会逻辑严密地展开。

1.4　企业策划的作用

从 20 世纪 70 年代末到今天，我国企业的经营生态发生了深刻的变化，当前企业正面临着深刻的转型任务——我国大多数企业正在由粗放式的管理向精细式的管理转变，在这样的背景下，研究企业策划学也就有了十分重要的意义。

1. 企业策划是我国企业与世界经济接轨的重要途径

加入 WTO 之后，我国企业必须面向国内和国际两个市场，不仅仅要面对国内的竞争，更有来自世界强劲对手的挑战。因此，向世界先进企业学习管理经验，学习西方国家先进的企业策划是我国企业与世界经济接轨的重要途径。

当前，我国的企业急需企业策划教育和引导。企业，特别是中小企业，要获得成功的发展，首先要有明确的战略管理意识，要能够对自己的核心竞争力及风云突变的外部环境有清醒的认识。企业要作出准确的判断，不仅需要依靠自身多年的管理经验，更需要借助清醒的"外脑"——企业策划家。

国外企业对企业策划的需求是持续和稳定的，全球的管理咨询市场规模有 1 000 亿～2 000 亿美元，我国的企业要走向世界，在导入企业策划方面也应与世界企业接轨，加强企业策划的研究也就有了战略上的意义。

2. 企业策划是企业提升竞争力的重要途径

企业策划对经济成长的贡献，主要表现在其解决企业成长与发展中的基本问题上。

企业策划为企业进入产业提供了指引。具有专业水准的策划能为企业正确进入产业提供指引，帮助企业抓住发展机遇，同时抵制来自市场的各种诱惑。

企业策划为企业成长提供了战略管理原则，企业策划将企业成长视为与变化的环境保持长期适应关系的过程。为此，企业必须不断了解变化的环境，预测环境变化趋势，不断创新其经营管理策略，不断成长。

企业策划为企业整合资源提供了系统的策略方案。在市场经济条件下，任何企业的资源都是有限的，通过企业策划整合企业资源，为企业实现战略目标提供了保证。

企业策划也为企业成长提供了企业经营管理的战术技巧和管理细节，为企业提供了具体的解决方案。

当前，中国众多的企业面临着复杂的管理问题，许多企业缺乏企业策划知识，而要想在竞争中提升企业的核心竞争力，则需要有良好的企业策划能力。

3. 企业策划是我国现代商务模式发展的必然选择

我国企业的商务模式经历了四个阶段的发展与演变。第一个阶段是 20 世纪 80 年代的以基础设施为导向的时期，此时我国正处于由计划经济向市场经济转型过程中，国家千方百计获取各种资源创办企业，完善企业基础设施。进入 20 世纪 90 年代，我国企业开始高度重视营销，主流的企业商务模式进入到第二个阶段。20 世纪 90 年代后期，我国企业进入到大规模的扩张时期，其重要特征是伴随着大规模的技术改造和资本扩大，我们称这一时期的企业商务模式为技术与规模至上的商务模式，这是我国企业商务模式的第三个阶段。21 世纪初，我国加入 WTO，随着世界经济的全球化和知识经济的兴起，市场竞争比以前更为激烈，我国众多的企业面临着许多发展中的瓶颈问题，重视管理、重视企业升级成为更新的中国企业商务模式，这是我国企业商务模式的第四个阶段。在重视管理的商务模式中，企业自然而然对企业策划有着强烈的需求。

补充案例

李子柒爆红背后的那本账——李子柒爆红案例分析

写在案例前面：

李子柒爆红的真正原因，是她个人很努力、很有天赋，以及资本和平台的加持和赶上好的时机，这三者缺一不可。后来，她遭遇了资本纠葛，打起了官司，也说明现在短视频已经过了泥沙俱下的阶段，慢慢变得正规起来。因此，一个人想要抓住机会成为网红，必须要有真正的本事和沉淀。

李子柒，一名来自四川农村的"90后"姑娘，在成为世界级网红的同时，也引发了颇多争议，有人质疑李子柒的背后有团队操控，有人谣传她年入 1.68 亿元，比 A 股一半以上公司赚得都多。

一、她能赚多少钱

2019 年，李子柒的抖音粉丝人数超过 3 000 万，微博粉丝 2 232 万，淘宝店铺粉丝 329 万，YouTube 粉丝 826 万，与全球影响力较大的媒体之一——CNN（Cable News Network，美国有线电视新闻网）相比，其粉丝人数仅落后了 2 万，视频在 YouTube 上的总观看量近 10 亿次。

与大多数网红不同的是，李子柒不接广告、不接商演，其流量变现主要有两种方式：一是视频播放的广告分成，二是自有品牌销售。

以李子柒在 YouTube 上最受欢迎的视频《花生瓜子糖葫芦，肉干果脯雪花酥——年货小零食》为例，2019 年的观看量为 4 300 万，可以带来约 7.9 万美元的收益，以当年的平均汇率计算，约相当于 54 万元人民币。

全球海外网红营销服务平台 NoxInfluencer 数据显示，2019 年李子柒在 YouTube 上的单月收入可达 194.55 万～390.7 万元人民币。以此计算，李子柒及其团队在 YouTube 上的年收入约为 2 334 万～4 688 万元人民币。

视频分成主要依靠国外网站,商品销售的主要渠道则是天猫旗舰店。

2018 年 8 月,李子柒同名天猫旗舰店开业。上线仅三天,就有五款产品创下了千万元的销售记录。其中比较受欢迎的明星产品——螺蛳粉,累计卖出 165.43 万份。

2019 年"双 11"期间,李子柒天猫旗舰店总成交额突破 8 000 万元,其流量变现能力不容小觑。

至于 1.68 亿元人民币的收入,这一数据最初来源于网络上的一篇文章——《李子柒一年能赚多少钱,数据量化给你看》。该篇文章计算了李子柒在 YouTube 上的分成和天猫旗舰店的销售额,再把 49%作为她的抽成比例,最终得出李子柒年收入 1.68 亿元的结论。

针对这一说法,李子柒的运营公司杭州微念科技有限公司(以下简称微念科技)进行了辟谣,称对方计算方式不严谨,没有扣除所有税款、公司运营成本、视频制作成本及推广成本。

微念科技进一步说明,文中预估的产品销量与店铺显示的实际销售数量并不相符,而且食品行业利润普遍较低,电商平台上品牌推出的活动又较多,销售额并不等于实际收入。在 YouTube 上的收入也没有这么高,要给平台分成,维权也要成本。

二、被她"救活"的公司

李子柒凭"古典美人""当代田园诗""桃花源式的生活""自食其力"等人设,牢牢树立起了自己的个人品牌形象。在天猫旗舰店所售的商品中,较同类商品高的定价多为其品牌溢价,"李子柒牌"商品的生产也渐成一条产业链。

在李子柒天猫店铺中销量最好的螺蛳粉和桂花坚果藕粉,分别累计售出 165.43 万份和 156.74 万份,这两款商品均是由代工厂加工的。螺蛳粉的代工厂为广西中柳食品科技有限公司旗下的柳江人家,李子柒一个月可以为柳江人家带来上百万元的代工量,柳江人家消化不了的还会再次外包。

柳江人家在天猫上也有店铺,1 包螺蛳粉售价 12.8 元,还有各种优惠活动,都比李子柒家便宜。有网友测评两款异同,得出结论为李子柒牌螺蛳粉中豆腐皮含量更高。

藕粉的代工厂为杭州万隆果干食品有限公司,其在天猫上也有自家品牌"万事隆"销售。二者的异同是:同为 350 克装的藕粉,李子柒牌售价 54.7 元,万事隆牌售价 35.8 元;但李子柒牌为纸罐装,添加了桂花、枸杞等八种配料,而万事隆牌为普通塑料包装,且为纯藕粉。

如果说和李子柒合作的代工厂只是因为她多了些订单,那么"星期六"这个李子柒概念股可谓是靠着李子柒迅速爆红的。

人们对"星期六"最初的印象是女鞋品牌。它起源于佛山,2009 年上市,素有"女鞋第一股""中国鞋王"之称。后来受行业影响,2017 年"星期六"的净利润暴跌,巨亏 3.52 亿元,仅这一年就亏掉了过去八年赚的钱。2019 年 12 月 19 日,"星期六"宣布以 1 385 万元出售其全资子公司——佛山星期六科技研发有限公司 100%股权,此番"脱鞋"使"星期六"将不再保留鞋业生产产能。

2017 年开始，"星期六"集中资源转型网红经济领域，2017 年收购时尚锋迅 83% 股权、北京时欣 80% 股权，2018 年斥资 17.88 亿元收购杭州遥望网络 89.4% 股权。遥望网络是抖音、快手、淘宝直播等平台的 MCN（multi-channel network，内容创作生产模式）机构，拥有签约网红 50 余名，以及明星艺人 10 余名。收购遥望网络后，"星期六"业绩大幅好转。财报显示，2019 年前三季度，其营业收入达 13.69 亿元，同比增长 20.22%；净利润为 1.05 亿元，同比增长 432.56%。

2019 年 12 月 13 日开始，"星期六"斩获 12 个涨停板，股价从 7 元跃至 30 元。"星期六"究竟与李子柒是何关系，以至于可以靠着李子柒迅速爆红？

李子柒隶属于微念科技，微念科技的股东之一是广州琢石成长股权投资企业，而"星期六"实控人张泽民曾通过深圳市星期六投资控股有限公司入股广州琢石。也就是说，"星期六"和广州琢石是张泽民不同的投资项目，"星期六"与李子柒之间无直接联系。

三、她的幕后推手

李子柒向资本市场证明了其影响力，她背后的公司微念科技也受到颇多关注。

微念科技成立于 2013 年，是一家基于泛娱乐网红经济的新型移动社交电商平台，旗下有美食、美妆等领域的数十位头部关键意见领袖（key opinion leader，KOL）。2016 年 8 月签约李子柒，2017 年双方联合成立四川子柒文化传播有限公司。

公开资料显示，微念科技首轮融资在 2016 年 6 月，其后又接受了华映资本、琢石投资、辰海资本、芒果文创、新浪微博等多轮投资，最近的一轮融资是在 2019 年 8 月，投资方为琮碧秋实、弘帆天盛。

MCN，即有能力和资源帮助内容生产者进行持续产出和推广变现的公司，在 2016 年之后成批出现。国盛证券数据显示，截至 2019 年，我国 MCN 机构数量累计超过 6 500 家，90% 以上的头部红人被 MCN 公司囊括，也有网红成立自己的 MCN 公司，MCN 市场整体规模达到百亿级。

IT 桔子数据显示，2016 年，国内 MCN 机构融资近 200 起，投资总额近 4 亿元。2018 年，MCN 行业发展进入相对理性阶段，投资数量和融资额开始放缓，融资 89 起，投资总额不超过 2 亿元。2019 年文娱领域持续遇冷，国内 MCN 机构融资仅 35 起，不到 2018 年数量的一半，且大多为天使轮、种子轮等轮次。

中国 MCN 机构的变现方式主要有三种——广告营销、平台补贴和内容电商，其中大多数 MCN 机构的变现仍以广告营销为主，约占机构总数的 80.6%，内容电商的潜力正在被挖掘，其在各大 MCN 机构的营收构成中所占比重正在逐步增加。

在微念科技的收入比重中，电商变现占到了七成以上，但在微念科技创始人刘大雄看来，只依靠电商变现或广告营销，商业天花板很低，而微念科技要围绕消费品牌进行孵化。

（资料来源：刘倩，2020. 李子柒爆红背后的那本账[EB/OL].（2020-01-19）[2023-02-23].
https://cj.sina.com.cn/articles/view/5044281310/12ca99fde020015q39?from=finance.）

小　　结

　　企业策划是一种通过对企业环境和自身状况进行调查、分析、研究，并遵循科学的策划程序，运用科学的方法创意、构思，实现企业一定活动目标的最佳举措与途径的活动，其实质是为企业找到获取社会经济活动最大成功的途径或方法，其研究对象是以企业经营管理活动为中心的企业策划活动及其规律性。

　　研究企业策划学有十分重要的意义。首先，企业策划是我国企业与世界经济接轨的重要途径；其次，企业策划是企业提升竞争力的重要途径；最后，企业策划是我国现代商务模式发展的必然选择。

　　随着消费的不断升级，新消费品牌不断崛起，尤其是诸多网红品牌一夜爆红的案例也越来越多，引起了无数传统企业家们的高度关注。对爆红品牌进行剖析，会得出一个不争的事实：任何品牌的成功都离不开营销策划。营销策划对于一个品牌来说至关重要，能够较大程度地实现品牌爆红。由于营销策划的重要性凸显，营销策划机构也趁势崛起。

习　　题

1. 什么是企业策划？
2. 企业策划学的研究对象是什么？
3. 研究企业策划学的意义是什么？
4. 谈谈你对中国本土策划公司与跨国策划公司之间差距的认识。

第2章 企业策划的基本理论与方法

内容提要

  成功的企业策划都是由一定的科学理论与企业实际密切结合而形成的。企业策划需要理论的指导，企业策划的理论运用涉及广泛的学科理论知识。本章着重介绍企业策划必须依托的经济学、管理学、哲学基本理论依据和现代技术方法。当然，企业策划又必须密切联系企业实际，任何简单的模仿都会导致企业策划的失败。事实上，成功的企业策划都是一企一案，是理论和实践相结合的成果，而不仅仅是一两个新点子。

导入案例

国潮崛起，"国货之光"李宁的品牌 DTC 转型之路

  2020 年是中国国货新潮流的高光之年，当下中国年轻一代对国货的接受度、喜爱度可以说是过去几十年来最高的。从国货到国潮是本土品牌的又一次飞跃，老品牌也展现出了新魅力。而"李宁"无疑是国潮风的大赢家。把握国潮趋势，高韧性增长动力及现阶段 DTC 突破将带领李宁再攀高峰。

  一、案例背景

  2020 全年盈利近 17 亿元人民币，李宁如何靠数字化稳步增长？

  2021 年 3 月 19 日，国内体育品牌李宁发布 2020 年业绩报告。截至 2020 年 12 月 31 日，李宁收入上升约 4.2%，达 144.57 亿元人民币，公司权益持有人应占净利润为 16.98 亿元，同比上升 13.3%。众所周知，2020 年的疫情，让众多零售企业受到致命打击，ZARA 关店，艾格破产，达芙妮甚至退出实体零售，但为何李宁却依然能保持平稳增长呢？李宁公司认为，这主要基于一直以来打造的独特中国元素产品，并聚焦终端消费者需求。同时，集团聚焦"单品牌、多品类、多渠道"策略，持续优化升级产品、渠道与零售运营能力，完善供应链管理体系，全面支持并深化李宁式体验价值。那么，李宁是如何通过数字化重塑产品、渠道等能力的呢？

  二、公司发展历程

  1990—2010 年，中国运动品行业兴起，李宁迅速崛起为国内行业龙头公司。

  2008 年北京奥运会，公司年增长率达到顶峰，但随着行业竞争、营销渠道的过度扩张及销售渠道过量库存，李宁也曾面对至暗时刻。

  2012 年 7 月，公司公布了非常大胆的变革计划，引入国际消费行业中的专业管理团队，大力度清理库存，改善供应链、产品组合和市场营销管理，合理化销售渠道，打造一个以零售为导向的商业模式。然而这一系列品牌、渠道的改革探索——"品牌重塑计划"，伴随着提价失败而告终。

自 2015 年李宁先生回归后，公司进行了一系列对库存、渠道的整改工作。2017年第三季度开始，李宁的业绩持续保持增长，盈利表现不断改善，即使在受新冠疫情影响的 2020 年，李宁依然保持着 4.23% 的收入增长和 13.3% 的纯利增长。

三、解决方案

在经历过 2012—2014 年去库存影响后，2015 年李宁先生回归公司担任 CEO（chief executive officer，首席执行官），通过产品设计、品牌重塑拉动业绩修复，同时通过"渠道+产品+零售运营能力"进一步打造专业的品牌 DTC 零售体系。

DTC（direct-to-consumer）是指直接面对消费者的营销模式，它包括任何以终端消费者为目标而进行的传播活动。在新消费时代，产品精确匹配不同市场差异化需求、有能力进驻具备流量红利的渠道、从产品企划到销售回款全流程提质增效是运动品牌零售能力竞争的关键因素，这要求品牌商打通分销链的各个环节并梳理各环节利益。目前李宁致力于推进 DTC 转型战略，打通线上线下，扁平化分销环节，用大而美的门店替代小店，有利于公司业绩及效率进一步提升。

1. 渠道端

李宁聚焦多渠道策略，动态调整渠道拓展计划，逐渐确立了"单品牌、多品类、多渠道"的基本战略。自 2014 年起，品牌不断强化特许经营渠道的建设，形成了以特许经营为主、自主经营为辅，大力发展电商渠道的多元化渠道战略。

2019 年李宁年度财报显示，特许经营商渠道占李宁全年总收入的 49.5%，几近一半的收入来源于特许经营这一渠道。另外，电商渠道近些年来在李宁公司的大力扶持下，渠道占比总收入也达到了可观的 22.5%。多元化的渠道战略，大大改善了渠道运营效率，提高了对市场的有效覆盖面积，同时对李宁改善库存状况和应收账款周期带来重要的意义。

（1）利用数字化重构线下门店，不仅能争取到线下流量，还做到线上线下打通，实现全域营销。

未来，服饰品牌比拼的将是全域作战能力。这是因为线上线下渠道在交易环节已整合，供销系统已打通，在利润增长上也不再是此消彼长的关系，全渠道整合已经毋庸置疑。在这样背景下，企业需要用全域作战思维，思考如何获取更多的用户流量，思考手里的"一盘货"，在哪个区域、卖什么产品、最应该卖给谁等关键问题。

在前期充分考察和评估后，李宁与阿里云一起在上海世博源店做了一次数字化门店的全新尝试与探索。李宁通过数字化重构线下门店，不仅能争取到线下流量，还能做到线上线下打通，实现全域营销。

更为重要的是，通过数字化门店带来的闭环和 360°沉淀用户画像，让李宁更加懂年轻人喜欢什么。对现有会员、消费者、店铺、商圈、门店等做出画像，提供高维度的分析决策能力，也为门店运营人员提供了实操抓手，更加有效地提升了全渠道购物的三个转化率：进店率、店内转化率、复购率。

（2）将公域流量转化为会员私域流量（小程序），如通过打造 IP（intellectual property，知识产权）联名商品吸引目标用户并形成社交裂变。

李宁一直秉持的策略是注重用户需求，持续聚焦多渠道策略，强化渠道零售效率。但要实现这一目的，却绝非易事，李宁是如何实现的呢？

在零售行业，就是要注重对人、货、场三要素的数字化。在会员管理上，李宁加大力度布局会员与全渠道领域，线上线下协同为业务发展助力，并致力搭建支持多种业务模式的物流服务体系，强化物流对于各业务单元的服务保障能力。

同时，为了有效管理数据，李宁搭建了自己的数据中台，实现了会员一体化。具体来讲：会员一体化，主要建立全渠道会员唯一标识，对于会员的识别、追踪、服务均基于全渠道的会员体系，将客户信息、消费数据、消费积分、消费频率等各种要素展现在一个系统体系内。无论线上线下任何一个渠道，消费信息均积累到同一会员体系内，所有渠道的消费信息都能集中显示，同时可以查看、对比各个渠道的市场详情。

此外，李宁的设计团队不再将自我束缚在"体育鞋服"领域内，也不再坚持自我对"时尚"的固有认知，而是跟着国际前沿的时尚风标，结合中国传统元素的文化内涵，重新打造产品。

2019 年初，李宁与体育明星 IP 韦德的联名合作，"贩卖"的便是一段与体育精神有关的热血故事。活动中，李宁发起了"寻找韦德生日锦鲤"的主题活动，通过邀请好友"祝福韦德生日"的形式，以社交裂变火速激活腰部用户。利用礼包激励形成社交裂变的同时刺激购买，转化率达 6%，首发 IP 商品售罄率达 80%。

2. 产品端

公司对产品的打造基于时尚度及专业性两方面的考量，在稳固"专业运动"品牌形象的基础之上，加入更多的设计和潮流元素。商品架构围绕篮球、跑步、训练、羽毛球及运动时尚五大核心品类，聚焦运动科学研究，开发产品专业功能属性，深化品牌运动基因；挖掘中国文化和流行文化元素，传递独特的品牌价值。

同时，李宁不断投入到对于新科技、新材料的探索和应用中，结合热点话题造势，进一步扩大消费者群体；不断丰富运动时尚品类的娱乐营销资源，配合灵活多样的跨界和数字化营销资源，吸引年轻消费群体的关注。

就连时装周营销这一看起来已经不再稀奇的套路，李宁依然是所有国产服装品牌里做得最好的，无论是品牌效应还是转化销售。即便过去一年多波司登和斐乐也都去了时装周，但没有任何一家在营销上能取得李宁的效果和反响。

2018 年，"中国李宁"带着复古与前卫并存的全新样貌走上纽约时装周的舞台，颠覆式的年轻化概念，一改过去跟时尚毫不沾边的形象。用新东方美学与中国哲思理念征服国际秀场，在国际上正式确立"国潮"的地位，并将"国潮"这个话题从国外引回国内，掀起"国潮"新浪潮。

3. 零售运营能力

（1）推进可复制的高效单店盈利模型，提升门店经营效率。

李宁通过不断推进店铺运营模式的标准化：包括单店盈利模式、商品结构、卖场地段、人员组织、设计店铺等所有环节的业务搭建，建立可复制的单店运营模式。线下渠道逐步恢复旺盛元气，稳健开店中渠道结构不断优化，内生同店则随产品力和精细化运营能力的大幅提高取得强劲增长，经销商信心和开店积极性也得到显著增强。截至 2020 年 12 月 31 日，李宁在中国销售点数量共计 5 912 个，李宁 YOUNG（李宁儿童）在中国销售点数量共计 1 021 个。

（2）完善零售运营平台功能，并在店铺视觉形象方面持续升级，强化消费者认知。

在零售运营方面，李宁继续致力于商品运营模式的变革及零售运营能力的提升，进一步促进渠道效率优化。一是将店长角色由"职能型"向"生意型"转变：加强对店长的培训，包括直营渠道及经销商渠道，提高门店管理效率；通过激励制度的建立，引导店长职能的转变，激发其积极性。二是通过注重单店商品运营管理效率提升，加强单店商品销售计划管理，持续完善李宁零售运营平台功能。三是通过打造店铺全新视觉形象和持续进行终端零售人才培养等手段，持续深化推进运营效率提升。

（3）整合优质供应商和供应链，建设智能物流，提高公司营运能力并保持可持续性。

李宁整合优质供应商、供应链，注重效率提升，主要表现为对供应商的整合及智能物流的建设，以供应链资源驱动生意增长。整合鞋、服供应链，实现跨部门、跨品类的全面管理；规划供应商整体分布和数量，建立强有力、有弹性的供应商矩阵，进而推动供应链由被动生产到主动生产的转型；强化柔性供应和快速反应能力，打造精准、灵活、高效的供应链管理体系。

此外，李宁强调研发能力，通过与供应商合作，加大对新品研发的投入，深化李宁品牌自身在专业方面所具有的强项和优势，确保李宁公司可持续性的增长以及公司的长期高效营运能力。

四、关键成效

根据李宁 2020 年年报（2021 年 3 月发布），2020 年公司整体营收、业绩在疫情影响背景下实现逆势增长，终端渠道稳步提质。2020 年营收 144.57 亿元（+4.2%），归母净利 16.98 亿元（+13.3%）。2020 年整体毛利率基本持平，达到 49.15%；归母净利率达到 11.73%，增幅明显。

分渠道来看，公司线上渠道收入占比稳步增长至 29%，达到 41.99 亿元，同比增长 26.05%；线下直营渠道营收占比 23%，客观上线下客流受到新冠疫情冲击影响，同比减少 11.14%，线下分销批发渠道营收占比 48%，同比增长 2.19%。

（资料来源：Runwiser，微信公众号 Runwise 创新咨询，2021 年 4 月 30 日。）

2.1　企业策划的理论基础

理性思维是指在实践的基础上，运用理论、判断、推理的思维形式，把对事物的感性认识上升到理性认识，把握事物的本质和规律，在科学地预见事物发展的基础上进行策划。一方面，理性思维要求人们在进行企业策划时，一定要运用已有的理论进行判断、推理等；另一方面，理性思维要求人们在运用理论时，必须注重调查，积累大量的一手材料，进行有效的企业策划。

有效的企业策划必须有正确的理论指导。企业策划学是一门管理学科，也是一门综合多种学科知识的复合性学科。它要求人们综合运用经济学、管理学、哲学、系统科学、社会学、生态学、历史学、文化学等学科知识去分析企业行为，解决企业所面临的问题。本节重点介绍企业策划中的经济学、管理学、哲学理论支撑。

2.1.1　企业策划中的经济学理论运用

经济学理论被广泛应用于企业策划。经济学是研究个人和社会如何使用稀缺的资源生产各种产品，并把它们分配给社会成员或集团以供消费用的学科。

1. 经济学基础

人们认为，1776 年英国学者亚当·斯密（Adam Smith）《国富论》的出版，标志着经济学作为一门学科诞生了。从那时起到现在的 200 多年中，经济学已经发展成为内容丰富、领域广阔、分支众多的学科。作为一门社会科学，经济学研究经济制度和经济体制，研究经济运行、人的行为、社会选择、政府的经济政策、现实的经济状况、人们对经济的评价等。经济学的研究已经渗透到政治学、法学、社会学、人类学、管理学、心理学等领域，而且仍然在迅速发展中。

企业策划过程中对经济学理论的依赖是显而易见的。所以，企业策划者必须具备良好的经济学理论功底，至少必须非常了解微观经济学（microeconomics）和宏观经济学（macroeconomics）的理论。

（1）消费者选择理论：已经被广泛用于对各种各样人类选择行为的研究。

（2）生产和成本理论：被运用于阐述企业利润最大化的条件问题。

（3）市场结构及价格理论：通常被运用于分析市场竞争中的价格竞争。

（4）效率理论：包括效率差异化理论、多角化理论、产权理论等，通常被运用于企业重组策划。

（5）市场体制与政府作用的理论：主要用于解决市场失灵问题。

（6）宏观经济学：其研究偏重经济的总体行为，通过考察一些重要的宏观经济总量的关系，来解释当前的经济形势和预测未来的经济总体趋势。

经济学理论包含稀缺性、生产可能性曲线、机会成本等基本架构，每个社会都必须面对如何将有限的资源作最佳运用的问题。资源利用的选择是经济学的主题，也是企业策划的主题。

2. 技术经济学基础

企业经营管理中最大量、最经常的工作就是分析寻求实现目标的最佳途径和方法，设计和选择最佳活动方案。技术经济学正是这样一门研究、分析人类经济活动的代价（费用）及其对目标实现的贡献（效益），并在此基础上设计、评价、选择最佳活动方案的学科。

技术经济学中的费用-效益分析原理、方案评价理论与方法、项目可行性研究、工业项目的经济评价方法、不确定性分析、风险分析与管理等理论知识，是企业策划者必备的基础知识。

2.1.2　企业策划中的管理学理论运用

管理是一种特殊的人类社会实践活动，是任何组织生存与发展所必需的。管理虽因对象的不同而具有特殊性，但其概念、原理、职能、要素和过程等具有显著的普遍性。

管理研究是一种应用导向型的研究，既有一定的理论特性，又有很强的实践性和操作性。管理研究的内容主要包括管理的思想、意识和观念，管理的理论、方法和技术，管理的应用、分析和实践。

管理问题有微观和宏观之分，因此管理研究也可分为微观管理研究和宏观管理研究。其中，微观管理研究主要探讨那些直接涉及个体行为的社会经济活动的组织和操作问题；宏观管理研究主要探讨那些涉及总体行为的社会经济活动的组织和操作问题。

人类社会经济活动就是利用可支配的有形和无形资源，将其转化为尽可能大的使用价值以满足人们的需要。经济学主要研究资源如何配置（包含按比例分配社会劳动）及各种使用价值（今天和明天需求的）如何生产的问题，管理学则主要研究如何用较少的资源（投入）创造尽可能多的使用价值（产出）的问题。所以，从广义上讲，管理主要研究社会活动组织和操作问题。

管理理论是以管理经验的系统总结为基础，按照逻辑结构严密组织起来的概念、思想和研究结论。追溯管理理论形成和发展的历史，可以深入理解管理理论的系统性、特殊性，进一步了解管理理论的众多学派。管理理论的发展大致经历了以下三个主要阶段。

（1）第一阶段是管理理论的形成阶段，以泰勒的"科学管理理论"、法约尔（Fayol）的"管理过程理论"及韦伯（Weber）的"行政组织理论"为标志。他们针对提高工人劳动生产率的问题提出了标准化原理，倡导工人与雇主的合作以求双方受益，总结了管理组织的原则和职能，在 19 世纪末 20 世纪初成为比较系统、颇有影响的管理理论。

（2）第二阶段开始于 20 世纪 20—30 年代，以行为科学为主要特点，代表人物有乔治·埃尔顿·梅奥（George Elton Mayo）、亚伯拉罕·马斯洛（Abraham Maslow）、库尔特·勒温（Kurt Lewin）、罗伯特·坦南鲍姆（Robert Tannenbaum）、罗伯特·R. 布莱克（Robert R. Blake）等。行为科学重点研究生产组织中人的行为及这些行为产生的原因，涉及人的需要、动机、内驱力、个性、情绪，特别是人群关系等。

（3）第三阶段是所谓的"管理理论丛林"时期，出现于二战之后。随着科学技术的发展和企业跨国经营的兴起，经济组织间的竞争，特别是国际市场的竞争空前激烈，对管理理论提出了新的要求。一大批管理学家和实业家从不同角度研究管理问题，形成了众多的管理学派，呈现出学派林立的局面，哈罗德·孔茨（Harold Koontz）将这种局面称为"管理理论丛林"。1961 年，孔茨在《管理理论的丛林》一文中把管理学派概括为 6个。19 年后，孔茨根据管理理论的发展，在《再论管理理论的丛林》一文中把管理学派概括为 11 个，即人群关系学派、组织行为学派、社会协作学派、社会技术系统学派、决策理论学派、经验管理学派、管理科学学派、管理角色学派、管理过程学派、权变理论学派、系统管理学派。下面仅对其中几个影响较大的学派做简单的介绍。

1. 决策理论学派

决策理论学派是以社会系统理论为基础，吸收了系统理论、运筹学和计算机等学科的内容发展起来的。该学派认为，决策贯穿于管理的全过程，管理的核心就是决策。该学派的代表人物是诺贝尔经济学奖得主西蒙。西蒙提出的行为决策观，对现代管理理论做出了卓越的贡献。其主要观点有两个。①"有限理性"和"满意准则"。西蒙认为，管理者的理性是有局限的，由于实际决策的情况非常复杂，管理者的判断力又受到各种主客观条件的限制，不可能认识到既定条件下所有备选方案的各种可能结果，因而他们会去寻求相对简单且"满意"的结果，而非"最佳方案"。②计算机辅助决策，即充分运用计算机手段分析可供利用的信息，处理"程序化"决策问题，为管理者的决策提供辅助和支持，提高决策效率。

2. 经验管理学派

经验管理学派以大企业的管理经验为主要研究对象，重视实际案例的分析。它认为，通过大量管理案例的研究，管理者自然就能学会如何有效地进行管理。该学派立足于管理经验的概括化和理论化，注重管理理论与方法的传授，其代表人物是德鲁克。

3. 管理科学学派

管理科学学派也称数理学派。它注重定量化的数学模型，认为管理是一种数学模式、程序、概念、符号和模型的演绎，即通过建立数学模型表达问题的基本关系，并在既定目标的前提下求得最优结果。管理科学学派致力于运筹学的研究和计算机在管理上的应用，以伯法（Buffa）为代表人物。

4. 管理角色学派

管理角色学派通过观察管理者的实际活动来明确管理者的工作内容。该学派的创立者 H. 明茨伯格（H. Mintzberg）根据对管理者实际活动的研究，总结出著名的管理者十大角色理论。该理论认为，从管理的要求看，管理者应扮演好三个方面的十大角色，即在人际关系方面扮演好头面人、领导人和联络人的角色，在信息交流方面扮演好监听人、传播人和发言人的角色，在决策方面扮演好企业家、"救火员"、资源分配者和谈判人的角色。

5. 管理过程学派

以孔茨为代表的管理过程学派是西方管理理论中较早出现且有较大影响的学派，是法约尔管理思想的延续。该学派认为，管理就是在组织中通过他人并同他人一起完成工作的过程，人们可以根据管理经验总结出一些基本的管理原理，用以认识和改进管理工作的说明和启示。

6. 权变理论学派

以琼·伍德沃德（J. Woodward）为代表的权变理论学派是 20 世纪 70 年代风行一时的管理学派。权变理论认为，管理者的实际工作取决于所处的环境条件，他们必须根据不同的情景及其变量决定采取何种行动和方法。例如，在某种情形下需要"人治"（即由人来决定解决问题的方案），而在另一种情形下可能需要"法治"（即按严格的逻辑程序解决问题）。环境和条件的复杂多变决定了管理实践中"例外情况"经常发生，没有任何一种理论和方法能适用于所有情况。为了更好地解决问题，企业必须在大量调查研究的基础上对组织的情况进行分类，建立不同的模式，选择适当的管理方法。

7. 系统管理学派

以 F. 卡斯特（F. Kast）和 J. 罗森茨韦克（J. Rosenzweig）为代表的系统管理学派将一般系统理论和控制论用于管理领域，用系统的观点考察组织的基本结构和管理职能。该学派认为，任何组织都是一个由多种子系统有机构成的整体系统，整体系统的运行效果取决于各子系统的相互配合和作用。因此，组织运行中要防止因局部的优化而对其他子系统或整个系统产生负面影响。

以上 7 个大的管理学派的思想，今天已被广泛地运用于企业策划的实践中。

2.1.3　企业策划中的哲学原理运用

哲学是关于世界观和方法论的学科，哲学原理和方法被广泛运用在企业策划中，用于对企业策划活动的规律进行研究和揭示。在实际策划过程中，人们经常用哲学方法去观察问题、提出问题、分析问题和解决问题。具体而言，以下 5 个方面的原理被广泛应用于企业策划中。

1. 实践原理

策划虽然是思维活动的过程，但其本质上是一种社会实践活动。要想成功地进行策划，就必须坚持实践原理。

所谓实践原理，归纳起来就是必须按照人类社会实践与认识相互关系的规律来进行策划的原理，即立足于实践，准确地反映实践，科学地抽象和概括实践，遵循实践规律，有效地指导社会实践活动，高效地取得社会实践成果的策划原理。坚持这一企业策划原理，就是要在企业策划活动中把握以下几个方面的内容。

（1）企业策划必须立足于客观实践，以实践为依据和指导来进行。也就是说，必须将坚持实践作为企业策划的依据和指导，坚持从实践中来、到实践中去，不凭主观想象，一切从实际出发，实事求是，量力而行，使策划的思想和方法科学、客观，符合实际，切实可行。

（2）参与实践，在实践中运筹策划。策划不是凭空想象、胡思乱想，而是建立在实践基础上的科学合理的想象。因此，参与实践，通过实践取得第一手资料，积累策划所必需的经验，增长策划才干，是进行企业策划的必要条件。

（3）企业策划必须是对客观实践的能动反映和正确认识，即策划时必须首先主动地对策划对象的实际状况进行准确的把握和了解，正确揭示客观实践的运动规律、属性，对其进行透彻的认识，并能进行科学的抽象和概括，避免简单、直观、机械地反映客观事物，片面地认识客观实践。只有这样，企业策划才能正确地指导客观实践。

（4）坚持企业策划必须符合客观实践需要或符合社会需要的原则。这就要求企业策划既要坚持以实践需要为依据和立足点，又必须高于实践，能指导实践活动取得成功。

（5）企业策划必须经受社会实践的检验，在社会实践检验中提高和发展。只有能经得起实践检验、在实践中证明了其正确性的企业策划，才能说明它是科学的、成功的。

可见，坚持实践原理，就是坚持企业策划既要从实践中来，又要回到实践中去，为实践服务，接受实践检验，推动社会实践活动的发展。

2. 驾驭原理

策划就是要在了解和尊重客观实际的基础上，通过人的主观能动作用的高效发挥来达到驾驭客观实际、有效地改造客观实际，使其更好地为人类需要服务的目的。这实际上就是要在尊重客观实际的基础上，把人的主观能动作用发挥到最大，更好地改造和利用客观实际，更好地为人类服务或取得更好的实践效果。可见，所谓驾驭原理，是指策划要把人的主观能动性的最大限度发挥和尊重客观实际有机地结合起来，按照事物发展的客观规律来有效地改造客观实际，扩大人类实践活动成效的原理。它包括以下具体内容。

（1）必须尊重和认识客观实际。尊重客观实际是驾驭客观实际的基础。客观实际的存在，是不以人们的主观意志为转移的，人们要想取得改造客观实际的成功，就必须尊重它、认识它。只有尊重它、认识它，才能更好地驾驭它；只有建立在能驾驭客观实际基础上的策划，才是可行的。

（2）策划时要充分认识人的主观能动性的作用。人的主观能动性是人类所特有的"自觉的能动性"。这种能动性就是人有意识、有目的地根据实践的需要去主动反映客观实际、认识客观实际的能动性，它能够从对客观实际的抽象概括中形成某种思想或意识，然后通过实践把思想或意识转化为现实，即把精神的东西变成物质的东西，达到改造客观世界的目的。这就是人的主观能动性的力量和作用。

（3）在策划中必须使主客观有机高效地结合起来。要把充分发挥人的主观能动性建立在了解和把握客观规律、尊重并顺应客观规律的基础之上。要达到主客观巧妙有机地结合，就必须在策划时做到下面几点。

①　坚持存在为第一性、思维为第二性。坚持存在为第一性、思维为第二性就是要正确地认识客观实际，使自己的思维反映客观实际，并从客观实际出发，思考和确定改造客观实际的活动方针、方法和策略，不凭想当然，不主观臆断。

②　尊重客观规律。尊重客观规律就是要通过认真地分析和研究、辩证地思考，揭示和把握事物的客观规律性，按照事物规律性的要求来确定行动目标和方法。

③　充分运用物质手段和条件。充分运用物质手段和条件就是在确定行动计划和步骤时，充分考虑既定的客观物质条件，把策划行动建立在客观物质条件的许可之上，尽可能地充分发挥客观物质条件的一切作用，以扩大实践活动成果。可见，策划就是要在重视客观条件的同时，进行正确的策划，正确地指导实践，达到主客观完全的结合，以取得驾驭客观、改造客观的成功。

3. 理性原理

所谓理性原理，是指在实践基础上，运用概念、判断、推理的思维形式，把对事物的感性认识上升到理性认识，在把握事物的本质和规律、科学地预见事物发展的基础上进行策划的原理。理性原理包括以下内容。

（1）必须坚持认识的阶段性、理性认识的重要性，即坚持认识的感性阶段和理性阶段。马克思主义的哲学观认为，感性认识是认识的初级阶段或第一阶段，是对事物外部形态直接的、具体的反映，反映的是事物的外部现象，是人们对客观事物的感觉和印象，不能形成对事物本质和内在特点的认识。理性认识是认识的高级阶段，它是人们借助抽象思维达到的对于事物的本质、全体，对于事物的内部联系和规律的认识。因此，要正确地认识客观事物，就必须使感性认识上升为理性认识。策划要能够解决实践问题，就必须坚持将对事物的认识由感性认识上升到理性认识的原则，以形成独特的理论。

（2）坚持感性认识和理性认识的辩证关系。感性认识是理性认识的基础和起点，它为理性认识提供直接的经验和感性材料，没有感性认识的大量材料做基础，就不可能形成理性认识，理性认识就成了空洞的东西。这就说明，要保持策划过程中的理性认识，就必须注重调查，观察、收集信息，积累大量的感性材料，以便为理性认识的形成奠定基础。如果没有感性认识的积累和沉淀，就无法形成对策划对象的理性认识，策划就可能失败。

（3）必须坚持理性的思考。理性认识是通过对感性材料进行科学抽象而形成的认识，即经过对感性材料进行分析、推理、判断而形成的认识。可见，理性认识是经过创造概念和理论的、系统的思考过程而形成的认识，是感性认识的飞跃。如果缺乏这一思考过程，是不可能由感性认识上升到理性认识的。

要形成理性化思考，就必须运用概念、判断、推理的思维形式进行思考。概念是指从同类事物中抽象概括出的同类事物共同的、一般的本质特征。

①　概念。概念是感性直观上升到理性思维的标志，是认识上的质的飞跃。不能形成概念或概念模糊会导致思维混乱、认识失误，无法用定义来说明、规范客观事物的内

容和区分不同的客观事物。一定的科学理论只有通过一定的概念才能建立起来，没有新概念的建立，新内容就不能得到归纳和概括，认识就不能适应新的变化，也就不能对新事物作出正确的归纳和说明。因而，进行理性思维就要通过观察、分析、抽象概括同类事物所共有的、本质的特性，即必须进行概念思维。

② 判断。判断由概念构成，把几个或一定的概念联系起来就会形成判断。判断是运用概念对事物的性质和事物之间的联系作肯定或否定的，是用语句来表达事物的联系和关系。人们对某一事物的认识和态度、对事物现状和未来的把握，都是通过一定的判断表达出来的。正确的判断是进行科学分析和正确预见的必要条件，是人们确定正确行动的手段。因此，理性思维离不开正确的判断。

③ 推理。推理是指由一个或几个已知判断推出一个新判断的思维形式。只有经过推理才能真正地认识事物、把握事物的特性和内在联系，即进行理性思维。没有经过正确的推理，就无法得出合乎逻辑的结论，形成正确的理论。

可见，概念、判断、推理是感性认识上升到理性认识所必需的思维形式和思考过程，坚持理性思维，就要坚持运用概念、判断、推理的思维形式。

4. 思辨原理

策划具有的巨大能量和作用在于策划构思的辩证性。策划的构思不仅要科学、正确，而且要新颖、独特、奇妙，即需要进行辩证思考和创新思考，这是策划具有巨大能量和生命力的原因所在。可见，所谓思辨原理，就是运用马克思主义唯物辩证法进行策划思考和运筹，准确地概括和反映客观事物和客观现象之间最普遍的辩证关系，揭示事物的运动变化规律，从而准确、高效、创造性地处理各种关系和各类问题，获取社会实践活动成功的原理。思辨原理包括以下内容。

（1）坚持运用辩证法指导辩证思考。对立统一规律是唯物辩证法的实质和核心，是反映着事物、现象最普遍辩证关系的科学范畴，是辩证思维的逻辑形式，即本质和现象、内容和形式、原因和结果、必然性和偶然性、可能性和现实性等反映最普遍的辩证关系的唯物辩证法。这些规律和范畴所组成的唯物辩证法，是人类最为科学而有效的思维指导方法。因此，进行策划必须坚持运用这些思维指导方法。

（2）坚持运用唯物辩证法指导和开展策划。这就是说，在策划过程中，必须坚持以唯物辩证法为核心方法、指导方法，把辩证思维方法作为科学思考的工具和手段，坚持用唯物辩证法看待问题、分析问题和解决问题，以便高效地解决一切实践问题和矛盾，卓有成效地开展社会实践活动。

策划是要正确地提出问题、准确地分析问题、科学高效地解决问题，这实际上就是运用矛盾分析的方法来观察事物的矛盾、分析矛盾、揭示矛盾，找到最能有效解决矛盾的方法的过程。由此可见，矛盾分析法应是策划中的根本之法，是进行策划所必须掌握的方法。

坚持矛盾分析法，就要坚持"矛盾存在于一切客观事物和主观思维的过程中，矛盾贯穿于一切过程的始终"的唯物辩证法观点，即要在策划过程中坚持矛盾的普遍性和绝对性、多样性和特殊性认识，坚持对于不同性质的矛盾要从不同的角度去认识、用不同的方法去解决的策略。在实际策划过程中要做到针锋相对、有的放矢，避免形式主义、僵化、千篇一律，以保证策划的灵活性和创造性。对于特殊矛盾要用特殊的方法解决，以便快速、高效地解决问题，即具体问题、具体矛盾要做到具体分析和具体解决。

在坚持对立统一规律的同时，也必须坚持唯物辩证法的质量互变规律、否定之否定规律等其他规律。因为对立统一规律虽然是唯物辩证法的核心，但不是全部，核心不能代替全体。因而，在坚持运用对立统一规律的同时，也要坚持运用唯物辩证法的全部规律，只有这样，才可能真实地、深刻地揭示客观世界的联系和发展规律。

（3）坚持唯物辩证法，还必须坚持唯物辩证法的基本范畴。这些基本范畴主要包括因果关系范畴、必然性和偶然性范畴、可能性和现实性范畴、现象和本质范畴等。

5. 放大原理

放大原理是指依照系统功能放大的原理，通过科学、高效的运用，放大人们的社会活动能力、社会活动能量、社会活动绩效的原理。

人们的社会活动能力（包括思维能力和行为能力）都是具有伸缩性的，都是既可放大，也可缩小的。同理，人们的社会活动能量、社会活动绩效也是可以放大或缩小的。策划就是要通过科学、高效的运作，放大人们的社会活动能力，放大人们的社会活动能量，使人们的社会活动绩效得到迅速的增大。这既是策划的支撑点，也是策划能量的发挥和体现，具体包括以下内容。

（1）放大人的能力。放大人在社会实践活动中的能力是策划的核心，是策划活动取得成功的先决条件和关键性因素。这主要体现在两个方面：一是要提高人们的实际活动能力，使其具备基本的能力素质；二是要进行能力组合，放大能力的功能和能量。

（2）要在策划中运用人的能力去驾驭客观事物，通过对客观世界各种要素的正确选择和组合，创造出对人类活动最为有利的条件，使各种客观要素的作用得到最大限度的发挥，从而使人们能够轻而易举地获取社会活动的巨大成功。这就是策划的落脚点和归宿。例如，如果策划通过运作把最有利的天时、地利、人和形成最有利势能，就能够轻而易举地获得社会实践活动的巨大成功，甚至创造出非凡的业绩。

可见，放大原理实际上就是要根据人的能力特点来提高人的能力素质，放大人的能量，增大人们实践活动的效果。

2.2　企业策划的方法论

2.2.1　经济学方法

经济学的研究方法体现了任何科学——自然科学及社会科学研究方法的特征。由于经济学涉及复杂的充满哲学意味的科学方法问题，无法仔细讨论其方法论问题，这里只对经济学的主要研究方法作一一介绍。

1. 假设、模型和数学工具的运用

社会经济现象是极其复杂的，而经济学希望从纷繁的现象细节中抽象出系统的、逻辑的、概括性的理论。仅仅有事实而没有对事实的抽象概括，不能据以预测未来，也不是理论。要在观察的基础上，形成假设，构造理论模型，由它得出结论，再检验这些结论是否较好地与事实相一致。

假设和理论模型必须对现实加以简化。没有这样的简化，什么结论也得不出。简化了就与现实不一样了，但这并不妨碍由此得出的结论的价值。评价经济学理论价值的依据不是能否找出它的假设与事实的不符之处，而是它得出的结论是否符合事实。

由假设进行推论运用的是逻辑，数学往往是运用逻辑的最得力工具。尽管有人在批评这种现象，但事实上，现代经济学大量的研究论文对没有相当数学基础的人来说，简直就是"天书"。

2. 实证分析与规范分析

经济学首先解释经济是如何运行的，这是在描述经济中的事实，描述经济中各种实际情况间的联系，回答"是什么"的问题，这种研究叫作实证分析（positive analysis）。经济学家可以提出理论假设，可以进行抽象、复杂的逻辑分析，但其结论要由以往的、当前的以及未来的经济事实来验证。

经济学并不止于描述事实，还要对经济体制作出评价，分析改进资源配置方式的可能性及其结果，提出改变经济体制和经济政策的建议。也就是说，要回答"应当怎样"的问题。回答这类问题，会涉及价值判断和伦理道德判断，这种研究叫作规范分析（normative analysis）。

也有一些经济学家认为经济学本质上只能是实证的科学。经济学家的职业专长在于分析认定事实、进行深入的逻辑推理判断，包括从社会认可的基本价值判断出发分析一些非基本的价值判断的正确性。而对于回答"应当怎样"的问题，他们只能说："如果你的基本价值判断如此，那么应当是……"，而这仍然是一个"是什么"的实证研究。

对于实证分析和规范分析的划分，有助于我们分析经济问题及其他任何问题上的意见分歧。事实认定有差异可以进一步讲道理，基本价值判断不一致，则只好用其他手段来解决——或者通过某种民主程序选择，或者由居于统治地位的个人或集团决定。

3. 微观经济学和宏观经济学的运用

微观经济学和宏观经济学是经济学的两个主要分支。之所以在讨论经济学的方法时提到这两个分支，是因为它们除了在研究对象上有不同侧重外，在研究方法上也有不同的特点。

微观经济学是整个经济学的基础。它从经济中的个体——家庭和厂商的行为出发，最终解释社会（主要是市场体制）是如何解决经济的三个基本问题的。它以分析个体的行为如何影响各个市场的供给和需求从而确定价格为中心。它以对均衡状态的分析为基础——所有的个体均从自己利益出发行动而达到的各种力量的平衡，当条件不变时，这种状态不会改变。

宏观经济学比微观经济学要年轻得多。面对传统经济学（微观经济学）无法解释的严重困扰资本主义国家的经济萧条和失业等总体失调的现象，20 世纪 30 年代，作为经济学的"革命"，出现了宏观经济学。宏观经济学采用总量分析方法，通过研究经济的总产出、总物价水平、就业水平等宏观经济变量之间的关系，解释繁荣的原因和失业、通货膨胀的根源，进而找到解决这些问题的对策。

2.2.2　管理学方法

1. 管理研究方法

管理研究涉及的范围相当广，因而与其他学科的联系很广泛，所需的基础知识面也较宽。对于同样的研究对象，各种学科会从不同的角度进行探讨，如经济学、社会学、政治学等从各自的角度对事理和人理系统的研究。如果我们把管理研究定位在实用导向型，则管理学体系可分为五个层次，如图 2.1 所示。

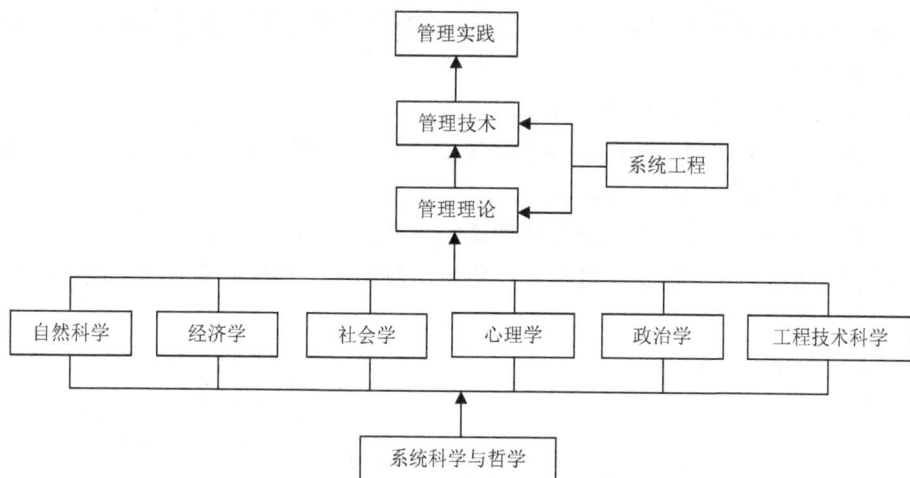

图 2.1　管理学体系

系统科学与哲学是管理学研究的基础，它们为自然科学和社会科学提供了思想方法论和认识论；自然科学、经济学、社会学、心理学、政治学、工程技术科学及其相互交叉构成了管理学的发展基础；系统工程与管理理论、管理技术则具有较强的相容性；管理实践需要充分利用其他学科对人类社会活动的规律性的认识和总结，发展自己的理论基础和操作技术。

从管理研究的对象可以推知，管理研究有以下两个基本出发点。

（1）问题导向。无论是理论研究，还是针对某种现象研究一种管理技术，或者是研究解决某个具体的管理问题，管理研究都必须面对实际现象和问题。所以与其他实践性较强的学科一样，管理研究必须坚持问题导向，即从问题中来，到问题中去。

　　问题导向型研究思路具有很强的针对性。当没有合适的理论、方法、技术时，已有的研究成果可以启发我们，而所面临的现象或问题本身也有助于激发创造性思维。

　　（2）环境依赖。由于管理问题有很强的环境依赖性，同样的问题在不同的环境下解决的方法也可能不同。所以，管理研究不能脱离研究对象所处的环境而就问题论问题，否则所得到的理论、方法、技术将难以有效解决实际问题。

　　问题导向和环境依赖性决定了管理研究的最高境界是寻求在特定环境下最满意地解决问题的方法。现实中，人们常常感觉从整体上笼统地评价一个国家的管理水平比较容易，而评价某种具体的管理技术或管理理论的水平很难。人们用于评价自然科学或技术科学研究成果的标准比较容易确定并取得一致，但对管理研究水平的评价则会变得很复杂。如果在一个国家获得成功的管理技术在其他国家无法适用，尽管是国际上"独一份"，也可以认为其达到了国际领先水平，但没多大意义。所以，管理研究的特性决定了在不具备可比性的情况下追求"领先"是没有意义的，而追求在特定环境下最满意地解决实际问题才是管理研究的最高境界。

2. 管理模型的构建

　　在总结长期研究成果的基础上，有的学者提出了建立管理模型或理论的一般程序（图2.2）和步骤。

　　第一步：表述研究的管理现象或管理问题。

　　第二步：对现象或问题的环境特性及其参与者的行为作出必要的假定。这些假定应简练且能刻画现象或问题的主要特征。

　　第三步：分析、推导、表述模型或理论的含义。

　　第四步：进行一个实验或实证研究，将所得数据、事实和结论与模型或理论的含义或结论进行比较。

　　第五步：评价比较结果。

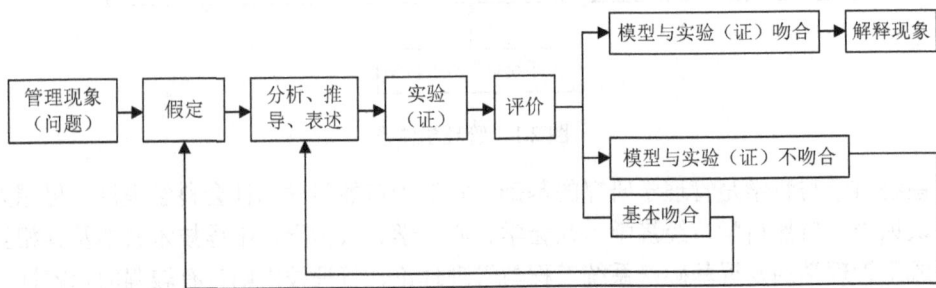

图2.2　建立管理模型的一般程序

　　如果模型或理论与实验或实证研究吻合，就利用模型和理论解释实际现象或问题；如果模型或理论与实验或实证研究不吻合，就重新思考和建立模型或理论，重复第二至第五步；如果模型或理论与实验或实证研究基本吻合，但还不够理想，就修改模型或理论，如增加假设等，然后重复第三至第五步，或者对此不太完善的模型或理论做进一步的分析。

应该说明的是，以上是管理模型或理论的建立、检验及评价过程的一般阐述。由于管理问题的特殊性，管理模型或理论的具体建立与评价过程仍要根据实际情况作相应的调整或变更。

2.2.3　哲学方法

方法是人们思考和实践的工具和手段，是解决难题的利器，是打开成功之门的钥匙。方法是否科学和正确，决定着人们实践活动的能力大小和水平高低，以及效率的高低和成果的大小。因此，所谓策划方法原理，是指以思谋和运用正确的方法，取得社会活动成功的原理。策划就是要用最有效的方法，找出能够取得实践活动成功的最佳方法，这是策划的关键点和落脚点。因此，策划的方法原理至少应包括以下内容。

1. 要正确认识方法在策划中的能量和作用

方法的能量是巨大的，只要方法科学、正确，就能化难为易、化繁为简、化害为利。

2. 要善于寻觅和创造正确的方法

一切科学、正确的方法都是人们在社会实践活动中创造出来的，只要人们善于在实践中思考、研究、探索，就能创造出各种各样的有效方法，甚至是卓越的方法。因此，只有把智慧与客观实践结合起来，才能寻觅和创造出正确、有效的方法，甚至是卓越的方法。

3. 要娴熟地运用各种现有的科学方法去创造新方法，并发挥方法的能量和作用

方法的能量和作用也是一种客观存在，其能量和作用能否发挥还要看是否能被正确地运用。如果运用不当或失误，不仅会造成方法的能量和作用不能发挥，而且会起相反作用，造成危害。这就是说，要想正确发挥方法的能量和作用，就必须正确地运用方法。

方法的正确运用一般来说取决于两个方面：一是要认识方法；二是要能准确、娴熟地运用方法。因而，正确认识、熟悉各种方法是运用好方法的前提条件。策划活动中所使用的方法，是一个以唯物辩证法为核心的、由若干具体方法综合组成的方法体系，如果不熟悉各种方法的特点和作用，就可能会因选择和运用方法失误而导致策划失效。娴熟运用就是要熟悉和掌握各种方法的运用技巧，并把它们烂熟于胸，以便在运用时既能信手拈来，又能轻松自如、熟练而巧妙地加以运用，达到熟能生巧、炉火纯青的地步。这时方法的能量才可能得到淋漓尽致的发挥。

由此可见，策划的方法原理可归纳阐述为：策划中必须遵循方法的创造和运用规律，正确地选择和创造方法，正确地运用方法，发挥方法的最大效用，以提高人类改造社会实践活动的成效。

2.2.4　现代技术方法

现代技术方法是对企业策划中应用的各种现代数学方法、管理统计学方法等定量化研究方法的统称。广泛应用现代技术方法，是社会发展的客观要求，也是企业策划现代化、科学化的必然趋势。

1. 系统方法

系统方法是一种按照事物本身的系统性把对象放在系统的形式中加以考察和处理的方法。这种方法要求从系统的观点出发，始终从整体与部分、系统与环境的相互联系、相互作用、相互制约的关系中综合地、精确地考察对象，以便能够最佳地处理问题。

1）系统方法的特点

系统方法的显著特点是整体性、综合性和最优化。

（1）整体性是系统方法的基本出发点，它把整体作为研究对象，认为世界上各种对象、事件、过程都不是杂乱无章的偶然堆积，不是各组成部分孤立的特征和活动的代数和，而是一个合乎规律的由多种要素组成的相互联系、相互作用的过程。因此，这种方法反对传统管理事先把对象分成部分分别加以研究，然后综合起来，而是一开始就把对象作为整体来对待，以便从整体与部分的相互依赖、相互结合、相互制约的关系中揭示系统的特征和运动规律。

（2）综合性是系统方法的又一特点，它从两个方面对管理者提出要求：一是管理目标综合，即要求组织系统各个部分必须围绕系统总目标开展工作，或者说要求一个组织的最高领导必须用组织总目标去统摄各部分的分目标；二是管理过程各个部分功能的综合，即要求管理者对任何对象的研究，都必须从它的成分、结构、功能、相互联系和历史发展等方面进行综合、系统的考察，以保证管理按组织总目标运行。

（3）最优化是指运用系统方法进行管理所能达到的最佳效益，这一点是任何传统管理方法都难以做到的。根据需要和可能，系统方法可以为系统定量地确定出最优目标，并运用最新技术手段和处理方法把整个系统分成不同等级和不同层次结构，在动态中协调整体与部分的关系，以使部分的功能和目标服从系统总体的最佳目标，达到总体最佳。

从以上三个特点的分析中可以看到，系统方法是一种立足整体、统筹全局、使整体与部分辩证地统一起来的科学方法，它将系统分析和系统综合在现代科学技术的基础上有机地结合起来，并运用数学语言定量、精确地描述了对象的运动状态和规律，并为运用数量逻辑和电子计算机来解决复杂的管理系统问题开辟了道路。

2）系统方法的步骤

在管理过程中，运用系统方法应遵循以下几个基本步骤。

（1）确立目标，搜集信息。目标是运用系统方法所要达到的目的。根据具体情况，目标可以是明确的、定量的，也可以是粗略的、定性的。确定目标既要从单项目标入手，注重单项目标的可行性和最优化，又要将各单项目标放在总目标中进行考察，把落脚点放在整体系统的目标上。为了达到系统方法追求的目标，还要按确定的目标搜集信息。收集信息主要包括三项内容：一是进行实地调查，直接掌握情况；二是广泛收集材料，并按目标要求对有关情况进行筛选；三是对筛选过的情况（包括信息数据）作单项分析，这是系统分析的基本根据。

（2）建立模型，拟制方案。这是系统方法的主要部分。建立模型，就是将搜集得来的有关信息、因素按一定关系结构组合成一定的模型，用以反映系统活动所要耗费的人力、物力、时间和系统诸因素在系统活动中的作用方式。对设想和系统分析的成果进行综合、归类和整理，用明确、清晰和简洁的语言拟出方案。

（3）对方案进行评估检验。建立模型、拟制方案之后，还要对方案进行检验评估，分析方案的可靠程度或风险程度，这是因为任何事物都有可能受到随机性干扰。随机性干扰是指人们在现有知识水平上尚无法认识的或无法确定的事件。对方案必须进行评估检验，以确定方案的把握度和风险度（两者之和为 100%）。如果超过了风险标准，就修改目标，重订方案，直至得到最优方案。

现代企业活动规模大、因素多、关系复杂，如果照抄条块分割、分兵进击的传统方法进行管理，势必造成人力、物力、财力和时间上的巨大浪费。特别是那些规模宏大、牵涉面广的工程，如果运用传统方法进行管理，很可能得不偿失，适得其反。这就需要人们去探索运用系统方法来解决问题。

系统方法还改变了管理主体的思想方法，给整个管理方法论带来深刻的革命性变化。它使人们对管理的研究方法从以个体为中心过渡到以系统为中心，从单值的过渡到多值的，从线性的过渡到非线性的，从单一测度的过渡到多测度的，从主要研究横面关系过渡到综合研究纵横面关系。这些变化不仅改变了管理科学和管理世界的图景，还改变了管理科学的知识体系和社会生产结构，同时也引起了管理主体世界观和方法论的深刻质变。

2. 数学方法

数学本身不是目的，而是一种工具和手段，这在应用数学上表现得特别具体而清楚。因为应用数学就是为设计、解决各种具体科学问题而产生的数学工具，是为了给某一具体科学提供适当而有效的数学方法。

1）数学方法的特点

数学方法有以下几个主要特点。

（1）抽象性。现实对象是复杂具体的，事物无一不是质和量的统一体。这样的现实对象如果不经过科学抽象，人们便在思想中无法把握，而数学把量及其关系从现实对象中抽取出来，摆脱了现实对象的各种具体的复杂形态，从而大大简化了研究对象，使我们可以在纯粹量的关系上来研究对象，以揭示对象的数量关系和过程。

（2）确定性。数学具有逻辑的严密性和结论的确定性。数学推导是严格按照一定的规则进行的，只要前提正确，那么，由数学的内在逻辑所推出的结果便有毋庸置疑的确定性。爱因斯坦曾说："数学方法受到科学家的欢迎，没有数学，这些科学就达不到这种可靠性。"运用数学方法对客观事物中各种质和量，以及量的关系、量的变化进行推导和演算，能够使现象及其过程得到精确的定量描述。所以，数学方法也是决策最优化的可靠工具，利用数学模型对几种可能的方案进行推导和演算，就能从数量上进行精确的比较，帮助人们选择出最优的方案。

（3）普遍性。数学对象的普遍性决定了数学方法的普遍性。数量及其关系是各种事物所具有的共同特征。任何事物既存在质的方面，又存在量的方面，没有质的事物固然不存在，没有量的事物也不存在。既然任何事物都是质和量的统一，那么从可能性来说，任何领域都可以应用数学和数学分析，管理自然也不例外。

数学作为数量结构科学，其方法的普遍性还反映了异质同构现象的存在。也就是说，不同质的事物和系统可以存在着同样的数量关系，而同样的数量关系又可以反映不同的物质存在形态和不同的物质运动过程。

2）数学方法的应用

数学方法可以应用于各门科学是就原则和理论来说的，要把这种原则和理论上的可能性变为现实，则需要人类不断地探索。科学和社会发展的历史表明，进行质的定性分析相对来说比较容易，而进行定量分析就比较困难。近代科学产生以后，数学方法首先在物理学中得到了广泛的应用，然后是化学。今天，数学方法在社会科学某些领域中也开始得到应用，如运筹学（优选法、统筹学、规划论、对策论等）在一些社会科学，特别是经济学中正在显示出它的作用。

随着管理科学的不断进步，数学方法也开始应用于管理。当代管理科学学派认为，管理就是用数学模式来表示计划、组织、控制、决策等合乎逻辑的程序，求出最优的答案，从而达到目标。他们甚至认为，管理科学就是研究用于管理决策的数学方法在管理活动中的重要性和由此引起的人们对它的高度重视。

当今社会，无论是研究宏观、中观还是微观管理规律，都需要大量地应用数学方法。一方面，现代化管理的发展向数学提出了解决实际问题的要求，影响着数学及其方法的发展方向和速度；另一方面，现代化管理的发展又为数学提供研究资料和物质条件，促进了数学及其方法的进一步发展。近几十年来，不仅微分方程、计算数学等学科得到了更多的应用，就连泛函分析、拓扑学、抽象代数等高度抽象的数学分析，也在工程管理中得到了应用。

数学方法的应用给管理学注入了新的活力。在管理应用方面，由咨询与决策产生了对策论，由物资运输科学化产生了规划论（包括线性规划、非线性规划、动态规划等），而排队论（亦称随机服务系统理论或公用事业理论中的数学方法）、最优化方法、运筹学等，也都是数学方法应用于管理活动而产生的新学科。近年来，计算数学的发展也十分迅速，它在向管理科学和管理实践渗透中产生了许多新的边缘性学科，如管理统计、管理预测和评价等。在国民经济管理和企业经营管理中，计算数学也是不可缺少的工具。

此外，计算机还为数学方法应用于管理开辟了新天地。它不仅可以协助管理者对管理活动的全过程进行宏观的调控，提高管理跨度，而且使管理活动高速化、精确化，以适应高速发展的现代社会的需要。当然，随着现代管理的发展，人们对管理世界各个层次的认识越来越深入，管理科学的研究对象也越来越复杂，反映到管理的认识手段和方法上，就是比以往任何时候都更加需要多种方法协同发展。所以，数学方法虽适用于管理的众多领域，但它又不是万能的，还需要同其他方法配合使用。

3. 预测方法

预测是指对于客观事物的未来发展状况进行分析、估计、设想和推断。预测并不神秘，事实上，人们时时处处都在作出预测。例如，出门注意天气的变化、预定乘车路线等，这些过程都包含预测。日常生活中的预测一般比较简单，容易执行。但对于管理活动来说，预测的内容就复杂多了。

科学的预测，应通过对客观事物的历史和现状进行科学分析和调查研究，由过去和现在推测未来，由已知推测未知，从而揭示和预见事物未来的发展趋势和变化规律。科学的预测不是随意猜测，也不是"未卜先知"，而是在正确理论的指导下，对客观事物进行深入的分析，并运用现代先进的预测技术，作出系统的研究。

1）常见的现代科学预测方法

常见的现代科学预测方法主要有以下几种。

（1）专家评估法。专家评估法，即组织有关领域的专家运用专业方面的经验和理论，研究预测对象的性质，对过去和现在发生的问题进行综合分析，借以对发展远景作出判断。专家评估法主要包括个人判断、专家会议等。个人判断一般指权威专家凭个人经验和知识才能作出预测。专家会议即依靠专家集体智慧作出预测。

（2）预兆预测法。预兆预测法是一种通过调查研究超前现象推断后继现象的预测方法，它是因果联系最敏捷的发现形式。预兆预测法的关键是准确掌握后继现象与超前现象之间的种种联系，特别是要注意两者的内在联系，排除偶然性。有时只知道两者相伴发生，并不知道其内在联系，这种预测便是不可靠的。只有密切注意两种现象相伴的再现率，并通过思考发现两者之间的本质联系，才能确定引起后继现象的超前现象，从而对将来的发展趋势作出正确的预测。

（3）时间序列预测法。时间序列也叫时间数列，是指将某种统计指标的数值，按时间先后顺序排列而形成的数列。时间序列预测法，就是通过编制和分析时间序列，根据时间序列所反映出来的发展过程、方向和趋势，进行类推或延伸，以预测下一时期或以后若干时期可能达到的水平。时间序列预测的内容包括：①收集整理某种社会现象从过去到现在的历史资料，将其编成时间序列，并按各种可能发生作用的因素进行分类（长期趋势、季节变动、循环变动、不规则变动）；②分析时间序列，从中寻找该社会现象随时间变化而变化的规律，得出一定的数学模式，并以此模式去预测该社会现象的未来情况。

（4）回归分析法。回归分析法是指研究引起未来状态变化的各种客观因素的相互作用，找出各种客观因素与未来状态之间的统计关系的方法。这是一种依据事物间的因果性原理，用数学工具建立的预测方法。在客观事物中，某些变量之间存在着一定的依赖关系，一个变量的变化引起另一个变量的变化。当人们能够准确发现这些变量之间的数量关系时，就表现为函数关系；难以准确确定其数量关系时，就只能通过对大量数据的分析，找到某种相关性关系。为了定量地把握事物的因果规律，需要通过回归分析这一中介，使相关关系转化为函数关系。回归分析就是根据大量统计数据来近似地确定变量间的函数关系，即定量确定相关因素间的规律的方法，它可以用来预测未来。

（5）类推法。类推法至少是在两个事物中进行的，一个作为模型出现，另一个作为被预测事物出现，前者称为类推模型，后者称为类推物。类推法的本质是把类推物与类推模型进行逐项比较，如果发现两事物间的基本特征相似，并且有相同的矛盾性质，就可用类推模型来预测类推物。

2）预测的程序

预测的程序一般包括以下几步。

（1）确定预测目标和任务。预测目标是指预测所要达到的目标，实际上就是确定未来事物质和量的规定性，或者是两者的统一。预测总是为一定的目标和任务服务的。管理的目标和任务决定了预测的目标和任务。只有目标清楚、任务明确，才能进行有效的预测。

（2）输入预测信息。预测结果的准确性取决于输入信息的可靠程度和预测方法的科学性。预测所需的资料既有纵向的，也有横向的。对于已占有的资料要进行周密的分析、检验，检验其可靠性，并通过分析去粗取精、去伪存真。还要检查统计资料的正确性与完整性，不够正确的要做适当的调整，不够完整的要填缺补齐。

（3）预测处理推断。预测处理推断是指根据预测资料，运用一定的逻辑推理方法，对事物未来发展趋势进行预计和判断，这是预测的关键环节。在实际工作中，我们可应用的预测方法很多，具体选择什么方法，应依据预测目的和预测对象的特点、资料占有情况和预测经费及预测方法的适用范围等条件来决定。

（4）输出预测结果。输出预测结果包括鉴定预测结果和修正预测结果两个内容。预测毕竟是对未来事件的设想和推断，受到资料不足、方法不好及人们认识的局限性等因素的影响，容易产生预测误差。误差越大，可靠性就越小。因此，必须对预测结果进行鉴定，并对误差大小作出估计。分析误差的目的，在于观察预测结果与实际情况偏离的程度，并找出发生偏离的原因。输出预测结果是预测程序中的最后一个步骤，它既是通过修正预测结果，使之更符合客观实际情况的过程，又是检查预测系统工作情况的过程。

从管理实践的角度来看，加强预测是提高管理者应变能力的可靠保证。科学技术的迅猛发展，特别是现代化通信工具、信息手段及电子计算机的应用，使管理者面对一个瞬息万变的世界，这就需要他们加强预测，提高应变能力，对于各种不同的可能性，作出不同的准备。同时，加强预测也是提高企业工作效率和经济效益的迫切需要。在现实生活中，出现了大科学、大工程和大企业。因此，现在要发展一项事业不仅仅比以前需要更多的经费、精力和时间，更需要科学预测。例如，一个新的化工联合企业，从设计、施工到投产，一般要花五年左右的时间。如果在设计时不能预见化学工业的发展趋势，那么这个联合企业可能在竣工前就已经过时了。

4. 统计学方法

企业策划领域常用的研究方法之一是科学地设置问卷，通过正确的抽样调查获得数据，进而恰当地运用统计学的工具处理数据，并依据对统计结果的正确解释来导出结论，作出决策。

一个社会科学的研究结论在付诸实践之前，人们难以从结论本身判断其正误，只能从其研究的基础数据来源是否合理、问卷设计是否正确、抽样方法是否科学、调查过程是否能够保证数据的可靠性、数据处理是否正确等方面来判断该结论是否建立在充分的论据基础之上、其论证过程在逻辑上是否一致，从而判断该结论是否成立。这种判断方法正是国际上在研究结论付诸实践之前判断管理学及其他社会科学研究成果是否成立的基本方法。

统计研究，特别是结合实际问题的统计研究，往往涉及大量的数学运算。随着现代计算机技术的发展，相关人员已经开发出了许多面向用户、界面友好、功能强大的统计软件。SPSS（statistical product and service solutions，统计产品与服务解决方案）软件就是目前社会科学领域使用广泛、功能强大的统计软件之一。SPSS 软件简化了统计计算和研究工作，降低了运用统计方法的数学门槛，大大提高了工作效率，为统计方法在人文社会科学领域的普遍使用提供了便利条件。

现代技术方法还有一个共同的特点，就是它们离不开计算机的帮助。今天，基于计算机应用所产生的管理的新系统、新方法和新概念，为创新企业策划提供了强有力的技术支持。

补充案例

流量时代，波司登不焦虑

2021 年 6 月 8 日，新华社刊发了一篇由波司登品牌中心总经理朱金丹撰写的波司登品牌传播经验分享。作为近年来国有品牌崛起的典型，波司登的经历无疑具有重要的启示价值。全文如下。

流量时代已经进入下半场，互联网平台流量见顶、红利消失、内卷加剧，很多企业越来越为增长而感到焦虑。眼见"私域流量""流量池""直播带货"等概念或玩法迭出，可追逐者众多，成功者极少，焦虑像迷雾一样仍散布在很多企业前方。

同样身处流量时代，波司登感受到的不是焦虑，相反，我们对未来感到乐观、充满信心。相比追逐层出不穷的新概念、新玩法，我们相信，无论环境如何变化，当拥有一流的产品、一流的品牌时，当越来越多消费者购买羽绒服的首选是波司登时，波司登就没有什么好焦虑的，更不用提所谓的流量焦虑了。

最近这 3 年，波司登发生了巨大的变化，我作为品牌负责人，参与并见证了波司登的再次崛起，这个过程也令我在品牌传播方面有了很多成长和收获。

纵观中国市场，2020 年中国防疫出色，国民自信大幅提升。近期的中美高层战略对话、新疆棉花事件，更使爱国情绪空前高涨，越来越多人呼唤国牌崛起。中国品牌是中国崛起一股重要的经济力量，中国品牌也将迎来比过往更好的发展环境，但这并不意味着这一过程是容易的。

品牌崛起一定是建立在高品质产品的基础上，产品品质是品牌打造的基石。不过，产品品质好，并不意味着品牌力强。以波司登为例，虽然深耕羽绒服领域 45

年，拥有很多行业领先的专利技术储备，比如防跑绒技术等，可是波司登却在2018年之前经历了一段品牌的低迷期。一句老话说得好，"酒香也怕巷子深"，许多中国企业的产品已经达到行业领先水平，却因为品牌力的问题，经营情况并不是很好。

需要承认，国外企业在品牌打造方面已有上百年的实战经验，而中国企业在改革开放后，从重视产品生产到重视品牌打造，至今不过几十年时间。国内企业的品牌影响力、品牌打造经验，距离国外企业还有较大差距。经典的品牌传播理论、知名的4A公司多数来自国外，在这种情况下，中国品牌如何找准超车崛起的路径？

波司登曾深入思考过这些问题，我们也找到了自己的答案。

高德康董事长曾和我说，波司登这些年在品牌打造上取得了一些成绩，要勤总结多复盘，而且不要把这些经验藏着掖着，要多拿出来分享，除了做好波司登的品牌，应该想办法帮到更多的国牌在崛起过程里少走弯路，为国家做更大的贡献。

波司登和很多成功的中国品牌有所不同，从低谷重新崛起非常困难。回看2018年波司登遇到的问题，虽然羽绒服产品质量是行业领先水平，但是外界对波司登的品牌认知却与之不符。在这个背景下，2018年，高总确立了全球热销的羽绒服专家战略方向以及激活品牌的战略方针。在品牌传播方面，我们希望扭转波司登在一二线城市主流人群的市场表现，实现波司登品牌的崛起。这几年复盘下来，波司登的品牌力正在稳步提升，我们对品牌传播所取得的成果还是满意的。

这里我想着重分享其中行业普适性强且重要性高的三点，相信对很多正在思考如何才能崛起的中国品牌而言，会有一定帮助。

（1）先硬广、后公关更有效。

（2）传播内容上要聚焦给顾客选择的理由，且持续一致。

（3）分众电梯媒体的引爆力组合央视的权威，依然是最佳拍档。

经验一：公关与硬广要打好配合

过去在做品牌传播的时候，第三方公司会提报各种话题公关方案，这些方案确实都很有创意，可问题是，我们做完这些公关，是否能够有效影响到我们的目标消费者？动辄数以亿计的曝光和百万、千万级的阅读数据背后，意味着什么？

事实上，各行业每天都有数不清的品牌在做话题公关，真正能对外界产生影响、让消费者关注到的只是凤毛麟角。想要做出好看的数据很容易，想真正产生影响不容易。绝大多数品牌实质上是在数据注水的虚假繁荣中自欺欺人。

很多被大家关注到的品牌公关，往往本身品牌力就很强，看看微博真实的热搜和讨论情况就能知道。话题公关的关注度、传播效率，除了创意策划之外，不能忽视的一个重要维度，就是这个公关是"谁做的"，越成功的品牌做公关越容易成功。

许多还在探索崛起之路的中国品牌，面对非常耗费资源的硬广投放，常常会被成功品牌通过主题公关的"花小钱，办大事"的表象所吸引，再加上注水数据的掩饰，不知不觉中浪费了不少资源和时间。

2018年的波司登，品牌热度不高，面对天花乱坠的话题公关方案，我们认为话题公关要拿到成果，挑战很大。因此我们做了两个调整：一是我们在启动话题公关的前几个月就开始加强了分众传媒和央视两大媒体硬广投放，提升消费者对波司登品牌的关注度；二是在话题公关节点，除了门店信息调整之外，我们还同步配备了不少线上、线下的硬广资源，内容上也基于公关主题进行匹配，强化顾客接触品牌信息的频次。从后续消费者调研的反馈来看，话题公关触达的情况比过往有质的提升。

经验二：内容上，持续要给顾客选择的理由

受到一系列国外品牌传播经典案例的影响，很多中国品牌都喜欢找一句话广告语，我们认为这是一个致命的错误。

对现在的波司登而言，必须通过品牌传播提升自己的品牌热度，给到消费者选择波司登而不是其他品牌的理由——更专业、时尚。同时有别于销售话术，这个理由是品牌层面的，兼具内容上的美感。所以大家会看到我们的广告语和公关主题，都会清晰传递出这些信息。

这是我们这三年来一直对外传播的广告语：

为了寒风中的你

波司登努力 45 年

波司登羽绒服

畅销全球 72 国

赢得超两亿人次选择

公关主题创意是一个难点，我们希望创意有话题、有热度，但再有趣、好玩的创意，如果无法有效结合我们想传递的选择理由，这种创意在我们看来都是无效的。以 2018 年为例，我们通过亮相纽约时装周、推出三大设计师联名款、荣获 Outside 2019 年度户外装备大奖，加深了很多消费者对波司登时尚、品质的感知。

经验三：分众电梯媒体引爆+央视背书依然是最佳拍档

确定广告语不容易，投好广告更不容易。

硬广投放有两大困难：一是有效传播难，互联网的发展使信息的粉尘化、快餐化不断加剧，各种非广告的内容都开始难以引起消费者注意，品牌们想通过广告传递信息给顾客更显得难上加难；二是效果评估难，品牌广告不像用促销活动信息刺激转化购买的效果广告，建立品牌认知优势到实际转化购买有时间差，判断品牌广告投入的效果并不能用 ROI（return on investment，投资回报率）来衡量。

正因为如此，对硬广投放有深入的底层思考、形成一套判断标准显得尤为重要。我们内部思考硬广主要会从三个要素看：媒介受众、接收状态、触达频次。

媒介受众：不同的硬广媒介有不同的受众群体，比如机场广告主要覆盖商旅人群。

接收状态：不同的硬广媒介，受众接收状态受到个人当前状态、周边其他信息的影响，尤其是其他广告产生的虹吸效应。比如，当我们广告的信息密度落后时，顾客在这个媒介更容易记住的是其他品牌的信息，我们投放的广告会被虹吸掉。

触达频次：要考虑单一硬广媒介及媒介组合对消费者的重复触达能力。

我们希望单个消费者能够有效多次接收到我们的品牌广告信息。从记忆的角度，信息越精练越好，受干扰越低越好，重复次数越多越好。原则上，单一媒介要形成投放量的领先优势，使受干扰、虹吸的影响尽可能降低。

基于上述考虑，我们这几年的硬广主力重点选择了当下最具引爆力的中心化媒体——分众电梯媒体。

分众电梯广告对一二线城市的覆盖率很高，这是波司登薄弱但亟须打开的市场；接收状态方面，电梯的封闭性能够降低干扰，提高单次触达的有效性；触达频次方面，电梯广告一天实现对同一住宅、写字楼消费者 4~6 次的高频触达。所以总体来看，这几点优势是其他硬广媒体不具备的。

在选择电梯广告作为主力硬广媒介之外，我们还加强了央视的投放。电视媒体虽然受到互联网的冲击，收视率处于下滑态势，但它对三线及以下城市的长尾覆盖、对政府事业单位人群的收视覆盖较好，而且对品牌有一定的背书能力。

机场我们也做了一些补充投放，叠加一二线城市的分众电梯广告，加强对商旅人群的重复触达。此外，机场大幅平面广告也有助于补充波司登的品牌势能。

为了评估硬广投放效果，我们每年都会对顾客认知、广告触达情况进行详细的调研，分众电梯媒体的触达率在这三年的调研结果中都是所有媒体中最高的。随着品牌传播的不断深入，波司登在一二线城市的市场表现得到显著提升，这和我们当初选择分众合作想达成的目标基本也是一致的。

回想 2018 年，在还无法像现在一样明确知道硬广组合的效果之前，我们能如此笃定推进这个硬广组合的原因，是对硬广媒介有了底层思考，有自己的判断标准，而不是对市面上其他品牌的跟风模仿。

至于互联网广告，我们更多是配合主题公关投放，而效果广告，主要是为电商渠道引流，基本是归属到渠道费用的。值得一提的是，随着波司登品牌力的提升，线上旗舰店对流量广告的依赖大幅下降，流量广告的 ROI 也提升巨大，品牌力无疑是消除流量焦虑的关键。

最后，还想提一下对"跟风""模仿"的看法。

一是对互联网新概念、新玩法的跟风。波司登这套传播策略，我们内部复盘交流时，大家会笑称我们是"保守派"，因为没有那么多互联网时兴的玩法。在我看来，方法新不新不重要，有效才是最重要的，品牌传播要回归本质，就是对目标群体的有效沟通，我们每年也会基于这个标准，不断检视策略的有效性。

二是对成功企业传播方式的照搬式模仿。照搬式模仿往往会得到失败的结果，因为即使是低效甚至是无效的方式，对于品牌力强的成功企业而言，做之后也会看起来有效，它们天然容易受到消费者的关注和追捧。但是对于品牌力还不足的企业而言，传播成功的条件要苛刻许多。

　　避免盲目"跟风""模仿"的最好方法，就是实事求是、深度思考。今天分享波司登的经验里，具体做法并没有那么重要，我认为这些做法背后的思考更有价值，做法只是思考的示意而已。中国品牌们能基于自身情况独立思考，才是最重要的。

（资料来源：销售与市场公众号，作者为波司登品牌中心总经理朱金丹，2021年6月10日。）

小　结

　　企业策划要求人们综合运用经济学、管理学、哲学、系统科学、社会学、生态学、历史学、文化学等学科知识去分析企业行为，解决企业所面临的问题。经济学理论在企业策划中的运用有经济学基础和技术经济学基础。决策理论学派、经验管理学派、管理科学学派、管理角色学派、管理过程学派、权变理论学派、系统管理学派等七个管理学派的思想已被广泛运用在企业策划学的实践中。在实际策划过程中，人们经常运用哲学方法去观察问题、提出问题、分析问题和解决问题。实践原理、驾驭原理、理性原理、思辨原理、放大原理已经被广泛应用于企业策划中。

　　经济学的研究方法有假设、模型和数学工具的运用，实证分析与规范分析，微观经济学和宏观经济学。管理学的研究方法有管理研究方法、管理模型的构建。策划的方法原理可以归纳阐述为策划中必须遵循方法的创造和运用规律，正确地选择和创造方法，正确地运用方法，发挥方法的最大效用，以提高人类改造社会实践活动的成效。

习　题

1. 试述技术经济学原理在企业策划中的运用。
2. 什么是管理研究中的问题导向？
3. 统计学方法在企业策划中有什么作用？
4. 波司登案例的启示有哪些？

第3章 企业策划的基本程序和具体方法

内容提要

策划本身是创新性、实战性很强的工作，具体策划时因行业、区域、形势、机会及企业目的、企业状况、策划人状况等的不同，策划工作的程序也会有所不同。但与其他事物一样，策划工作也有一定的规律可循，本章就是要介绍策划工作在程序步骤上的一般规律。本章介绍了策略构建方法与工具和诊断方法与工具两种主要的分析方法和工具，专项的研究方法与工具没有涉及，需要读者去深入学习。本章还探讨了企业策划应坚持的原则，即创新原则、理论联系实际原则、系统集成原则和效益原则。

导入案例

和自己人，喝"会稽山1743"——"会稽山1743"品牌推广策划案

会稽山绍兴酒股份有限公司（以下简称会稽山）的前身为"云集酒坊"，始创于1743年，1951年被政府接收更名为云集酒厂，1967年更名为绍兴东风酒厂，2005年更名为会稽山绍兴酒有限公司，2007年更名为会稽山绍兴酒股份有限公司，2014年8月25日在上海证券交易所上市，股票代码601579。

1915年，在巴拿马-太平洋万国博览会上，云集酒坊为绍兴黄酒获得第一枚国际金奖。2016年，会稽山典雅三十年陈绍兴花雕酒成为G20杭州峰会指定用酒。

会稽山拥有绍兴酒本部、嘉善黄酒、安吉乌毡帽酒业三大生产基地，以及"会稽山""西塘""乌毡帽""唐宋"四大主要品牌。公司秉承"传统工艺、现代装备、智能控制、绿色精酿"的酿酒理念，用现代科技演绎传统工艺，创造了"持续生产、持续发展、专注酿酒"三大奇迹。公司是黄酒、绍兴黄酒国家标准起草单位之一，也是集中华老字号、绿色食品、国家地理标志保护产品、"绍兴黄酒酿制技艺"国家非遗传承基地等国家级荣誉于一身的企业。

一、"会稽山1743"上市背景

2019年，恰逢中华人民共和国成立70周年、会稽山前身"云集酒坊"创建276年，作为中国黄酒文化的传承者和发扬者，会稽山拥有厚重的历史积淀、独具匠心的技艺传承、享誉中外的文化名片（1915年巴拿马-太平洋万国博览会金奖），但其低价值感、低存在感及消费区域的局限性，阻碍了企业品牌的拓展和市场的做大。

近年来，会稽山虽然有"纯正五年"绍兴酒的成功案例，且单品销量超过 350 万箱，位居中国黄酒行业首位，但包括会稽山在内，黄酒整体价值中枢严重偏低，如果头部企业不能有效突破，势必影响产业整体做大做强。

作为行业重要企业，会稽山有责任和义务承担起引领行业创新发展的使命，做"第一个吃螃蟹的勇士"，紧随消费升级的大潮，做黄酒新生活方式的推动者和新概念饮用的倡导者。基于此，会稽山立足品类视野，深度挖掘黄酒核心消费者的心智定位，创新提炼"熟酒"文化，并以此作为品牌价值输出，倡导一种于人于己更为亲近自在的饮酒文化。

"会稽山 1743"由此横空出世。

二、会稽山 1743 上市策略

"会稽山 1743"的成功问世，是企业持续进行战略聚焦、打造大单品的策略选择，是时代赋予会稽山的使命。

2009 年，会稽山联手特劳特公司，通过差异化定位，打造了黄酒产业第一款战略单品——会稽山"纯正五年"绍兴酒。经过 10 年的探索和运作，"纯正五年"绍兴酒年销量已突破 350 万箱，成为中国黄酒产业第一个，也是最为经典的大单品。

十年磨一剑。2019 年，会稽山以其 276 年历史传承成就的品质自信、品牌自信和文化自信，彻底颠覆了黄酒传统的年份营销概念，跳出土特产和艺术品营销的老旧思路，以全新的营销视野，推出"会稽山 1743"新品，提升了会稽山和中国黄酒的价值中枢，为黄酒消费者带来不一样的美酒体验，引领产业中高端消费的新潮流，为中国黄酒产业振兴贡献了会稽山智慧和会稽山力量。

三、"会稽山 1743"市场定位

"会稽山 1743"跳出长期围绕产品做营销的传统思路，站在品类高度振臂一呼，以产业视野，做"大蛋糕"，共享品类成长红利，为消费者营造全新的消费和品饮体验。

研究表明，在潜意识中，消费者害怕风险，涉及具体的市场营销时，否定强于肯定。品类定位是品牌定位的基础。如果从感性需求出发，白酒属于豪情文化，啤酒属于激情文化，红酒属于爱情文化，那么，黄酒就是温情文化。由此我们可以演绎出酒类饮用场景文化的集群。白酒用于宴请，啤酒属于随性，红酒归于商务，黄酒更适合"和自己人喝"的亲情、温情文化。

"和自己人，喝'会稽山 1743'"的品类定位，完美诠释了会稽山百年如一日，用心酿好"一缸酒"的执着和坚守，展示了会稽山守正创新的内生动力。这是会稽山以消费者为核心的市场营销理念的进一步深化，是持续倡导黄酒"熟文化"理念、深度挖掘黄酒消费潜能、做大黄酒品类"蛋糕"的有力尝试，是新时代人民对美好生活向往的优质载体。

在产品形象上，"会稽山 1743"抛弃了黄酒传统土特产的形象，其品质传承会稽山 276 年的独特酿艺精粹，集几十位酿酒师的智慧于一身，由 10 多位黄酒国家级评委品鉴把关，度数低，酒香淡雅，口感舒适柔和，余味绵长，格调高雅；其包装设计借鉴传统版画技法，将经典文化与时尚创意融于一体，以厚底光瓶和牛皮纸箱为外包材料，设计简约大气，符合绿色环保理念，顺应年轻消费者的需求；其独特的江南元素"小桥、流水、人家"组合，既展示了绍兴水乡优美的酿酒场景，又开启了消费者独特的空间想象和诗意体验，将中国元素、中国文化、中国自信很好地糅合到一起。最后，一句"和自己人，喝'会稽山 1743'"水到渠成，让每一个消费者在细品慢酌之中感受到江南水乡独特的生活体验。

四、基于大数据的市场推广

"会稽山 1743"在沿用"纯正五年"绍兴酒成功经验的基础上，创新营销方式，除了线上线下通盘考虑、市场政策资源合理分配，还依托公司有效的智能信息管理架构，引入二维码管理体系，既增加了品牌和消费者之间的互动与消费体验，又实现了产品销售的实时动态显示和全程可溯源管理，市场部门实时掌控每一瓶酒的市场流向，便于公司对整体营销资源进行精准调度和把控。

五、总结

黄酒是一种充满温情、亲情的熟酒。"会稽山 1743"基于现代人的生活方式与人际交往的亲密链接，倡导一种亲近自在的"熟"文化理念。该新品立足品类高度和消费情感诉求，便于记忆和传播，让消费者在浅酌慢饮之中感悟独特的人生体验。

（资料来源：会稽山公司傅祖康和杨国军撰写。略有改动。）

3.1 国外对策划程序的划分

3.1.1 米莱特的程序划分

D. 米莱特（D. Millett）在论述策划时，主张策划过程最少应分为以下三个阶段：设定目标、测定现状、设计明确的活动计划。

将策划过程大致区分后，米莱特强调，策划是为行政运营提示发展方向的手段，如果在这三个阶段不能实现，便无法完结。特别是第三个阶段——设计明确的活动计划，在研究有关策划的问题时，常有被忽略的倾向。但在行政范围内，如果没有对行动路线的具体性提案，策划也就无法成立。

米莱特在其后出版的著作中，对策划过程有更具体且卓越的见解。他认为，将管理所推行的策划业务分成三个广泛的阶段，似乎易于理解。这三个阶段密切关联，一定能相互给予影响。这三个阶段与特定事业计划相似，属于一般的政策问题，可以分为下面几种。

（1）设定一般目标或一般目的。

（2）评价为实现这种目标所能使用的手段或资源。

（3）准备为达成设定目标而实行的计划。

这种划分，也适用于政府执行业务的所有领域。

3.1.2　莫里森的程序划分

英国工党领导者赫伯特·莫里森（Herbert Morrison）在论述经济策划时，主张把策划作理论性区分，可分为下列五个阶段。

（1）树立计划的决心，把握策划的意义。

（2）确认计划建立在全面实际的基础上，搜集实用的事实及预测将来。

（3）实施订立方案的计划，参照各计划所提示的内容、资源及限制事项，比较、检查各计划所需要的费用。

（4）订立包括计划所包含事项及计划剔除事项在内的计划草案。

（5）实际施行计划。

提出上述阶段划分方法后，莫里森还认为其中最重要的决定性阶段，是树立计划的决心、把握策划的意义这一初始阶段。

3.1.3　江川郎的程序划分

日本策划家江川郎提出，策划的程序如果要细分，其实没有止境，不过大而言之，可分为四个步骤、十五个程序，具体如下。

第一步：

（1）发现策划对象。

（2）选出策划对象。

（3）明确认识策划对象。

（4）调查、掌握策划对象。

第二步：

（1）描绘策划轮廓。

（2）设立策划目标。

（3）探求策划出发点。

（4）酝酿创意，产生构想。

第三步：

（1）整理策划。

（2）预测结果。

（3）选出策划案。

第四步：

（1）准备提案。

（2）拿出提案。

（3）将提案付诸实施。

（4）将结果运用于下一个策划。

接着，他对四个步骤作了如下说明。

第一步，把焦点对准策划的对象（主题），针对明确而重要的主题进行切题的策划作业。

第二步，描绘出策划的大轮廓，设定策划实现时可期待的策划成果目标，为构筑具体创意探求所需的切入点。将创意酝酿成熟，以便具体纳入策划案中。

第三步，将这些充满构想的具体策划案整理成策划书，并在实际整理的过程中试着预测具体的结果，修正策划内容，刻意润色、表现，对策划案进行取舍选择。

第四步，提出策划案，付诸实施，观察结果，作为下一次策划的参考。这时有必要考虑什么样的提案比较合适、如何才能让上司接受等人为因素。

3.1.4　班菲尔德的程序划分

美国哈佛大学的 C. 班菲尔德（C. Banfield）在他的论文中指出，为便于计划，可将策划分为四个阶段，从而使计划更合理，具体如下。

1. 状况的分析

策划者的任务虽然是依据当前的情况计划将来所要达到的目标的手段，但其想象常受状况设定等诸条件的约束，特别是受其能任意利用的资源（不但指自然资源，还包括法律及其他权限、信息、时间等在内）与策划中的各种障碍的约束。因此，策划者要寻找约束与障碍尽量少的行动路线，以增大成功的机会。有时，达到目标的各条途径会被完全阻断。

2. 目的的设定及具体化

所谓目的，是指事务未来状态的影像。目的的设定极易流于模糊且散漫，因此，要使目的在具体环境下能够作为选择的基准，需要策划者用明晰的、具体的词语来表达它。目的的设定有时比较概略，这时策划者应对其具体内容作明确的说明。目的有积极要素和附带要素，策划者应对两者进行明确区分，然后在对两者进行相对价值判断的基础上，设定行动路线。例如，为了消灭老鼠而烧毁房子，烧毁房子时的附带要素比消灭老鼠的积极要素重要得多。因此，策划者在设定目标时，要特别注意两者的协调。

3. 行动路线的设计

设计行动路线是实行计划或营运计划的基础。行动路线不能随意选定，应对各参考方案及其结果作细致的考察。

4. 结果的比较评估

若想使计划合理、可行，必须对所有可能的结果（包括策划者当初未预料到的结果）做全面的考察。因此，杰出的策划者，要能预料到难以预料的结果，并预先想好对策。一旦行动路线确定，是无法只选择好的结果的，所出现的结果，无论是好是坏，只能一概接受。

如果结果能以数字指标来表示，对结果的评估就会一目了然。但对于不能数字化的无形结果，策划者只能进行比较评价。

3.2　企业策划的基本程序

策划，从现代意义上来讲，是一个综合性系统工程，其本质是刻意创新、灵活多变、不受拘束。世界上没有两片完全相同的树叶，也没有完全一样的企业，因此，也就没有完全一样的策划方案。所以，原则上不应有完全固定的步骤、完全规范的程序和不变的框架。

但对于初涉策划的人来说，单纯靠自己经验的积累是很难成功的，学习、借鉴前人的经验，然后依据具体需要、条件变化，随机地加以创新，才是"多快好省"之路。依据系统分析的基本步骤，本节笼统地将企业策划分为几个基本程序，如图 3.1 所示。

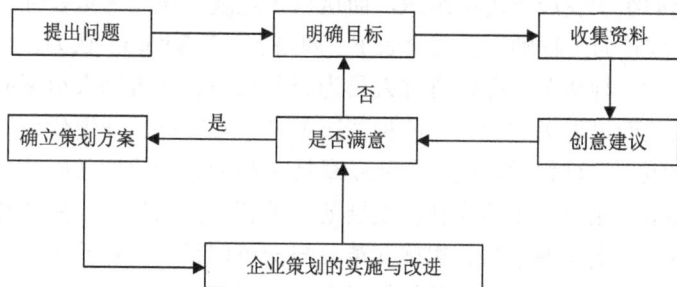

图 3.1　企业策划的基本程序

系统分析是对一个系统内的基本问题，运用系统的观点、思维进行推理，在确定与不确定的条件下，探索可能采取的方案，通过分析对比、动态修正，为达到预期目标将外部环境与内部条件相结合、当前利益与长远利益相结合、整体效益与局部效益相结合、定性分析与定量分析相结合。为了寻求满意可行的方案，要集思广益，不断进行反馈，逐渐完善。因此，系统分析本身也是一个"学习"的过程。

3.2.1　提出问题

1. 提出问题，了解企业策划动机

为了使策划结果能达到预期目标，策划者要做好充分的前期准备，对企业的问题有一个深入的了解，把企业面临的各种各样的问题找出来，然后明确本次策划要解决的问题是什么。因为一次策划不可能解决企业所有的问题。这一阶段策划者与企业一起工作，包括讨论企业准备达到什么目标，以及策划者如何给予帮助，明确双方各自的作用，根据对问题的初步分析准备委托合同，并就策划合同进行磋商。企业委托策划，一般有如下动机。

（1）实现个人或组织的目标。企业所有关于管理与经营的策划都出自一个基本动机，即帮助自身实现个人或组织目标，取得明显的总体效益，包括行业领导地位、竞争优势、全面质量管理和提高绩效等。企业希望策划活动为其提供附加价值，这种附加价值是策划者为实现企业的基本目标作出的贡献。

（2）解决管理和经营问题。委托策划者解决管理与经营问题是企业最直接的动机。策划者的任务是鉴别、诊断企业的问题，并在深入分析研究的基础上提出解决这些问题的可行方案。通过诊断和治疗，企业的恶性发展将被遏制，潜在危机将会避免，良性经营管理将会持续。

（3）鉴别和取得新机会。企业把策划者看作一种有价值的信息资源和思想资源，希望通过咨询把这些信息和思想转变为发展自身的立意、创新或改进，如开发新市场和新产品、评估与使用先进技术、改进质量、增加消费者满意度、激励员工和开发人力资源及寻找新的商业机会等。

（4）强化学习。在一定意义上，企业的策划委托是想学习策划，企业希望在策划者的帮助下使自己的组织变成学习型组织，而这也正是现代策划的重要性质和社会功能之一。美国企业管理顾问工程师协会前会长 F. 西塔罗（F. Setaro）认为，可以把企业委托咨询的动机归纳为三种情况，即请咨询人员为企业思考、请咨询人员帮助企业思考、请咨询人员帮助企业改进思考过程。后两种情况就是学习委托。在现代咨询策划活动和知识经济中，咨询策划的这种学习效应可能是最持久和最有价值的效应。

（5）实施变革。企业为了适应社会发展的要求和迎接信息技术的挑战，希望通过咨询明确发展目标、制定发展战略、实施变革，与变革同行。企业希望他们选择的"变革代理人"能够帮助他们顺利完成变革的使命。

从行为学和心理学的角度看，无论客户是一个人，还是一个组织，其策划行为和动机都是有一定规律性的。研究表明，人的行为是由动机支配的，而动机取决于人的需求。

2. 把握问题，明确策划条件和要求

策划者给委托人带来各种直接的、间接的利益，且这种利益大于委托人付给策划者的委托投入，这是策划者或策划机构得以生存的基础条件；否则，策划者或策划机构不能达到委托人的期望，甚至相去甚远，不能给委托人带来足够的经济利益，就往往会出现合作、付费等方面的不愉快甚至纠纷。当然，策划者或策划机构给委托人带来的利益有直接的、有形的，如市场份额的增加和销售业绩的提升等；但更多的往往是间接的利益，如让更多的公众、顾客、合作者了解和认识该企业，让企业获得更高的知名度和美誉度，减少广告费和其他活动的花费（达到同样的甚至更好的宣传效果）等。

有一点应明确，策划活动与实体公司或企业在市场的运作不同，所要求的是两种完全不同的能力，因而策划者与总经理永远不能互相替代。社会对策划者的要求是思维能力（不管这种思维是"飞天"还是"落地"），而对总经理的要求是行动能力，包括对市场脉搏的把握、对竞争态势的判断、商业直觉、率众指挥能力、公关协调和危机处理能力及个人的关系背景等。通常，策划者对需要进行策划的行业和项目都有较为完整的把握，包括政策信息、行业发展动态、竞争态势、国内外运作模式（成功的、失败的）等，接触的同类型企业较多，积累的案例也就丰富，既能甄别个别案例的特殊点，又能发现类似企业存在的通病，特别是其超脱的位置所决定的分析、研究问题的客观性，是企业自身做不到的。正是这种专业优势加上位置的客观性，决定了策划者在为企业创造效益、规范运作、规避风险、减少失误及无谓损失方面有不可替代的作用。许多企业正是经历了"黑暗"中的摸爬滚打，经历了种种挫折、失败之后，明白了"借脑"比"用脑"（使用本企业智力资源）更有效、更划算。

所以，策划者要充分了解和把握委托企业能够提供的条件和提出的要求。这要由企业和策划者经过若干次的谈判、磋商才能确定。这种条件和要求一经双方认定，应及时签订相应的合同。作为企业，要明确自己可以为策划工作所提供的条件，其中最主要的是经费（不仅包括数额，还应包括支付方式）。此外，还有相关的信息、数据资料、企业经营销售情况等，并允许策划者到现场考察、访谈、调研。企业对策划者提出的要求主要包括：在内容、时间、质量和精细程度等方面达到合同规定，并为企业保守商业秘密等。作为策划者，一方面要向企业争取较宽松的经费条件和时间条件，另一方面要珍惜和充分利用这些条件，高效、高质量地完成策划项目。

3.2.2　明确目标

1. 界定策划问题

（1）界定策划问题的定义。所谓界定策划问题的定义，是指明确策划指向的内容或策划标的，并以定义的形式将其界定清楚，以保证在策划过程中不会偏离方向。通俗地讲，也就是策划什么，委托人要策划者做什么，它是构成策划业务的具体内容。它不仅包括策划的要求（时间要求和质量要求），还包括策划要达到的目的及策划标的，如商业街开街策划、企业战略策划、连锁经营策划、促销策划、企业重组策划等。企业策划可以涵盖企业生产经营过程的各个方面。可以说，有企业生产经营过程中对策划的需求，就有相应的策划标的。同时，同一策划标的，又会由于企业对策划的具体要求的不同，而表现出不同的工作过程和具体的成果形式。

下面案例中的策划之所以能取得成功，就是非常准确地界定了策划问题的定义：提升商品知名度和美誉度，在竞争激烈的市场上闯出一条路，提升销售业绩。

补充案例

用悬念吸引公众

为了提高产品竞争能力，法国芝利亚兄弟化妆品公司推出了策划者们精心策划的奇异广告——"征寻丑女"。广告大意为：凡是自信长得很丑的少女，如能到该公司长谈 1 小时，该公司愿付 20 法郎作为报酬；经谈话及考察，凡令该公司满意者，该公司将以重金聘用。广告刊出后，在社会上引起了极大轰动，人们议论纷纷，都觉得事出蹊跷，只见过征寻美女的，何时见过广觅丑女的？但议论归议论，仍然有一些自信长得很丑的人跃跃欲试。没过几天，就有十几名丑女前来应征。公司经过筛选，从中挑选了两名少女，然后大登广告：丑女已选定，并将于某星期六晚上与公众见面。

此消息传开后，许多人怀着好奇的心理奔走相告，相约一起去看看芝利亚兄弟化妆品公司葫芦里到底卖的是什么药。

星期六晚上终于来到了，人们纷纷涌向会场。当大幕拉开后，两位丑女登台，人们一见，果然奇丑无比。两位丑女作了简单的自我介绍后便走了下去，这时芝利亚兄弟化妆品公司总经理上台亮相。他说，此次征寻丑女，目的就是让大家了解一下公司生产的化妆品的功效，请大家稍等片刻，他们下去为两位丑女化妆，然后与大家见面。果然，没过一会儿，在舞乐的伴奏下，两位刚才亮相的女子又重新登台，不过此时她们已漂亮了许多，已不是刚才那种丑模样了。

前后明显的对比使观众大为叹服。从此，芝利亚兄弟化妆品公司声名鹊起，销售量日增。

（资料来源：曹孟勤，韩秀景，1996. 现代企业策划：21 世纪企业新突破[M]. 兰州：兰州大学出版社.）

（2）界定问题方法借鉴。德鲁克常用四个问句协助企业找到真正的问题。

① What do you really want to do？　你最想做的事是什么呢？

② What for？　你为什么要去做呢？

③ What are you doing now？　你现在正在做什么事呢？

④ Why？　你为什么这样做呢？

德鲁克不替客户"解决问题"而是"界定问题"，帮助客户认清问题、找出问题，然后让客户自己动手去解决最需处理的事。因此，只要界定问题，把问题简单化、明确化、重要化，问题就解决一半了。

2. 设定策划目标

（1）提出目标。提出并确定目标是策划活动展开的前提。没有目标，策划就会失去方向，也就谈不上进行策划。通常，策划的目标是企业迫切需要解决的问题（如企业知名度不高、销售不畅等），也可以是企业进一步发展（如重组、合资、境外设分店、上市等）将遇到的问题，还可以是企业开展某项活动（如开展连锁经营）的行动方案。这些目标通常是企业在现有组织框架、专业水平和经营理念中解决不了的，要借助"外脑"来进行。策划的目标可大可小，它制约着策划活动的复杂程度和工作量，通常要由策划者和企业双方协商并最后确定。

清楚而准确地设定目标，是整个策划活动能解决某个问题、取得某种效果的必要前提，也是评价策划案、评估实施结果的基本依据。

在实际策划中，有些情况下目标是很明确的，如调查策划的目标基本上都是预先给定的,但有些情况下问题与目标就不是那么明显,需要策划者自己去挖掘、去归纳。在这种情况下,常常需要进行事前调查。调查的详尽程度视策划的复杂情况而定。

目标是根据所要研究的问题来确定的,这就要进行问题分析,把问题的实质和范围准确地加以说明。将问题明确地指出,就等于解决了一半问题。界定问题要全面考虑各方面的需要和可能:在需要方面,除考虑委托企业的需要,还要考虑有关单位的需要;在可能方面,要考虑客观环境是否允许及企业的条件是否可能。当然,没有条件有时也可以创造条件,但创造条件也要有一定基础,条件不是随意可以创造出来的。界定了问题后,便可以将目标具体化了。

(2)注意问题。从策划工作的特性出发,在明确目标的过程中,还应注意以下三点。

① 主题意识。大多数策划工作是在委托情况下开展的,策划者必须弄清企业的本意、要求,即主题,把有限的时间和智能专注其中,避免南辕北辙。确定策划主题时,应避免同一化、扩散化、共有化倾向。

② 辩证求解。策划可以理解为以"实现目标"为一方,以"资源环境"为另一方,寻求连接两者捷径的工作过程。但大多数情况下,如果按线性规划求解,根本无解。如果换位观察、打破思维定式的束缚,换个角度辩证求解,往往可能出现"山重水复疑无路,柳暗花明又一村"的情况,关键是要解放思想,实事求是。

③ 有限合理。有限合理就是在给定条件和约束的限度内,适于达到既定目标的行为方式。具体来讲,就是在掌握内部结构的基础上,从全局出发,不急于求成;抓住关键后,要量力而行,先易后难,确定合适的工作范围,从而避免盲目行动。

值得注意的是,目的并不等于目标。目标是目的的具体化。将目的以一定的方式标识,即是目标。将目标具体化、数量化,则可提高达到目的的可能性。因此,目标的设定是一个复杂的过程。

3.2.3 收集资料

1. 收集与开发

(1)收集。收集是指从书报、网络、政府出版物、企业档案、账目、生产经营过程等,获得大量信息的活动。信息、材料、能源被誉为现代经济发展的三大支柱。企业是社会经济活动的一种组织形式,因此策划工作也必然要与社会有密切的信息交流。

信息开发的水平决定策划的水平,而信息开发的现代化和分析推理的科学化,是提高策划水平的基础性工作。从这个角度上讲,策划是"电脑+人脑"开发信息的过程。一个好的策划,是从信息的收集、加工、整理、利用开始的,而"好的开始即意味着成功了一半"。因此,收集信息对于策划工作的总体来说,是基础性工作,也是关键性工作。

信息类似于情报,而要做好一次策划,信息的收集、加工、传递、存储、检查、输出与利用等各个方面也必须综合起作用。信息,简单地说,就是我们通过感官及其他途径所获得的,过去、现在或未来的一切可以给我们带来效益的事物的运动状态及环境的消息。

（2）开发。对信息的开发，要强调以下两点。

① 开发工作要现代化。策划信息加工处理中，要努力提高计算机的应用水平。计算机应用是管理体制合理化、管理过程标准化、管理方法最优化、管理方法高效化的基础，及时、准确地掌握环境信息，已成为 21 世纪企业家工作的基础。

② 推理方法要科学化。推理方法的科学化表现在加工处理策划信息时应努力以科学原理为指导，充分发挥人的智力创新功能；根据现有信息资料，透过现象看到本质，去粗取精，去伪存真，探索市场的发展规律。预测发展变化趋势，主要依靠人的智能，而人的智能的放大又依靠理论指导，如信息论、控制论、系统论、逻辑学及创造学等。

信息推理从逻辑思维角度可分为归纳法和演绎法。不论用什么方法，获得委托策划企业第一手资料和信息都是至关重要的。

2. 收集资料的基本要求

在现代化大生产的技术经济条件下，企业的生产规模日益扩大、分工日益明细，信息数量急剧增加。与此同时，信息交换量巨大，传播速度很快。在这一大背景下，号称企业"外脑"的一批专门从事信息处理工作的咨询人员出现了。对于策划的起点——信息收集与加工处理工作，有以下基本要求。

（1）收集原始信息力求全面。不同地区、不同部门、不同环节的信息分布密度是不均匀的，信息生成量的大小也不尽相同。因此，我们在收集原始信息时，要进行大面积"扫描"，进行广泛的收集。对于经济与科技发展动态、社会文化活动、风俗与历史、哲学、心理学等领域的信息，都要综合收集，要特别注意防止重要信息遗漏。

（2）收集原始信息要求可靠。原始信息一定要真实、准确，在收集过程中要去伪存真。如果原始信息都不可靠，那以后各环节的信息也会一错再错，给整个信息收集与加工处理工作带来极大危害。

（3）保持信息的系统性和连续性。任何活动本身都具有系统性与连续性，尤其是商业活动。系统、连续地收集信息，是对某一事物的一系列运动状态和特征进行观察，对其发展的各个阶段及变化进行连续收集，要求所收集的信息能反映该事物的概貌。

（4）重点放在系统外的原始信息收集上。系统外的原始信息情况复杂、范围广泛、信息的生成量大、随机性强。但这一部分信息，往往是策划当中的重要原始依据，必须着重注意。

（5）信息加工要准确、及时、系统、适用。这实际上要求策划者的大脑要在短时间内进行迅速而复杂的运作，思考怎样将杂乱无章的现象变成有序而可利用的策划材料，以达到最经济的目标；怎样尽可能地降低信息的多余度和模糊度，使自己在最短时间内获得包含信息效益最大的资料。策划者必须在信息加工上投入较多精力，这也是体现策划水准与素质的关键。

收集、加工信息的目的是利用信息。市场信息有三个层次：全显信息、半潜半显信息和潜在信息。能否在这三个不同层次的信息中"慧眼识珠"，是对策划者的一个考验，更是策划者的生存资本。

3.2.4　创意建议

1. 创意的过程

策划创意又称企划创意，是指贯穿于企业策划过程中，紧紧围绕企业策划主题，选择一定视觉表现和听觉表现所进行的创造性思维活动。

关于创意的过程，英国心理学家 G. 华莱士（G. Wallas）提出了"创造过程四阶段理论"：准备期、酝酿期、顿悟期、完善期。加拿大内分泌专家汉斯·塞利（Hans Selye）用人类的生殖程序提出创意七阶段理论：恋情、受胎、孕育、阵痛、分娩、查验和生活。

因此，我们可以这么说：一个伟大的创意是美丽而高度智能与疯狂的结合；一个伟大的创意能使财富重组，使默默无闻的品牌一夜之间闻名全球；一个伟大的创意就像一只生金蛋的母鸡，使 100 万看起来像 1 000 万。

创意建议的重心就是由策划者根据自己独特的创意向企业提出行动建议。

2. 创意思维的类型

"创意"有两方面的意思：一方面是创造欲望，指人们心理上的一种强烈的发现问题和解决问题的冲动；另一方面，是意想不到的能带来效益的解决问题的方法，即富有创造性的一连串"点子"。可以通过以下思维类型来获得创意建设。

（1）想象——打破框架的创意。创意往往在想象的激发下产生。

（2）联结——信息组合的创意。其实，万事万物是普遍联系的，而许多创意都是将几乎并不相干的事物联系在一起。上海一位头脑专家有一个新奇的策划：上海新建了许多住宅新村，既庞大又纷乱，如田村、新村、一村、二村……十二村，找起来十分麻烦；但是，他巧妙地将新村的命名权出售给了一些企业，如一村改叫雅丝丽村，二村改叫飘洒村，三村改叫爱萝莉村……这样一改变，各方都得到了利益，对化妆品企业来说，是绝好的公关广告；对新村居民来说，住宅名字好听又易记；对新村的管理部门来说，可以通过这笔广告得到一笔资金来改善新村的公共设施。当然，策划者也用智慧得到了应有的回报。

（3）逆反——逆向思维的创意。为了修建一座动物园，决策者举行了一个专家会议，讨论怎样才能捉到老虎。会上有位拓扑学家构思非常奇妙，他说："不必再谈了，老虎已经捉到了！把笼子的内部变成外部，把外部变成内部……"他的发言，乍听起来挺荒谬，但是，天然动物园的创意便是用逆反思维这样创造出来的。在这种动物园中，老虎和其他野兽在自然环境下生活，而参观者却被关进活动的"笼子"——在密封的汽车里游览。这一创意带来的经济效益可想而知。

（4）破除——打破常规的创意。在现实中常常会有许多人为设置的框架，而在创意中，打破陈规，超越习惯思维方式，往往能产生绝佳的策划创意。

（5）灵感——灵光闪现的创意。人们在创造思维达到高潮阶段，往往以"一闪念"

的形式出现一种最富有创造性的思维突破。古往今来的重大科技发现和技术发明都与科学家的灵感思维有关。诗人、文学家的"神来之笔"，军事指挥家的"出奇制胜"，思想战略家的"豁然贯通"，科学发明的"茅塞顿开"等，无不有灵感因素在其中起作用。人们在创意过程中往往苦思冥想，对欲解决的中心问题反复地、紧张地、艰苦地、长时间地思考，但灵感的到来往往是"踏破铁鞋无觅处，得来全不费工夫"。

获得创意建议后，要对其进行必要的论证，征求相关各方的意见。如果大家认为可行，则进入确立策划方案阶段；要是不满意，或者不能通过，则要重新再来。

3.2.5　确立策划方案

1. 确立策划方案的步骤

（1）整理创意，形成策划方案大纲。策划者或策划小组将灵感突发产生的各种创意加以梳理，用活泼又规范的文字概括这些创意，融入体系形成策划大纲。策划者向企业的决策层提交书面大纲，选定时间与企业的决策层就策划方案大纲进行充分的沟通，征询其意见后对策划方案大纲进行修订或调整。

（2）深入研究，形成策划方案文本。策划者在对策划大纲修改、补充的基础上，通过深入研究，将大纲中所凝聚的构想、创意进一步条理化、系统化，形成策划方案文本。策划者将策划方案初稿在企业中、高层进行若干次的讨论并征求意见，对策划方案中涉及的目标、工作内容和工作责任、组织结构、实施措施、考核奖惩等充分交换意见，将企业中、高层反馈的意见在策划方案总的框架内加以体现。

（3）提出最终策划方案，并指导、培训方案的实施人员。策划者在吸收、融汇企业中、高层人员对方案初稿的意见并几经修改后，向企业提交正式的、最终的策划方案。在提交最终策划方案时，通常采取召开围绕策划主题的研讨会或交流会的形式，由策划者对策划方案的基本内容和方案最有价值的创意做较充分的说明。在策划方案正式通过后，针对策划方案的实施，还要对企业中层以上人员进行相应的专题培训，指导这些骨干掌握策划方案的基本内容和实施要点，全面推进策划方案的落实。

2. 策划方案的文本种类

策划方案包罗万象，大到国家大事，小到个人职业生涯规划，种类很多，不胜枚举。最常见的策划方案有一般企划案、行销企划案、广告企划案、新产品开发企划案、销售促销企划案、公共关系企划案、年度经营企划案、投资评估企划案、长期发展企划案、教育训练企划案等。

3.2.6　企业策划的实施与改进

策划不是为了策划而策划，而是为了取得一定的效果而策划。因此，如果策划仅仅停留在策划方案的阶段，它也就仅是供人观赏的摆设而已，不具有任何实际的意义。

日本策划专家江川郎认为，所谓杰出的策划，是指"杰出的创意＋实现可能性最大的期待效果"。可见，策划仅有杰出的创意是远远不够的，其效用最终表现在它的实施上。

有些学者常把提交策划方案与组织实施分成两个阶段分别加以说明。其实，从策划者的角度来看，从提交策划方案开始，策划即已进入实施阶段，两者是不可分割的。策划方案若不获通过，实施将无从谈起。如果将两者分开，容易给人一种误解——似乎提交策划方案只是一种形式上的审查工作，但实际上因未获通过而被束之高阁的策划是很多的。

策划方案通过后，企业需清楚，策划者不一定是执行者，若在执行过程中"走样"，考虑再周全的策划方案也只能停留在头脑中，难以在实际中见成效。另外，策划方案设计时与执行时的客观环境、约束条件等都可能发生变化，因此策划方案的实施应从构思到行动终结，不断检查与总结，逐步落入实处，从可操作性与收益风险的角度不断发现问题，进行改进与深入。

实施总结是策划的最后一个阶段。但是，严格地说，一项具体的策划，内容与形式都可能十分复杂，不会严格按照以上几个程序进行。程序只是人为总结出来的基本框架，而每一项高明的策划，都是由人灵活操作的。例如，企业策划的具体业务可分为技术开发、产品生产、财务投资、人才培养、市场调研与营销、公关广告、新闻策划、名牌战略、企业形象识别、CI（corporate identity，企业标识）战略、企业发展等各个方面。因此，要考虑的方面是多种多样、彼此联系的。介绍基本程序的目的，不是让策划者呆板地照这个程序去套，而是使策划者有基本框架。有了框架以后，高超的策划者，往往会在具体环境与条件下打破框架，完善方案。

3.3　企业策划的具体方法和工具

关于企业策划的方法与原理，本书第 2 章已做了阐述。本节主要讨论企业策划的具体方法和工具，主要对战略构建方法与工具、经营诊断方法与工具进行介绍。营销方法与工具、组织方法与工具、财务方法与工具等专业性的方法与工具这里不做介绍。

3.3.1　战略构建方法与工具

1. 波特的五种竞争力量模型

迈克尔·波特（Michael Porter）在《竞争优势》（1985）一书中提出了"影响行业盈利能力和水平的五种竞争力量"，具体内容如图 3.2 所示。

波特认为，这五种竞争力量都非常关键，因为它们会影响既定行业中公司产品或服务的价格、成本及必要的投资。五种竞争力量的实力会因行业的不同而不同，它们的集合实力将决定该行业中各个企业的盈利能力和水平。如果企业在对付这些竞争力量方面胜于竞争对手，就能够获得竞争优势。他还提出公司可以采取下面三种战略中的一种。

（1）成本领先：成为低成本领导者。

（2）差别化：独特性。

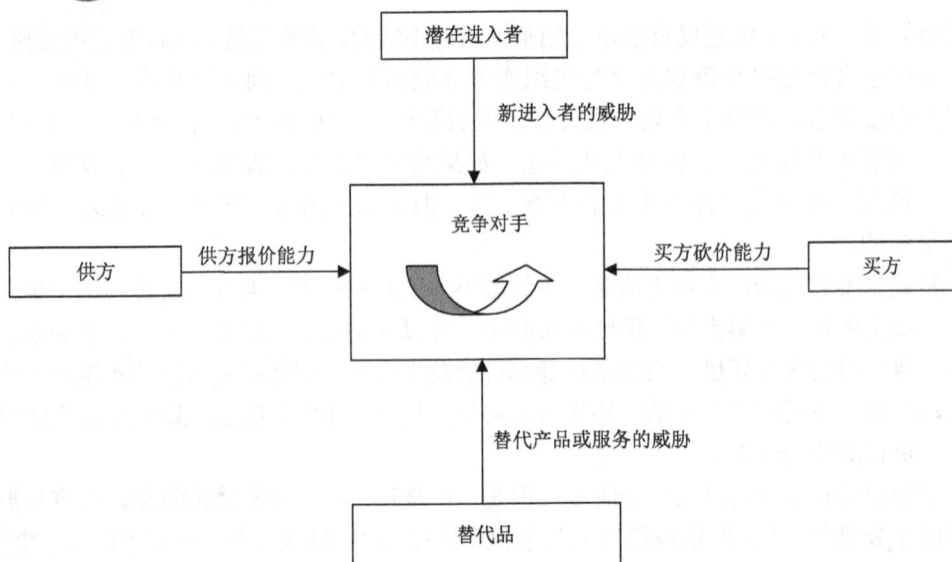

图 3.2　波特的五种竞争力量

（3）聚焦：聚焦焦点市场。

麦肯锡 7S 模型（图 3.3）是麦肯锡公司在 20 世纪 80 年代开发出的用来分析高业绩组织的一种方法，它是托马斯·彼得斯（Thomas Peters）和罗伯特·沃特曼（Robert Waterman）的著作——《追求卓越：美国优秀企业的管理圣经》的基础。

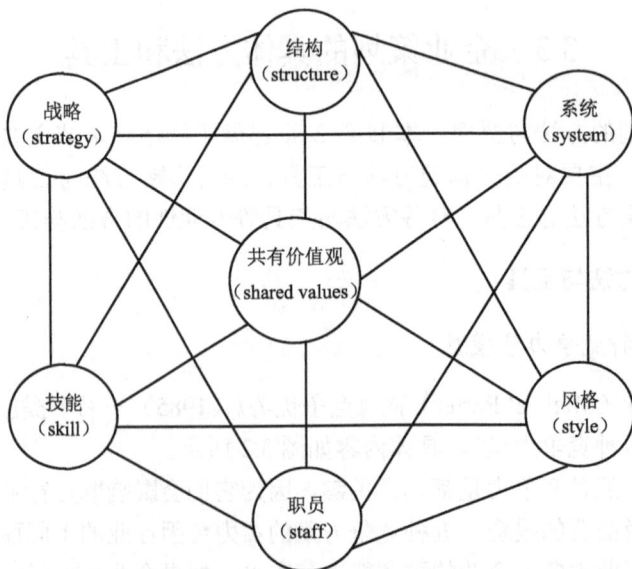

图 3.3　麦肯锡 7S 模型

麦肯锡 7S 模型中的七个变量构成了一个独立的强化网络。彼得斯和沃特曼解释道，麦肯锡 7S 模型不仅同企业正式的结构和战略有关，而且同企业的有效运作方式有密切的关系。他们还宣称，该模型不仅会大大帮助人们形成有关硬件（战略和结构）的显著思想，还会大大帮助人们形成有关组织中软件（风格、系统、职员、技能及共有价值观）的显著思想。对企业策划人员来说，这个模型是一种研究组织中"硬件"和"软件"相互作用方式的工具。

2. 标杆学习

标杆学习（benchmarking）是一种通过确认最优做法并实施最优做法的方式来改善业绩的方法。它的基本方法是将公司的业绩（产品和流程）同最佳竞争对手的业绩进行比较。

标杆学习最初主要应用于生产企业，服务企业在运用这一方法时可从策略、经营和业务管理方面着手。

（1）策略。在策略方面，将自身市场策略同竞争者的成功策略进行比较，寻找它们的相关因素。例如，竞争者主要集中在哪些细分市场，竞争者实施的是低成本策略还是价值附加策略，竞争者的投资水平及产品、设备和市场开发等资源如何分配。通过一系列的比较和分析，企业会发现以往被忽视的成功的策略因素，从而制定出新的、符合市场和自身资源条件的策略。

（2）经营。在经营方面，主要集中于从降低营销成本和提高竞争差异化的角度了解竞争者的做法，并制定自己的经营策略。

（3）业务管理。在业务管理方面，根据竞争者的做法，重新评估某些职能部门对企业的作用。例如，在一些服务企业中，与顾客相脱离的幕后（后勤）部门，缺乏适度的灵活性而无法同台前的质量管理相适应。学习竞争对手的经验后，使两者步调一致、协同动作，无疑会有利于提高服务质量。

最好的标杆学习不仅要同自己所在行业中的最佳竞争者进行比较，还要同其他行业中的最佳公司进行比较。

3. 波士顿矩阵

波士顿矩阵是以设计这种分析工具的公司——波士顿咨询公司（The Boston Consulting Group，BCG）命名的，它是一种根据市场份额、盈利水平及成长潜力分析企业活动的方法。

波士顿矩阵是运用最广泛的一种战略分析工具。如图 3.4 所示，它把企业的业务活动分成四种类别。

（1）明星：市场份额和市场成长率都高的活动。

（2）现金牛：市场成长率低、市场份额高的活动。

（3）野猫：市场成长率高、市场份额低的活动。

（4）死狗：市场份额和市场成长率都低的活动。

利用波士顿矩阵对企业业务活动进行分析和诊断，有助于企业确定哪些活动需要进行产品开发，哪些活动需要收割退出。同时，波士顿矩阵也能指示出高风险的活动。

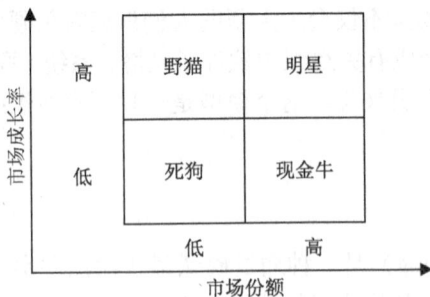

图 3.4 波士顿矩阵

4. 王道文的战略构建模型

美国学者王道文于 2003 年在中国出版的《战略构建》一书中提出了他的战略构建模型，如图 3.5 所示。

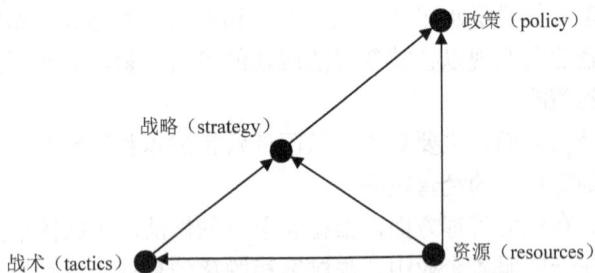

图 3.5 王道文的战略构建模型

所谓战略，是指通过最大限度地利用公司现有的和潜在的资源来实现公司政策目标的多要素计划。如果把战略看成"三驾马车"——政策、战略、资源中的一个要素，其含义将很好理解。

（1）政策。政策，英文为 policy，是由"polis"一词转化而来的，"polis"的意思是古希腊的城邦。对政府而言，政府通过立法机关产生，它描述了国家的目标和优先考虑的问题。因此，政策是立法职能的一部分。

就企业而言，政策说明了企业是"做什么"的，它定义了企业的目标和优先考虑的问题。当我们说联想集团设计、开发、制造和销售个人计算机和数字化产品时，就说明了联想集团是"做什么"的。当联想集团说它的目标是把它在中国个人计算机（personal computer，PC）市场的份额从 30%提高到 40%时，是在说明它的政策目标。

政策同样也描述了企业"在哪里运营"——它的经营范围。企业的经营范围有两层含义：行业经营范围和地理经营范围。例如，联想集团的行业经营范围是个人计算机和数字化产品这一高科技行业的一个分支，而它的地理经营范围是中国。

（2）战略。战略，英文为 strategy，源自希腊语"strategos"，意指军事将领。在古希腊城邦，军事将领负责制定并实施一个多要素的计划以便使立法机关的军事政策得以实现。因此，战略具有行政职能。

就企业而言，战略是一个计划，它概括了企业政策如何实现，包括企业将使用什么运营单位以实现企业目标及如何构建这些运营单位。同时，战略也决定了为实现企业目标需要哪些当前的和潜在的资源、潜在的资源如何获取，以及如何使用当前和潜在的资源。

由于战略是一个实现特定目标的计划，所有的战略都是与特定的环境相对应的，也正因为如此，战略具有时间敏感性。

（3）资源。资源，英文为 resources，是战略赖以实现的"材料"和"方法"。"材料"包括资料、工厂实体、原材料和部件，同时还包括无形资产，如信息、专利、商标、分销网络、技术、人力资源的专门知识、员工和客户的忠诚度、市场信誉及借贷能力。"方法"包括一系列管理、制造和营销的职能和过程。例如，激励、谈判和联合的技巧，以及行业标准、良好的实践经验、外包、全面质量管理、核心能力与竞争能力在内的无形资源。

企业的资源使企业战略、运营单位战略、职能领域战略和应对战略的构建成为可能，因此资源是战略的必要条件，没有资源，战略将无所作为。

（4）战术。战术，英文为 tactics，源自希腊语，意思是命令或安排，是指影响战略实施所必需的详细行动。战术和资源对战略实施的成功都是必要的。虽然战术可以称为一套亚战略，但它不是"三驾马车"里的基本要素。战术是战略的细节描述，而资源是战略赖以实现的手段。

"三驾马车"是指由三个要素构成的系统，系统中的每个要素具有相同的重要程度并能保持行为的一致。三匹马并肩牵引着一辆四轮马车、货车或雪橇——俄罗斯的"三套车"是说明这个系统的一个形象的例子。

有些原本是政策范围内的事情却经常被误认为是战略，这事实上混淆了"做什么"与"如何做"之间的区别。这一混淆的存在促使某些人发明了一些新的词汇来区分政策和战略，如将政策称为"战略意图"，而将战略称为"战略行动计划"。

战略同时也被运用于资源的范畴。一些人把战略定义为资源的开发和利用；一些人更是将全面质量管理、行业标准、良好的实践经验、外包及核心竞争能力等这些资源方法作为战略。

战略的基本特点是它和"三驾马车"中的其他两个要素存在因果关系（图 3.5）：战略是实现政策的方法，而资源为战略的实现提供了手段。

从上述直接的关系可以间接地看出：资源和政策是手段和结果的关系。因为资源是实施战略的手段，战略推动了公司在资源的取得、开发、配置方面的决策，战略决定了不同资源的优先次序，决定了资源如何组合、配置及使用。

例如，"质量领先计划"是美国施乐公司的资源方法。该公司的"全面质量控制（total quality control，TQC）"方法和理念来源于日本富士施乐公司，美国施乐公司的首席执行官 D. 卡恩斯（D. Kearns）采用了该方法并使之成为全面转变战略的核心要素。这种资源方法成为公司生存和成功的关键因素，它和公司的政策目标存在着间接的因果关系。美国施乐公司获取这一资源方法所采取的战术就是将数以千计的本公司管理人员派到日本富士施乐公司进行访问。

三要素（政策、战略、资源）因果关系模型的实践价值在于它提供了一个构建战略的工具。通过定义政策、战略和资源之间"做什么"、"如何做"与"凭借什么做"的关系，这一模型不仅仅为战略分析提供了诊断样板，更为战略构建提供了设计样板。

5. 大前研一的3C模型

大前研一（Kenichi Ohmae）提出，任何企业战略都需要考虑顾客（customer）、竞争对手（competitors）、公司（company）三个主要因素，如图3.6所示。

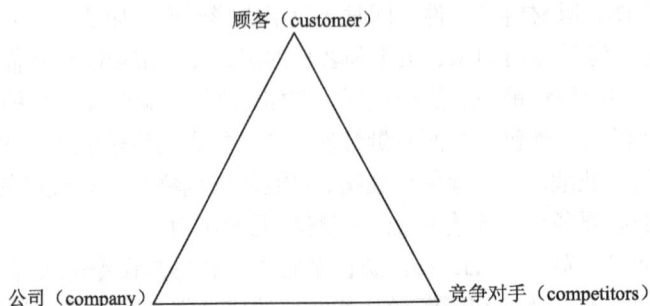

图3.6　大前研一的3C模型

战略家的工作是要确保能够从客户的角度实现相对竞争对手的卓越业绩，并且确保这种业绩与公司的优势相匹配。客户与公司的需要和目标之间的正面匹配对于建立和维持一种持久的关系有着非常关键的意义。大前研一的3C模型需要一种非线性甚至非理性的方法来作为支持。用大前研一的话来说："现实世界的事情并不总是符合线性模型。因此，有机地分解一种情势并重新把分解开来的各种部件组装的一个最可靠的方法就是非线性思维工具——人脑。"他提出了四种有助于确保战略成功的主要方法，具体如下。

（1）关注关键成功因素（key success factors，KSF）。企业要了解关键成功因素，然后充分挖掘和利用这些关键成功因素。不过，只有参照竞争对手和顾客来做这项工作，才会有真正实在的意义。

（2）关注相对卓越性（relative superiority）。或许在客户眼中，与竞争对手相比，自己在一些重要的关键成功因素方面并不出色。下面这种情形往往会导致这种状况的出现：所有的竞争对手都试图在关键成功因素上展开激烈的竞争。这样，确立相对卓越性，发掘竞争环境中的差异，就可能会成为解决这个问题的方法。例如，可以在分销上采用一种不同的技术运用方式，从而获得相应竞争优势。

（3）积极采取新的主动竞争行动。这种全新的主动竞争行动可以推翻当前的行业关键成功因素，也可能会完全改变行业的游戏规则，从而引入新的关键成功因素。

（4）充分利用"自由空间"。关于"自由空间"，大前研一认为，可以在那些当前的市场竞争还没有触及的领域进行创新。

对上述四个可能方法，我们都必须牢记3C的动态变化特征，包括每一个因素的内部动态变化特征及相互之间的动态变化特征。

6. 孟天恩的 5M 模型

我国台湾学者孟天恩教授提出了 5M 模型（图 3.7），以此分析企业的战略与企业策划。

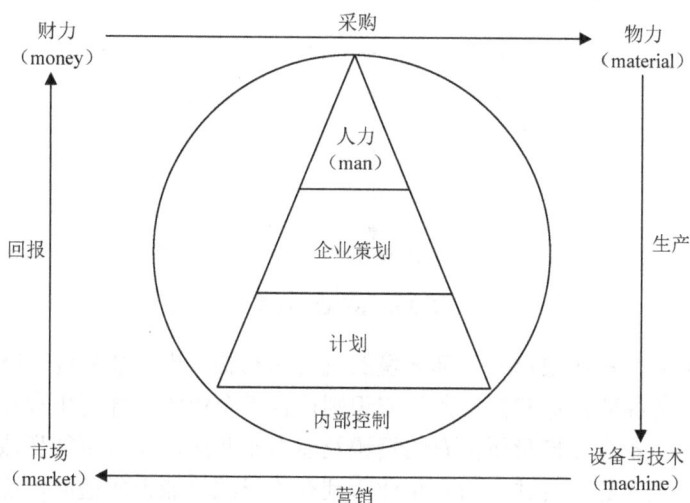

图 3.7　孟天恩的 5M 模型

企业管理是企业的管理者在不断变化的客观环境下，设法运用人力、物力、财力、设备与技术、市场等各类资源，来达到预定目标的各种活动和全部过程。

企业是一个复杂的系统，我们可以想象管理的复杂性，企业价值的创造实际上是一个完整的价值链。5M 模型概括了企业成功运作的要素。人们常说的"木桶效应"①也基于此。

3.3.2　经营诊断方法与工具

1. SWOT 分析法

1）SWOT 分析法的内容

SWOT 分析法，即"优势—劣势—机会—威胁"（SWOT）模型（图 3.8），是一种综合考虑企业内部条件和外部环境的各种因素，并对其进行系统评价，从而选择出最佳企业经营策略的企业策划方法。SWOT 分析法比较直接地反映了企业内部资源与外部环境联动优化的思想。美国管理学家安德鲁斯（Andrews）等最早采用 SWOT 分析法，S 和 W 是指企业内部的优势（strengths）和劣势（weaknesses），O 和 T 是指企业外部环境带给企业的机会（opportunities）和威胁（threats）。

企业策划就是实现企业内部资源与企业外部环境的联动优化的一个过程。也就是

---

① "木桶效应"是指一只木桶能装多少水取决于它最短的那块木板。

外部环境的机会（O）

	I	II	
内部劣势（W）	扭转型战略	增长型战略	内部优势（S）
	III	IV	
	防御型战略	攻击型战略	

外部环境的威胁（T）

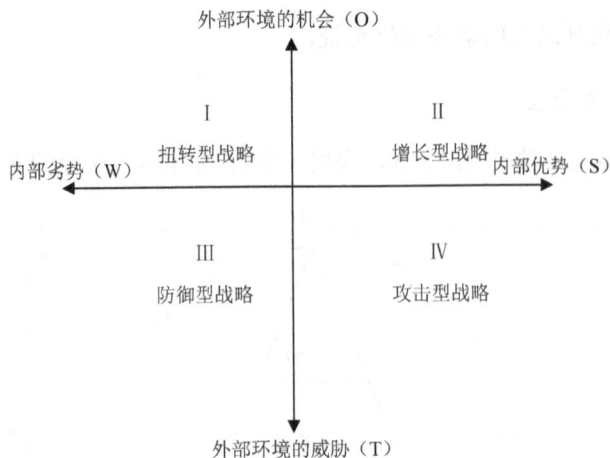

图 3.8　SWOT 模型

说，企业不能孤立、片面地对待外部环境的机会和威胁，也不能单纯一味地追求"大"，而必须结合自己的经营目标和内部条件来识别适合于企业的、环境中存在的机会，各种环境机会也只有与本企业自身所拥有的资源及能力相匹配，才有可能变成企业的机会。如果存在于环境之中的机会并不与本企业所拥有的资源与能力相适应，那么企业就必须着眼于改善和提高自身的内部条件。这种思想，既有东方哲学的精髓，也建立在西方经济管理学者的分析手段的基础上，从而形成了 SWOT 分析法。

企业内部的优势和劣势是相对于竞争对手而言的，一般表现在企业的资金、技术设备、职工素质、产品、市场、管理技能等方面。判断企业内部的优势和劣势一般有两项标准。一是单项的优势和劣势。如果企业资金雄厚，则在资金上占优势；如果市场占有率低，则在市场上占劣势。二是综合的优势和劣势。为了评估企业的综合优势和劣势，应选定一些重要的因素并评价打分，然后根据其重要程度加以确定。

企业外部环境的机会是指环境中对企业有利的因素，如政府支持、高新技术和应用、良好的购买者和供应者关系等。企业外部环境的威胁是指环境中对企业不利的因素，如新竞争对手的出现、市场增长率缓慢、购买者和供应者讨价还价能力增强、技术老化等。

2）SWOT 分析法在企业策划中的应用

在企业策划工作中，SWOT 模型经常被用来制订企业发展战略。通过对企业优势和劣势的分析比较，再依照这些，就可以制订出指导企业生存和发展的战略方案。这种针对企业的特点和环境所制订的对策、方案能够有的放矢，有着很强的针对性和适应性。

如果有着良好的外部环境，企业要抓住机遇，加速发展，可分为两种情况：一是"外优内劣"的情况，即环境优良而内部劣势类型的企业（图 3.8 中的 I 象限），可以采用扭转型战略；二是"内外皆优"的情况（图 3.8 中的 II 象限），即具有良好的外部机会以及有利的内部条件，可以采取增长型战略，如开发产品品种、增加产量和扩张市场等办法来充分掌握环境提供的发展良机。对于后者，环境机会优良并且内部有优势的企业，要加速发展，不可坐失良机；对于前者，虽然有良好的外部机遇，却受到内部劣势的限制，因此可采取扭转型战略，设法清除内部不利的因素，通过改革、完善等手段方法迎头赶上。如果外部环境不利于企业的发展，也同样分为两种情况：自身内部处于优势（图3.8中的IV象限）的企业可以制定攻击型战略，凭借优势迅速摆脱危险境地；如果企业自身处于劣势，再加上环境的威胁（图3.8中的III象限），企业就要采取防御型战略。

在企业策划工作中，SWOT模型可以用来诊断企业的现状，作为战略、营销、企业文化等所有专项策划的基础。这种作用可以有效地弥补市场调查和企业内部调查的不足。当SWOT模型用来作为企业诊断的辅助工具的时候，一般采用列表的方式使用。

3）SWOT分析法的评价

SWOT分析法的主要问题和缺点表现如下：①多见于定性分析，难以量化，确定企业发展战略时比较笼统，作为企业诊断的结果也比较粗放；②四个方面的因素比较单调，难以深化，当影响企业战略决策的内外因素增多且更复杂时，SWOT分析法就存在一定的局限性。

SWOT分析法是概括内外部研究结果的一种很好的方法。企业在进行SWOT分析时应该仔细谨慎，因为SWOT分析法所涉及的结果是人的理解和认识（可能不是事实）。但是，假如人们的理解和认识根植于事实，SWOT分析法就是一种非常有效的分析工具。它可以用来对各种群体进行相应分析，并且将相应的分析进行比较。

2. 80/20法则

1）80/20法则的含义

1897年，意大利经济学家维尔弗雷多·帕累托（Vilfredo Pareto）在从事经济学研究时，偶然注意到19世纪意大利人的财富和收益模式。在调查取样中，他发现社会中的大部分所得和财富流向了少数人手里。他同时发现了两件他认为非常重要的事实。其中一项为某一族群占总人口数的百分比，和该族群所享有的总收入或财富之间，有一项一致的数学关系；而让帕累托真正感到兴奋的却是另一项发现，那就是这种不平衡的模式会重复出现，他在对不同时期或不同国家的考察中都见到过这种现象。不管是早期的英国，还是与它同时代的其他国家，或是更早期的资料，他发现相同的模式一再出现，而且有数学上的准确度。帕累托于1906年提出了著名的财富分配的研究结论：20%的人口掌握了80%的社会财富。

因此，80/20法则成为这种不平衡关系的简称，不管结果是不是恰好为80/20（就统计来说，精确的80/20关系不太可能出现）。习惯上，80/20讨论的是顶端的20%而非底部的80%。后人对于这项发现有不同的命名，如帕累托法则、帕累托定律、80/20定律、最省力的法则、不平衡原则等，在本章中均称为80/20法则。今天人们所采用的80/20法则是一种量化的实证法，用以计量投入和产出之间可能存在的关系。80/20法则主张一个小的诱因、投入和努力，通常可以产生大的结果、产出或酬劳。就字面意义来看，这一法则是说，你所完成的工作里80%的成果，来自你付出的20%。如此说来，对所有实际目标，我们4/5的努力，也就是付出的大部分努力，是与成果无关的。这种情况有违一般人的期望。

所以，80/20 法则指出，在原因和结果、投入和产出及努力和报酬之间，本来就是不平衡的。80/20 法则的关系，为这个不平衡现象提供了一个非常好的指标。典型的模式会显示：80%的产出，来自 20%的投入；80%的结果，来自 20%的起因；80%的成绩，来自 20%的努力。

在商业世界和人们的日常生活中，呈现出许多 80/20 法则的现象，如 20%的产品和客户，涵盖了约 80%的营业额，这不能不引起我们的重视。

总而言之，在原因和结果、投入和产出、努力和报酬存在的不平衡可以分为两种不同的类型：多数，它们只能造成少许的影响；少数，它们造成主要的、重大的影响。

一般情形下，产出或报酬是由少数的原因、投入和努力所产生的。例如，世界上大约 80%的资源，是由世界上 15%的人口消耗的；世界财富的 80%，为 25%的人所拥有；在一个国家的医疗体系中，20%的人口与 20%的疾病，会消耗 80%的医疗资源等。

种种事例表明，80/20 法则无时无刻不在影响着我们的生活，然而至今人们对它还知之甚少。80/20 法则是一种偶然的巧合，还是某种实质性的、对于经济和社会影响甚巨的存在？发现这种现象无疑是一大创举，因为在帕累托之前，没有人注意到两组资料的相关性，并比较两组资料的百分比；而帕累托将财富或收入的分配，与所得者或财产拥有者的数目进行了比较。

80/20 法则观察到的是，这些不平衡存在产生了强有力的结果，所以不管它们是良性的还是恶性的力量，都应受到重视。80/20 法则在过去 100 余年来的运用，其力量和最大价值在于，它指出了令人吃惊且未达理想的状态。一旦我们能理解自己为何吃惊，80/20 法则就能指引我们向未来大步迈进。

2）80/20 法则的分析方法

人们很容易接受 80/20 法则的观念，但是常常不知道如何运用 80/20 法则。有两种从 80/20 法则衍生的好方法，即"80/20 分析法"和"80/20 思考法"。

80/20 法则的分析方法是以系统的、量化的方法来分析因果关系。传统情况下，运用 80/20 法则，需要先以 80/20 分析法进行分析，这是一种以量化方式对原因、投入、努力、结果、产出及报酬等勾画出一个精确关系的方法。80/20 分析法先假设 80/20 关系存在，然后搜集事实，尔后显示出真正的关系。这是一项实证程序，可能导出各种结果，自 50/50 至 99.9/0.1 都有可能。如果在投入和产出之间，确实有一种不平衡的关系，就应采取行动。

80/20 法则的运用比较广泛，它是一种较不准确而属于直觉式的程序，包含我们诸多的思维方式和习惯，正是这些思维方式和习惯，使我们设定了哪些东西是生活中重要的。80/20 法则让我们能辨认这些原因，并借以重新运用资源改善问题。这种方法要求人们深入思考自认为重要的人和事物，并且作出判断——80/20 法则是否在此领域有效，然后依自己的判断采取行动。

3. 德尔菲法

德尔菲法是美国兰德公司在 20 世纪 50 年代初发明的一种专家意见收集法。德尔菲本来是古希腊历史留下的旧址、阿波罗神殿所在地，此处借用此名意为智慧之神。德尔菲法的特点是从不允许群体成员面对面一起开会。

1）德尔菲法的操作步骤

德尔菲法的操作步骤如下。

（1）确定问题。通过一系列仔细设计的问卷，要求成员提供可能的解决方案。

（2）每一个成员匿名地、独立地完成第一组问卷。

（3）第一组问卷的结果集中在一起编辑、誊写和复制。

（4）每个成员收到一份第一组问卷结果的复制件。

（5）看过结果后，再次请成员提出他们的方案。第一组问卷的结果常常能激发出新的方案或改变某些人的原有观点。

（6）重复（4）、（5）两步直到取得大体上一致的意见。

2）德尔菲法的优缺点

德尔菲法有非常多的优点。其中一个优点是被询问的专家在研究过程中不直接见面，即反馈回来的见解、对事物的看法不知道是谁提的，如此就可以使个人意见得到充分发挥，避免了集体讨论时容易产生的一些弊端。

德尔菲法的另一个优点在于，经过反复地匿名沟通，各方面专家的意见能彼此启迪，充分发挥集体智慧的作用。随着多次反馈，多种意见会逐渐明朗化，正确的意见更加突出。

此外，工作小组对专家们的意见进行讨论、整理时通常会采用数理统计的办法，如此就把定性的问题定量化了，从而使结论更加科学，决策者采纳时更能信心百倍。德尔菲法既避免了召集主管人的花费，又获得了来自各地的主要市场信息。

德尔菲法的缺点是太耗时间，当需要进行快速决策时，这种方法通常行不通。

4. 头脑风暴法

头脑风暴法是指为了克服阻碍产生创造性方案的群体压力的一种相对简单的方法。头脑风暴法是由奥斯本（Osborn）提出的，是利用一种思想产生过程，鼓励提出任何种类的方案设计思想，同时禁止对各种方案的任何批评。

在典型的头脑风暴会议中，几个甚至十几个既有专业知识又肯动脑筋、善于思考的人，针对一个或几个主题进行海阔天空的漫谈。参加会议的成员围桌而坐，群体领导者以一种明确的方式向所有参与者阐明问题，然后成员在一定的时间内"自由"提出尽可能多的方案，不允许任何批评，并且所有方案都当场记录下来，留待稍后的讨论和分析。会议最后不做总结式的结论。会议组织者依据讨论的情况与所受启发，作出自己的判断与决策。头脑风暴法仅是一个产生思想的过程。

头脑风暴法意味着打破僵化的思维方式，倡导积极自由思考，充分激发创造性思维。会议发言的内容虽然有不少近似于"狂人"似的"胡说八道"，但也确实不乏思想火花，尤其是因为联想与共鸣，不着边际的空谈可能会打开人们的思路，诱发出新颖、高明的见解。

1）头脑风暴法要注意的问题

采用头脑风暴法时要注意以下两个问题。

（1）会议主席要善于灵活地组织引导。当成员有思想顾虑而不敢发言时，会议主席应该用和蔼的口吻鼓励成员放下"包袱"、畅所欲言；当持有不一样观点的人有意或无意地贬低他人时，会议主席应该婉转而幽默地加以制止；当出现一个新的有价值的论点时，会议主席应该引导众人对这一新论点进行多方面的讨论，自己也能以诚恳的态度询问"能不能这样""是否会那样"，以使探讨深入进行下去。当然，在会议的发言明显"离题"时，会议主席还应该把话题拉回到中心议题，不至于使会议涉及所有问题，却又什么问题都讨论得不深不透，使大家感到毫无收获、厌烦。

（2）参加会议的成员应预先经过精心挑选。成员既不要过多，也不应太少，否则，不是没有发言机会，便是冷冷清清，形成不了创造"伟大思想"的气氛。各专业的组成、搭配和排列要具有广泛的代表性，个人气质也该考虑。有的人厌新守旧，常常随波逐流；有的人敢想敢说，喜欢标新立异、独树一帜；有的人善于从大处想问题，思路开阔；有的人考虑问题很细腻，往往提出疑问，发表"怪论"。这些因素都应加以巧妙地利用。

2）头脑风暴会议注意事项

麦肯锡公司的顾问在进行管理咨询时，非常重视头脑风暴，并认为这是进行战略咨询的必要条件。他们还提出了举行头脑风暴会议应该注意的事项，具体如下。

（1）要知道人们不可能在"真空"中成功地进行头脑风暴，因此开会前要对应解决的问题有所了解。

（2）成功进行头脑风暴的至关重要的因素是一片空白的底版，抛弃个人的旧观念、偏见，打开新思路，只有这样才能自如地运用头脑中的事实。

3）头脑风暴法的实用准则

此外，进行头脑风暴还有五条非常实用的准则，具体如下。

（1）没有主意，不害怕指责，进行争论。

（2）没有不值得回答的问题。千万别低估对那些似乎是显而易见或简单的问题进行探究的价值。

（3）准备好扼杀自己的"婴儿"。不要固守自己的建议，必要时学会自我放弃。

（4）控制会议时间，调整气氛。

（5）好记性不如烂笔头。

5. 哥顿法

哥顿（Golden）是美国麻省理工学院的教授。20世纪50年代末，他依据心理学原理创造了一种决策方法，就是决策者召集有关人员开会，会上并不直接公布要研究的问题，而是提出一个类似的问题或方案，让大家讨论，此问题讨论透了，真正想要解决的问题自然也就有了办法。

哥顿法有其独特的优点。

（1）能躲开并去掉或减少个人偏见。

（2）有利于产生新的思路。

（3）便于使争端平息。

（4）保密效果良好。

6. 对演法

对演法是对同一个决策课题通过多个方案进行辩论，它不是通常那种让大家集中针对一个课题来进行充分的辩论，而是针对同一课题成立多个彼此观点不一样的方案小组，然后让这几个方案小组的成员分别代表各自的观点或主张，以多种方案进行辩论，以求彻底地暴露决策课题中所存在的各种矛盾（既有表面的，也有隐藏的）和问题。

此外，还可采取另外一种方式，即只选一个方案，让原先几个不同方案小组的成员都集中地针对这唯一的方案，彼此展开激烈的辩论，对这一个方案尽情地挑剔、反驳。这种做法的好处是能使这个方案隐藏的一些危险性的问题暴露得较为彻底。正因为这些隐藏着的危险性问题暴露得较彻底，便在无形中帮助了决策者对决策方案进行更周密、详尽的考虑。

7. 名义群体法

名义群体在决策制定过程中限制讨论，故称为名义群体法。如参加传统会议一样，群体成员必须出席，但他们是独立思考的。名义群体法的操作步骤如下。

（1）成员集合成一个群体，但在进行任何讨论之前，每个成员需独立地写下他对问题的看法。

（2）经过一段时间的沉默后，每个成员将自己的想法提交给群体，然后一个接一个地向大家说明自己的想法，直到每个人的想法都表达完并被记录下来（通常记在一张活动挂图或黑板上）。所有的想法都记录下来之前不进行讨论。

（3）群体开始讨论，以便把每个想法了解清楚，并作出评价。

（4）每一个群体成员独立地把各种想法排出次序，最后的决策是综合排序最高的想法。

名义群体法的主要优点在于，使群体成员正式开会但不限制每个人的独立思考，传统的会议方式往往做不到这一点。

8. 电子会议法

电子会议法是将名义群体法与尖端计算机技术相结合的一种新的群体决策方法。

会议所需要的技术一旦成熟，概念就简单了。多达 50 人围坐在一张马蹄形的桌子旁。这张桌子上除了一系列的计算机终端，别无他物。主办者将问题显示给决策参与者，他们把自己的回答打在计算机屏幕上。个人评论的票数统计都投影在会议室内的屏幕上。

电子会议的主要优点是匿名、诚实和快速。决策参与者不透露姓名地打出自己所要表达的任何信息。它使人们能够充分地表达个人想法而不会受到惩罚，消除了闲聊和讨论偏题的问题。

相应的诊断方法与工具还有很多，上述诊断方法与工具为许多著名的策划公司所应用，所以，企业可以充分运用这些方法与工具。当然，企业也可以开发专有诊断方法与工具用于企业策划，但一定要谨慎。

3.4　企业策划的基本原则

企业策划是一门创造性极强的学科，但策划不是随心所欲的，因为每一个企业策划方案都事关企业的发展，所以在企业策划过程中不仅要遵循科学的理论、运用先进的方法，还要坚持一些策划的原则，这些原则主要是创新原则、理论与实践相结合原则、系统集成原则、效益原则。

3.4.1　创新原则

企业策划的实质就是创新，一个策划方案如果没有创新的内容，就会变成一堆毫无价值的文字垃圾。创新是企业家必须具备的素质，也是企业获得超额利润的主要来源，因而它是企业策划的灵魂所在。

德鲁克在其所著的《创新与企业家精神》一书中指出，创新是企业家特有的工具，借此工具，他们把变化看作开创另一个企业或服务的机遇。创新可以作为一门学科展示给大众，可以供人学习，也可以实地运作。企业家应该有目的地寻找创新的来源，寻找预示成功创新机遇的变化和征兆，并该懂得应用成功创新的原理。

美籍奥地利经济学家约瑟夫·熊彼特（Joseph Schumpeter）在其 1934 年出版的《经济发展理论》中第一次使用了"创新（innovation）"这一名词。按照熊彼特的解释，创新是一个经济概念，是指经济生活中出现的新事物，包括以下五种情况：①引进新产品或提供某种产品的新质量；②采用新的生产方法；③开辟新的市场；④发掘原料或半成品的新供给来源；⑤建立新的企业组织形式。换言之，就是企业家要对生产要素进行新的结合。按照熊彼特的观点，企业家必须具有创新思想、冒险精神和先见之明。熊彼特的解释用于企业策划是非常合适的。

因为创新活动能够打破循环流转的均衡状况，给企业带来额外的盈利机会，所以创新实际上是一个"创造性的毁灭过程"。创新所带来的利润，将导致为分享这种利润而开始的"模仿"，并进一步引起那些采用旧方式的企业为保证自己的生存而进行的"适应"。这是一个激烈的竞争过程。这种因创新而引起的竞争，所打击的不是现存企业的利润和产量，而是在打击这些企业的基础，危及它们的生命。这种竞争和其他竞争在效益上的差别，犹如炮击和徒手进攻的差别。因此，按其通常意义来考虑竞争能否更有效地发挥作用，就变得不太重要了；长时期内扩大产量、降低价格的强有力的杠杆，无论如何总是用常规竞争以外的其他方式达成的。在这个过程中，会有许多资本投入，同时那些适应能力差的企业被淘汰、毁灭。创新所掀起的风暴，通过创新生产要素的新组合，促进了经济增长，同时也造成了对旧资本、守旧企业的毁坏。所以，完全意义上的企业策划必须坚持创新的原则，使企业获得先发优势和竞争优势，达到出奇制胜的效果。因此，从某种意义上说，创新是企业策划的灵魂，没有创新就没有真正意义上的企业策划。

企业策划是一种创造性的思维和实践活动，对每一个企业来说，没有一个完全可以模仿和照搬的管理模式，先进的理念可以学习，但绝不能简单模仿。侨兴集团的总裁吴瑞林曾说过："在侨兴，只有侨兴模式，没有其他模式。"所以，要达到企业策划的目标，一定要重视创新，做到一企一案。

3.4.2　理论与实践相结合原则

从哲学原理上讲，理论必须与实践相结合，才能达到改造客观世界的目的。

首先，要做到理论与实践相结合，必须重视理论的巨大作用，理论一经群众掌握，就会变成巨大的物质力量。理论是人们改造客观世界的总结，是人们行动的指南。所以，进行企业策划，必须有科学的哲学、经济学、管理学等理论的指引，离开了理论的指引，靠一两个创新点是无法完成企业策划的。所以，从事企业策划的人必须认真学习理论，具有良好的理论素养。

其次，理论必须与实践相结合。关起门来搞策划，企图找出放之四海而皆准的企业策划是不科学的。世界著名的管理学专家明茨伯格认为，只靠教室和课堂是无法培育企业领导者的，他认为管理是经验或者手艺、经营洞见及科学分析三者的结合。他在《要经理，不要 MBA》一书中强烈否定了 MBA（Master of Business Administration，工商管理硕士）的教条主义的做法。他甚至认为，企业不应该雇用 MBA 毕业生，因为传统的 MBA 教育过于偏重各种理性分析技能，鼓励一种精于计算的管理模式，而忽略了管理的一个重要因素——经验，而经验恰恰只能从实践中学习，在课堂里是学不到的。明茨伯格在管理领域始终是一个非常引人注目的学者。作为 2000 年美国管理科学院杰出学术贡献奖的获得者，明茨伯格已经出版了 14 本与管理学有关的畅销书，其中，较有影响力的学术著作包括《管理工作的本质》（1973）、《组织的结构》（1979）、《组织内外的权力斗争》（1983）等。在管理学领域，他常提出一些打破传统的独到见解，也正因如此，他被很多正统学者认为是离经叛道的代表人物。然而不可否认的是，每当明茨伯格提出新的理论和观点时，整个管理界都会为之沸腾。

3.4.3　系统集成原则

企业策划所面对的企业是一个复杂系统。进行企业策划时，既要考虑企业的近期利益，又要顾及企业的长远目标；既要发挥企业现有的长处，又要善于弥补企业的短处；既要看到企业的现状，又要顾及企业的历史演变；既要分析企业所处的行业和以往的战略，又要考虑企业的资源条件等。企业的成功，是系统的成功，不是单方面因素的结果，所以，企业策划必须坚持系统集成原则，把企业看成是一个开放的系统，综合运用多学科的知识、整合各方面的资源来完成策划这项复杂的工作。

在哲学上，系统集成可以理解为合力作用。我们在理解海尔的成功运作时，必须顾及张瑞敏、海尔文化、环境、海尔所面临的时代等多种因素，具体问题具体分析。

系统论认为，一个系统是一套相互作用的单元，它在一个现存的边界范围内通过对来自环境的变革压力作出反应和调整而长期发挥作用，以获得和维持目标状态。社会系统不可能完全封闭或者完全开放，所以，它们要么比较开放，要么相对封闭。这种区别是很重要的。

系统封闭到何种程度是它们对于环境不敏感的一个指示器？那就是封闭系统不接收新的物质、能量或者信息。总之，封闭系统不适应外部的变化，并且终将崩溃。开放式系统对于环境的变化作出反应。开放式系统的生存和发展有赖于与其环境的交换。成功的组织尤其擅长对于其环境中发生的任何变化不断地作出回应。

开放式系统不断地作出调整和适应，以便反作用于或者适合环境的变化。

当然，系统的最终目标是生存和发展。但是，由于开放式系统生存在一个不断变化的环境中，它们必须不断地调整以维持均衡或者平衡的状态。

所有这些系统论的原理运用到企业策划上，就是要求策划者在企业策划中注重系统的整体优化、注重系统的动态开放、注意系统的协同性、注重系统的不断调适，以适应不断变化的企业环境，整合企业的要素，提高企业的整体竞争力。

3.4.4 效益原则

企业策划是一种有目的的活动，必须讲究活动效益。企业策划的效益评价可以从经济效益和社会效益两个方面来进行，讲究可持续性。

1. 企业策划的经济效益

正常情况下，获得一定利润是机构开展经营活动的中心内容。一个机构的盈利越多，就意味着它为社会和人们提供的服务也越多，同时也表明它为国家提供了更多的税收收入。经济效益不单是人类经济生活的基础，也是人类社会发展的基础。提高经济效益是每个机构关心与追求的目标。

企业策划的根本目的是实现机构的营销目标，而任何一个机构从本质上说，都必须讲求经济效益。因此，企业策划不能以损害公众利益的方法去达到自己的目的。事实上，企业策划的每项具体活动都要花费一定的人力、物力和财力，必须争取以最少的投入获得尽可能多的收益。

1）经济效益的评价方法

经济效益是"硬性指标"，一般可以通过两种方法进行评价。

（1）经营成果直接统计法。虽然机构的经营成果会受到内外部环境的多种因素影响，不一定就是企业策划活动的结果，但是在一定时期内借助企业策划活动的效果比较明显的情况下，完全可以利用机构经营成果的直接统计数字，表现企业策划的经济效益。例如，一家商业企业为了提高知名度和美誉度，进行了一系列的企业策划活动，结果销售额迅速上升，销售利润有了明显提高。这时候企业进行销售额和销售利润的前后对比统计，完全能表明该企业这一阶段企业策划的经济效益。

（2）投资报酬率分析法。投资报酬率分析法是一种以企业策划活动成本为基础进行经济效益衡量的方法。投资报酬率的计算公式为

$$投资报酬率 = \frac{收益}{投资总额} \times 100\%$$

每一项具体的企业策划活动都要花费一定的人力、物力和财力。投资报酬率分析法就是以最少的投入获取最大的收益为原则，评价企业策划的经济效益。

2）企业策划活动成本

企业策划活动成本包括以下几方面。

（1）为维持企业策划部门日常工作而支付的一切费用，包括工作人员的工资、奖金、补贴及房租、水电费、维修费等。

（2）开展企业策划活动所需的材料费用，包括纸张、邮费、印刷费、报纸杂志费、设备购置费等。

（3）其他费用，包括咨询费、招待费、广告费、赞助费及风险费用等。

在具体操作中，要注意机构收益和企业策划活动成本（投资总额）在时间上、阶段上的统一性，以免形成错误的统计结果。

2. 企业策划的社会效益

在企业策划活动过程中，策划是消耗一定的物化劳动和活劳动后所产生的成果，是不能单靠经济指标来表现的。也就是说，企业策划活动的效益，在相当多的情况下，表现得比较滞后，一般称为社会效益。

社会效益是指机构作为社会组织部分，为公众谋福利而承担的社会责任，同时由此促进机构良好形象树立的企业策划活动效果。社会是由形形色色的机构组成的，社会环境的变化会制约机构的行为，而机构的行为也会影响社会。社会的发展必然要求机构承担一定的社会责任，如治理环境污染、保持生态平衡、保护消费者利益、平等就业、消除贫困等。无数个事实证明，置身于现代社会环境中的机构，如果没有一个良好的整体形象，是无法立足于激烈的市场竞争之中的。机构的整体形象是以其良好的内在素质和外在表现为基础的，它要求机构：一方面充分利用内部动力，发挥员工的积极性，使机构本身的运行能满足社会的需要；另一方面又要密切注意外部环境的变化趋势，把握公众的需求动向，尽力保持与社会发展同步的运行状态。只有这样的机构，才可能争取到尽可能多的理解与支持，从而获得有利的活动环境。

众多机构已经认识到，切实履行社会责任，不仅能促进整个社会的发展，而且是取得社会公众好感、树立机构良好形象的有效举措。企业策划活动相当一部分内容，就是致力于机构与社会各种因素矛盾的协调，以及机构应承担社会责任的具体落实。

补充案例

科恩电器通过吴京品牌代言营销厨电产品

2017年8月，《战狼2》让"有狼性更有血性"的吴京彻底火了！2013年以来，浙江科恩电器有限公司（以下简称科恩）与吴京一直保持着紧密联系。从投资《战狼1》到计划投资《战狼3》，科恩始终看好公司精心选择的首任，也是一直合作的唯一一位品牌代言人——吴京。从某种程度上来讲，吴京身上体现出来的"战狼"品质也正是科恩一直以来坚持的，这是一种敢于战斗、善于战斗的精神，是一种自强不息、主动出击的行动力，是一种敢于负责、压倒一切的霸气，更是企业发展壮大的强大源动力。

科恩坐落于美丽的厨具之都——中国嵊州，是一家集研发、生产、销售于一体的现代化厨电企业。科恩拥有行业顶尖的定制化柔性生产系统、精工制造中心、国家级技术中心、厨房文化科技体验馆及全智能物流管理系统，年产量高达35万台，是一家国家高新技术企业。

科恩是中国概念厨房倡导者，公司从2009年缔造第一台概念烟机到今天，全国已有成千上万户家庭正享受着科恩电器带来的轻松烹饪生活。

科恩凭借卓越领先的科技和完美可靠的品质，帮助中国家庭和他们的厨房建立起更紧密的纽带关系，其研发、制造、销售的油烟机、燃气灶、消毒碗柜、集成环保灶、净水器、热水器、电烤箱、蒸汽炉等八大系列产品，全方位为用户提供最适合中国厨房烹饪环境的整体配套解决方案，为全家的健康生活保驾护航。科恩已成为中国厨电行业最具影响力的品牌之一。

科恩的董事长俞锋明白科技创新与团队凝聚力对于一个企业的重要性。他创立了科恩电器，科恩的寓意为"科技和感恩"，他对品质的不断追求和对事业的孜孜不倦，让科恩在短短几年时间里缔造了厨电行业的神话！

2013年7月26日，吴京与科恩正式签约，成为其首任品牌形象代言人。自此，科恩与吴京展开了多年的紧密合作。吴京身上所表现的"特种兵特质"，与科恩公司的品牌定位不谋而合：男性，受关注的动作明星，外表阳光、秉性正直，角色多以硬派和正面为主。科恩与吴京的合作，可谓是智者和勇者的联手。科恩在品牌风格上走的是硬朗的"男子汉"风格。不管是广告语"黑白两道，科恩制造""导烟有道，科恩制造"，还是产品用语"总厨""科恩达技术"等，大众都能感受到其蕴含的强烈的男性化气息。

2016年，科恩的宣传片强势登陆央视，全年展播，其与CCTV1、CCTV2、CCTV3、CCTV4、CCTV7、CCTV10六大主流媒体达成战略协议，全面展开厨电营销推广。

同年，科恩发力高铁营销，携手全国78条主干高铁广告公司，再次吹响品牌战略集结号。

科恩全系列产品通过中国质量认证中心的3C认证，获得多项发明专利和外观设计专利证书，严格的质量把控体系让科恩成为国家高新技术企业，国标、行标双标准起草单位，获得了浙江省著名商标等多项荣誉。

科恩作为厨电界的一匹黑马，被同行冠以"科恩速度""科恩奇迹""科恩神话"的美称。它以雄厚的企业实力、完善的技术、周到的服务、过硬的品质作为支撑，创新产品，深耕渠道，加大品牌宣传与推广力度，不断为品牌带来蝶变升级，让千家事业合作伙伴实现了轻松、持续的赢利，深受经销商的青睐。

截至 2016 年，科恩全国线下终端门店突破 2 000 家，并以三天开一店的速度高速发展。公司注重品牌建设，已累计投入过亿，是当地政府支持下的重点培优企业，在国内市场中享有良好的企业美誉度和品牌口碑。

（资料来源：佚名，2017. 科恩："战狼"品质铸就行业标杆[EB/OL].（2017-08-17）[2023-02-23]. https://mp.weixin.qq.com/s/OXxr4Be1kBzEBUaSnauhlQ. 有改动。）

小　结

国外对策划程序划分的著名学者主要有米莱特、莫里森、江川郎、班菲尔德。

策划，从现代意义上来讲，是一个综合性系统工程。策划的本质是刻意创新、灵活多变、不受拘束。依据系统分析的基本步骤，我们可以笼统地将策划分为以下几个程序：提出问题、明确目标、收集资料、创意建议、确立策划方案、企业策划的实施与改进。

战略构建方法与工具主要有波特的五种竞争力量模型、标杆学习、波士顿矩阵、王道文的战略构建模型、大前研一的 3C 模型、孟天恩的 5M 模型。经营诊断的方法与工具主要有 SWOT 分析法、80/20 法则、德尔菲法、头脑风暴法、哥顿法、对演法、名义群体法、电子会议。

企业策划是一门创造性极强的学科，但策划不是随心所欲的，还要坚持一些策划的原则，这些原则主要是创新原则、理论与实践相结合原则、系统集成原则、效益原则。

习　题

1. 试比较国外对企业策划程序划分的异同。
2. 企业策划为什么要先了解企业的策划动机？策划的条件和要求是什么？
3. 企业策划人如何明确策划目标？
4. 收集和开发信息的目的是什么？
5. 通过哪些思维类型可以获得创意建议？
6. 确立策划方案有哪些步骤？
7. 什么是标杆学习？
8. 试述 SWOT 分析法的内容。
9. 什么是头脑风暴法？
10. 企业策划应坚持哪些原则？

第4章 企业战略策划

内容提要

在企业策划的实际运作中，企业最为看重的是营销策划，因为能直接看到经济效益；常被忽略的是战略策划，因为不能马上出成效。从企业可持续发展的角度看，战略策划恰恰是所有策划中最为紧要的。本章主要阐述企业战略策划的原理和方法。首先，对战略的一般理论做分析，并介绍了企业战略的构成要素；其次，说明了战略策划的前提条件——战略分析，包括内、外部环境分析，企业使命和企业战略目标分析；再次，具体阐述战略规划，分别从公司、业务和职能部门三个层面及国际化经营角度来讨论；最后，提出了如何执行企业战略问题——战略组织机构设计、战略匹配领导力和战略控制。

导入案例

欧莱雅与宝洁在中国的品牌战略对决

尽管欧莱雅稳坐世界化妆品行业的头把交椅，但在中国，它始终无法超越宝洁。为了实现战胜宝洁的宏伟目标，欧莱雅在很多方面向宝洁提出挑战。

一、品牌下移挑战品牌上移

欧莱雅一向以多品牌著称，在中国也不例外。现在，欧莱雅一共拥有 500 多个品牌，其中 17 个是国际知名的大品牌，占据欧莱雅销售总额的 94%。17 个品牌中已经有 10 个引入中国，加上两年前收入囊中的"小护士"和"羽西"，欧莱雅在中国一共拥有 12 个品牌。

在高端定位之下，当初欧莱雅投放中国的化妆品价格并不特别"大众化"：价格最高的是兰蔻，单价范围是 230~990 元，最低的是欧莱雅，单价范围是 65~180 元。然而，中国市场毕竟不同于欧美市场，中国市场大而多元化，消费梯度很多，塔基部分的比例大。欧莱雅的产品吸引的只是最有消费能力的 30% 的人群。在中低档、中高档占市场主流的情形下，欧莱雅缺乏 100 元以下的低端产品。宝洁的低端产品玉兰油乘虚而入，全力拓展中低端市场，并成绩斐然。与此同时，宝洁不断提升玉兰油的产品档次，如玉兰油营养水润面膜就有单价 150 多元的，玉兰油新生换肤系列价格接近 200 元。在推出每个单品时，宝洁都会进行大规模的市场宣传。

目前，在中国的高档化妆品市场，尽管欧莱雅已领先于其他国际巨头，但高端化妆品市场规模只在 15 亿元左右，仅占化妆品市场总规模的大约 4%。因此，面对宝洁玉兰油的霸主地位，欧莱雅尴尬万分。"在中国，更大的市场是属于'大众化'的，要想取得成功，大众市场是必争之地。"欧莱雅中国区总裁盖保罗已经认识到了这一点。

正是基于对低端产品市场的争夺，欧莱雅集团不得不对其战略进行调整。当时，欧莱雅决定在中国市场采取降价措施，其大众品牌价格开始下调，其中最低价格已经接近中国品牌化妆品的价格。

通过调整市场定位，现在欧莱雅集团在中国化妆品市场不放过任何一个阶层，最大可能地攫取市场份额，挤垮对手。即便如此，由于欧莱雅全面出击，容易使消费者对其品牌的认知和理解发生混乱，淡化对原品牌的独特印象，最终导致了消费者对其原品牌的忠诚度下降。同时，把高档品牌使用在低档产品上，可能使原品牌的高档地位受到挑战，并逐渐失去已有的高档品牌形象。

对于欧莱雅品牌下移的路线，中国化妆品协会理事长张殿义曾说，欧莱雅的低端渗透还有待时间检验。因为大部分的低端品牌仍然是本土品牌，金字塔的塔基部分被本土品牌占据着。

要想在中国取得竞争优势，欧莱雅必须在大众市场上有大动作，以尽快缩小与宝洁的差距，而这一段路真的不是那么好走，欧莱雅如何走好、走快，人们正在拭目以待。

二、多元化挑战专业化

与宝洁不同，欧莱雅从不把欧莱雅公司的烙印打在旗下品牌的身上。在进入中国市场的前八年，几乎没有人知道兰蔻、碧欧泉、巴黎欧莱雅、美宝莲这些品牌之间是什么关系。直到收购"小护士"后，人们才了解到，那些品牌全都是欧莱雅旗下的。宝洁旗下的品牌，除了 SK-Ⅱ，其他品牌，如玉兰油、伊卡璐、Covergirl 等，几乎都被打上了宝洁的烙印。

一位专家分析，欧莱雅集团旗下各个品牌实行自主管理、自主经营的方式，各品牌的广告也是自成一体，互不干涉。虽然这对保持不同品牌自有的特点和文化内涵十分重要，但糟糕的是，集团品牌各自为政，没有形成一股合力。例如，同属于大众品牌的欧莱雅和美宝莲价格非常相近，品种又有交叉，这容易导致自有品牌之间的残杀，而从整体来说，这并没有提高收益，反而由于大量的广告支出等造成不必要的损失。

的确，传统的品牌延伸战略固然有其优势，如缩短新产品被消费者接受的时间和节省市场推广费用，提高原品牌的声誉、增加品牌价值，摆脱单一产品的约束等。但传统的品牌延伸战略的劣势也是明显的，如品牌延伸的产品种类越多、跨越的产品线越长，越容易使品牌定位变得模糊。可以说，品牌自身特性向延伸产品的转移能否成功，取决于公众是否认为延伸产品与品牌价值相吻合。

幸亏，针对不同档次的化妆品、不同目标顾客的心理需求，欧莱雅设计了不同的销售渠道。例如，针对高端客户生产的兰蔻等产品，只有在高档的商店才可以买到。

在提升产品高档形象的同时，也满足了高消费人群的心理需求；而走大众路线的美宝莲等产品，则在普通商场及超市就可以买到。欧莱雅的相关人员曾透露，他们给美宝莲的定位是"国际化的品牌、平民化的价格，要让中国的消费者买得起，且便于购买"。

宝洁学习和借鉴了欧莱雅的这一做法。一位宝洁公司的品牌经理就认为，化妆品与日化用品不同，化妆品主要以品位和情感为导向，保持品牌的独立性是非常重要的。在这一点上，欧莱雅的做法显然是对的。从目前来看，宝洁似乎从广告和宣传上，开始有意抹掉其旗下化妆品身上的宝洁烙印，而采用欧莱雅淡化品牌的做法。

可以说，在宝洁调整其相应做法后，欧莱雅面临的竞争压力将会更大。

有业界人士建议，为了更好地规范品牌，欧莱雅有必要对其所属产品进行一次彻底的梳理，重新调整各品牌的外延。例如，美宝莲品牌应该彻底放弃仅剩的几种护肤产品，完全做彩妆系列；而巴黎欧莱雅品牌则应侧重护肤和染发系列，逐步退出彩妆系列。这样的分工可使欧莱雅集团大众定位级别上的两个品牌很好地配合而又不发生内耗，同时集团的研发力量也可以有效整合。

建议不是没有道理，但是欧莱雅或许有自己更好的打算。

三、城市路线挑战农村路线

2006年年初，宝洁抢先提出要着力拓展农村市场。这刺激了欧莱雅进一步开拓农村市场的决心。同年2月，欧莱雅宣布，将发力于中国三线及三线以下城市的市场开拓。这便是所谓的"新农村战略"，显然此举剑有所指。

据报道，时任欧莱雅中国区总裁的盖保罗直言，欧莱雅将寻找合作伙伴，将产品带到农村、三线及三线以下的城市。根据欧莱雅集团的全球部署，其在中国的业务将从90个城市拓展到200个城市。值得注意的是，欧莱雅向低端市场渗透，不单纯是某一品牌，而是整体进发。

早在2001年，欧莱雅为了提升形象，撤掉很多卖场的专柜，仅保留一部分高端卖场。这一策略让欧莱雅丢掉一大部分中低端市场，它眼睁睁地看着宝洁的品牌出现在各种卖场，赚得盆满钵溢。2003年，美宝莲的业绩达到5.8亿元，但在超市、化妆品店等真正意义上的分销渠道中所占比重并不大。这表明，欧莱雅在广大城镇和农村的深度渠道分销是做得不够的。与之相比，宝洁玉兰油25亿元的销售业绩，很大程度上是得益于进入了现代零售渠道以及广大城镇和农村。

有了这种教训，欧莱雅中国区总裁盖保罗在描绘欧莱雅在中国的品牌战略时说，以往欧莱雅主攻中国市场的品牌大多集中在大城市，尽管这块市场利润丰厚，但如果要谋求更广阔的发展空间就必须要拓展新的市场。为了给开拓广大农村市场做准备，收购中国品牌便成为便捷的途径。近年来，欧莱雅接连收购"小护士"和"羽西"两大本土品牌，其中"小护士"是中国排名第三的护肤品品牌，仅次于玉兰油和大宝。这也表明，在完成高端市场的布局后，欧莱雅正在凶猛地"吞食"中国的大众化妆品市场。

此外，欧莱雅逐步将销售模式向专柜销售、大众分销和超市销售的复合式模式转型。业界人士都认为，庞大而成熟的分销网络对于欧莱雅拓展中国市场的意义可能远胜于一两个优质品牌。不过，也有一些业内人士提出了质疑：欧莱雅在向低端市场渗透的道路上能够走多远？它旗下的品牌会不会集体遭遇滑坡呢？对于形象已经定格的欧莱雅来说，要做的或许是继续保持自己高高在上的形象。拿这样的牌子去开拓三线城市甚至农村市场，的确存在风险。

　　看来，欧莱雅通过"新农村战略"向低端市场到底能渗透多深，还是一个问号，它向宝洁发起的挑战能否取胜更是一个大问号。

（资料来源：徐燕，2006. 一场正在上演的精彩案例：欧莱雅与宝洁在中国的品牌战略对决[J]. 中外企业文化（10）：15-16. 略有改动。）

4.1　企业战略概述

4.1.1　企业战略的概念与特征

1. 战略及企业战略的概念

1）战略的概念

"战略"一词自古有之，"战"是指战斗和战争，"略"是指策略、谋略、计划，后来合用，起源于兵法，为军事用语。随着人类社会的发展，"战略"一词逐渐被人们广泛地应用于军事以外的领域，如政治、经济、科技和社会发展领域。"战略"一词也被演绎为泛指重大的、全局性的或决定全局的谋划。

2）企业战略的概念

企业战略（business strategy）最早出现于美国，美国人大约在 20 世纪 60 年代才明确地将战略思想引入或运用于工商经营管理之中。关于什么是企业战略，西方战略管理文献中没有一个统一说法，不同学者和经理人由于自身的认识角度和经历不同，赋予企业战略的含义也有差异。有的认为企业战略应包括企业的目的与目标，即广义的企业战略；有的则认为企业战略不应该包括这一部分内容，即狭义的企业战略。

著名管理学家明茨伯格整合了各种观点，提出了"五个 P"的观点。①战略是一种计划（plan）。大多数人将战略看作一种计划，即它是一种有意识的、有预计的行动程序，一种处理某种局势的方针。②战略是一种计谋（plot）。这是指在特定的环境下，企业将战略作为威胁和战胜竞争对手的一种具体手段。③战略是一种模式（pattern）。D. 钱德勒（D. Chandler）在其《战略与结构》一书中指出，战略是企业为了实现战略目标、进行竞争而进行的重要决策、采取的途径和行动，以及为实现目标对企业主要资源进行分配的一种模式。只要有具体的经营行为，就有战略。④战略是一种定位（position）。战略是一个企业在自身环境中所处的位置或在市场中的位置。⑤战略是一种观念（perspective）。这种定义强调战略是一种概念的内涵，即所有的战略都是一种抽象的概念，它存在于需要战略的人们的头脑之中，体现于战略家们对客观世界固有的认识方式。

以上五种对战略不同的定义，只能说明人们对战略特性的不同认识，不能说明哪种战略定义更为重要。值得强调的是，尽管战略定义多种多样，但对于具体企业来说，战略仍只有一个，五个定义只不过是从不同角度对战略进行的阐述。

2. 企业战略的特征

尽管战略学者和经理人对企业战略的内涵有不同的认识，但是对于企业战略的特征，人们的认识没有太大的分歧，各种理解基本上都比较相似。概括起来，企业战略具有以下几方面的特征。

（1）企业战略具有全局性。全局性是企业战略最根本的特征。企业战略以企业的全局为研究对象来确定企业的总目标，规定企业的总行动，追求企业的总数量。也就是说，企业战略的重点不是研究企业的某些局部性的问题，而是企业的整体发展。这就提醒企业，在整体经营管理中要以企业战略为目标，关注全局、关注整体。

（2）企业战略具有长远性。长远性是指企业战略的着眼点，是企业的未来，是为了谋求企业的长远利益，而不是为了求得眼前的利益。有效的企业战略可以避免企业经营管理的"短视症"。

（3）企业战略具有竞争性。竞争性是指企业战略是企业在竞争中战胜对手、应付外界环境的威胁、压力和挑战的整套行动方案。它是针对竞争者制定的，具有直接的对抗性。在企业的整体经营管理中，企业战略的竞争性作用容易激发起全体员工的斗志和士气，从而使团队保持旺盛的竞争力。

3. 企业战略策划在企业整体经营管理策划中的重要地位

就策划而言，企业整体经营管理策划中涉及许多要进行策划的项目内容，如现在流行的企业形象识别系统（corporate identity system，CIS）策划、广告策划、营销策划、融资策划、管理策划、新产品上市策划及企业战略策划等。然而就策划本身对企业的决定性与重要性作用来讲，企业战略策划是企业所有策划项目中的重中之重，其重要地位具体表现在以下几方面。

（1）企业战略策划是企业整体经营管理策划的核心。可以这样说，一切企业战术策划、项目策划都得围绕企业战略策划来做。在没有完成企业战略策划之前，所做的各种企业战术策划、项目策划都有可能是徒劳无功的，甚至有时可能是"南辕北辙"的。

企业战略策划是企业各项战术策划的核心，其他策划都是在企业战略策划的基础上展开的，并且要时时围绕它进行。

（2）企业战略策划是企业整体经营管理策划的重点和关键。抓住事情的重点和关键，可以取得突破性的进展，可以起到事半功倍的效果。企业整体经营管理策划中，只要抓住企业战略策划这个重点，把企业战略策划做好、做到位，接下来的各种战术策划和项目策划相对而言就容易得多，成功的可能性也大得多。一位商界人士说："一个企业的战略方向准确了，就好比乘上了一列高速飞驰的经济快车，省事得多，也省力得多。"

（3）企业战略策划是企业整体经营管理策划中的"指向标"。企业战略策划主要是帮助企业回答一些关键的、带有方向性的重点问题，例如，"我是谁""我从哪里来""我将到哪里去""我将如何去"等问题。因此，企业的各类经营管理策划都必须看清企业战略策划指定的方向。任何偏离企业战略的战术策划，即使方法再好、再绝妙，也都是无用的策划，而且还可能是有害的策划。所以，企业的战略策划一旦确定下来，在没有特别的优势出现时（如市场优势、人才优势、管理优势等），一般最好别擅自变动。否则，偏离了经过企业历史验证的、正确的"指向标"，再精彩的策划也可能给企业带来灾难。

4.1.2　企业战略的构成要素

1. 安索夫的企业战略构成要素

企业战略的广义论者认为，企业战略应包括企业目的与目标以及为实现这些目的与目标而采取的手段；狭义论者则认为，企业战略只包括为实现企业目的与目标而采取的手段。但是狭义论者还认为，企业战略是由一定的要素构成的。安索夫是最早对企业战略的构成要素进行概括的学者，他认为企业战略是由四个要素构成的，即产品与市场范围、增长向量、竞争优势和协同作用，如图 4.1 所示。安索夫还认为将这四个要素组合起来可产生合力，成为企业的共同经营主线。所谓共同经营主线，是指企业当前的产品与市场组合和未来的产品与市场组合之间的关联。有了这条经营主线，企业内外人员就可以了解企业经营的方向和产生作用的力量。

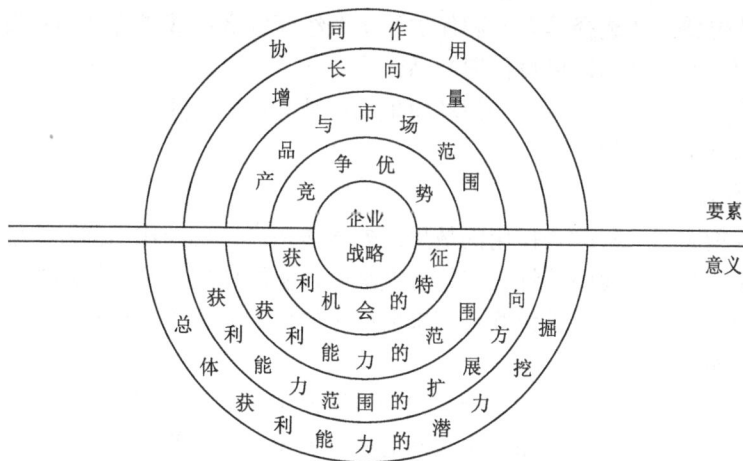

图 4.1　安索夫的企业战略构成要素

1）产品与市场范围

产品与市场范围说明企业属于什么特定行业和领域。许多企业将自己的经营范围定得过宽，造成经营方向模糊，为了清楚地表达企业的经营方向和范围，产品与市场范围常常需要分行业来描述。

2）增长向量

增长向量又称为成长方向，用来说明企业从现有产品与市场范围向未来产品与市场范围移动的方向，即企业经营方向。下面通过表 4.1 来说明企业增长向量。

表 4.1　企业增长向量

使命	产品	
	现今产品	新产品
现今使命	市场渗透	产品开发
新的使命	市场开发	多种经营

（1）市场渗透是指通过目前产品与市场份额的增大来达到企业成长的目的。

（2）市场开发是指为企业产品寻找新的消费群，以此作为企业成长的方向。

（3）产品开发是指创造新的产品用以替代现有产品，从而保持企业成长。

（4）多种经营则独具特色，它的产品与市场都是新的，即企业步入了一个新的经营领域。

前三种选择的共同经营主线是明晰和清楚的，或是开发新的市场营销技巧，或是开发新市场或新产品，或是两者同时进行。但是在多种经营中，共同经营主线就显得不够清晰了。

3）竞争优势

竞争优势表明企业某一产品的市场组合具有与众不同的特殊属性，凭此可给企业带来强有力的竞争地位。一家企业想要获得竞争优势，或寻求兼并，谋求在新行业或原行业中占有重要位置；或选择具有专利保护的某个经营领域；或进行产品开发，生产具有突破性、创新性的新产品，以替代旧产品。

上述三个要素描述了企业在外部环境里的产品与市场道路，第四个要素则是从企业内部的协调角度来考虑的。

4）协同作用

协同作用指明了一种联合作用的效果。安索夫指出，协同作用涉及企业与其新产品和市场项目相配合所需要的特征。在管理文献中，协同作用常常被描述为 1＋1>2 的效果，这意味着企业内各经营单位联合起来所产生的效益要大于各个经营单位各自努力所创造的效益总和。

安索夫又进一步将协同作用划分成销售协同作用、运行协同作用和管理协同作用。销售协同作用，即企业各种产品使用共同的销售渠道、仓库等；运行协同作用，即企业内分摊间接费用，分享共同的经验曲线；管理协同作用，即在一个经营单位里运用另一个单位的管理经验与专门技术。当然，如果协同作用使用不当，也会产生负面效果，这就是所谓的内耗，即产生 1＋1<2 的结果。

协同作用是衡量企业新产品与市场项目的一种变量。如果企业的共同经营主线是进攻型的，该项目则应运用于企业最重要的要素，如销售网络、技术等；如果企业的共同经营主线是防御型的，该项目则要提供企业所缺少的关键要素。同时，协同作用在选择多种经营战略上也是一个关键的变量，它可以使各种经营形成一种内在的凝聚力。

探讨企业战略构成要素的意义在于寻求企业获利能力。一般地，产品与市场范围指出了企业寻求获利能力的范围；增长向量指出这种范围扩展的方向；竞争优势指出企业最佳获利机会的特征；协同作用可挖掘企业总体获利能力的潜力。

2. 伊丹敬之的企业战略构成要素

关于企业战略的构成要素，日本学者伊丹敬之提出了一种新见解，在日本学术界产生了较大影响。伊丹敬之认为，企业战略的构成要素有三种：产品市场群、业务活动领域和经营资源群，如图 4.2 所示。

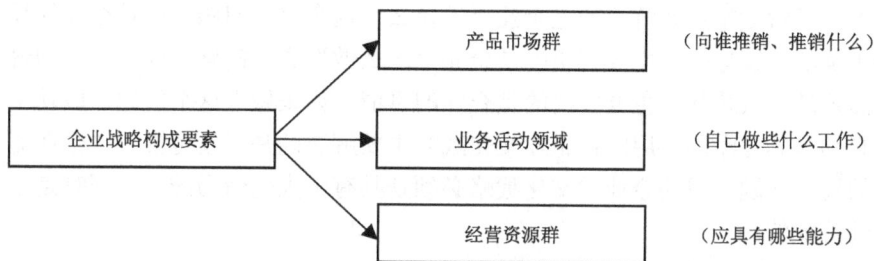

图 4.2　伊丹敬之的企业战略构成要素

1）产品市场群

产品市场群就是要解决本企业的活动目标应确定在哪一种产品领域、市场领域，如果拥有数个产品与市场，则应如何相互联系。

2）业务活动领域

业务活动领域是指从原材料供应、生产一直到产品送到顾客手中这一系列的开发、生产、流通过程中，企业应该承担哪些环节的活动。

3）经营资源群

经营资源群是指企业如何把开展经营活动所需要的各种资源和能力综合起来，以及在什么方向上积累资源。

伊丹敬之认为，构成企业战略的这三项要素各自又由两项因子构成，即范围和重点。例如，经营资源所需要具有的内容构成范围，而这些能力中最重要的一项构成重点。由此，伊丹敬之提出了企业战略的分析模型，见表 4.2。

表 4.2　伊丹敬之的企业战略分析模型

战略构成要素	要素因子			
	范围		重点	
	当前状态	变化方向	当前状态	变化方向
产品市场群				
业务活动领域				
经营资源群				

3. 企业战略策划的基本要素及其基本内容与相互关系

1）企业战略策划的基本要素

企业战略策划是一项实战性很强的活动。我国的一些策划界人士在总结实践经验后提出企业战略策划的四大基本要素。

（1）有一套科学务实的经营战略策划。

（2）有一套运作高效的管理战略策划。

（3）有一套极具激励作用的人才战略策划。

（4）有一套具有强大生命力并带有鲜明个性特色的企业文化战略策划。

其中：经营战略主要解决的是企业"做什么"这个重大问题，成功企业的经营战略必须是正确的；管理战略主要解决的是企业"怎么做"这个问题，成功企业的管理战略必须是高效的；人才战略主要解决的是企业的事情"谁来做"这个问题，成功企业的人才战略必须是具有激励作用的；企业文化战略主要解决的是"我是谁"这个在竞争中明确定位的重大问题，成功企业的文化战略必须是具有强大生命力的，并同时是带有重大鲜明个性特征的。

2）企业战略策划基本要素的基本内容与关系

以上四大基本要素中，前三个基本要素都是为回答最后一个要素"我是谁"做的铺垫。这四大基本要素的基本内容及其相互关系主要体现在以下几方面。

（1）就企业的经营战略来说，它的基本内容主要包括产品与市场范围、增长向量、竞争优势和协同作用。这也是安索夫著名的企业战略管理要素内容。这四个方面的基本内容可以在企业中产生一种合力，形成企业的共同经营主线。在进行企业经营战略策划时，首先应当从产品、技术及市场营销等方面的类似性，为企业确定出一条共同经营主线。这是企业战略策划中十分关键的内容，也是十分重要的第一步。

（2）就企业的管理战略来说，它的基本内容主要包括组织系统、指挥系统、联络系统、检查反馈系统、预算计划系统等。它的特点是必须密切配合企业的经营战略特征来制定，服务并服从于经营战略。

（3）就企业的人才战略来说，它的基本内容主要包括人才的选用和招聘、培训、激励等，多数学者将它归入管理战略之中。例如，《A 管理模式》的作者刘光起就持这种观点。但在编者看来，与其说一些企业的成功得益于它的战略成功，不如说得益于它的人才战略成功。这样的例子在商界比比皆是，如拯救克莱斯勒公司的李·艾科卡（Lee Iacocca）、复活 IBM（International Business Machines Corporation，国际商业机器公司）的路易斯·郭士纳（Louis Gerstner）、让通用公司成为美国经济"火车头"的杰克·韦尔奇（Jack Welch）等。可以这样说，一个企业的成功可以归结为这个企业关键的人才战略的成功。因此，本书把它作为一个重要因素单独列出来。

（4）就企业的文化战略来说，它的基本内容就是做好 CIS 战略策划。CIS 包含三大部分：MIS（mind identity system，理念识别系统）、BIS（behavior identity system，行为识别系统）和 VIS（visual identity system，视觉识别系统）。企业文化战略的策划其实在相当大的程度上就是做好 CIS 战略策划。这已被业界多次成功地证明过。

4.2 企业战略分析

4.2.1 企业外部环境分析

现代企业的生产经营活动日益受到外部环境的作用和影响。企业要进行战略管理，必须全面、客观地分析和掌握外部环境的变化，以此为基础和出发点来制定自己的战略目标和实现战略目标的路径。

企业与其外部环境的经营条件、经济组织及其他外部经营因素处于一个相互作用、相互联系、不断变化的动态过程中。这些影响企业的成败、非企业所能全面控制的外部因素就形成了企业的外部环境。对这些外部环境进行分析的目的，是找出外部环境为企业所提供的可以利用的发展机会及其对企业发展所构成的威胁，以此作为制定战略目标及战略出发点、依据和限制的条件。

外部环境诸因素对一个企业的影响程度是不同的。企业外部环境一般可分为以下两大类。

第一类：行业环境。行业环境是企业的微观外部环境，包括消费者、供应者、竞争者、替代产品生产者、潜在加入者等。他们对企业的影响往往是直接的或明显的。

第二类：企业的宏观外部环境。企业的宏观外部环境间接或潜在地对企业发生作用和影响，包括政治法律因素、经济环境因素、社会人文因素、科技因素。

这两类外部环境因素与企业内部的关系如图 4.3 所示。

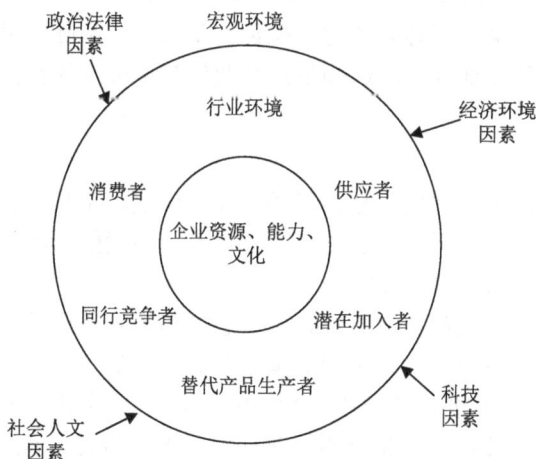

图 4.3　外部环境因素与企业内部的关系

1. 政治法律因素

政治法律因素是指对企业生产经营活动具有现存的和潜在作用与影响的政治力量，以及对企业生产经营活动加以限制和约束的法律、法规条文。具体来说，包括企业所在国家或地区的政局稳定状况，政治经济制度与体制，执政党的路线、方针和政策，以及所在国家或地区的法律、法规等。一个国家或地区的政局与社会稳定状况往往是该国家或地区所在企业顺利开展生产经营活动的基本条件之一，内战、频繁的罢工或与周边国家或地区的武装冲突总会影响企业的经营，甚至使企业停产倒闭。一国的政治经济制度与体制也是企业生产经营活动的一个基本制约因素，首先决定企业的产权制度与结构，进而影响企业的生产经营机制与体制。企业所在国执政党的路线、方针和政策又是影响和制约企业经营活动的一股重要政治力量。

从事国际化经营的企业，除了要调查研究本国的政治法律因素，还要研究贸易国的政治法律因素。有些发展中国家，像拉丁美洲、非洲、中亚的一些国家，经常处于政局动荡、内战不断的状况，与这些国家进行贸易就应格外谨慎。

2. 经济环境因素

经济环境因素是指企业经营过程中所面临的各种经济条件、经济特征、经济联系等客观因素，首先需要考察的是国家经济处于何种阶段，是萧条、停滞、复苏还是增长，以及宏观经济以怎样一种周期规律在变化发展。在许多衡量宏观经济的指标中，国内生产总值是最常用的一种，它是衡量一个国家或地区经济实力的重要指标。

人均收入是与消费品购买力呈正相关的经济指标。一个国家的总人口数量往往决定了该国许多行业的市场潜力，如食品、服饰、交通工具等。货币供给、物价水平和通货膨胀率向来是经济环境中的敏感因素。经济基础设施也是经济环境因素的重要一环。对于跨国企业的经营者来说，还必须考虑关税种类及水平、国际贸易的支付方式、东道国政府对利润的控制、税收制度等。这些都是企业外部环境中的经济环境因素。

3. 社会人文因素

社会人文因素包括社会文化、社会习俗、社会传统、宗教信仰、教育水平、公众价值观、道德观及人口统计特征等。变化中的社会人文因素能影响社会对企业产品或劳务的需要，也能改变企业的战略选择。

社会文化是人们的价值观、道德观、生活态度与方式等的总和。社会文化因素强烈地影响着人们的购买欲望与行为。不同的国家有着不同的主导文化传统，也有着不同的亚文化群体。因此，企业必须了解一定社会环境下的文化，并以此作出针对性的经营决策。

现今，我国民众受教育程度和范围空前扩大，人们的文化素质空前提高。受教育越多，对产品的鉴别力越强，购买理性程度越高，对产品的质量和品牌就越挑剔；受教育程度越高，对商品需求层次越高，对书籍、艺术品及文化用品等的需求就越大。同时，受教育人数越多，意味着劳动者的素质越高，意味着现代知识型企业和以知识竞争为基础的时代的到来。

人口统计特征是社会环境中需要考虑的另一个重要因素，包括人口数量、结构、分布及其增长情况。

4. 科技因素

科技因素是指一个国家和地区的科技水平、科技政策、科技转化为新产品的能力及科技发展动向等。对于企业来说，当然要特别关注所在行业的科技发展动态和竞争者技术开发、新产品开发的动向。

企业经营战略设计的一个重要问题是，一种新技术的发明或应用可能同时意味着"破坏"，因为一种新技术的发明或应用会带来一些新的行业，而伤害乃至消灭另外一些行业。例如，日本电子手表工业严重威胁了瑞士的世界手表王国地位；化工行业提供了新型的化纤织品，夺去了传统棉毛织品行业的很大一块市场；在中国城镇，液化煤气、管道煤气的日渐普及将消灭家用煤制品行业。所以，当今不少企业的投资战略方向都是高新技术迭出的行业，而若身处传统行业，企业则须重视开发与采用新技术，否则在"新事物将否定旧事物"的法则下，企业早晚会有生存之虞。

一个国家经济增长速度的快慢，是受采用重大技术发明的数量与程度影响的；一家企业的盈利状况也与研究与开发费用呈正相关关系。当今跨国公司发展的一个重要战略是增加研究开发费用的投入，欧盟委员会之前发布了 2020 年欧盟工业研发投入记分牌，这是欧盟委员会连续第 16 年发布该记分牌。此记分牌实际上是欧盟统计的"2020 全球企业研发投入报告"，排名前十的有 Alphabet（谷歌母公司）、微软、华为、三星电子、苹果、Facebook、大众、英特尔、罗氏、强生等，这些企业的良好经营实力得益于它们每年高额的研究开发费用的投入。

对于中国企业而言，在开发利用技术方面存在两个致命的不足：一是投入经费不足；二是从技术或产品开发成功到商业化的距离很远，技术转化为生产力的效率很低。技术开发是一个战略问题，是当代企业主要的职能战略之一，它在一定程度上决定着企业的战略方向与生存能力。

4.2.2　企业内部环境分析

企业内部环境是指企业可控的内部因素，包括财务状况、产品线及竞争地位、设备状况、市场营销能力、研究与开发能力、人员的数量及质量、组织结构、企业过去确定的目标和曾经采用过的战略等。企业内部环境是企业经营的基础，是制定企业战略的出发点、依据和条件，是竞争取胜的根本。对企业的内部环境进行分析的目的，在于掌握企业目前的状况、明确企业所具有的长处和弱点，以便使确定的战略目标能够实现，使选定的战略能够有效地利用企业的资源、发挥企业的优势，并能够避免或改进企业的弱点。

企业内部环境因企业的不同情况而呈现出多样化，分析方法也是多样化的，但大体可归纳成两大类。一类是纵向分析，即分析企业的历史沿革，从企业各方面（职能）、各层次分析企业得到发展和加强的领域，以及有所削弱的领域。根据这种纵向分析，在历史分析的基础上对企业各方面的发展趋势作出预测。另一类是将企业的情况与行业平均水平作横向比较分析。通过这种分析，企业可以发现自身相对于行业平均的优势和劣势。这种分析对企业的经营来说更具有实际意义。对某一特定的企业来说，可以比较的行业平均指标有资金利税率、销售利税率、流动资金周转率及劳动生产率等。

1. 企业内部环境分析技术

1）经验效益法

经验效益是指企业在生产某种产品或服务的过程中，随着累积产品产量或服务的增加，生产单位产品的成本下降。1960 年，波士顿咨询公司的布鲁斯·亨德森（Bruce Henderson）首先提出了经验曲线效应（experience curve effect）。如图 4.4 所示，从经验曲线上可以看出，企业过去的经验对把握企业内部环境起着重要作用，企业对各种可能出现的事项经历得越多，经验积累就越多，可利用的资源也就越多，在寻找企业机会、规避企业威胁时，投入的成本也会是最节约的。经验曲线表明，经验越少，单位成本越高；经验越丰富，单位成本越低。

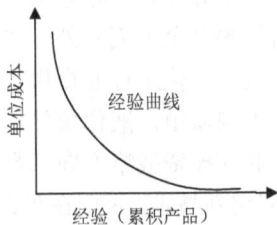

图 4.4　经验曲线效应

2）价值链分析法

企业要想生存与发展，就必须为企业的股东和其他利益相关者（如顾客、供应商、员工、所在社区等）创造价值。把一个企业创造价值的过程分解为一系列互不相同但又相互关联的经济活动后，美国管理学家波特将这些活动描述为一条"价值链"，如图 4.5 所示。其中，所有开发和营销产品或服务的活动所带来的总收入减去其总支出便是这一链条所增加的价值。

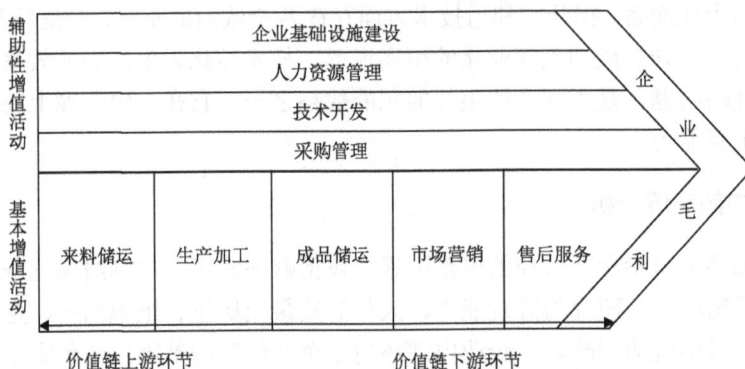

图 4.5　价值链分析

从图 4.5 中可以看出，价值链分为两大部分。下半部分为企业的基本增值活动，即一般意义上的生产经营环节，包括来料储运、生产加工、成品储运、市场营销和售后服务，这些活动与产品实体的生产和流转直接相关。上半部分列出的是辅助性增值活动，包括企业基础设施建设、人力资源管理、技术开发和采购管理等。这里的技术开发和采购管理是广义的，技术既包括生产性技术，也包括非生产性技术，如决策技术、信息技术、计划和控制技术等；采购管理既包括生产所需的原材料的采购，也包括其他资源投入的管理，如聘请有关咨询机构为企业进行广告策划、市场预测和法律咨询等。价值链分析法最初是为了在复杂的生产经营程序中分清每一个步骤的利润率而采用的一种会计方法，其目的是决定在哪一步可以削减成本或增加价值。

企业的增值活动可以分为"上游环节"和"下游环节"两大类。在企业的基本增值活动中，来料储运、生产加工可以称为"上游环节"；成品储运、市场营销和售后服务可以称为"下游环节"。上游环节增值活动的中心是产品，它与产品的技术特性紧密相关；下游环节增值活动的中心是顾客或客户。

值得注意的是，不同行业中企业价值链的具体构成并不完全相同，同一环节在不同行业中的重要性也不相同。例如，在农产品行业，由于产品本身相对简单，竞争主要表现为价格竞争，一般不需要利用多种促销手段，也不需要售后服务，因而价值链下游环节对企业生产经营的整体效益的影响不是很大；而在许多制造行业，市场营销和售后服务不仅重要，甚至可能是决定竞争成败的关键。一般来说，销售量越大，交易次数越频繁，价值链下游环节的营销组织体系的战略地位就越重要。

2. 企业面临环境机会与威胁的对策

为取得经营的主动权，企业必须随时对自身所处的环境进行监测，掌握其发展趋势，从中发现市场机会和环境威胁，预先策划解决方案。

企业面临环境机会时，通常有三种策略可供选择。①及时利用。当环境机会与企业的营销目标一致、企业又具备利用这种机会的资源条件并享有竞争中的差别利益时，企业应及时调整自己的营销组合策略，充分利用市场机会，求得新的盈利与发展。②等待时机，适时利用。有些市场机会相对稳定，在短时期内不会发生变化，而企业又暂时不具备利用这一环境机会的必要条件，这时便可以积极准备，创造条件，待时机成熟时再加以利用。③果断放弃。有些市场机会十分有吸引力，但是与企业的目标和资源都有一定距离，缺乏利用这一市场机会的必要条件，不能加以利用。此时企业不应犹豫不决、顾此失彼，应该果断放弃。

企业应付环境威胁的对策通常有以下三种。①对抗策略，即企业通过各种努力，试图限制或扭转不利因素的形成和发展，如通过各种方式促使（或阻止）政府通过某种协议，或制定某项策略来抵制不利因素的影响。②减轻策略，即企业通过挑战、改变市场营销组合策略，尽量减轻环境威胁的程度，如通过加强管理、提高效率、降低成本、扩大销售等来消化原材料涨价带来的威胁。③转移策略，即将受威胁的产品转移到其他市场，或将投资转移到其他更有利的产业，实行多角化经营。

4.2.3　企业使命分析

企业进行生产经营活动和制定企业战略，首先应确定企业在社会活动中所扮演的角色、企业的性质、应从事的业务，即弄清企业的使命。所谓企业使命，是指企业在社会进步和经济发展中所应担当的角色和责任。企业使命的确定过程，常常会从总体上引起企业方向、发展道路的改变，使企业发生战略性的变化。此外，确定企业使命也是制定企业战略目标的前提，是制定企业战略方案的依据和分配企业资源的基础。

1. 企业使命的内容和基本要素

企业使命一般包括三个方面的内容和九个基本要素。

1）三个方面的内容

（1）企业生存目的。美国著名管理学家德鲁克认为，企业存在的主要目的是创造顾客，只有顾客才能赋予企业存在的意义。因此，决定企业经营什么的应该是顾客，顾客是企业生存的基础和理由。根据这一原理，在制定企业生存目的时，应该说明企业要满足顾客的哪种需求，而不是说明企业要生产什么产品，如空调公司是创造舒适的家庭环境而不是生产空调。从这个意义上说，企业生存目的就是企业宗旨。

（2）企业经营哲学。企业经营哲学是对企业经营活动本质性认识的高度概括，是包括企业的基础价值观、一致认可的行为准则及共同信仰等在内的管理哲学。它主要通过企业对外界环境和内部环境的态度来体现，对外包括企业在处理其与顾客、社区政府等关系时的指导思想，对内包括企业在处理与员工、股东、债权人等关系时的基本观念。例如，IBM 公司的经营哲学：①尊重每一个人；②为顾客提供尽可能好的服务；③追求最优秀、最出色的成绩。对 IBM 公司的发展历史有所了解的人都一致认为，IBM 公司的这些经营哲学所起的作用，远远大于技术发明、市场营销技巧、财务管理能力等因素的影响。

（3）关于企业形象。企业形象是指企业以其产品和服务、经济效益和社会效益给社会公众和企业员工所留下的印象，或者说是社会公众和企业员工对企业整体的看法和评价。良好的企业形象意味着企业在社会公众心目中留下了长期的信誉，是吸引现在和将来顾客的重要因素，也是形成企业内部凝聚力的重要原因。因此，企业在设计自己的使命和指导方针时，应把社会信誉和形象置于首位。在塑造企业形象时，由于行业不同，影响企业形象的主要因素也不同，还要特别注意根据企业所处的行业特征来开展形象工程。

2）九个基本要素

九个基本要素，一般包括：顾客，即谁是企业的顾客；产品或服务，即企业主要产品或服务是什么；市场，即企业服务于哪一区域的市场或顾客；技术，即企业采用的基本技术是什么；对生存、发展和盈利的关注，即企业对经济目标的态度；经营哲学，即企业经营的理念；价值观和行为准则、自我意识，即企业的长处、短处和竞争优势是什么；公众形象，即企业希望的公众形象是什么；对员工的关注，即企业对员工的认识和态度怎样；其他利益相关者的协调，即企业使命的表述是否有效地协调和反映了各有关利益主体的要求。

这九个基本要素是绝大多数企业所共同关注和重视的，也是企业经营中首先要解决的基本问题，是构成企业使命的基本要素。对上述要素，各个企业由于自身的特点及所处的发展阶段不同，在使命陈述时可以不全包括，但不管怎样，一般不会超出此范围。因此，在对企业使命进行陈述和评价时，可以将是否包括这些因素作为重要指标之一。

2. 企业使命的确定

1）确定企业使命时应考虑的因素

确定企业使命时应考虑的因素有以下几点。

（1）企业的历史。

（2）企业领导的偏好。

（3）外部环境要素。

（4）企业资源。

（5）企业独有的能力。

（6）其他与企业相关的利益主体的要求和期望。

2）一个好的企业使命应满足的条件

根据美国管理学者金尼斯（Ginnis）的研究，好的企业使命应具备以下条件。

（1）应该明确企业存在的目的。

（2）应该既宽泛以允许企业创造性地发展，又狭窄以限制企业进行一些冒险行动。

（3）应该使本企业区别于其他同类企业。

（4）应该作为评价企业现在和未来活动的框架。

（5）应该清楚明白、易于为整个企业所理解。

3）企业使命变动的情况

一个企业的使命起初都是明确的或基本合适的，但过一段时间，便应对其进行分析，以决定它是否需要更改。企业的经营环境、市场地位、高级管理人员、所采用的技术、资源供给、政府法规和消费者需求等方面的变化，都会导致企业使命部分或全部过时。

企业使命需要变动的情况大致有三种：第一，随着企业的发展或某些新产品和新市场的开发，以前制定的使命变得不那么清楚；第二，企业使命仍然清楚，但某些管理人员对于初始的使命和意图失去了兴趣；第三，企业使命虽然清楚但由于新的外部环境和内部状况已经不能适应了。当企业领导意识到企业处于上述几种情况时，应及时地重新订立企业使命，以发挥其使全体员工朝着共同方向奋进的激励作用。

3. 企业使命的关系方

在确定企业使命时，必须充分、全面地考虑到与企业有利害关系的各方的要求和期望。他们既可以是一个团体，也可能是一个人。这些利害关系方一般可分为两大类：一类是企业内部要求者，即股东和雇员；另一类是企业外部要求者——不属于企业内部人员，但将受到企业作为产品生产者和销售者开展的一些活动的影响，通常包括顾客、供应商、竞争者、政府、当地社区和普通公众。企业使命的关系方如图 4.6 所示。

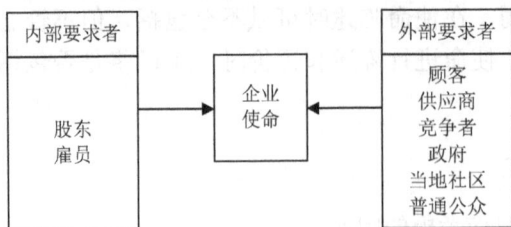

图 4.6　企业使命的关系方

4.2.4　企业战略目标分析

企业的战略目标反映了企业在一定时期内经营活动的方向和所要达到的水平，既可以是定性的，也可以是定量的，如竞争地位、业绩水平、发展速度及市场份额等，其时间一般为 3～5 年或更长。

制定企业的战略目标应依据企业的使命，在分析企业内部条件和外部环境的基础上进行。此外，战略目标还受最高管理层的社会价值体系的影响。企业的战略目标往往是由掌握组织关键资源的人按照自己的社会价值体系来制定的。因此，企业的战略目标会因企业及其使命的不同而呈现出多样化。企业的战略目标一般要符合如下特征：可接受性、可检验性、可分解性、可实现性和可挑战性。

1. 企业战略目标体系

企业的战略目标是可分解的，能够按层次或时间进度进行分解，构成一个目标体系，使企业的每个战略单位甚至每个员工都能明白自己的任务和责任，如图 4.7 所示。

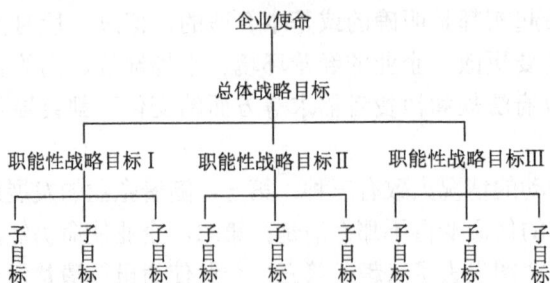

图 4.7　企业战略目标体系

2. 企业战略目标组合

企业在建立长期战略目标时可以考虑以下具体目标的组合：顾客服务目标、财务资源目标、人力资源目标、市场目标、组织结构目标、物质设施目标、产品目标、生产率目标、盈利能力目标、研究与开发目标和社会责任目标等。

4.3　企业战略规划

现代大型企业的经营战略一般可分为三个层次，即公司级（corporate level）战略、业务级（business level，亦称事业级）战略和职能级（functional level）战略。三个层次的关系如图 4.8 所示。

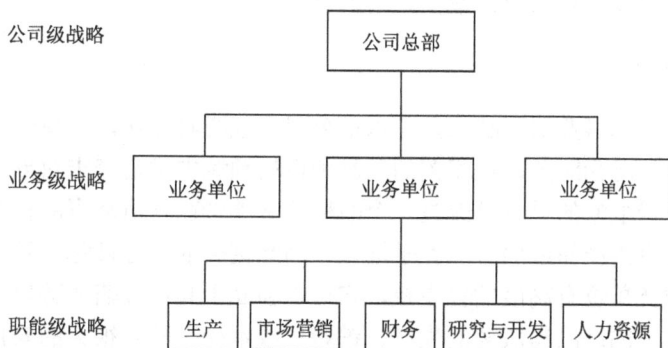

图 4.8　企业战略的三个层次

4.3.1　大型企业的经营战略

1. 公司级战略

一般来说，大型企业往往是由一些相对独立的业务单位组成的集合体，这些业务单位在西方国家被称为战略业务单位（strategic business units，SBU；也有人将其译为战略事业单位或战略经营单位）。战略业务单位通常是一个事业部（division，或称分部），或者是一个子公司。公司级战略研究的对象就是由若干战略业务单位组合成的企业整体。

公司级战略所要解决的问题是确定经营范围和公司资源在不同经营单位之间的分配事项。它由企业的最高管理层来确定，并且有较长的时限。经营单位战略集中于在某一给定的经营业务内确定如何竞争的问题。它的影响范围要较公司级战略窄，且适用于单一经营单位或战略较窄的经营单位。

公司级战略是以整个企业的发展为出发点的，主要考虑企业的业务种类和范围、不同的业务比例及其对资源的需求、不同业务间的相互辅助协调关系等。作为最高层次的战略，公司级战略是由公司的高层管理者来制定的。

概括来说，公司级战略强调两个方面的问题。第一，企业应该从事什么业务。也就是说，要确定企业的性质和使命，确定企业活动的范围和重点。第二，企业应如何去发展这些业务。企业资源的合理配置是至关重要的。在国际企业的全球性生产经营活动中，应该如何决定资源分配的顺序？应如何最大限度地利用好有限的资源？怎样确保关键的业务单位获得必需的资源？这些都是企业高层管理者必须考虑的问题。

对于一个大型公司来讲，有多种战略。一般来说，公司级战略有稳定战略、发展战略（包括集中生产单一产品或劳务战略、同心多样化战略、纵向一体化战略、复合多样化战略）和防御战略（包括收获战略、调整战略、放弃战略、清算战略）。

为了实现不同的战略目标，企业可以选择一种战略，也可以将几种战略组合起来使用。所谓战略组合，是指将相关的战略组合起来使用，使几种战略形成一个有机的整体。

战略类型的选择也随行业类型而有所不同。发展战略在复合行业中被采用得最多，而在工业品行业中采用率最低。组合战略的情况与发展战略类似。对于稳定战略，最常采用的行业是建筑业和石油业，最少采用的是复合行业、消费品行业和工业品行业。

2. 业务级战略

业务级战略又称事业层面战略，是指把公司级战略具体化，以单一业务或产品系列的运作及其竞争状况为对象，在相关的产品和市场领域中确定需求对象、资源配置及营销安排等。业务级战略的重点是改进一个战略业务单位在它所从事的行业或某一特定的细分市场中所提供的产品或服务的竞争地位，因此这类战略也被称为竞争战略。

由于战略业务单位有高度的自主权，它可以独立于其他战略业务单位制定自己的战略，并对本单位内的产品与服务的生产、销售、成本控制等有很大的安排处置权。概括来说，业务级战略需要考虑的问题包括：第一，如何落实企业的使命和总体战略；第二，本业务单位的发展机会与环境威胁分析；第三，本业务单位内在条件分析；第四，本业务单位发展的总体目标和要求；第五，确定业务级战略的战略重点、战略阶段和主要战略措施。

公司级战略与业务级战略的根本差别在于，公司级战略要统筹规划多个战略业务单位的选择、发展、维持或放弃，而业务级战略只就本业务单位的生产经营进行具体的规划。

企业经营战略涉及的问题是在给定的一个业务或行业内，解决经营单位如何竞争取胜的问题。在经营单位的战略选择方面，有三种可供采用的一般竞争战略，分别是成本领先战略、差异化战略和集中化战略。

1）成本领先战略
成本领先战略如图 4.9 所示。

图 4.9　成本领先战略

2）差异化战略
实施差异化战略，企业需具备下列条件。

（1）具有很强的研究与开发能力，研究人员要有创造性的眼光。

（2）企业具有以其产品质量或技术领先的声望。

（3）企业在这一行业具有悠久的历史，或能吸取其他企业的技能并自成一体。

（4）企业具有很强的市场营销能力。

（5）研究与开发、产品开发及市场营销等职能部门之间具有很强的协调性。

（6）企业具备吸引高级研究人员、创造性人才和高技能职员的物质设施。

3）集中化战略

集中化战略的优势主要表现在：第一，便于集中使用整个企业的力量和资源，更好地服务于某一特定的目标；第二，便于将目标集中于特定的部分市场，使企业可以更好地调查研究与产品有关的技术、市场、顾客及竞争对手等各方面的情况，做到"知彼"；第三，战略目标集中明确、经济成果易于评价，战略管理过程也容易控制，从而带来管理上的简便。

3. 职能级战略

职能级战略则与企业具体如何运作有关，主要是确定各个职能领域的近期经营目标。职能级战略是多方面的，如市场营销战略、生产战略、财务战略、研究与开发战略、人力资源战略等，其主要功用是支持企业完成既定的公司级和业务级战略。也就是说，企业的职能级战略的主要目的是尽可能使企业资源的利用效率最大化。

从战略实施角度来说，企业战略只有在被各个职能部门充分研究并制定出职能级战略之后，才能真正得以落实。换句话说，职能级战略不明确，公司级战略和业务级战略就只能是空中楼阁。

职能级战略描述了在执行公司级战略和经营单位战略的过程中，企业中的每一职能部门所采用的方法和手段。职能级战略在以下几方面不同于公司级战略和经营单位战略。首先，职能级战略的时间跨度要较公司级战略短得多。其次，职能级战略要较公司级战略更具体和专门化，且具有行动导向性。公司级战略只是给出公司发展的一般方向，而职能级战略必须指明比较具体的方向。最后，职能级战略的制定需要较低层管理人员的积极参与。事实上，在制定阶段吸收较低层管理人员的意见，对成功地实施职能级战略是非常重要的。

一个经营单位的职能领域包括下述部门：市场营销、财务、生产、人力资源、研究与开发。针对这些职能领域制定战略时应考虑的主要问题有以下几种。

（1）市场营销战略：市场细分化、市场战略、市场营销组合。

（2）财务战略：资金的筹集、现金预算、资本预算。

（3）生产战略：系统设计、作业计划和控制。

（4）人力资源战略：人力资源规划、招聘、挑选，团体化、培训和绩效考核，人力资源管理与企业战略。

（5）研究与开发战略：研究与开发的类型、研究与开发战略的选择。

4.3.2　企业国际化经营战略

进行国际化经营的企业具有多种可供选择的战略方案，经常应用的战略方案有以下几种。

1. 产品标准化战略

通过产品标准化，可以大批量地生产同一产品，降低产品的生产成本，从规模经济和经验效益中获益。

2. 广泛产品线国际战略

采取广泛产品线国际战略的益处在于，所有产品之间可以共享技术方面的投资及分销渠道。企业可在世界市场的范围内取得产品差异化或成本领先的战略地位。

3. 国际集中化战略

选择行业的特定部分，企业可取得产品差异化的地位或成为最低产品成本的制造商。同样，在国际集中化战略中也可采用产品标准化战略。

4. 国家集中化战略

企业为了利用不同国家市场的不同特点，将其经营活动集中于特定的国家市场，从而既可获得产品差异化的地位，又可成为成本领先者。

5. 受保护的空位战略

这种战略是寻求那些东道国政府的政策，个别可以排除许多国际竞争者的国家市场。该国政府排除国际竞争者的方式可能有多种，如要求产品有较高的国产化水平、高关税配额等。

对于任何一家国际化经营的企业来说，选择一个有效的国际战略是一项复杂而困难的决策。这种战略选择是基于国家的比较优势和特定企业的竞争优势。国家的比较优势影响着企业在哪儿生产以及在哪儿销售产品的决策；企业的竞争优势则影响着企业沿着附加价值链将其资源集中于什么样的活动和什么样技术的决策。

1）影响企业进入国际市场方式的因素

影响企业进入国际市场方式的因素如图4.10所示。

（1）外部因素：包括目标国家市场因素、目标国家生产因素、目标国家环境因素、本国因素。

（2）内部因素：企业产品因素、企业资源投资因素。

2）建立有效国际战略联盟的原则

建立有效国际战略联盟的原则如下。

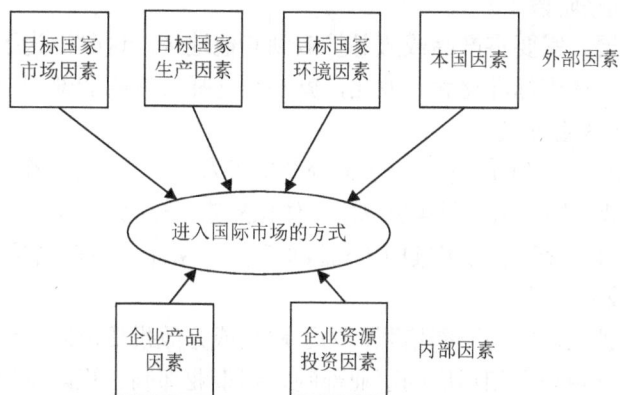

图 4.10　影响企业进入国际市场方式的因素

（1）确定合适的联盟伙伴。

（2）明确联盟伙伴之间的关系。

（3）联盟各方要保持必要的弹性。

（4）坚持竞争中的合作。

（5）在战略联盟中向联盟伙伴学习。

4.4　企业战略的执行

4.4.1　战略组织结构设计

企业的组织结构是实施战略的重要手段。

战略是设计与选择组织结构的决定性因素之一，同时，组织结构在一定程度上影响着战略的选择和实施。企业战略的执行，离不开有效的组织结构设计。也就是说，要有效地实施战略，还要建立适合丁所选战略的组织结构；否则，不适合的组织结构会妨碍战略的实施，使战略达不到预期的目标，影响企业的绩效。

那么如何设计与战略相适应的组织结构呢？

1. 战略发展阶段和组织结构

钱德勒的研究表明，美国许多大公司经历了战略发展的四个阶段，每个阶段都有与之相适应的组织结构。

1）数量扩大战略阶段

企业在创建初期，规模比较小，地域集中，产品单一，往往采用数量扩大型战略，即在一个地区内扩大企业产品或服务的数量。与此相应，企业往往只需要简单的组织类型，承担单纯的生产、销售等职能。

　2）地域扩散战略阶段

　　企业进一步发展，需要将产品或服务扩散到其他地区。这时，为了组织和协调不同区域的产品和服务、达到标准化和专业化，就必须选择具有职能部门的组织结构。

　3）纵向一体化战略阶段

　　随着企业的发展、竞争的激烈，为了减少竞争压力、扩大实力，企业需要拥有一部分原材料的生产能力或分销渠道，即实施纵向一体化战略。与此相应，企业中出现了中心机构及众多的职能部门，管理权力多集中于高级管理层，从而采用直线职能制等组织结构。

　4）多种经营战略阶段

　　企业规模不断扩大，实力不断增强，为了避免或分散投资风险、经营风险，实施多种经营战略，从而选择与之相适应的事业部制、超事业部制、矩阵制等组织结构。

　2. 战略经营领域和组织结构

　　企业的战略经营领域主要包括单一经营领域和多种经营领域两大类。不同的战略经营领域要求不同类型的组织结构与之匹配。

　1）单一经营领域及其组织结构

　　企业处在创业阶段，规模较小、资源有限，经营领域局限于某一行业或某种产品；属于上游企业，其生产技术和管理经验比较难于跨行业有效运用；出于企业可持续发展的战略考虑，集中核心资源，保持在某一领域的特有竞争优势，确保在价值链的某一特定环节击败竞争对手……这些企业实行单一经营领域战略，相应的组织结构通常是传统的直线制、直线职能制等简单的组织类型，通过将管理权、决策权较多地集中于高层管理者，控制全部业务活动，从而减少管理人员、降低成本，提高决策速度和决策效率。

　2）多种经营领域及其组织结构

　　多种经营领域的战略和组织结构又可进一步细分为副产品型多种经营、横向一体化、纵向一体化和多角化经营等。

　　（1）副产品型多种经营的组织结构。企业在生产主要产品时，还同时生产经营某些超出本行业的副产品，与之相应的组织类型也是简单的、以集权为主的直线制、直线职能制等组织结构。所不同的是，对副产品的生产经营应当实行单独的经济核算，从而体现副产品对公司经济效益的贡献。

　　（2）横向一体化的组织结构。横向一体化又叫相关型多种经营，是指为了发挥同类技术优势或现有销售渠道优势，或者为了获得同行业竞争者的所有权或控制这些竞争者而横向地扩大生产经营范围。实行这一战略的企业，宜采用分权的事业部制或超事业部制组织结构，在充分分权的基础上适当集权管理。

　　（3）纵向一体化的组织结构。纵向一体化又叫相连型多种经营，是指在生产技术等方面有一定联系的纵向的跨行业多种经营。它包括前向一体化（指同时经营下游产业的业务）和后向一体化（指同时经营上游产业的业务）。

　　（4）多角化经营的组织结构。多角化经营又叫非相关型多种经营。为了减少投资风险、保持均衡的投资利润率及其他原因，规模较大、实力雄厚的企业往往会同时经营在生产技术、经营管理等方面大不相同的领域。例如，生产型企业兼营房地产、金融、娱乐等产业。实行多角化经营战略的企业，可以采用矩阵式组织结构、多维立体结构等。另外，还可采用母公司制，即总公司对各经营部门只发挥持股公司作用，子公司具有独立的法人地位。

3. 战略倾向和组织结构

战略倾向是指企业在解决开拓性问题、工程技术问题和管理效率问题时所采取的思维方式和行为特点。根据战略倾向，战略可划分为防御型战略、开拓型战略、分析型战略和被动型战略四种主要类型。每种类型的战略对组织结构的要求不同。

（1）防御型战略的组织结构。防御型战略又称保守型战略，其主要任务是保持企业生产经营的稳定性和提高效率。企业的组织结构应强调提高生产、经营、管理的规范化和标准化程度，以及通过严密的控制来保证组织效率。因此，机械性组织结构（mechanical organization system）是与防御型战略相适应的组织形式。

机械性组织结构又称刚性结构。它的基本特征是具有正式规定的组织结构及明确的领导体系；明确规定各部门的职责、任务和权限，部门及岗位分工精细、具体；具有规范化的规章制度和工作程序；以集权为主，管理权力高度集中于高层管理者；组织的信息沟通以上下级之间的纵向沟通为主；高层管理者通常由生产专家与成本控制专家组成，注重成本和其他效率问题的集约式计划。机械性组织结构适用于环境简单、稳定的行业，有利于高效实现防御性战略的目标。

（2）开拓型战略的组织结构。开拓型战略又称风险型战略，其主要任务是创造并保持在创新过程中整体把握环境变化的能力。这就要求开拓型企业的组织结构在技术开发和经营管理方面具有极大灵活性，能够满足企业创新和分权部门之间的协调需求。因此，有机性组织结构（organic organization system）便成为与开拓型战略相适应的组织形式。

有机性组织结构又称柔性结构，它的基本特征是虽然也有正式的组织结构，但其领导关系、指挥关系并非严格规定，而且常有变动；各部门和岗位的职责分工不太具体，常常需要通过横向协调来加以明确和调整；规范化的规章、程序比较少；以分权为主，决策权分散于下层；组织内部的信息沟通以横向沟通为主，通过各部门间的联系和协调，及时地调整责权分工和工作；高层管理者主要由市场专家和研发专家组成，注重产品结构的粗放式计划、分散式控制。事业部制、矩阵制及多维立体结构等都属于柔性较强的有机性组织结构。这种组织结构适用于环境变化剧烈的行业，有助于开拓型战略企业降低环境不确定性所带来的风险，使其有效适应环境的迅速变化，从而实现开拓性的战略目标。

（3）分析型战略的组织结构。防御型战略和开拓型战略是两种比较极端的战略类型。分析型战略则介于两者之间，综合了两者的特点：既利用防御型战略的方法努力维护现有的产品和市场，又利用开拓型战略的方法不断寻求和开发新产品和新市场，并维持这两方面的均衡。

因此，与分析型战略相适应的组织结构也具有双重性，兼有机械性组织结构和有机性组织结构的特点。这种组织结构的特征是：在经营管理方面，既要适合稳定性业务的需要，又要适合变动性业务的需要，使两种业务全面发展；在高层管理方面，高层管理者主要由原有产品的生产管理、技术管理等职能部门的领导及新产品的事业部领导联合组成；在技术方面，分析型组织为了实现技术灵活性与稳定性之间的平衡，将生产活动分成两个部分，一部分技术类似于防御型组织的技术，另一部分技术则类似于开拓型组织的技术，形成双重技术核心；在信息沟通方面，传统部门中以纵向沟通为主，新兴部门中及其与传统部门之间以横向沟通为主。

（4）被动型战略的组织结构。被动型战略与前三种战略不同，是一种被动反应的战略模式，也是一种低水平、不得已而为之的战略类型。与之相应的组织结构在对其外部环境的反应上采用的是一种动荡的模式，往往对环境的不确定性作出不恰当的反应，并对其后的经营行为犹豫不决，结果导致组织永远处于不稳定状态。因此，被动型组织结构不是有效的组织形式。一般只有在以下情况下才采用这种组织结构：①决策层没有明文表达企业战略；②没有形成与现有战略相匹配的组织结构；③只注重保持现有的战略与组织结构的关系，而忽视了外部环境的变化。

4. 战略职能和组织结构

生产、销售、财务及人事等都是企业的基本职能，不与战略职能相适应的组织结构也是不存在的。

（1）以质量管理为战略职能的组织结构。这种组织结构是以质量管理为关键职能、战略职能，实施以质取胜的战略。组织结构上一般建立以厂长为首的质量管理小组，下设综合性的质量管理机构——TQC（total quality control，全面质量控制）室，为直属厂长的决策性机构，地位高于其他职能科室。

（2）以技术开发为战略职能的组织结构。这种组织结构常用于高新科技企业，企业实施以技术开发为战略职能的创新战略。相应地有一个技术开发领导小组及其日常办事机构——技术开发办公室，处于高层管理层，主要任务是研究制定企业技术开发的战略目标和发展规划，并组织监督实施。

（3）以生产管理为战略职能的组织结构。一些生产型企业（如电厂、煤矿、油田等）的战略重点是生产和产量，会实施产量制胜的战略。为了组织生产，企业组成以负责生产管理的副总指挥为首、与生产密切相关的各主要部门领导参加的生产办公室，负责统一组织和指挥生产。

（4）以市场营销为战略职能的组织结构。以市场营销为战略职能的生产经营消费品的企业，其组织结构中，市场营销部门处于决策管理层。

4.4.2　战略匹配领导力

贯彻落实企业战略并取得预期成果，是企业领导者的重要职责之一，尤其是中下层管理者的主要职责。在企业战略实施的过程中，领导者除了要发挥组织、协调、指挥、控制等基本管理职能，还要扮演战略管理者、危机处理者、变革创新者、资源配置者、任务分配者、鼓动宣传者等各种促进战略实施的角色。他们的主要任务是建立、健全高效的组织系统，创建、保持有利的文化氛围，激励员工的工作热情和积极性，根据环境变化制定相应的对策等。因此，企业战略能否有效实施、企业战略目标能否实现，与企业领导者是密切相关的。

制定正确完善的战略规划、确保有效的战略实施，是成功的战略管理的重要标志，也是企业领导者各项工作的最终目的。战略管理是企业领导的主要职责，无论是战略的制定和选择，还是战略的实施，都离不开企业最高管理者的领导。不同类型的企业战略对企业最高领导者的素质、领导风格和行为的要求也不相同。

企业战略与领导力的匹配包含以下两方面的内容。

1. 使总经理的能力与战略类型相匹配

不同经营单位战略所需要的经理类型如图 4.11 所示。

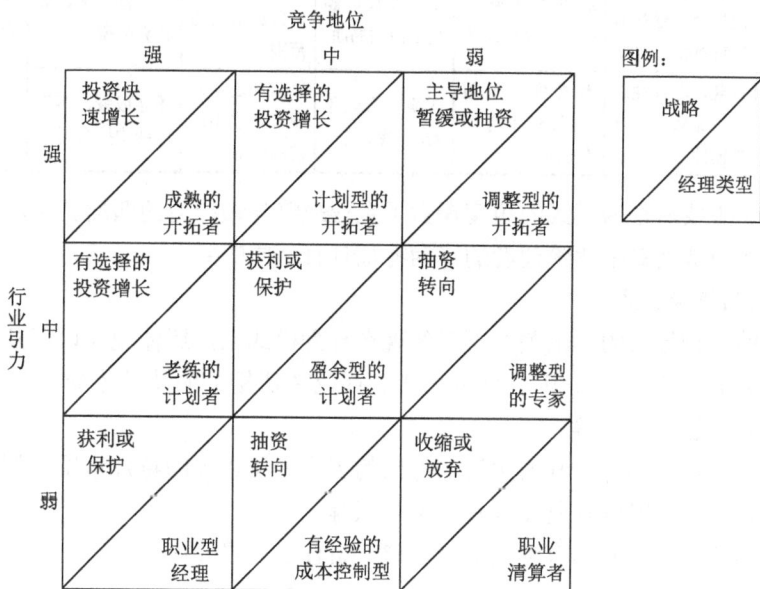

图 4.11　不同经营单位战略所需要的经理类型

2. 使经理班子中每个人的能力相互匹配

1）战略与领导行为模式

国外学者将企业战略按其发展方式及程度划分为爆发性发展、扩展性发展、持续性发展、巩固、单纯营利和紧缩六种类型，每种类型所需要的领导者类型分别为探索者、征服者、冷静者、行政型人士、节约型人士和体贴型人士。具体内容见表 4.3。

表 4.3　战略与领导行为模式

行为特征	企业战略类型					
	爆发性发展（探索者）	扩展性发展（征服者）	持续性发展（冷静者）	巩固（行政型人士）	单纯营利（节约型人士）	紧缩（体贴型人士）
处理准则	非常灵活，极富创造性，偏离常规	有节制地不遵从常规，具有有利于新事物的创造性	准则结构牢固，根据时间表可靠地行动	重复，例行公事，服从上级	按章办事，注重细节	在既定目标内表现出最大灵活性，接受限制性
社交	非常外向，很有鉴别力和魄力，但易受环境驱使，多疑	选择性外向，将挑选出的人组成小组	保持控制，受人尊重	内向，有教养	程序式的	体贴、懂人情，具有鼓舞人的信念，不易激动
能动性	过分积极，好动，充满期待，自由不羁	精力充沛，能对弱信号作出反应	导向目标，稳重，遵守协议	稳重、冷静，按部就班	循规蹈矩，不得已才办，靠外界刺激	沉着、寡言，但有灵活性
成功紧迫性	性急，蛮干，提出挑战，受任何独特事物的刺激	逐渐扩大势力范围，考虑风险	平稳发展，满足于控制局面	维持现状，保护自己的势力范围	反应性行为，靠外界刺激	战略指导多于战术指导
思考方式	直观，非理性思索，无条理，有独创性	能看到一定限度以外，博学，有理想	严格，有条不紊，深刻，专一	严肃和遵从性观念，联系以前的情况	墨守成规，事无巨细均按惯例办	广泛的，相对性的，多方面的

　　这一理论主要从行为模式的角度探索了企业战略与领导力的匹配关系。从中可以看出，不同的企业战略对企业管理者的行为特征具有不同的要求。

　　2）战略与领导素质

　　企业战略与领导力的匹配关系不仅体现在行为模式上，还体现在以下几方面。

　　（1）战略管理者具有与其企业所经营的行业密切相关的特殊素质，如专业技术知识、市场知识、管理知识等。

　　（2）战略管理者具有与其所主管的部门的工作密切相关的特殊素质。例如，营销总监要具有营销知识，财务总监要具有财务知识等。

　　（3）战略管理者还要具有强烈的使命感、责任心、事业心。

　　3）战略与经理班子

　　（1）经理班子中其他成员的长处能够弥补总经理的短处，因而整个经理班子具备有效管理所需要的全面才能，从而确保战略的实施。

　　（2）战略的实施需要得到一批能干的专家和能与不同顾客打交道的助手们的支持。否则，只有总经理，而得不到经理层中其他成员的支持，往往会"孤掌难鸣"，无法顺利地实施新战略。

　　（3）有了一个合理的经理班子，总经理可以集中大家的智慧，群策群力，有利于总经理作用和能力的发挥。

4.4.3　战略控制

1. 战略控制结构

战略控制结构包括战略控制、战术控制和作业控制，如图 4.12 所示。

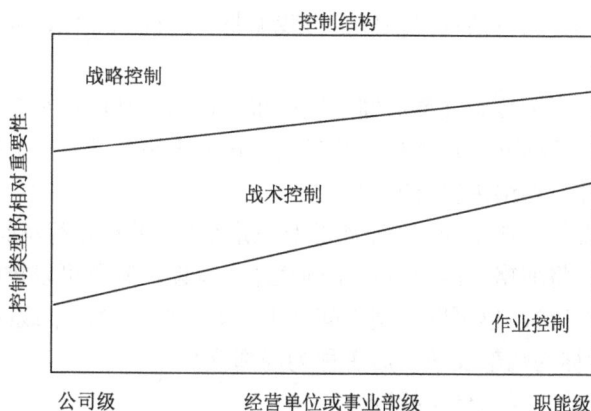

图 4.12　战略控制结构

图 4.12 表明，战略控制主要是公司级和经营单位或事业部级的控制，侧重于对发生或即将发生战略问题的重要部门、项目、活动进行控制，关注企业长期经营业绩，保证企业内部各项活动及企业内部环境之间的平衡，改善企业的竞争地位。

在战略实施过程当中，一方面因企业中个人缺乏必要的能力、认知和信息，对所要做的工作不甚了解，或不知道如何做得更好，从而出现行为上的偏差；另一方面由于原来战略计划制订的不当或环境的发展与原来的预测不同，战略计划的局部或整体已不符合企业的内外条件。因此，一个完整的战略管理过程必须具有战略控制，以保证实际的成果符合预先制定的目标要求。

2. 战略控制类型

按照不同的标准，战略控制可以划分为多种类型，具体如下。

1）以纠正措施的作用环节为分类标准

控制的实质是通过信息反馈，发现偏差，分析原因，采取措施予以纠正。但是在实际的管理过程中，得到的往往是"时滞信息"，即时间滞后的信息。因此，在信息反馈和采取纠正措施之间经常会出现时间延迟，以至于纠正措施往往作用在执行计划过程中的不同环节上。根据纠正措施的作用环节，战略控制可划分为前馈控制、现场控制和反馈控制。

（1）前馈控制。前馈控制又称事前控制，其原理是在工作成果尚未实现之前，对那些作用于系统的输入量和主要扰动量进行观察，分析它们对系统输出的作用，并在产生不利影响之前，及时采取纠正措施予以消除。前馈控制的一个重要特点是克服了时间滞差所带来的缺陷，并且往往采用预防式的控制措施，使之作用于战略实施过程的输入环节。也就是说，前馈控制所控制的是原因，而非结果。

（2）现场控制。现场控制又称事中控制、过程控制或开关型控制等，其原理是在战略实施过程中，按照既定的标准检查战略行动，及时发现偏差和采取纠正措施。这种控制方法就像开关的打开与关闭一样，能够及时确定行或不行。例如，在质量管理的控制中，对产品质量进行检查，按照既定标准判断是否继续下一道工序。

现场控制的具体方法包括直接指挥、自我调整、过程标准化、成果标准化、技能标准化和共同信念。

（3）反馈控制。反馈控制又称后馈控制或事后控制，其原理是在战略实施过程中，对行动的结果与期望的标准进行衡量，然后根据偏差大小及其发生的原因，对行动过程采取纠正措施，以使最终结果符合既定标准。

反馈控制的主要特点在于控制、监测的对象是结果，并根据行动结果总结经验教训，来指导未来的行动，将战略实施保持在正确轨道。反馈控制既可以控制最终结果（如产量、销售收入及利润等），也可以控制中间结果（如工序质量、半成品质量、月份检查、季度检查等）。前者称为端部反馈，后者称为局部反馈。

2）以改进工作的方式为分类标准

以改进工作的方式为分类标准，战略控制可分为间接控制和直接控制。

（1）间接控制。间接控制着眼于已发生的偏差，分析原因并通过追究个人责任来改进未来工作。如果原因是战略执行者主观问题的，间接控制可以起一定作用；如果是由某些不确定因素造成的，如形势变化、技术进步等，间接控制就不能发挥作用了。

（2）直接控制。直接控制着眼于培养更优秀的人才，使他们能够以系统的观点来进行和改进未来的工作，从而防止出现不良后果。因此，直接控制的根本思想在于通过提高人员素质来进行控制工作。

3）其他控制类型

（1）回避控制。回避控制，即采用适当的手段，使不适当的行为没有产生的机会，从而达到不必进行控制的目的，包括自动化、集中化、与外部组织共担风险、转移或放弃某种经营活动。

（2）具体活动的控制。具体活动的控制是保证企业员工个人能够按照企业的战略期望进行活动的一种控制手段。具体做法有三种形式。①行为限制：一是利用物质性的器械或装置来限制员工的行为，二是行政管理上的限制。②工作责任制，这是一种具有反馈性质的控制系统。③事前审查，这是指在员工工作完成前所做的审查，如直接监督、审批费用预算等。

（3）成果控制。成果控制是以企业的成果为中心的控制方式。这种控制方式只有一种基本形式，即成果责任制。成果责任制控制系统要求确定期望成果的范围，根据成果范围衡量效益，根据效益对那些实现成果的行为给予奖励，对不能实现成果的行为给予惩罚。

（4）人员控制。人员控制依赖于有关人员为企业作出最大的贡献。在必要的时候，人员控制系统还可以对这些人员提供帮助。

3. 战略控制过程

战略控制过程如图 4.13 所示。

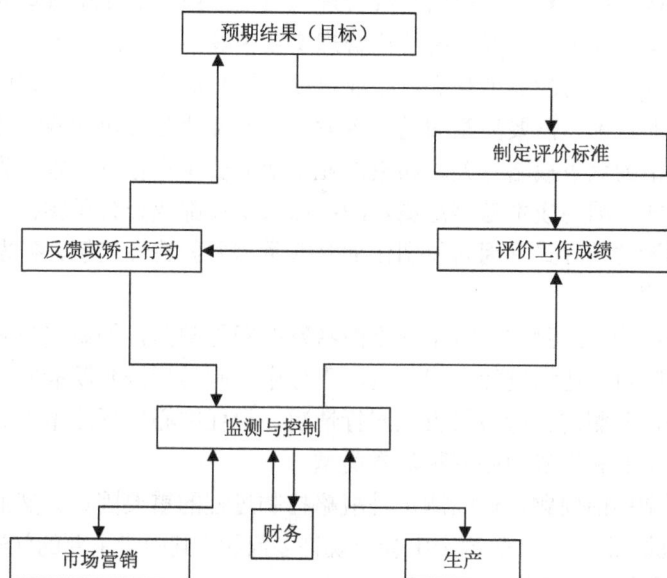

图 4.13　战略控制过程

学者们对战略控制过程的表述不尽相同，有多种图示和解释，但是基本上都包括以下三项要素。

1）制定评价标准

评价标准是测定和评价工作成果的规范与尺度，是从完整的战略方案中所选出的进行计量的关键点，用于确定是否达到企业战略目标和怎样达到企业战略目标。评价标准分为定性标准和定量标准。

定性标准包括战略内在统一性、战略与环境适应性、战略执行的风险性、战略实现的时间性、战略与资源的配套性和战略的客观可行性。

定量标准包括劳动生产率、资金利润率、销售利润率、市场占有率、销售收入、利润、成本、股票价格、每股平均收益及股息支付等。

2）评价工作成绩

在评价工作成绩时，对不同的组织单位和不同的目标，应采取不同的衡量标准。

（1）企业业绩的测定。企业业绩包括什么具体内容，以及应当达到什么目标，都应当在企业总体战略中予以规定。

① 企业竞争地位的测定。按照国际惯例，人们通常利用企业经营规模和综合经济效益评价体系在同行业间进行比较，从而确定企业在行业内的竞争地位。

② 企业经济效益的测定。一般通过综合分析企业的战略投入与产出，利用企业经济效益的综合指标来做相对衡量，然后与战略目标体系中的综合指标进行比较和评价。

在一定时期内，在不考虑间接效果（如环境污染等）的前提下，企业总的战略投入与产出，可用该时期的资金利润率、投资回报率、每股盈利率等来测定。

③ 高层管理人员的测定。大型企业一般在董事会下设置战略委员会、审计委员会、补偿委员会等机构，用以测定和评估高层管理人员的业绩。对高层管理人员的测评，不仅要重视利润方面的业绩，还要考虑战略管理实践中其他方面的业绩。

（2）事业部或分公司的业绩测定。企业可以采用与测定总体业绩相同的标准来测定事业部或分公司的业绩。需要注意的是，企业对事业部或分公司的战略控制类型，与事业部或分公司制定的竞争战略有关。如果事业部或分公司实行总成本领先战略，企业则采用成本控制方式，因为成本是容易测定的；如果事业部或分公司实行差别化战略，则企业通常采用行为控制方式，因为差别化战略非常需要创造性气氛、研发氛围等，而这些都是难以定量的。

（3）职能部门的业绩测定。对于独立而特殊的职能部门，如研究与开发部，企业可以实行责任中心制对其业绩进行专门测定。责任中心制是指按照职能部门的特性，分别明确其经济责任，并测定、考核其责任履行情况。责任中心包括成本中心、收入中心、费用中心、利润中心和投资中心五种基本类型。

（4）业绩测定中的问题。业绩测定是战略控制过程的重要因素。然而，由于测定重点、标准等方面的原因，在实际测定中会出现许多问题，其中最主要的问题是信息渠道不畅通、目标移位和行为短期化。

3）反馈或矫正行动

在反馈阶段，将测定的实际业绩与标准进行比较，可能出现三种情况：第一，超过预定标准或目标，出现正偏差，如果这是稳定协调发展的结果，则是一种理想结果；第二，与预定标准或目标基本相等；第三，没有达到预定标准或目标，出现明显的负偏差。当出现偏差，特别是负偏差时，企业应当认真分析原因，及时采取纠正措施。

（1）分析偏差原因。偏差可能是由许多复杂的原因引起的。因此，当发现问题之后，只有找出产生偏差的原因，才能采取有针对性的纠正措施。一般地，产生偏差的原因主要包括以下三类：一是战略实施过程中的原因；二是战略规划阶段中的原因；三是既有战略实施过程中的原因，又有战略规划阶段中的原因，问题比较复杂，需要进一步分析。

（2）采取纠正措施。对于已经出现的差异，如果产生差异的原因比较简单，则可以直接采取纠正措施；如果产生差异的原因比较复杂，一般可先采取临时性措施使问题得到暂时缓解或停止，待仔细分析、查明原因后再采取具有针对性的纠正措施。对于事先预测将会出现的差异，则需要立即采取预防措施。

补充案例

援邦消防的数字化转型

很多人觉得传统经营模式越来越难以生存，生意越来越难做，到底怎么了？随着社会的进步、科技的发展、信息获取的多元化，行业信息得到了透明化、规范化发展，很多捡漏儿的业务没有了，依靠社会关系获取高利润的经营模式也难以为继，行业经营门槛无形中提高了很多，单打独斗的英雄式创业变得不再适应时代发展，机会也越来越少。就消防行业而言，很多人认为是电商的出现影响了消防行业的发展，其实不是，这里可以给出一些数据：当前消防行业整体规模在 4 000 亿元左右，其中产品类 2 000 亿元，服务类 2 000 亿元，那产品类在电商上的占比有多少呢？综合各大平台数据，实际不到 3%，与我们熟知的服装、电器、数码等行业 30% 的线上份额形成了强烈的反差。消防电商公司目前年产值在 3 亿元左右，却已属于消防行业在电商领域的头部企业，消防行业在电商领域的发展瓶颈，在于大部分消防产品均需要与线下服务相结合，消防行业的未来发展依然大有可为。

而今进入数字化信息时代，如何利用数字化技术赋能消防行业的发展，是考验我们是否能在时代变革中更进一步的挑战问题。

传统模式效率低下、模式传统、靠社会人际关系，经营在向网络化、数字化、高效化的方向发展。

援邦集团是一家什么样的公司呢，很多认识我们的人，都认为我们是一家传统的消防电商公司，其实并不全面，电商只是我们的一个板块，我们还是一家 B2B（business to business，企业对企业电子商务）消防批发平台公司，主要服务于消防工程公司、维保公司、消防门店等。目前我们联合了行业内优秀生产企业，获得了众多优秀品牌的经销权限，在全国建立了 8 个仓储基地，实现了为各地客户线上下单、本地配送的高效服务，可以说援邦是一家消防行业全产业整合服务商。

我们援邦消防的发展方针，主要分为两个方面。第一个方面是经营模式数字化，这是企业的发展方向。什么是经营模式数字化？简单理解，就是把线下的业务搬到线上，通过大量的基础数据分析，优化客户，优化供应链，通过数据优化企业发展，形成新的模式、新的格局。第二个方面是组织能力数字化，什么是组织能力数字化呢？对一家中小型企业来说，其实很难建立起稳固的护城河，最好的护城河就是企业的组织能力。我们援邦模式和传统模式的区别，在于开展 B2B 批发业务。传统模式下，各地的大批发商都会采用在市场设立门店+市场周边配备仓库的服务模式，简单说就是等客来，这是在中国盛行了 30 年的模式，但实际上现在的市场流量也是越来越少了，成本却持续增长。

援邦模式为城市仓+线上商城模式，配套地推服务。对于客户群体相对固定的行业来说，通过短期的地推业务，就能覆盖当地城市的客户群体，显然我们的经营成本远低于传统模式，保守估算同等规模，我们的经营成本能节约 60%。

另一种模式就是工厂直接设置城市办事处/代理商的形式，配备专业地推人员、技术人员、小型仓库，优点为技术专业、售后有保障，但随着国家整体战略从房地产转向智能制造，并没有太多的新生地产项目来维系各办事处的日常经营，援邦模式整合各品牌资源，同样的客群，为上游节约开设办事处成本，为下游提供全产业商品，服务更高效。

援邦组织了一个开发团队，自建了一套完整的 SAAS（software as a service，软件即服务）管理系统，内容包括：ERP（enterprise resource planning，企业资源计划）板块，主要解决进销存管理；CRM（customer relationship management，顾客关系管理）板块，主要解决业务人员的日常工程流程、客户关系管理、数据统计；SAP 板块，主要解决财务、报价、商品库、采购等操作管理。很多行业内的公司认为只是电商公司需要使用这些管理软件，实际任何业务形式都可以利用软件数字化解决，比如维保人员管理、工程业务管理、客户关系管理，援邦将持续投入系统的研发，通过不断地优化及探索，最终将援邦的数字化组织能力，赋能援邦服务的商户群体，让业务形式更加规范，日常管理更加高效。近几年类似模式的消防全国平台有十几家，大家都非常看好这个大的方向，但大多还是采用比较传统的模式：设立仓库、客户上门或电话询价采购。有 App 和网站的也只是展示为主，实际交易还是线下交易。我们援邦已经可以做到 100% 线上商城进行支付，支付成功后系统推送 ERP 系统，直接配送货品，更加高效、数字化，也减少了资金的占用周期。

超过 20 个知名品牌的天猫旗舰店和京东旗舰店均在我们公司旗下经营，线上年销售额已经突破 3 亿元，我们仓库里的货品的周转周期非常短。如果仓库里的货品滞销，我们可以在线上其他渠道做活动以便及时销售。对于灭火器等有有效期的产品来讲，我们可以保证仓库的产品都是最新的。这个是很多传统企业做不到的。

援邦商城正式启动 2 年多，其间经历了疫情的几次影响。去年全国停滞几个月，今年南京机场疫情暴发，又影响了 2 个月。这两年多来，我们更多的是在练内功，中间也做了很多的内部调整。只要我们脚踏实地，迎接变化，迎接数字化，让公司高效化，未来的援邦就必将成为消防界的参天大树。我们希望通过援邦的数字化经营模式，降低消防企业和中小商户的交易成本，提供消防行业各环节最优解决方案，为大家持续提高供应链服务能力，赋能上游研发生产能力与下游数字化的组织能力。我们的目标是全国主要中心城市均设有中央配送仓，主要地级市设置城市仓，成为国内最专业的消防整合服务商，年营业额超 100 亿元。

（资料来源：援邦集团战略与投资副总裁徐正法口述，李生校整理，2021 年 9 月。）

小　结

战略是一种计划、一种计谋、一种模式、一种定位、一种观念，企业战略的特征是具有全局性、长远性、纲领性、现实性、竞争性、风险性、创新性、稳定性。企业战略策划在企业整体经营管理策划中具有重要地位，主要体现在：①企业战略策划是企业整体经营管理策划中的核心；②企业战略策划是企业整体经营管理策划的重点和关键；③企业战略策划是企业整体经营管理策划中的"指向标"。

企业外部环境可以分为行业环境（即微观外部环境）和企业的宏观外部环境。企业的内部环境或条件包括财务状况、产品线及竞争地位、设备状况、市场营销能力、研究与开发能力、人员的数量及质量、组织结构、企业过去确定的目标和曾经采用过的战略等。企业使命就是企业在社会进步和经济发展中所应承担的角色和责任。企业使命的确定过程，常常会从总体上引起企业方向、发展道路的改变，使企业发生战略性的变化。企业的战略目标反映了企业在一定时期内经营活动的方向和所要达到的水平，既可以是定性的，也可以是定量的。企业的战略目标会因企业及其使命的不同而呈现出多样化，一般要符合如下特征：可接受性、可检验性、可分解性、可实现性和可挑战性。

一个现代的大型企业的经营战略一般可分为三个层次，即公司级战略、业务级战略和职能级战略。

企业战略的执行包括战略组织结构设计、战略匹配领导力、战略控制。

习　题

1．企业战略策划在企业整体经营管理策划中处于什么样的地位？

2．分析企业战略构成要素的三种说法，说说你的观点。

3．战略策划为什么要分析企业的内外环境？外部环境有哪些内容？内部环境有哪些分析技术？

4．从战略上看，企业有哪些使命？如何确定企业使命？

5．比较公司层面、业务层面、职能部门层面战略规划的不同，并说明它们各有哪些相应的战略规划。

6．企业国际化经营战略有哪些？

7．试论述企业战略组织结构的设计。

8．不同类型的企业战略要有怎样的领导力来匹配？

9．企业战略控制有哪些类型和过程？

第5章 企业形象策划

内容提要

当今时代，良好的企业形象是无形的财富，具有强大的竞争优势。企业形象的优劣是消费者选择企业的主要依据。企业形象的塑造和不断创新是一个系统工程，它像建筑工程施工需要以建筑工程设计为基础一样，也需要以企业形象策划设计为基础和前提。本章主要阐释了企业形象识别系统（CIS）的定义和构成，并简单介绍了 CIS 的策划程序，然后分别详细阐释了企业理念识别系统（MIS）、企业行为识别系统（BIS）和企业视觉识别系统（VIS）的策划。

导入案例

奥巴马的成功之路与名人形象的策划及传播

2008 年 11 月 4 日，美国人把自己的命运交到了他们的首位非裔总统——奥巴马手中。奥巴马的胜利不是偶然的，他的成功是多方面因素综合起来形成的。从公关策划的角度来说，奥巴马的胜出无疑是一例杰出的公共名人形象策划案例的代表。从平凡的参议员到美国总统的巨大跨度，奥巴马成功塑造了自己的名人形象，竞选的脱颖而出足以证明他是个强者。

一、准确定位个人形象

作为政治名人，其形象的表现内容是多方面的，是对个人全面能力的综合反映。只有具有多维性，才能使塑造的形象不至于过于单薄，在竞选中才能更具实力。根据各方面掌握的资料，当时奥巴马的政治履历为：三年的国会参议员生涯，七年的伊利诺伊州参议员生涯，民主党内国会众议员初选的一次败北，民主党全国大会上的一次精彩演说，两本政治类畅销书。仅仅这些无疑不足以让他问鼎总统宝座，但当奥巴马在 2007 年 2 月 10 日借用林肯演讲的寓意正式宣布参加 2008 年美国总统大选时，传奇就开始了。

（1）杰出的演说家。美国历史上优秀的政治家，如林肯、肯尼迪和马丁•路德•金，都是演讲高手。在传媒日益发达的当代，这一点直接关系到能否感动选民、取得共鸣。奥巴马的演讲，既激情四射、振奋人心，又言简意赅、主题突出，如著名的 "Yes, We Can! Tonight, Now, We believe!"。更有支持者把 "Yes, We Can!" 的全文改写成歌词在网上流传。希拉里同样也是个性突出，一开始也是很多女性选民的支持对象，可是后来越发觉得她的思辨能力更适合辩论，而不是演讲。

（2）平民的代理人。奥巴马 2004 年 7 月在民主党全国代表大会上作"基调演讲"时，就提到了自己的身世："我站在这里，清楚地意识到我的故事只是大量美国故事中的一个部分，我感激所有赋予我生命的人。我的故事兴许也发生在全球的各个地方。"复杂坎坷的成长经历让奥巴马特别关注美国社会底层的生存状态。从政以来，他喊出了很多社会下层民众的呼声。经过多年的从政，奥巴马积攒起雄厚的民意资本，成功地树立起清廉、为百姓着想的形象。奥巴马的从政历史也成为从社会底层依靠一己之力奋斗出头的平民草根的成长史。

（3）未来的改变者。奥巴马的竞选团队针对美国现状提出了有力的竞选纲领。与共和党候选人麦凯恩提出的偏重国家安全和对外政策的纲领不同，奥巴马的主张更加强调在民生领域的作为。针对受 2007 年以来次贷危机影响加速衰退的美国经济，他提出能源独立，从伊拉克战场撤军以缩减军事开支发展经济，提高年收入 25 万美元以上者的税率，以及降低医疗成本以改善医疗体系等主张。他仍沿用了初选时的口号——变革，寓意他组建的政府将改变美国经济每况愈下的现状。这正好迎合了美国人要求改变的心理，赢得了选民的好感。

二、明确目标受众的设定

从公共关系的角度来看，美国大选的候选人塑造名人形象的最终目的就是要给被塑造者树立一个良好的公众形象，以得到更多选民的信任和支持。形象的形成是一种主客观相互作用的结果，其过程为个人的客观状态—自我宣扬—公众的感知—公众主观思想的参与—形象逐渐形成。公众对个人形象的认知不是机械的反应和复制，在形象塑造的过程中对受众进行分析和再定位显得格外重要。

（1）争取更多年轻的选票。不是每一个美国人都关注竞选的，这次也不例外，但是 2008 年无疑是选民参加人数最多的一年，那是因为中间多出了以往被忽略的中坚力量——新一代的年轻人。美国《时代》周刊的一项民意调查显示，在 18～29 岁的美国人中，对这次大选表示关注的达到了 74%，而在 2004 年，这一比例只有 42%；在 2000 年，只有 13%。奥巴马的清新形象吸引了不少年轻人的关注，而以往这些人多数是不太关心政治的。这部分人成为支持奥巴马的主力，其实也更显现了未来是把握在年轻人手中的，后一代人总会成熟，他们需要表达自己的意愿，不再对政治漠不关心，他们是美国未来的主要变革力量。

（2）避重就轻，相信平民力量。部分政治评论家对奥巴马一直持怀疑态度："奥巴马还没有发出真正的声音。人们只是把一些东西强加于他，他其实比我们想象的要空虚得多。"因为他没有太多的政治背景，从政经历也很简单，评论家们对他的真实能力持怀疑态度，而保守派人士也难以对他产生好感。对于这部分人士，用事实说话是得到他们认同的最好方法，但是在短期内是难以实现的，所以对这部分人他没有过多纠结，而是把精力放在年轻选民身上。另外，美国当时人心思变，对政府和国会都十分失望，他们最需要的是新面孔和新主张，对于大道理倒不一定有耐心去听。

三、媒介活动的整合管理

做好个人受众定位相当于做好了形象的内在，有了内容，就需要通过各种传播途径把内在的东西宣扬出去。在各种媒介的宣传下，个人的魅力可以无限放大；在聚光灯的照射下，个人魅力能产生明星般的光环效应。例如，在电视广告方面，奥巴马的竞选团队制作了展现奥巴马正面形象和竞选纲领的广告，并在重点州的电视网播放。另外，他的竞选团队还买下 Dish 电视台的一个频道，一周 7 天全天 24 小时循环播放奥巴马的竞选广告。竞选标志被设计成一个圆形，象征着奥巴马名字的首字母"O"。"O"形的上半部分呈环状，为蓝色，象征着蓝天；下半部分为红白相间的条纹，象征着跑道。每一处细节都极富寓意，透露出奥巴马的参选口号，意指奥巴马组建的政府将带领美国人民走向希望。

（1）新媒体的侧重运用。本次大选让人们更明显地感到是网络时代的大选，在 Web 2.0 技术的广泛运用和普及条件下，受众从单纯的信息接收者向信息接收者、信息生产者、信息传播者的复合身份转变。

首先，低价、便捷的传播方式提升了传播效果。奥巴马的竞选团队将奥巴马的竞选广告、演说视频和最新拉票行程的视频片段上传到网上并开设专页，不仅节省了大笔电视广告费用，还扩大了观众的范围。一些支持者还自发创作歌曲并将歌曲配上视频上传到网上，其中不乏著名的音乐人和音乐组合，这些视频一经推出便获得了空前的点击率。

其次，塑造平民形象，拉近与选民的距离。奥巴马还在著名社交网站 Facebook 上建立自己的档案，支持者可以将他加为好友，还可以给他留言，这便拉近了他与选民的距离，使人们感受到奥巴马亲民的形象和高超的沟通技巧。

最后，通过高效的网络筹款不断增加竞选资本。奥巴马在对外宣传上一直说自己是最穷的参议员，可是据美国媒体报道，奥巴马总计筹得的竞选经费高达近 7.5 亿美元，创下美国总统选举历史上个人筹款纪录，仅美国大选日（11 月 4 日）前后几周就筹得 1.04 亿美元。直至大选结束，奥巴马选举经费中还有近 3 000 万美元的剩余，其中 87% 的钱是从网络筹来的。

（2）吸引时尚界的关注，塑造时尚理念。时尚与政治是两个距离相差较远的概念，但是这次时尚界的人士似乎都对奥巴马情有独钟。事实上，从奥巴马的穿着上看，他一点也不时尚，更称不上"潮人"，如果一定要说时尚，那妻子米歇尔可以说是给奥巴马挣足了面子，时尚界对她的穿衣品位评价相当高。奥巴马在 11 月 4 日胜利以前就已经牢牢抓住了时尚界的心，这一点倒像是"无心插柳柳成荫"。

首先，政治与时尚互动。奥巴马主张变革的政治主张，从某种程度上说和时尚界崇尚标新立异的理念相似，但更主要的是，由于经济衰退，人们在奢侈品上的开支会普遍减少，时装发布会的成本也在尽量精简。相对于麦凯恩的减税政策，奥巴马恢复美国制造业基础的政策似乎更能让时装品牌的老板和设计师们有信心。他们认为，只有经济好转了，人们才会再热衷奢侈品。对于时装界来说，奥巴马是他们的救星，所以他们支持奥巴马。时尚的宣传无疑使奥巴马获得了更多的收益：年轻人都关注最新时尚，而时装设计师把印有他头像的裙子、板鞋，印有他名字的针织衫、高跟靴子向世人展现，使奥巴马成为睿智、个性且拥有优雅气质和都市魅力的现代型男形象。

其次，不排斥时尚界的娱乐化创造。奥巴马的艺术形象一开始是以海报的形式出现的，其作者是支持奥巴马的街头品牌 Obey 的设计师谢弗·费尔利。因为担心自己曾有发表过批评美国政府作品的"不良记录"，担心自己设计奥巴马作品会给奥巴马带来负面效果，他给奥巴马阵营写了设计申请信，三个月后收到了肯定的答复。奥巴马回复："你作品中传达的政治信息鼓励人们去相信他们可以为改变现状出一份力。你的图像对人们有深刻的影响，无论它们出现在画廊还是交通牌上。我很荣幸成为你艺术作品中的一部分。"从 T 恤热卖开始，奥巴马得到越来越多明星的支持。当然，明星的支持带动并影响了喜欢他们的年轻人，这等于是进入了一个良性循环，可以反复作用，以得到更多人的支持。当时，从时尚品位来说，如果你拥有了一件和奥巴马相关的东西，你就能成为时尚界的一员，这估计是奥巴马团队没有料到的结果。

（资料来源：郭磊，2009. 奥巴马的成功之路与名人形象的策划与传播[J]. 新闻爱好者（下半月）（8）：16-17. 有改动。）

5.1　企业形象策划概述

5.1.1　企业形象识别系统概述

1. 企业形象识别系统的由来和发展

CIS 主要由 MIS、BIS 和 VIS 三部分组成。这些要素相互联系、相互作用，有机配合。

CIS 将企业经营理念和精神义化，运用整体传达系统（特别是视觉传达系统），将讯息传达给企业内部和社会大众，使其对企业产生一致的价值认同感和凝聚力。

MIS 是整个 CIS 的核心与灵魂，它统领着整个 CIS 的走向和日后的发展，VIS 和 BIS 都是它的外在表现。MIS 包括经营宗旨、经营方针、经营价值观三个方面内容。

VIS 是 CIS 中形象性最鲜明的一部分，以至于很多人会把 VIS 误当作 CIS 的主体。VIS 包括核心要素和应用要素两个方面。

企业理念的行为表现方式是 BIS。BIS 主要包括市场营销、福利制度、教育培训、礼仪规范、公共关系、公益活动等内容。在 CIS 的传播过程中，最重要的媒体不是电视、报纸、电台、杂志等信息载体，而是企业中的人。企业中的人是 CIS 的执行和传播者，他们在生产经营的过程中，通过自己的行为将企业自身形象展示给社会、同行、市场，展示给目标客户群，从而树立了企业的形象。BIS 正是对企业人的行为进行规范，使其符合整体 CIS 的形象要求。

　　CIS 的早期实践可以追溯到 1914 年德国的 AEG 电气公司。AEG 在其系列电器产品上首次采用彼得·贝汉斯（Peter Behrens）所设计的商标，成为 CIS 中统一视觉形象的雏形。紧接着，在 1932—1940 年，英国实施伦敦地下铁路工程，该工程由英国工业设计协会会长 F. 毕克（F. Pirk）负责，被称为"设计政策"的经典之作。二战之后，国际经济复苏，企业经营者感到建立统一的识别系统及塑造独特经营观念的重要性。自 1950 年，欧美各大企业纷纷导入 CIS。1956 年，美国国际商业机器公司以企业文化和企业形象为出发点，突出表现制造尖端科技产品的精神，将公司的全称"International Business Machines"设计为蓝色的富有品质感和时代感的造型"IBM"。这既使其蓝色横纹的标准字在其后的几十年中成为"蓝色巨人"的形象代表，即"前卫、科技、智慧"的代名词，也是 CIS 正式诞生的重要标志。20 世纪 60 年代以后，欧美国家企业的 CIS 导入出现了潮流般的趋势。20 世纪 60 年代的代表作是由无线电业扩展到情报、娱乐等八种领域的 RCA（Radio Corporation America）；20 世纪 70 年代的代表作是以强烈震撼的红色、独特的瓶形、律动的条纹所构成的 Coca-Cola 标志。总之，20 世纪 60—80 年代，是欧美 CIS 的全盛时期。日本企业在 20 世纪 70 年代以后、我国企业在 20 世纪 90 年代后，也开始创造自己的 CIS，从而使之发展成为一个世界性的趋势，形成 CIS 的三个子系统。

　　（1）企业理念识别系统。企业理念识别系统是由企业哲学、企业宗旨、企业精神、企业发展目标、经营战略、企业道德、企业风气等精神因素构成的企业形象识别子系统。

　　（2）企业行为识别系统。企业行为识别系统是由企业组织及组织成员在内部和对外的生产经营管理和非生产经营性活动中表现出来的员工素质、企业制度、行为规范等因素构成的企业形象识别子系统。内部行为包括员工招聘、培训、管理、考核、奖惩，各项管理制度、责任制度的制定和执行，企业风俗习惯，等等；对外行为包括采购、销售、广告、金融、公益等公共关系活动。

　　（3）企业视觉识别系统。企业视觉识别系统是由企业的基本标识及应用标识、产品外观包装、厂容厂貌、机器设备等构成的企业形象识别子系统。其中，基本标识指企业名称、标志、商标、标准字、标准色；应用标识指象征图案、旗帜、服装、口号、招牌、吉祥物等；厂容厂貌指企业自然环境、店铺、橱窗、办公室、车间及其设计和布置。

　　在 CIS 的三个子系统中，企业理念识别系统是最深层次、最核心的部分，也最为重要，它决定了企业行为识别系统和企业视觉识别系统；而企业视觉识别系统是最外在、最容易表现的部分，它和企业行为识别系统都是企业理念识别系统的载体和外化；企业行为识别系统介于上述两者之间，既是企业理念识别系统的延伸和载体，又是企业视觉识别系统的条件和基础。如果将企业形象比作一个人的话，理念形象好比是他的头脑，行为形象就是他的四肢，视觉形象则是他的面容和体型。CIS 的核心目的是通过 BIS 和 VIS 传达企业理念，树立企业形象。

2. 企业形象识别系统的定义和作用

　　CIS 设计在 20 世纪 60 年代由美国首先提出，20 世纪 70 年代在日本得以广泛推广和应用，它是促使现代企业走向整体化、形象化和系统管理的一种全新的概念。CIS 的定义是将企业经营理念和精神文化，运用整体传达系统（特别是视觉传达系统），传达给企业内部工作人员和社会公众，并使其对企业产生一致的认同感或价值观，从而达到形成良好企业形象和促销产品目的的设计系统。

CIS 是企业大规模经营而引发的企业对内、对外管理行为的体现。当今时代，国际市场竞争越来越激烈，企业之间的竞争已不仅是产品、质量、技术等方面的竞争，而是发展为多元化的整体竞争。企业欲求生存，就必须从管理、观念、形象等方面进行调整和更新，制定长远的发展规划和战略，以适应市场环境的变化。要想实施企业形象战略，统一和提升企业的形象力，使企业形象表现出符合社会价值观要求的一面，企业就必须进行形象管理和形象设计。

CIS 是以企业定位或企业经营理念为核心的，它对包括企业内部管理、对外关系活动、广告宣传及其他以视觉和音响为手段的宣传活动在内的各个方面进行组织化、系统化、统一性的综合设计，力求使企业在这些方面以一种统一的形态显现于社会大众面前，形成良好的企业形象。

CIS 作为企业形象一体化的设计系统，是一种建立和传达企业形象的完整和理想的方法。企业可通过 CIS 设计对其办公系统、生产系统、管理系统，以及经营、包装、广告等系统形成规范化设计和规范化管理，以此来调动每个企业员工的积极性，使其参与企业的发展战略。通过一体化的符号形式来划分企业的责任和义务，使企业经营在各职能部门能有效地运作，建立起企业与众不同的个性形象，使企业产品与其他同类产品区别开来，从同行中脱颖而出，迅速、有效地创造品牌效应。CIS 的实施，对于企业内部来说，可使企业的经营管理走向科学化和条理化，趋向符号化，根据市场和企业的发展有目的地制定经营理念，制定一套能够贯彻的管理原则和管理规范，以符号的形式参照执行，使企业的生产过程和市场流通流程化，以降低成本和损耗，有效地提高产品质量；对于企业外部来说，则可利用各种媒体将企业信息进行统一性的推出，使社会大众大量地接受企业传播的信息，建立起良好的企业形象，从而提高企业及其产品的知名度，增强社会大众对企业形象的记忆和对企业产品的认购率，使企业产品更为畅销，为企业带来更好的社会效益和经营效益。

3. 企业形象识别系统构成的特点

CIS 作为企业形象塑造和创新的一种工具，同其他形象塑造工具（如公关策划）一样，既有企业形象策划设计的共同属性，也有其自身的特殊属性。我们通过对构成 CIS 的 MIS、BIS、VIS 的研究，总结提炼出如下特征。

（1）构成的体系性。CIS 构成的体系性特征是指 CIS 的结构呈多元性状态，各状态因素相辅相成地构成一个完整体系。在 CIS 中，MIS、BIS、VIS 三个子系统相互依存、相互制约而又相辅相成。MIS 作为 CIS 体系的战略方针和思想层，是 BIS 和 VIS 的精神内容，侧重于指导面，是构成体系的灵魂，可以比作企业的"心"。BIS 是在 MIS 的指导下开展的体现经营理念、完成其特定任务的各项活动，它作为 CIS 体系行为层的动态子系统，侧重于执行面，是逐步培养起来的企业全体职工自觉的行为方式和工作方法，可以比作企业的"手"。VIS 是将企业经营理念、精神文化和行为业绩传达给社会公众，它作为 CIS 体系中传播层的静态系列，侧重于作业面，让社会公众一目了然地掌握其中传达的信息，达成识别的目的，可以比作企业的"脸"。若没有正确的企业经营理念为指导，企业的活动及其行为就会陷入盲目状态，职工的向心力和凝聚力也难以形成。若不是通过企业活动和职工行为，把企业理念渗透其中，就无法表现企业的"心"。若不通过视觉符号具体而又形象化的传达，也不能把企业视觉的精神文化差异性予以充分表达。

（2）独特的识别性。CIS 独特的识别性特征是指 CIS 具有把这一企业及其产品同另一企业及其产品加以辨认和区别的个性。CIS 的个性化是提升企业形象的基础。CIS 的个性化不仅容易使企业为社会公众所辨认、识别、认知和了解，吸引社会公众的注意力并赢得其好感和钟爱，在其心目中留下深刻印象，从而提高形象的传播率，其个性化的精神文化和价值取向，还容易为企业职工所认同、接受和支持。在其感召下，职工团结一心、上下一致，形成强大的内聚力，成为企业行为的导向。

（3）体系的同步性。CIS 体系的同步性是指 CIS 导入时既要 MIS、BIS、VIS 三个系列相互推衍、整体运行，又要所有识别标志一步到位。CIS 体系中，MIS、BIS、VIS 三个子系统是一个有机整体，只有各系列相互推衍、整体运行才能产生最好效果。这种同步性表现为企业品牌形象、职工形象和企业整体形象的一致性。因此，只热衷于企业视觉识别设计而忽视企业经营理念及其行为建设的做法，是难以取得整体效果的，也是不容易持久的。导入 CIS 不仅要做"脸"上的工作，还必须内外兼修，做到"心""手""脸"协调；与此同时，还要把企业识别标志贯穿于产品系列、时令环境和信息流程的各个方面和所有环节之中，并且一步到位，使视觉识别符号全面覆盖到企业的方方面面，体现这两个方面的同步性，这样才能取得实施 CIS 的良好效果。

（4）动态的创造性。CIS 动态的创造性特征是指 CIS 体系的内部结构和外部功能随着动态变化是需要创新的。它要求企业在 CIS 体系运行中增强环境变化和企业经营理念创新的观念。企业经营管理创新是整个 CIS 体系创新的关键和灵魂。一个企业成功的 CIS，实际上是时代精神文化的反映，是符合时代环境新需求、适应时代新文化的企业经营理念及其行为的面容展示。因此，如果时代环境发生了较大变化，CIS 就要为适应其变化进行创新——首先是企业经营理念的创新，然后是 CIS 体系的全面创新——以避免企业经营理念与时代环境相脱节，导致企业陷于困境。1957 年，日本东京通信公司将其品牌连同企业名称 TTK 改为索尼（SONY），使品牌创新符合企业适应时代环境变化而创新的经营理念，不仅没有使企业陷入环境变化可能带来的困境，还及时抓住了环境变化的新机会而创新了 CIS，极大地提高了企业在国际市场的声誉。

（5）战略的综合性。CIS 战略的综合性特征是指 CIS 体系的导入会深入企业的多种战略领域，需要多种学科方能奏效。CIS 不仅改变企业外在形象，在企业形象塑造和创新上具有战略地位，而且是一场"灵魂"革命，在企业文化建设上更具有战略地位。它从表层的企业视觉形象直到深层的企业经营理念，都要进行系统的变革，要将其作为企业的长期战略来实施。因此，CIS 是帮助企业从经营宗旨、经营运行、市场竞争、创新开发、职业培训、公共关系、广告促销等方面，进行全方位综合治理的一种系统工程，也是一种综合性的经营战略。CIS 的设计和企业长期规划的战略措施，需要多学科知识和多种人才综合发挥作用，只运用少数几门学科的知识，或单纯靠美术和广告设计单位难以完成。例如，需要有企业策划学、企业竞争学、适用技术美学、经营管理学、企业文化学、管理心理学、市场经销学、企业创新学、广告学、传播学、公关策划学、社会心理学、组织行为学等多学科的知识，并且需要各学科的专家、学者同企业的经营主管、各部门主管及实际操作的技术人员共同参与，通力合作。

5.1.2　企业形象识别系统的策划程序和策划原则

企业形象识别系统策划，即 CIS 导入的重点是进行 CIS 设计，或称 CIS 导入。所谓企业识别，即一个企业区别于其他企业的标志和特征，它是企业在社会公众心目中占据的特定位置和确立的形象。CIS 策划主要包括 CIS 的策划程序和基本原则。

1. CIS 的策划程序

企业形象策划系统的策划程序是指从调查分析到执行实施、反馈评估全过程的先后次序和具体步骤，是企业具有一定规模的一项正式的活动。其主要作业划分为四个阶段，即提案阶段、调研阶段、开发设计阶段和实施管理阶段。这四个阶段的规划囊括了 CIS 策划的主要内容和程序，是一个相互连接的过程，每个阶段都有其特定任务和工作重点。

2. CIS 的策划原则

（1）战略性原则。CIS 战略策划是创造企业优势、产品优势和竞争优势，以便全方位推出形象系统的新战略，是一项科学调控各种有效资源的系统工程。因此，CIS 绝不仅仅是设计上的变更或者企业名称的更改，而应该把它提高到企业存亡、经济兴衰的高度上看待。例如，英国 ICI（Imperial Chemical Industries Ltd.，帝国化学工业集团）收购了一家新公司后，公司经营朝着多角化方向发展，原有的标志已不符合公司要求，于是斥巨资对其呈波浪状的公司标志进行修改，以使之能更好地代表公司新的形象。对此，公司的决策者认为，重新设计系统标志是为了将所收购的公司融入原来的公司结构，这是一种新的设计类型，一项要在 150 个国家执行的战略。

（2）民族化原则。CIS 战略策划既是一种经济的产物，又是一种文化的成果。文化植根于不同民族的土壤，如果想要策划设计出具有民族化的 CIS 战略，必须对中西方民族文化有一个比较深入的分析和了解。

美国的 CIS 强调理性、个体性，偏重制度建设。日本的 CIS 强调感情，强调和谐性，偏重理念建设。我国在 CIS 策划设计方面刚刚起步，但我国的 CIS 策划设计有五千年民族文化作基础，相信在 21 世纪，一定会有具备中华民族特色的 CIS 优秀之作进入世界CIS 之林。

（3）个性化原则。日本著名 CIS 设计专家申西元男说："CIS 的要点就是要创造企业个性。"企业形象策划就是企业个性的定位。定位就是在消费者的心中寻找空隙和位置，目的是在此位置上建立有个性的优秀企业形象。定位是 CIS 的出发点，是塑造企业形象的第一步。

企业在理念的设计上应有自己独特的风格，能鲜明地把本企业的理念与其他企业的理念区别开来。例如，同是汽车企业的丰田公司和日产公司，前者的企业形象口号是以生产大众喜爱的汽车为目标，突出迎合大众口味的形象；而后者的企业形象口号是创造人与汽车的明天，突出的是不断进行技术创新的形象。

企业的标志、名称、品牌、招牌、装饰等也要有自己的特色，体现出自己鲜明的个性，这样才能从千千万万个企业中脱颖而出，增强公众记忆力和企业的知名度。例如，麦当劳的金拱门、可口可乐的红色波浪等，这些独具个性魅力的商标，把自己与其他企业鲜明地区别开来，给公众留下了深刻的印象。

个性化原则还包括企业形象的设计简洁明了、易于记忆、生动形象等。例如，常州打火机厂在企业形象的设计中以广告语"送给你的是友谊，打出来的是希望"，使产品占领了市场并获得了可观的经济效益。

（4）系统化原则。CIS 是一个系统工程，是包括 MIS、BIS 和 VIS 的整体企业识别系统。三者内聚外化，有机结合，相互作用，共同塑造富有个性的企业形象。也就是说，CIS 是将企业的经营理念与企业文化透过具体可感的视觉符号传达到企业外部的各种社会公益活动中，塑造出个性鲜明的优秀企业形象，对内产生凝聚力和激励力，对外提高企业的知名度和认同感。因此，在 CIS 的策划设计中一定不能将其进行割裂和肢解，要避免重形式轻内容、重设计轻传播的 CIS 策划形式。CIS 是一个复杂的系统工程，是多种专业知识的融会和贯通，需要各类专家和专业人才的通力合作，需要专家和企业决策者的密切配合才能完成这一巨大系统工程，单凭某一专家或某一广告公司、设计公司的力量是难以完成的。

（5）创新性原则。CIS 的策划、设计应具有新鲜、奇特、超群、别致的创意，具有新意和独特性。美国设计界有这样一条原则：不允许模仿他人的设计，要不断地创新。有生命力的 CIS 策划和设计往往和"新"字分不开，只有意境新、形式新、构思新的策划和设计才能打动人、吸引人，使人过目不忘，给人留下深刻的印象。创新不仅要体现在 VIS 上，也要体现在 MIS 和 BIS 上。

（6）可操作性原则。企业理念是一种意识、一种经营战略，即企业的经营宗旨、经营方针和价值观。它是企业的灵魂，是企业运行的依据，具有导向力、凝聚力、激励力和辐射力。它不是一般的抽象思维的哲学，也不是一种宏观的世界观和方法论，它必须切合 CIS 的实践并便于操作。

CIS 的可操作性还体现在企业理念系统应该有行为系统做保障。一些企业虽然拟定了企业理念却没有具体规划行为系统，造成理念成为空洞的口号。例如，某商场提出的"××商场，购物天堂"，就违背了可操作性的原则。

CIS 具有极强的可操作性，还表现在它不仅需要内部职工的参与和认同，而且需要通过沟通系统将企业经营理念、企业文化和企业经营活动推向社会，让更多的社会公众认同；否则，企业的 CIS 战略就很难在公众中建立起良好的形象。

5.1.3 企业形象定位

1. 企业形象定位的含义及其特征

所谓企业形象定位，是指企业根据环境变化的要求、本企业的实力和竞争对手的实力，选择自己的经营领域及经营目标、经营理念，为自己设计出一个理想的、独具个性的形象。定位理论最早出现于 20 世纪 60 年代末美国广告界的一些文章里，1972 年在美国很有影响的《广告年代》杂志上正式出现。当时强调的是通过广告将产品定位潜移默化地植入顾客的心中，而不改变产品本身。到了 20 世纪 80 年代，美国著名营销专家菲利普·科特勒（Philip Kotler）开始把定位理论系统化、规范化。他指出，定位就是树立企业形象，设计有价值的产品和行为，以便使细分市场的顾客了解和理解企业和竞争者的差异。可见，要想使企业在社会公众心目中留下清晰、深刻的印象，就必须有准确的形象定位。

在现代社会中，为了塑造自身的形象，多数企业采用了公共关系、广告等宣传手段。可由于广告和公共关系活动数量的暴增，其对公众的影响力相对减弱，加上繁多的形象宣传方法造成沟通"过度"，公众更难在眼花缭乱的市场中确认某一企业。此时，最有效的识别办法就是明确独特的企业形象定位。只有这样，才能使企业形象深入人心。企业形象定位具有以下几方面特征。

（1）企业形象定位的性质——找寻差异。企业塑造形象的过程和活动均是以发掘、维护和提升个性为目的的，是围绕个性或独特性来开展的。因此，企业形象定位事关企业本来形象的总体态势和特征，它是企业形象战略的核心，是企业形象塑造活动中具有决定性的因素或环节。

（2）企业形象定位的依据——环境分析。具体来说，环境分析的内容主要包括社会环境分析、企业实态分析等。社会环境分析主要是对经济发展、技术进步、国家政策、法律规定、社会文化等因素的分析；企业实态分析是通过系统性的企业实态调查，一方面把握企业自身的实际状态，另一方面把握社会公众对于企业的期望和要求。环境分析的过程实际上就是进行大量的、系统的市场调查和形象调查，以及对这些调查资料进行整理、归纳、统计和分析研究的过程。

（3）企业形象定位的基础——企业总体发展战略。企业形象定位是在企业总体发展战略的基础上制定的，它必须反映企业总体发展战略的内容，这也是企业战略管理的客观要求。也就是说，企业形象定位与企业总体发展战略之间是互相联系、互相影响、互为保证的双向的、动态的关系。

（4）企业形象定位实现的手段——管理职能的发挥和传播活动的开展。要想实现企业形象定位的决策意图，就必须在企业的运作和各项社会活动中严格以企业形象定位决策的要求来约束、规范企业的行为，并对外部公众实施科学的引导和管理。将企业形象运用系统的传播策略和传播手段传递给内外公众，不仅能使公众看到、体验到企业的各种行为和社会活动，还能使其了解企业产生这些行为的内在驱动力，感受到企业的思想和文化等，从而使企业确立独特、鲜明和立体的形象地位。

2. 企业形象调查的步骤和方法

企业形象调查是导入 CIS 策划的前奏。通过这一调查过程，才能发现企业形象的现实问题，才能有针对性地提出导入 CIS 策划的方案。

1）企业形象调查的步骤

（1）制订调查计划。提出调查的假设、关键语、核心概念、主要指标等，确定定量或定性调查方法。

（2）设计调查问卷。以定性或定量的方式，设计开放或封闭式问卷，问卷中的问题要有针对性。

（3）设计访谈大纲，以便于阅读和访问时提问记录。

（4）调查实施。设计样本的选取、分发、收回，确定调查员和调查项目。

（5）结果处理与分析。

（6）完成调查报告。

（7）提出"总概念"，制定 CIS 策略。

2）企业形象调查的方法

（1）访谈。通过与调查对象进行交流，了解公众对企业形象的看法，收集口头资料。其中，对经营者的访谈尤为重要，包括对企业和经营者本人的经营理念、发展方向、战略目标、应对策略的了解等。

（2）观察。有经验的 CIS 策划专家到一个企业，只需花费一两天的时间在企业内部巡查一周，就能对这个企业的形象问题作出相对准确的判断。

（3）问卷。CIS 专家以控制式的测试形式对研究问题进行度量分析。

（4）文档。企业发展规划、年度工作总结报告，均是非常有用的形象分析资料。

3. 企业形象调查的基本内容和原则

1）企业形象调查的基本内容

企业形象调查的基本内容包括：对决策层的调查访谈、对员工观念意识的调查、对企业形象的内外调查和对企业信息传递活动实际情况的调查。总的来说，企业形象调查可以分为企业内部状况调查和企业外部环境调查两大部分。

（1）企业内部状况调查。企业内部状况调查，可以围绕以下三方面展开。

① 企业形象的理念部分。从企业的经营方针、事业领域、现代性和未来性，职工的认同感、责任感和凝聚力，去评估这个企业是否具有活力。在这个过程中寻找到能够承担企业良性运行的新理念，使之转危为安，完成企业的使命。

② 企业形象的视觉部分。从企业的标志、标准字体、标准色等基本形象要素的分析开始，了解其视觉识别传播系统的渠道、广度与力度，进而了解企业的知名度、美誉度、信誉度等。

③ 企业形象的活动部分。对这部分的调查，主要是为了了解企业内部状况，如管理水平、活力状态、观念和作风、人员素质、行为规范等。

（2）企业外部环境调查。企业外部环境调查涉及企业的 VIS 和 BIS 两大部分的内容，具有一定的广泛性和社会性。了解社会公众对企业形象的看法并对存在的问题加以解决，是导入 CIS 的主要任务。这种调查通常采取三种方法：抽样调查、访谈和对大众传媒报道的分析。

我们知道，企业形象是由企业知名度、美誉度和企业形象定位所组成的，而这三个要素是抽象的概念，所以必须对它们的可操作性进行度量。我们可以设计出四个具体的度量指标，即企业认知度、广告传播度、企业形象评价度和企业形象综合要素分析表，来对构成企业形象的三个要素进行度量。

2）企业形象调查分析的原则

由于企业形象调查不同于一般的市场调查，故而应把握以下几个原则：有针对性，避免盲目计划；方法得当，由表及里、由浅及深、由小到大；对企业形象方案进行系统的审视和评估，以便有针对性地找到 CIS 导入的切入点；不必大而全，可以逐步推进；确定合理的调查指标，建立良好的调查体系。

企业形象调查结束还要撰写调查报告。

5.2　企业理念识别系统的策划

5.2.1　企业理念识别系统的定义和内容

1. 企业理念识别系统的定义

企业理念识别系统是由企业家积极倡导、全体员工自觉实践，从而形成的代表企业信念、激发企业活力、推动企业生产经营的团体精神和行为规范。

企业理念识别系统包含两个层次的内容：一是企业制度和组织结构层，包括各种管理制度、规章制度、生产经营过程中的交往方式、生产方式、生活方式和行为准则；二是企业精神文化层，包括企业和员工的概念、心理和意识形态等。

理念识别，是指资讯时代的企业为增强自身竞争力、提升企业形象而构建并经广泛传播的得到社会普遍认同、体现企业自身个性特征、反映企业经营观念的价值观体系。显然，这个定义包含三个基本点。①构建企业理念识别的目的是增强企业发展的实力，提升企业形象，参与市场竞争并赢得胜利。②企业理念识别的基本特点：一是体现自身特征，以区别于其他企业；二是广为传播，以使社会公众普遍认同。③企业理念识别的基本内容是企业经营管理思想、宗旨、精神等一整套观念性因素的综合，构成企业价值观体系。

企业经营理念方针的完善和坚定，是企业形象识别系统基本精神之所在，也是整修企业形象识别系统运作的原动力。这股内在的动力，影响企业内部的动态、活动和制度，组织的管理与教育，并扩及对社会公益活动、消费者的参与行为规划，最后，经由组织化、系统化、统一化的视觉识别计划传达企业经营的讯息，塑造企业的独特形象，达到企业识别的目的。

2. 企业理念识别系统的内容

（1）企业宗旨。企业作为从事经营活动的社会单位，对内、对外、对社会、对国家都承担着责任和义务。企业宗旨是企业存在于社会的主要目的、意图和志向，是企业的最高理想。因此，企业宗旨的设计必须能够显示企业的博大胸怀和远大志向。对内，企业宗旨是引导和规范企业和企业员工的强大思想武器；对外，企业宗旨是企业向社会发出的宣言和承诺，反映了企业存在的价值，是引导消费者和社会公众的一面鲜艳的旗帜。例如，光明电力集团的企业宗旨：动力永恒，创造繁荣。表明光明电力集团的发展生生不息，通过提供源源不断的动力，为祖国、为社会、为人民带来繁荣、发展和幸福，这是光明人坚贞不渝的情怀，也是光明人崇高的精神境界。

（2）企业目标。企业目标是企业实现其宗旨所要达到的预期成果，没有目标的企业是没有希望的企业。美国行为学家 J. 吉格勒（J. Giegler）指出，设定一个高目标就等于达到了目标的一部分。气魄大，方可成大业；起点高，方能入高境界。在激烈的市场经济时代，优胜劣汰是唯一的法则，企业不进则退，只有那些具有远大目标的企业，才能长盛不衰。例如，麦当劳公司的目标是占领全球的食品服务业，在全球范围内处于统治地位，以及在建立客户满意度标准的同时，通过执行"服务便利、增加价值、履行承诺"的战略，提高市场占有率和赢利率。

（3）企业使命。企业使命是企业应该承担的重大责任，使命感是激发自觉性的强大动力。例如，蓝天集团就把"为社会进步助力，为员工生活添彩"（以下简称"二为"）作为企业使命。以"二为"为企业使命，是蓝天集团的一种现实选择，也是其实现企业宗旨和企业目标的根本保证。企业的发展既要依靠良好的社会环境，也必须承担社会责任和义务。企业的发展是一种与社会、客户、员工的良性互动，多方相互协调、和谐共荣。

（4）企业作风。国有国风，家有家风，企业作风是企业员工在思想、工作、生活上表现出来的态度、行为。良好的企业作风能够协调企业的组织管理行为，有助于建立科学、规范的企业运行秩序，提升员工的工作境界，达到提高工作效率和经济效益的目的。例如，海尔集团的企业作风为迅速反应，马上行动。长安集团的企业作风为今天的事今天完，明天的事今天想。

（5）企业理念。企业理念即企业的理想、哲学和信念，是一个企业战略发展的主导思想，是指导和影响企业战略追求的灵魂，是企业理念识别系统的核心，对企业精神、经营哲学、企业道德的定位起着决定性的作用。任何一个企业都要有一个统一的理念来协调自身的行动，否则就会变成一盘散沙。开元集团的企业理念为戒满扬新，超越自我。因满足而故步自封，因满足而止步不前，唯有戒满扬新才能发展，超越他人是能人，超越自己是伟人，超越是开元发展的主旋律。

（6）企业精神。企业精神是现代意识和企业个性相结合的一种群体意识，它以简洁而富有内涵的语言加以表达，是企业文化的精髓。企业精神具有以下基本特征：第一，企业精神是企业现有观念意识中积极因素的提炼；第二，企业精神是全体员工共同拥有的具有普遍掌握度的理念；第三，企业精神反映了企业家的主导思想；第四，企业精神通常通过口号、短语、厂歌等明确表达出来，如海尔的企业精神——敬业报国、追求卓越，中国移动的企业精神——沟通从心开始。

（7）企业价值观。企业价值观是企业和企业员工共同的价值取向，主要解决企业与员工的价值趋同和价值追求问题。法国组织行为学家菲利普·塞尔兹尼克（Philip Selznick）指出："组织的生存，其实就是价值观的维系，以及大家对价值观的认同，没有价值与价值的相融，难得行为与行动的统一，同时为了使组织能够续存，需要谋求个人价值和组织价值的平衡。"企业价值观展示企业的基本性格和经营宗旨；企业价值观决定企业的经营政策和战略目标；企业价值观左右企业员工的共同愿景和行为规范；企业价值观影响企业的根本信念和发展方向。一些著名的公司会用十分简洁的语句来表达其核心价值观，如海尔的价值观为真诚到永远。

企业的文化系列价值观包括以下几方面。

① 人才观。英才成就伟业、伟业造就英才。著名的泰罗定理告诉我们，最好的管理等于最好的制度加最好的人才。例如，海尔集团的人才观为要"赛马"而不要"相马"。海尔集团认为，是不是真正的人才，不是靠上级主观，即"相马"来确认的，而是在企业经营的竞争场上去比赛，即"赛马"脱颖而出的。用人所长，容人所短，功不掩过。

② 服务观。市场竞争优势不仅仅来源于高品质的产品，更取决于高品质的服务，服务同样可以创造高附加值。高品质的服务是产品占领市场的通行证，产品占领市场，价值便能实现。服务可以创造顾客，满意的服务可以创造满意的顾客，顾客的满意是最佳的广告、满意的顾客是最佳的推销员，好的服务是一种无价的感情投资，而它的产出却是有价值的。一汽大众的服务观：服务创造价值。中国电信服务观：用户至上，用心服务。

③ 竞争观。竞争观是指企业和员工参与市场竞争所表现出来的对竞争的理解和观点。例如，蓝天集团的竞争观：与同行一起成长。现代市场的竞争已由对抗走向统一、由竞争走向合作、由分化走向联合、由独占市场走向协作共赢，这是一种文明的竞争。"与同行一起成长"既体现了中国传统的儒家文化的特色，又体现了现代企业富有人性化的竞争观。

④ 发展观。发展是企业永恒的主题，停滞不前，终将会被历史淘汰。蓝天集团的发展观——激活资源，协同发展，寓意激活自然资源、人文资源，为企业的发展注入新的活力，为企业创新注入新的活力。

⑤ 危机观。在高速发展的今天，机会与危机并存，一个企业要想长久发展，必须要有危机意识。比尔·盖茨（Bill Gates）讲过："越是成功越是感到自己不堪一击。"正道企业集团把企业的危机观定为：兴于忧患，衰于自满。

⑥ 管理观。企业文化在一定意义上讲也是一种管理文化。管理内涵丰富，涉及企业的方方面面及管理制度的各个方面。华强集团的管理观：责任为大，绩效为天。这表明该企业将以责任为中心、以绩效为核心作为管理价值理念。

⑦ 质量观。质量观是指企业在商品和服务的质量、标准、意义等方面所持有的观

点和态度。例如，蓝天集团的质量观：产品源于品格，质量源于素质。表面上看企业卖的是各种各样的产品，实质上出售的却是人品。所以，海尔集团前总裁张瑞敏说："先卖信誉，再卖产品。"产品源于品格就是说，企业把企业的品格、员工的品格融入自己的产品中，把产品看作企业的品格形象。这样做，一方面能增强产品的竞争力，另一方面能不断提升自身的素质。质量源于素质就是说，产品质量取决于生产过程、管理过程、流通过程等环节的质量，但最终取决于人的素质，只有把培养高素质的人才放在首位，造就一流的员工队伍，才能保证有一流的工作质量、一流的服务质量。

⑧ 安全观。安全观是指企业在生产过程中在人、财、物方面，对避免伤害、减少损失的观点和态度。例如，三维集团的安全观：安全是天，生产是地；顶天立地，人企合一。正道集团的安全观：企业之本，生命之魂。

⑨ 环境观。环境观是指企业对实现可持续发展，防止自然环境恶化，合理利用自然资源，改善人类劳动和生活环境所持的观点。例如，蓝天集团的环境观：善待自然就是善待自己。

⑩ 法律观。法律观是指企业在经营活动中注重守法经营，并且利用法律来维护自己的权益的观点和态度。市场经济就是法治经济，企业的经营活动必须以法律为基础。例如，科龙集团的法律观：遵守国家法律，弘扬法治精神，伸张社会正义，争做守法公民。

此外，根据需要，企业还可以制定分配观、成就观、时间观、科技观、效益观、道德观、合作观、团队观、品牌观等。

（8）企业经营哲学。企业经营哲学是关于企业经营活动的思想、原则的概括，并不是对企业每一项工作的具体规定。例如，丰满电厂的企业经营哲学——外拓市场求发展，内聚合力增效益，表明了丰满电厂为了企业的发展，积极开拓市场，扩大自己在市场上的占有率，在激烈的市场竞争中取得优势地位的决心。

（9）企业道德。道德规范是企业员工的重要行为规范，道德行为的软约束和企业规章制度的硬约束相配合，不但可以弥补硬约束难以面面俱到的局限，而且能够使企业员工的行为自觉地指向目标的实现，成为企业不可缺少的道德力量。

5.2.2　企业理念定位

企业理念定位主要体现在以下几方面。

1. 企业经营理念

企业经营理念的设计工作绝不是一项具体的业务性工作或技术性工作，它需要由企业主要领导人来亲自主持和设计。能否为本企业设计一个正确的、具有本企业发展特色的经营理念，是对企业主要领导人在管理上的理论修养和实务能力的考验。实业界的知名企业家一般都重视经营理念的设计并卓有成就。

CIS 特别强调企业经营理念的独特性。现在许多企业都在讲"以人为本、追求卓越"，大量的企业把经营理念定位为"团结、奉献、创造、求实、开拓、进取"等，显得空洞无物，更无法进行明确的展示。造成这种情况的原因，就是对企业经营理念的形成过程缺乏认识。那么，企业的经营理念是怎么形成的呢？是凭空设计的吗？不是的，它要考虑企业历史、员工现实状态、产品及其在同行同类中的位置、决策人风格、人际关系特点等种种因素，并经过专家集团的理论概括和提炼最终成形。

2. 企业精神和企业价值观

塑造良好的企业形象，最根本的在于培育企业精神。企业精神是企业之魂，是企业在长期的生产经营实践中自觉形成的，得到全体职工认同并信守的理想目标、价值追求、意志品质和行动准则。颇具个性的企业精神就如同凝聚全体员工的黏合剂，是塑造良好企业形象的恒定、持久的动力源。企业精神包括三方面内容：①员工对本企业的特征、地位、形象和风气的理解和认同；②由企业优良传统、时代精神和企业个性融会的共同信念、作风和行为准则；③员工对本企业的生产、发展、命运和未来抱有的理想和希望。企业可以根据自己的情况提炼出能够充分显示自己企业特色的企业精神。

企业精神的提出要建立在对本企业发展战略思考的基础上，使之既具有特色，又切合实际；要围绕这一精神，培养企业全体人员所共有的价值观体系。共同的价值观、共同的信念会使企业员工凝聚成一个整体，并在工作中遵守企业的行为准则和道德规范，为实现企业的经营目标而努力。企业价值观的形成，是全体员工对企业所倡导的价值标准的认同过程。

3. 企业经营方针和经营风格

企业经营方针是企业经营理念的一种表现形式。日本野村综合研究所的企业经营方针分析报告表明，各种不同的行业，企业经营方针的侧重点不同：在制造业厂商中，最多的企业经营方针是"个人向上的资质"；在一般服务业，最多的企业经营方针是"对顾客的服务"；在对广播电台、电视台、报业、金融业、保险业等的调查中，占第一位的企业经营方针是"对社会的服务"；在上市企业中，"个人向上的资质""员工和谐""技术开发"等企业经营方针领先。1983 年，日本住友生命保险公司以日本全国 3 600 家公司为对象进行企业经营方针的调查，结果显示，将"和谐""诚实""努力"作为自己经营方针的企业居多，一般企业是以企业内部员工的信赖、团结为基础，配合"诚实""努力""诚意"等为人处世之道或以自我实现等观念为核心。另外，与这些企业经营方针同等重要的是"信用""服务""奉献"。这些经营方针的选择，主要与企业的顾客、交易对象、地区的分支机构等有关。

企业经营风格是一个企业有别于其他企业的个性特征，是企业在一贯行为中表现出来的内在品质。它是企业形象赖以树立的基本要素。企业经营风格主要表现在企业信誉、企业管理、企业道德、竞争、企业文化等方面。企业的理念定位就是企业形象的统一性与个别性相结合的过程。

4. 企业形象标语和口号

企业形象标语和口号是企业方针浓缩、感性的表现形式，是将企业品牌的内涵、服务的特色、企业的价值取向汇于一体、融会贯通，用最精练的语言描述企业的形象，反映和呈现企业追求的价值观念。透过企业形象标语和口号，可以向世人传达企业的精神理念。

企业形象标语和口号的设计必须体现企业的历史传统、经营特点和风格、企业理念、经营方针和企业文化，能在企业内部达成共识，只有这样才能转化为企业员工的行为指南，积淀成企业的价值观和企业文化，从而树立起鲜明的企业形象。

5. 企业理念定位的检验标准

1) 形象标准

（1）企业形象要能反映出企业的性质、理念，要能反映出该企业是做什么的，即是金融机构、工业企业、农业企业，还是商业企业等这样一些企业性质方面的形象。这也是一个最基本的检验标准。

（2）企业形象要能反映出企业的能力。企业理念的设计，要能反映出企业是一个技术发达、设备先进、经营有方的一流企业、一流商店、一流工厂，要能显出企业的品位、格调、业绩、规模、成长力、安定性和开发能力等。

（3）企业形象要能反映出企业的文化价值。所谓企业的文化价值，主要是指企业给人的一种文化性的印象和感觉：是一个新兴的企业，还是一个陈旧的老企业；是一个有亲近感的企业，还是一个威严的官僚机构；是一个向上型的企业，还是一个保守落后的企业等。

以上只是一种形象上的标准，一个好的企业理念定位，除了要具备以上的条件，还必须具备功能方面的各种标准。

2) 功能标准

功能标准分为内部功能标准和外部功能标准两种。

（1）内部功能标准。①作为企业经营管理的指导思想。企业理念应该对企业的经营活动具有导向、指导作用。这种导向和指导作用，是企业确立经营宗旨、经营目标和各种规章制度的依据和理论基础。②实现对企业员工行为的调节和规范。企业理念中本身就包含着行为规范、行为准则的内容，而规范和准则的具体形式就是企业制定的各项规章制度。企业理念在某种意义上讲更是一种企业内部的精神，企业更主要的是依靠这种内在的自律对员工的行为进行调节和规范。③增加企业员工的凝聚力。由于企业理念识别对 CIS 中的各种活动有一定的统摄、导向性作用，在适宜的理念指导下的 VIS 也可以表现出统一性。这种统一性可使员工每时每刻意识到自己身处一个整体之中，这就是企业理念所体现出来的凝聚作用。

（2）外部功能标准。①使企业富有统一性。这种统一性是指企业内外、上下都保持经营上的、姿态上的、形象上的一致、协调。②展示易于识别的个性。企业理念包含着自身的独特性，而这种独特性又通过各种识别手段加以强化，使其个性、独特性成为在传播过程中易于识别的内容。

5.2.3 企业形象的统一与个性定位

1. 企业理念的个性化

企业理念的个性化是指企业理念的独特性、差异性。这种独特性和差异性是企业形象脱颖而出、迅速传播的关键,它们直接影响着公众对企业性质的识别,也直接影响着企业在市场中的竞争力。构建独特的企业理念的方法如下。

首先,企业理念必须与行业特征相吻合,与行业特有的文化相契合。CIS 策划从根本上说,是塑造企业文化的个性。在企业文化的形成过程中,行业是一个先天客观的原因,它是塑造企业文化个性的基础。每个行业都有其"优先"的形象要素,"优先"的意思是公众认为该行业最重要的形象特征。这些最重要的形象特征,基本上反映了该行业的文化特性。策划企业理念时,必须将这一点列入设计的基本概念中。

不同的行业有着不同的文化特性,因此也必然有着不同的重要性要素。策划企业理念时,应该考虑到这种行业的不同而使企业表现出自己独特的个性。

其次,在进行企业形象策划时,应该充分挖掘原有的企业理念,并赋予其时代特色和个性,使之成为推动企业经营发展的强大内驱力。企业在未来要得到长足的发展,必须追求个性化,把新的企业理念和事业结构建立在以下三项基础之上:一是洞察力,即具备洞察时代的信息汇聚力和良好的信息转换力;二是独创力,即具备制造独特商品与事业开发的市场创造力;三是魅力力,即建立有个性的企业识别系统。中西元男的设计思路说明,CIS 对企业理念的挖掘与重新催生,紧紧把握的正是个性化特质。只有这样,企业理念的策划才能既挖掘出原有的企业理念,又能反映时代的变化趋势,塑造出独特的企业形象。

最后,企业理念要能与竞争对手区别开来,体现出自己的风格。本企业的理念区别于竞争对手有利于消费者的识别,使企业赢得顾客,保持信誉;同时,也有利于与竞争者形成差别,从而战胜或避开竞争对手。

2. 离心力和向心力

企业形象的统一性和个性化是一个对立统一的矛盾体。CI 设计的目的就是达到一致性、一种视觉上的统一性。但是我们说的形象统一,指的是一种具有个性的形象统一。企业理念是企业统一化的识别标志,但同时也要表明自己独特的个性,即突出企业与其他企业的差异性。这种差异性正是公众容易识别的地方。企业理念在企业实际运营中的这种作用可以用离心力和向心力来形容。向心力就是以企业理念作为一种基准,企业的一切活动都服从、围绕着这个基准,我们称之为形象统一的向心力,就像地球总是围绕太阳转那样,有着相互的关系和一定的轨迹。又由于这是一种旋转的关系,不免会出现一些远离基准的现象,我们把这种现象称为一种离心力。这既是向心力的一种补偿关系,也是一种整体感和个别性方面的问题。在这种情况下,只要能把握住这种离心力,个别性就能给整体带来好的效益。因为离心力虽然开始背离轴心,但它却是一个新的动力。由此可见:过分地强调离心力,将会使企业失去整体形象的统一;可是过分地反对离心力，又将使企业失去新的生命力。

这个形象的比喻的确说明了企业理念的功能。向心力和离心力作用的方向相反，但在整个企业中，它们像物理学中做圆周运动的物体那样，是相辅相成、缺一不可的。它们是同一事物的两个方面。向心力和离心力的圆心就是企业理念，它包括了企业使命、经营思想和行为准则。对于企业内部而言，它通过企业使命和行为准则规范来教育广大员工，使其产生一种团结、凝聚的向心力量。对于企业外部而言，它是以经营思想、指导方针为出发点对企业外界施以影响。正是通过这种内向、内外的不同作用，使企业理念的实际运作系统得以确立。

在企业理念实际策划的处理上，励忠发在他的《CI 设计的春天》一书中介绍了 PAOS 公司的做法。PAOS 公司往往是分成几期来进行的，第一期主要是抓住形象统一的向心力，解决基本要素和方向性方面的问题。第二期才是所谓离心力的个别性——CI 设计。也就是说，在形象方面有了明确的企业理念后，再通过各种个性的设计，又会产生出 CIS 的新效果。这既是一个形象的统一性与个别性方面的问题，也是一种统一性和多样性方面的关系问题。

5.3 企业行为识别系统的策划

5.3.1 企业行为与企业行为识别

1. 企业行为的含义

企业行为是指企业为了实现一定的目标而采取的对策和行动。影响企业行为的主要因素可以归纳为企业的治理结构和外部环境。

（1）企业治理结构对企业行为的影响。从社会关系方面来说，企业实质上是所有者、经营者、生产者的利益和权力关系的组合。这三个不同的利益和权力主体，都要求企业目标与本身利益一致。在社会主义市场经济条件下，企业的目标是利润最大化，同时又要兼顾所有者、经营者、生产者的利益。实现这种要求的途径，是建立现代企业制度，明晰产权关系，并建立相应组织机构，使三者之间形成利益相关、权责分明、互相制衡的关系。只有这样，才能有效地调动所有者、经营者和生产者的积极性，才能促进企业行为的合理化，克服不讲经济效益、行为短期化的倾向。

（2）企业外部环境对企业行为的影响。企业的外部环境是指影响企业行为的各种外部因素的总和，主要是政策环境和市场环境。政府为了实现宏观经济目标，必然运用行政、法律、经济等各种调节手段对国民经济进行调控，影响企业的行为。市场环境对企业行为有着重大影响。在买方市场条件下，企业之间存在着激烈的竞争，企业的行为表现为富于创造性和进取性。在卖方市场条件下，企业之间的竞争缓和，技术进步动力不足，企业生产规模的扩大以外延型为主。

2. 企业行为的内容

企业行为包括的范围很广，它们是企业理念得到贯彻执行的重要体现领域，包括企业内部行为和企业市场行为两个方面。企业内部行为有员工选聘行为、员工考评行为、员工培训行为、员工激励行为、员工岗位行为、领导行为、决策行为、沟通行为等。企业市场行为包括企业创新行为、交易行为、谈判行为、履约行为、竞争行为、服务行为、广告行为、推销行为、公关行为等。上述各种行为只有在企业理念的指导下规范、统一、有特色，才能被公众识别、认知、接受、认可。

与日常的规章制度相比，行为识别侧重于用条款形式来塑造一种能激发企业活力的机制，这种机制应该是企业自己独特的、具有创造性的，因而也是具有识别性的。例如，日本本田公司为了鼓励员工提出各种合理化建议，就建立了一种按提出建议的数量与质量给予评分的奖励制度。分数可以累计，分值每到一定程度就可以获得各种奖项。

现代企业可以说比过去任何时候都重视人的因素，它们充分尊重企业内的每一个员工，鼓励员工积极创造，而不是单靠规章制度的约束。日本大荣百货有一种"人才盘点"规则，每半年盘点一次，适当调整各种岗位，破除等级观念，及时选拔一些更合适的人来担任合适的职务，同时，让各个岗位的人能从多视角来观察企业的各种岗位。它把企业看成一个整体，使上下都懂得每一个岗位的重要性，每一个岗位也都明白其他岗位的难处，提高员工的协作精神。

在对外交往方面，企业的整体行为是它的立身之本。日本有一家电器商场，顾客从那里购买了一台吸尘器，回家发现是坏的，就立即打电话给这家电器商场。不一会儿，商场经理就驱车赶来了，他一进门就恭喜顾客中了奖，并解释说，该商场准备了一台坏吸尘器，是专为顾客中奖预备的，商场不但会为这位顾客更换新的吸尘器，还会奖励他一台好的吸尘器。这样一来，坏事变成了皆大欢喜的好事。商场的这一行为反映出这家商场的经营理念：始终为顾客着想，而不是首先想到自己要有麻烦和损失。这一行为所产生的美誉效果，任何广告宣传都不一定能达到。

上述这些无论对内、对外的行为准则，都不是日常的规章制度所能规范的。商场可以规定"产品实行三包"，但不能保证真正遇到问题的时候，有关人员能够做出类似日本电器商场的创意，带来皆大欢喜的良好结局。

综前所述，行为识别的操作必须有一系列的条款来保证，只有展现理念精神、激活内部机制、富有创造性才能保证行为识别的特有价值。

3. 企业行为识别的含义

企业行为识别是指企业在内部协调和对外交往中应该有一种规范性准则。这种准则具体体现在全体员工上下一致的日常行为中。也就是说，员工们的每个行为举止都应该是一种企业行为，能反映出企业的经营理念和价值取向，而不是独立的随心所欲的个人行为。企业行为识别是企业处理和协调人、事、物的动态运作系统，是一种动态的识别形式。它通过各种行为或活动来贯彻、执行和实施企业理念。

行为识别是 CIS 中的"做法"，是企业理念付诸计划的行为方式，在管理培训、行为规范、公共关系、营销活动、公益事业等方面表现出来。企业行为识别是在企业理念识别指导下逐渐培育起来的、企业运行的规程和策略。它是一个企业通过科学的管理、制度、措施等手段，对企业员工行为的要求和约束。CIS 中的关键是企业行为。

企业理念要得到有效的贯彻实施，必须要科学构建企业行为主体，包括确定企业组织形式、建立健全企业组织机构、合理划分部门、有效确定管理幅度、科学授权。只有企业行为主体架构完善，企业的运行机制才能完善，企业的行为才能有基础保证，企业的理念才能真正得到贯彻执行。所以，在 BIS 中，企业主体特征是最基本的基础性因素。

5.3.2　企业行为识别系统对企业形象识别系统的意义

企业行为识别系统是企业所有工作人员行为表现的综合，是企业制度对所有员工的要求和各项生产经营活动的再现等。BIS 是以企业精神和经营思想为内涵动力，展现出企业内部的管理方法、组织建设、教育培训、公共关系、经营制度等方面的创新活动，最后达到塑造企业良好形象的目的。

一般来说，企业形象识别系统由三个要素（子系统）构成，即 MIS、BIS 和 VIS。这三个要素既独立发挥作用，又相辅相成并最终融合为一个有机的整体。目前，国内大多数企业尚不能充分实现 CIS 的整体化运作，许多企业对不同 CIS 要素本身的作用认识不清，在其运作方式的把握上存在着不足，最为典型的有以下几种。

（1）MIS 常常止于口号化。虽然设计了一系列文化的理念信条，但仅当作对外宣传的口号，而没有通过教育培训和文化建设把它内化为企业成员共同的价值观，因而理念系统的建立只能流于形式，无法真正发挥作用。

（2）忽视 BIS 的重要作用。由于没有一套有效的行为识别系统来加以推行，企业理念无法转化为有生命的行为，从而导致 CIS 战略的失败。

（3）误把 VIS 当 CIS。为追求"速效"而片面强调 VIS，把 CIS 当成一种"企业化妆术"，结果，企业虽然很快更换了一套外包装，可其他方面依然如故。这无疑失去了导入 CIS 的真正意义。

从当前企业的实际情况看，在上述三个问题当中，危害最大的就是对 BIS 的忽视及措施乏力，这是造成许多企业的 CIS 导入浅表化和短期化的最普遍原因。

从某种意义上说，CIS 中的 MIS、BIS 和 VIS 的关系，就仿佛一个人的心灵（思想原则）、行为和仪表。一个形象完美的人应该同时具有美丽的心灵、高尚的行为和英俊优雅的仪表。人的行为是由其思想原则（心灵）支配的，而一个人形象的好坏，最终取决于他的行为，也就是取决于他如何做事。企业形象也是如此，社会公众和消费者对企业的认知归根结底取决于企业"如何去做"。

MIS 是 CIS 的基本精神所在，它处于最高决策层次，是系统运行的原动力和实施的基础。但是无论从管理角度还是从传播角度来看，理念仅仅代表着某一企业的意志和信息内核。企业理念是精神化的、无形的，但是受企业理念支配的 BIS 是可以体现出来的。

如果理念不能在行为上得到落实，它就只是一些空洞的口号，流于形式。同时，VIS 的内涵是由 BIS 赋予的，通过 VIS 所产生的联想便是 BIS，即如何去做。如果一个企业的产品和服务质量低劣，无论口号喊得如何漂亮，广告做得如何诱人，也无法得到社会公众的认可，更谈不上塑造良好的企业形象。只有将企业理念内化成每一位员工精神的一部分，贯穿到员工的一言一行中，企业的面貌才能焕然一新，才能赋予 VIS 巨大的魅力，才会得到社会公众的认同，CIS 战略的实施才能够卓有成效。

BIS 的这种独特的作用，决定了企业在导入 CIS 时必须把企业及其员工的行为习惯作为突破口和着力点，通过不断破除旧的不良习惯、建立新的行为模式，来实现真正的观念转化和水平提升。这就成为现阶段我国企业实现 CIS 战略的重点。当然，企业要做好 BIS 建设绝非易事，必须对行为识别系统的构成和目标有全面透彻的认识，在此基础上，抓住关键，全力推进。

BIS 是 CIS 的动态识别形式，它的核心在于 CIS 理念的推行，将企业内部组织机构与员工的行为视为一种理念传播的符号，通过这些动态的因素传达企业的理念，塑造企业的形象。BIS 几乎覆盖了整个企业的经营管理活动，主要由两大部分构成：一是企业内部系统，包括企业内部环境的营造、员工教育及员工行为规范等；二是企业外部系统，包括产品规划、服务活动、广告关系及促销活动等。

BIS 的目标在于，通过企业内部的制度、管理和教育训练，使员工行为规范化；企业在处理对内、对外关系的活动中，体现出一定的准则和规范，并以实实在在的行动体现出企业的理念精神和经营价值观；通过有利于社会大众和消费者认知、识别企业的有特色的活动，塑造企业的动态形象，并与理念识别、视觉识别相互交融，树立起企业良好的整体形象。员工教育、制度和规范与卓越的管理是建立有效的 BIS 的关键环节。

（1）员工教育是将企业理念贯穿于行为的基础。BIS 的建设不是员工自发的，如果企业的理念只以条文化的形式出现，企业的员工就不会把它放在心上，也就无法渗入企业内成为企业成员共同的价值观，而是表现在行为中。因此，企业必须开展多种形式的教育培训，让全体员工知道本企业导入 CIS 的目的、意义和背景，了解甚至参与 CIS 的设计，熟悉并认同企业的理念，清楚地认识到每一位员工都是企业形象的塑造者。员工教育主要包括企业理念和企业文化方面的内容。通过教育培训，员工从知识的接受到情感的内化，最终落实到行为的贯彻。

（2）制度和规范是建立 BIS 的有力工具。企业建立 BIS，不能只靠铺天盖地的宣传教育，还要制定和完善一系列具有可操作性的制度和规范。制度和规范使企业和员工的行为有章可循、规范化一，具有一定的强制性。对员工而言，制度和规范虽是一种约束，但也是其顺利完成工作的保证。制度和规范的设计必须以正确的企业理念为指导，必须有助于员工在一种宽松的环境中准确无误、积极主动地完成自身的工作。制度和规范的内容如果偏离了企业理念，将会造成员工思想与行为的不协调、不统一，直接影响员工积极性和创造性的发挥，给企业管理带来失误和损失。

（3）卓越的管理是 BIS 顺利实施的保证。BIS 的规范化管理是 CIS 导入过程中的关键环节，同时也是最难把握的环节。理念可以树立、视角符号可以设计，人的行为却难以理想化地进行统一。因此，BIS 的顺利实施，需要有效的管理手段作为保证。与美国、日本企业雄厚的管理基础和高度现代化的管理手段相比，我国企业的管理基础还十分薄弱。因此，企业必须将 CIS 战略的实施建立在整体管理水平提升的基础上。也就是说，企业在开展 BIS 建设的过程中，首先，要在组织上和制度上进行管理革新；其次，要有计划地开展员工培训工作，重视人才的开发和引进，提高员工的整体素质；最后，要特别注重管理人员的开发和培养，建立一支高素质的现代经理人队伍，从而保证企业整体水平的提高和管理革新的有效实施。

总之，我国企业在导入 CIS 时，必须走出各种认识上和行为上的误区，综合考虑自身的经营管理现状，注重 MIS、BIS、VIS 的系统化设计和整体化实施，强调 CIS 导入与管理水平的提升并举，通过 BIS 的有效实施，把企业的理念贯穿于企业的一切活动及员工的行为之中。只有这样，企业才能从整体上和根本上提升和改善形象，才能使 CIS 战略真正获得成功。

5.4　企业视觉识别系统的策划

5.4.1　企业视觉识别系统的定义和基本内容

1. 企业视觉识别系统的定义

企业视觉识别系统是 CIS 的视觉符号，是企业形象的视觉传递形式，是 CIS 最有效、最直接的表达。企业视觉识别系统是由体现企业理念、业务性质和行为特点的各种视觉设计符号及各种应用因素构成的，是企业理念识别系统和企业行为识别系统在视觉上的具体化、形象化。企业通过形象系统的视觉识别符号将企业经营信息传达给社会公众，从而树立良好的企业形象。

根据心理学理论，人们日常接受外界刺激所获得的信息中，以视觉感官所占的比例最高，达到 83% 左右，而且视觉传播最为直观具体，感染力最强。因此，采取某种一贯的、统一的视觉符号，并通过各种传播媒体加以推广，可使社会公众一目了然地掌握所接触的信息，造成一种持久的、深刻的视觉效果，从而很好地宣传企业的基本精神及其独特性。

2. 企业视觉识别系统的基本内容

企业视觉识别系统涉及的项目最多、层面最广、效果最直接，与社会公众的联系最为广泛、密切。归纳起来，可分为基本要素和应用要素两部分。

1）企业视觉识别系统的基本要素

VIS 设计的基本要素严格规定了标志图形标识、中英文字体字形、标准色彩、企业象征图案及其组合形式，从根本上规范了企业的视觉基本要素。基本要素是企业形象的核心部分，包括企业名称、企业标志、企业标准字、企业标准色、企业象征图案、企业标语口号、企业吉祥物和专用字体等。

（1）企业名称。企业名称和企业形象有着紧密的联系，是 CIS 设计的前提条件。企业名称通过文字来表现识别要素。企业名称必须要反映出企业的经营思想，体现企业理念；要有独特性，发音响亮并易识易读；注意谐音的含义，以避免引起不佳的联想。企业名称的文字要简洁明了，同时还要注意国际性，适应外国人的发音，以避免外语中的错误联想。在设计表现或暗示企业形象和商品的企业名称时，应与商标，尤其是与其代表的品牌相一致，也可将在市场上较有知名度的商品作为企业名称。企业名称的确定不仅要考虑传统性，还要具有时代特色。

（2）企业标志。企业标志是企业特定的象征和识别符号，是 CIS 设计的核心基础。企业标志是指通过简练的造型、生动的形象来传达企业的理念、具体内容、产品特性等信息。企业标志的设计不仅要具有强烈的视觉冲击力，而且要表达出独特的个性和时代感，必须广泛地适应各种媒体、各种材料和各种用品的制作。企业标志的表现形式可分为：①图形表现（包括象征图形、几何图形）；②文字表现（包括中外文字和阿拉伯数字的组合）；③综合表现（包括图形和文字的结合应用）。企业标志要以固定不变的标准原型应用在 CIS 设计形态中，设计时必须绘制出标准的比例图，并标记出具有标志性的轮廓、线条、距离等元素的精密数值。企业标志的制图可采用方格标示法、比例标示法和圆弧角度标示法，以使标志在放大或缩小时能被精确地描绘和准确地复制。

（3）企业标准字。企业标准字包括中文、英文或其他文字字体，是根据企业名称、企业品牌名和企业地址等来进行设计的。企业标准字的选用要有明确的说明性，要能够直接传达企业、品牌的名称，要能强化企业形象和品牌展现力。企业标准字可根据使用方面的不同，采用企业的全称或简称来确定。字体的设计要求字形正确、富于美感并易于识读，在字体的线条粗细处理和笔画结构上要尽量清晰、简化和富有装饰感。在设计时要考虑字体和标志在组合上的协调统一，对字距和造型要做周密的规划，注意字体的系统性和延展性，以适应于各种媒体和不同材料的制作，适应于各种物品大小尺寸的应用。企业标准字的笔画、结构和字形的设计也可体现企业精神、经营理念和产品特性，其标准制图方法是将标准字配置在适宜的方格或斜格之中，并标明字体的高、宽尺寸和角度等位置关系。

（4）企业标准色。企业标准色是用来象征企业并应用在视觉识别设计中所有媒体上的指定色彩，透过色彩特有的知觉刺激与心理反应，可表现出企业的经营理念、多产品内容的特质，体现出企业属性和情感。企业标准色在视觉识别符号中具有强烈的识别效应。企业标准色的确定要根据企业的行业属性，突出企业和同行的差别，并创造出与众不同的色彩效果。标准色的选用以国际标准色为标准。企业的标准色使用不宜过多，通常不超过三种颜色。

（5）企业象征图案。企业象征图案是为了配合基本要素在各种媒体上的广泛应用而设计的，在内涵上要体现企业精神，起衬托和强化企业形象的作用。可通过企业象征图案的丰富造型，来补充由企业标志建立的企业形象，使其意义更完整、更易识别、更具表现的广度与深度。企业象征图案在表现形式上应简单抽象，并与标志图形保持既对比又协调的关系，也可由企业标志或组成企业标志的造型内涵来进行设计。企业象征图案在和基本要素组合使用时，要有强弱变化的律动感和明确的主次关系，并根据不同媒体的需求做各种展开应用的规划组合设计，以保证企业形象识别的统一性和规范性，强化整个系统的视觉冲击力，产生视觉的诱导效果。

（6）企业标语口号。企业标语口号是企业理念的概括，是企业根据自身的营销活动或理念而研究出来的一种文字宣传标语。企业标语口号要求文字简洁、朗朗上口。准确而响亮的企业标语口号，对内能激励职工为企业目标而努力，对外则能表达出企业发展的目标和方向，提高企业在公众心目中的形象。企业标语口号的主要作用是对企业形象和企业产品形象的补充，使社会大众在瞬间的视听中了解企业思想，并对企业或产品留下难以忘却的印象。

（7）企业吉祥物。企业吉祥物是以平易、可爱的人物或拟人化形象来唤起社会大众的注意和好感。

（8）专用字体。专用字体是对企业新使用的主要文字、数字、产品名称结合对外宣传文字等进行统一的设计，主要包括为企业产品而设计的标识字和为企业对内、对外活动而设计的标识字，以及为报刊广告、招贴广告、影视广告等设计的刊头、标题字体。

2）企业视觉识别系统的应用要素

（1）办公用品设计。办公用品是企业信息传达的基础单位。办公用品在企业的生产经营中用量极大，扩散频繁，而且档次、规格、式样变化丰富。因此，办公用品是企业视觉识别的有力手段，具有极强的稳定性和时效性。企业识别应用系统中的办公用品主要是指纸制品和工具类用品。

办公用品的设计涉及纸品的规格标准设计，纸品的形式和格式设计，运用于办公用品中的基本要素的选择及组合设计，办公用品的空间布局、色彩选择设计，办公用品的统一设计等。在设计办公用品时，应注意以下几方面。

① 引入的企业识别标志和变体、字体图形、色彩组合必须规范。

② 所附加的企业地址、电话号码、邮政编码、广告语、宣传口号等，必须注意其字形、色彩与企业整体风格的协调一致。

③ 对于办公用品视觉基本要素的引入，以不影响办公用品的使用为原则，并在此基础上增加其美感。例如，纸张中的基本要素应位于边缘一带，并根据心理学的视觉法则，一般应位于整个版面的上方和左方，以留出足够的使用空间。

④ 对于办公用纸的选择，一般应选择质量较好的纸品，不能为了控制成本而因小失大。

（2）企业建筑和环境规划设计。企业建筑不仅是企业生产、经营、管理的场所，而且是企业的象征。企业建筑物的风格代表了企业的经营风格。企业建筑的外观造型和内在功能共同决定了其对企业形象的传播程度。

办公场所的建筑物既应突出其开放性的一面，还应具备庄重、自尊和克制的特点，充分体现企业与社会和人类环境的相辅相成、共存共容的特征。生产型企业的建筑物风格，直接体现了企业的经营目标，宏大的建筑体现出一种追求高远的志向，古朴典雅的楼房则体现了精巧细致的企业文化。规模较大的商业和服务企业应采用连锁经营的模式，采用统一的外观形象，这不仅有助于企业扩大市场规模，而且对于建立统一的企业形象具有重要作用。

环境规划对鼓舞员工士气、增加凝聚力具有非常重要的作用。一般而言，各种商业和其他服务性企业都比较重视环境规划。商业企业在进行环境规划时，一般应遵循以下几个原则。

① 设置醒目、清楚的购物和服务信息，如商品摆放图、示意图、标牌等，以节约消费者的时间。同时，还应有良好的灯光系统。

② 环境亲切。环境的规划应处处为消费者着想，如在商场、银行、书店等地方设置一定的座位，以供消费者休息。同时，还要对环境进行一定的装饰美化，并能提供消费者所需的各种信息。

（3）员工制服设计。员工制服设计要注意以下几方面。

① 注意适用性原则。员工制服的设计要考虑员工的岗位，同时也要考虑季节因素，应设计多套服装。

② 制服的设计要基于企业理念，体现企业特色，表现出企业是现代的还是传统的，是开拓创新的还是行稳致远的。

③ 要基于行业特色，表现出医院、邮电、学校、宾馆、商业等已为大众认同的服装模式。

④ 要考虑视觉效果，通过色彩、标志、图案、领带、衣扣、帽子、鞋子、手套等表现出整体统一的视觉形象。

员工制服应与已设计好的视觉识别基本要素相搭配，在保持整体风格一致的前提下将企业标准字做成工作牌或标徽，或直接绣在制服上，并以企业标准色作为制服的主要色调，以其他不同的颜色区别不同的岗位。

（4）交通工具设计。企业的交通工具是塑造、渲染、传播企业形象，特别是视觉识别形象的流动性媒介和渠道。交通工具外观的设计开发，重在企业识别标志和其变体的构成组合，尤其是同车体、车窗、车门构成组合的协调。交通工具的设计应注意以下几个问题。

① 车辆外观的设计应和企业名称设计、产品名称设计、标准字的运用、标准色的选取相一致。

② 由于不同车辆形体、大小、车型的不同，在设计时还应注意和具体的交通工具相结合，使车辆对企业的宣传得体、恰当。

（5）市场营销设计。企业的市场营销活动应用企业视觉识别基本要素最广泛的四个方面为产品、包装、广告和公共关系。

① 产品。企业应注重塑造产品外观式样的独特个性，赋予其有效的艺术风格，从而以鲜明的设计吸引消费者。产品的外观式样是指产品给予购买者的视觉效果和感觉。

② 包装。在进行包装的开发和设计时，企业应考虑诸多影响因素，以作出和企业

理念、企业形象、产品特性相符的包装决策。在进行包装的开发和设计时，企业应考虑以下几方面的因素：一是目标市场特征，企业必须了解产品所面对的顾客群的特征，以使包装设计迎合其需求；二是竞争对手的状况，企业应了解竞争对手的产品包装特色，在此基础上确定具有竞争力的产品包装；三是影响产品形体大小的因素，企业应结合产品的特征，确定包装的大小规格和式样。

其实，包装设计要考虑的最主要的因素是如何体现和树立企业整体形象。企业应将视觉识别的基本要素应用于包装之中，包装材料、包装色彩、包装文字、包装图案等因素应与企业的名称、标志、品牌、标准字、标准色、印刷体等基本要素相统一，并使其整体视觉效果与企业的整体形象相一致。

③ 广告。从 CIS 的角度来看，广告是实现视觉识别、树立企业形象的重要途径。企业在进行广告决策时，应使广告具备以下几个特点：具有极强的明确性和准确性；切合企业的自身实际，真诚可信赖；具有感人的特点。

④ 公共关系。营销中的公共关系的目的在于促进广大公众对企业产品的了解，并激发他们的消费热情和购买欲望。

（6）企业的旗帜、招牌设计。旗帜利用方式一般分为悬挂式和撑杆式两种。悬挂式有利于渲染环境的气氛；撑杆式往往挂有企业的名称、象征物和徽标。企业通常会将上述三种要素立于一起，以形成统一的识别项目。旗帜内容的设计往往与企业基本要素的设计同时进行，旗帜的大小应满足标准国旗、团旗的尺寸要求，颜色鲜艳，整体醒目。企业招牌是指引性和标识性的企业符号，是大众首先识别到的企业形象。

企业在进行招牌设计时应注意以下几个问题。

① 企业的招牌设计应和企业基本要素的设计协调一致，并将这些要素予以突出。同时，企业的招牌还应和企业建筑环境相统一、相协调，避免使招牌有突兀之感。

② 由于招牌终日被置于户外，企业在进行招牌的制作时，不仅要考虑使用耐用、耐雨雪的坚固材料，还要注意其安全性和环保性。

3）企业视觉识别系统的手册

（1）设计手册结构体系。设计手册结构体系包括以下几方面内容。

① 概念的诠释。例如，CIS 概念、设计概念、设计系统的构成和内容。

② 基本设计项目的规定。基本设计项目的规定主要包括各设计项目的概念说明和使用规范说明等。例如，企业标志的意义、定位，单色或彩色的表示规定，使用说明和注意事项，企业标志变体的开发目的和使用范围，具体禁止使用例子等。

③ 应用设计项目的规定。应用设计项目的规定主要包括各设计项目的设计展开标准、使用规范和样式、施工要求和规范详图等。例如，事务用品类的字体、色彩及制作工艺等。

（2）设计手册编制形式。设计手册的编制形式有以下几种。

① 将基本设计项目规定和应用设计项目规定按一定的规律编制装订成一册，多采用活页形式，以便于增补。

② 将基本设计项目规定和应用设计项目规定分开编制，各自装订成册，多采用活

页和目录形式。

③ 根据企业不同机构（如分公司）或媒体的不同类别，编制应用设计项目分册，以便使用。

（3）设计手册具体内容。设计手册具体内容时应包括以下几方面。

① 引言部分。引言部分的内容包括领导致辞、企业理念体系说明和形象概念阐述、导入 CIS 的目的和背景、手册的使用方法和要求等。

② 基本设计项目及其组合系统部分。基本设计项目及其组合系统部分的内容包括基本要素的表示法、变体设计等。

③ 应用设计项目部分，如企业标志、企业名称、标准色、广告语等。

④ 主要设计要素样本部分。主要设计要素样本部分内容包括标志印刷样本或干胶、标准色票等。

5.4.2 企业视觉识别系统的设计

1. 企业视觉识别系统的定义

企业视觉识别系统是 CIS 中最具传播力和感染力的层面。人们所感知的外部信息，有 83% 是通过视觉通道到达大脑的。也就是说，视觉是人们接受外部信息的最重要和最主要的通道。企业视觉识别系统是将 CIS 的非可视内容转化为静态的视觉识别符号，以多样的应用形式，在最为广泛的层面上进行最直接的传播。设计科学的企业视觉识别系统，是传播企业经营理念、建立企业知名度、塑造企业形象的快速便捷之途。

2. 企业视觉识别系统应用要素设计类型

（1）待客用项目类：洽谈会、会客厅、会议厅家具、烟灰缸、坐垫、招待餐饮具、客户用文具。

（2）商品及包装类：商品包装设计、包装纸、包装箱、包装盒、各种包装用的徽章、封套、封缄、粘贴商标、胶带、标签等。

（3）符号类：公司名称、建筑物外观、招牌、室外照明、霓虹灯、出入口指示、橱窗展示、活动式招牌、路标、纪念性建筑、各种标示牌、经销商用各类业务招牌（标识）。

（4）账票类：订单、货单、委托单、各类账单、申请表、通知书、确认信、契约书、支票、收据等。

（5）文具类：专用信笺、便条、信封、文件纸、文件袋、介绍信等。

（6）服装类：男女职工工作服、制服、工作帽、领带、领结、手帕、领带夹、伞、手提袋等。

（7）印刷类：年度报告书、公司一览表、调查报告、自办报刊、公司简历、概况、奖状等。

（8）大众传播类：报纸广告、杂志广告、电视广告、广播广告、邮寄广告等。

（9）销售促进类：产品说明书、广告传播单、展示会布置、公关杂志、促销宣传物、视听资料、季节问候卡、明信片、各种 POP（point of purchase，卖点广告）类。

（10）交通类：业务用车、宣传广告用车、货车、员工通勤车等外观识别。

（11）证件类：徽章、臂章、名片、识别证、公司旗帜。

3. 企业视觉识别系统的设计程序

企业视觉识别系统的设计程序可大致分为以下四个阶段。

（1）准备阶段。成立 VIS 设计小组理解消化 MIS，确定贯穿 VIS 的基本形式。

搜集相关资讯，以方便比较。VIS 设计的准备工作要从成立专门的工作小组开始，这一小组由各具所长的人士组成，人数不在于多，而在于精干、重实效。一般说来，应由企业的高层主要负责人担任。因为高层主要负责人比一般的管理人员和设计人员对企业自身情况的了解更为透彻，宏观把握能力更强。其他成员主要是各专门行业的人士，以美工人员为主，以行销人员、市场调研人员为辅。如果条件许可，还可以邀请美学、心理学等学科的专业人士参与部分设计工作。

（2）设计开发阶段。VIS 设计小组成立后，首先要充分地理解企业的经营理念，充分领悟 MIS 的精神，并寻找与 VIS 的结合点。这一工作有赖于 VIS 设计人员和企业间的充分沟通。在各项准备工作就绪之后，VIS 设计小组即可进入具体的设计阶段。

（3）反馈修正阶段。在 VIS 设计基本定型后，还要进行大范围的调研，以便通过一定数量、不同层次的调研对象的信息反馈来检验 VIS 设计的各细节部分。

（4）编制 VIS 手册阶段。编制 VIS 手册是 VIS 设计的最后阶段。

4. 企业视觉识别系统的基本要素设计——标志设计

（1）标志分为企业标志和产品标志两种。企业标志即从事生产经营活动的实体的标志；产品标志即企业所生产的产品的标志，又称商标。

（2）企业标志的特点：独特鲜明的识别性是企业标志的首要特点；精神内涵的象征性是企业标志的本质特点；符合审美造型性是企业标志的重要特点；具有实施上的延展性是企业标志的必具特点。

标志的应用范围极为广泛，所以，标志设计应考虑到平面、立体及不同材质上的表达效果。有的标志设计美则美矣，但制作复杂、成本昂贵，必然限制标志应用上的广泛性和便利性。

（3）企业标志应具有时代色彩。在标志设计过程中，应充分考虑时代色彩，并在以后的实施过程中根据实际情况进行修订。

（4）企业标志的设计原则。从造型的角度来看，标志可以分为具象型、抽象型、具象抽象结合型三种。具象型标志是在具体图像（多为实物图形）的基础上，经过各种修饰，如简化、概括、夸张等设计而成的，其优点在于直观地表达具象特征，使人一目了然。抽象型标志是由点、线、面、体等造型要素设计而成的，它突破了具象的束缚，在造型效果上有较大的发挥余地，可以产生强烈的视觉刺激，但在理解上易于产生不确定性，如日本三菱公司的标志。具象抽象结合型标志是最为常见的，由于它结合了具象型和抽象型两种标志设计类型的长处，表达效果尤为突出。

无论哪一种形式的标志设计，都应遵循以下原则。

① 标志设计应能集中反映企业的经营理念，突出企业形象。

② 标志设计应结合企业的行业特征和产品特征。

③ 标志设计应符合时代的审美特征。

5. 企业视觉识别系统的基本要素设计——标准字设计

标准字设计，即将企业（产品）的名称，通过创意设计，形成风格独特、个性突出的组合整体。

1）标准字的特征

（1）识别性是标准字的总体特征。由于标准字代表特定的企业形象，它必须具备独特的整体风格和鲜明的个性特征，以使其所代表的企业能够从众多的可比较对象中脱颖而出，令人过目不忘。

（2）易识性是标准字的基本特征。

（3）造型性是标准字的关键特征。

（4）系列性是标准字的应用性特征，即应有一系列的相同风格的标准字来适用于各种场合。

2）标准字的设计步骤

（1）确定总体风格。一个企业应具有自己不同于其他企业的内在风格，不同的字体造型和组合形式也具有其内在的风格特征，应找到二者间的有机联系。

（2）构思基本造型。形象简洁、构思巧妙、寓意性强是企业标准字体的基本特征，标准字体设计中的造型手法是标志设计成败的关键因素，它不仅可以使所要表达的内涵体现得更加充分和完整，而且能赋予标志更为强烈的形式美感。

（3）修正视觉误差。全面审视，避免视觉误差，不受限于自己的刻板印象，学会如何去适配视觉惯性，画出正确的界面。

（4）标准字常见的错视与修正。汉字是方块形的，但在实际的视觉效果中，略长些的汉字看起来比规整的方块形的汉字更为美观。这是因为汉字的间架结构上下顶格者多，左右只有部分笔画支持，而且横多竖少的笔画也增强了汉字的高度感。因此，按照同样大小的方块写出来的字，看起来很可能是参差不齐、大小不一的。

补充案例

宜家家居企业形象识别系统——企业形象策划案例

企业形象是企业的生命力所在，没有良好的企业形象就不可能有良好的企业效益，更不可能有企业的持续发展，而导入 CIS 的一个重要目的就是塑造良好的企业形象，使社会公众对企业产生认同感和信任感，进而推动企业的进步与发展。在现代市场竞争中，企业必须要创造出差异化的优势，这种差异不仅仅是受众对企业形象的视觉识别和行为识别，更应该注重对企业理念识别的塑造。只有这样，导入 CIS 才能在根本上塑造企业的良好形象。

宜家（IKEA）于 1943 年创建于瑞典，其创始人是瑞典人英格瓦·坎普拉德（Ingvar Kamprad）。宜家创建之初主要运营文具邮购、杂货等业务，后来以家具为主业，在不断扩张过程中产品规模扩展到涵盖各种家居用品。历经半个多世纪的发展，现在它已在全球几十个国家和地区拥有几百个商场。

宜家已成为全球最大的家具、家居用品商，出售包括座椅/沙发系列、办公用品、卧室系列、厨房系列、照明系列、纺织品系列、炊具系列、贮藏室系列、儿童产品系列等约 10 000 种产品。

一、宜家理念识别系统

1. 经营理念

1）为大众服务

宜家运营理念的开端始于为大众提供经济实惠的家居装饰产品，而非仅为少数人服务。宜家以"为群众创造更美好的日常生活，供给品种繁多、美观实用、老百姓买得起的家居用品"为自己的经营理念。

宜家品牌的真正核心是让顾客成为品牌传播者，而非硬性的广告宣传。就像英国一家媒体点评宜家的评语：它不仅仅是一个店，它是一个宗教；它不是在卖家具，它在为你搭起一个梦想。

2）可持续发展

在供给品种繁多、美观实用、老百姓买得起的家居用品的同时，宜家努力创造以客户和社会利益为中心的经营方式，致力于环保及社会责任问题。

宜家将功能、质量、设计、价值结合在一起，并一直牢记可持续发展理念，希望对人与地球产生积极影响，为人们创造更加美好的日常生活，包括让生活变得更加可持续。

2. 宜家精神：创新、成本、职责、敬业

宜家创始人坎普拉德有一句名言："真实的宜家精神，是由我们的热忱，我们持之以恒的创新精神，我们的成本意识，我们承担责任和乐于助人的愿望，我们的敬业精神，以及我们简洁的行为所构成的。"

宜家精神渗透在产品开发、销售的点滴之中，从而使它走向了今日的成功。

二、宜家视觉识别系统

1. 标志

宜家的标志如图 5.1 所示。

IKEA 这个称号结合了宜家创始人坎普拉德的姓名首字母（IK），以及他在其间长大的农场和村庄的名字 EImtaryd 和 Agunnaryd 的首字母（EA）。

图 5.1　宜家的标志

宜家的标志在公司的整个发展历史中几乎未经改动，1967 年的版本一向是宜家的象征。标志的造型离不开字母的规划和形状符号的运用，宜家选用椭圆形只是为了烘托中心 "IKEA" 字母的厚重感。

宜家品牌标志的简练、敦厚，象征家居用品的可信任性、耐用性、简洁性。几何图形的妙用刻画了宜家独特又饱含深意的品牌标志，矩形、圆形都是家具较常选用的图形。

2. 标准色

宜家标志的标准色是蓝色和黄色，正好是瑞典国旗的两种色彩，标志着宜家来自瑞典。宜家标志的规划和配色非常大胆。在瑞典，黄色和蓝色在人们的日常生活中均扮演着重要的角色。

3. 视觉要素的运用

宜家店面从外部到内部的很多细节，以及宜家的平面商标大都运用黄色与蓝色的调配，形成高度统一的色彩，给人简练、明快的感觉。

宜家的工装以休闲装为主，上衣与裤子以蓝黄相调配的色彩，组成了宜家商标的标志，与宜家的外部企业形象彼此衬托。这两个色彩的调配强烈地突出了工装的视觉作用，在商场里很容易让顾客辨识出哪些是宜家的职工，便于顾客更好地寻求帮助。

三、宜家行为识别系统

1. 企业运营管理

1）产品独立规划，风格简约自然

宜家出售的产品全部由宜家公司独立规划，产品风格与众不同。宜家着重产品 "简约、自然、清新、设计精良" 的独特风格。宜家源于北欧森林国家——瑞典，其产品风格中的 "简约、天然、清新" 亦秉承了北欧风格。宜家的这种风格贯穿在产品规划、生产、展示、出售的全过程中。

为了遵循这种风格，期望自己的品牌及自己的专利产品可以在全球推广，宜家坚持亲自规划所有产品并拥有其专利，每年有 100 多名规划师在夜以继日地工作以保证 "全部的产品、全部的专利"。

2）从设计到运送，遵循低价战略

宜家的经营理念是"供给品种繁多、美观实用、老百姓买得起的家居用品"。这就决定了宜家在追求产品美观、实用的基础上要坚持低价格，实际上宜家也是这么做的。宜家一向注重低价格战略。低价格战略贯穿于从产品规划到造型、选材、OEM（original equipment manufacturer，原始设备制造商）的挑选、物流规划、卖场管理的整个流程。

本着低价格的原则，宜家的规划师对整个生产过程进行审查，包括运用的材料、物流和劳作与运送成本。规划师通过与经验丰富的制造商协作，找到最大限度地运用原材料的方式，以大众承担得起的价格将好的规划、好的功能与好的质量相结合。此外，平板式包装可以节约运送成本。平板式包装和顾客期望自己组装产品的期望使宜家可以削减劳作、运送和仓储成本。

3）体会营销战略，建立顾客忠诚

在出售终端上，宜家选用"软销"（soft sell）的方式。宜家规定其门店人员不允许直接向顾客推销，而是任由顾客自行去体会和做决定。

宜家运用全程体会性服务为顾客规划出关于家的全部，这种差异化服务使宜家与顾客建立了紧密的关系，并有效提高了目标消费群体的品牌忠诚度与企业美誉度。

4）卖场宽松管理，创造家庭氛围

宽松的卖场购物环境折射出了宜家人性化、简单便利、自给自足的企业文化。根据人们的日常习惯，宜家对展示区进行了合理规划。从人们的日常生活到工作排序，客厅、卧室、餐厅、厨房等以此类推，以便顾客进行连带性选购。

一系列的样板间展示，使顾客身临其境，有一种家的温馨感觉。每个展示单元都标注了实际面积，顾客可以原封不动地把展示区的摆设搬回家中，得到和商场中一样的效果。贴心的导购方式和精美的宜家手册，更是在细节中表现了宜家为顾客创造更美好生活的愿景。

2. 企业社会责任：环保+公益

大约 30 年前，宜家开始有计划地参与环境保护事宜，涉及的方面包括材料和产品、森林、供货商、运送、商场环境等。

1990 年，宜家制定第一个环境保护政策；1991 年，宜家开始严格履行关于热带林木使用的规定；1992 年，宜家禁止在其产品及产品生产过程中运用对高空大气中的臭氧层有害的 CFCs（氯氟烃）和 HCFCs（氢氯氟烃）；1995 年，宜家开始严格控制偶氮染料的使用；1998 年，宜家按照环境规范评审其在欧洲的所有运载设备；2000 年为了推动林业的可持续开展，宜家在瑞典出资支持了一项林业专业研究。宜家致力于保证产品和原料可以最大限度地减少对环境的不利影响，保证产品从健康的角度来看，对顾客是安全的。

在规划产品时，宜家也秉承着可持续发展的原则。关于产品，宜家一直遵循简练、舒适、便利的人性化规划，一直力求巧妙地运用资源，力求在产品中运用可再生和可循环运用的材料。

除了家居，宜家还积极地承担了社会职责。IKEA Foundation（宜家基金会）是一家于 1982 年在荷兰注册的慈善基金会，不断致力于支持各种长期、短期项目，旨在让儿童拥有一个良好的人生起点。

每年年底的圣诞期间，宜家商场每售出一个毛绒玩具，宜家基金会就向联合国儿童基金会（United Nations International Children's Emergency Fund，UNICEF）捐赠 1 欧元。

以上这些措施都为宜家赢得了良好的社会声誉和品牌形象。

（资料来源：微信公众号，卡夫卡策略，2019 年 10 月 21 日。）

小　结

企业形象识别系统是一个企业区别于其他企业的标志和特征，是企业在社会公众心目中占据的特定位置和确立的形象。企业形象识别系统策划主要包括策划的程序和原则，以及调查分析和制订方案。企业形象识别系统主要由企业理念识别系统、企业行为识别系统、企业视觉识别系统三个部分构成。这些要素相互联系、相互作用，有机配合。

企业形象定位是指企业根据环境变化的要求、本企业的实力和竞争对手的实力，选择自己的经营领域、经营目标、经营理念，为自己设计出一个理想的、独具个性的形象。

企业理念识别系统是由企业家积极倡导、全体员工自觉实践，从而形成的代表企业信念、激发企业活力、推动企业生产经营的团体精神和行为规范。企业行为是指企业为了实现一定的目标而采取的对策和行动。影响企业行为的主要因素可以归纳为企业的治理结构和外部环境。企业视觉识别系统是由体现企业理念、业务性质和行为特点的各种视觉设计符号及各种应用因素构成的，是企业理念系统和行为识别系统在视觉上的具体化、形象化。

习　题

1. 简述 CIS 的定义。
2. 简述企业形象策划系统的原则。
3. 简述企业形象策划系统的三个子系统。
4. 企业如何做到形象的统一性和个性化？
5. 选择一家企业，对该企业的企业形象进行重新策划，写出策划提纲。

第6章　企业营销策划

内容提要

营销策划是企业策划的主要内容，它是企业在对内外部环境进行准确分析并有效运用各种经营资源的基础上，对一定时间内的企业营销活动的行为方针、目标、战略及实施方案与具体措施进行的设计和计划。本章阐述了企业营销策划的基本内涵和基本内容，介绍了企业营销策划的基本程序。

导入案例

深度解析：H9 东方豪华背后的极致设计

2020 年 1 月 8 日，中国一汽在人民大会堂举办了"红旗品牌盛典"，徐留平董事长带来了新红旗 H9 全球首秀，这是新红旗造型设计语言下的第一款全新量产产品，是红旗研发团队的鼎力新作。

2018 年 1 月 8 日，红旗品牌发布了全新的"尚·致·意"设计哲学与设计基因，以及新红旗概念雕塑，开启新红旗家族的设计新篇章。彼时，H9 和 E·境 GT 这两款车型的设计都已启动。2018 年，在北京国际汽车展览会上发布的 E·境 GT 概念车，展现出新红旗品牌的东方豪华气质与全新的造型风格，新红旗的设计风格得到广泛认同。

H9 是真正能够代表新红旗全新设计理念的第一款量产产品，在设计之初，设计团队就定下目标：将中国优秀文化艺术传统、汽车设计趋势及前沿科技融于一体，传承与创新，以极致的工匠精神，打造一款工业艺术品。在新红旗 H9 上，用户不仅能够体验到炫酷的科技，更能感受到东方美学的韵味。

作为东方式豪华车的标杆，红旗设计团队在"尚·致·意"设计哲学与家族设计基因的基础上，结合用户需求与生活场景，深入研究东方美学，充分解构、极致创新，并将其运用在视觉表现与意境营造中，使 H9 成为内外兼修的"谦谦君子"。H9 体现的东方美学内核到底是什么呢？是与我们华夏民族所推崇的处世哲学——中和之道一脉相承的中和之美。"中和"指的是存有矛盾关系的两个方面之间所具有的一种不偏不倚、刚柔并济、和谐协同的"中"的结构与"和"的关系。在中国，人们将中和观作为审美的标尺，中和之美被认为是美的最高境界。

H9 所呈现出的东方豪华感便是中和之美的运用：也许你不懂汽车设计，但一眼望去就有难以名状的豪华感与庄严感，这便是中国审美核心灵魂千百年的传承，这是中国人骨血中对美的统一认知。

红旗汽车的格栅一直是标志性的特征，相比于红旗经典的 CA72、CA770，H9 更加突出格栅纵向的高度尺寸，让车头在视觉上更加昂扬，线条更加硬朗和平直，呈现出正气凛然的气派。格栅的细节也更加丰富，钻石般的水滴造型，打造出更形象的"飞瀑落九天"之势。

"红光闪耀，旗贯山河"的前旗标是新红旗车的重要特征，搭配"高山飞瀑，中流砥柱"的格栅，一道红光从中央贯出，又平添几分气势。前旗标的设计灵感来自北京的中轴线，北京独有的壮美秩序就是由这条中轴线的设立而产生的，H9 独有的豪华气魄也是由它的中轴贯穿而成的。H9 的前旗标相较于其他红旗车型更加扁平化，更加贴合车身线条，不张扬地融入整体设计。前旗标是显性的轴，由高山飞瀑的格栅一直贯出，又延伸至车内。同样显性的轴还存在于内饰中控顶端的音响装饰、前后中央扶手等，形成由外及内的秩序感与延伸感。由这些可见的元素连接起来的一条隐性的轴，一直贯穿于整个 H9。

H9 昂首挺胸的腰身姿态继承自红旗经典车型 CA72、CA770 独有的"旗"式车身设计，在致敬经典的同时也将豪华感无限传承。H9 前高后低的侧腰线贯穿整个车身，张力十足，与高昂的车头相融合、与精致的侧旗标相呼应，打造出豪华车的庄重感与进取的姿态。假如全车都采用这样有张力的设计，便会给人一种凌厉感与侵略感。设计团队巧妙地化解了这一问题，于是便有了同级别车首创的后风窗溜背设计。溜背的曲线是优雅、舒展且富有弹性的，很好地中和了腰身的张力，一张一弛，有气魄但不张扬。

腰身下饱含生机的型面设计灵感来自迎风飘扬的旗帜，有速度感但不凌厉，有力量感但不沉重。此处，H9 还引入了中国画之灵魂——"气韵生动"的理念，以生动的"气韵"将型面打造出旌旗飘扬的流畅之美。

意在物外是红旗设计团队想传递给用户的惊喜，其实方圆之间的协调除上述显性的设计，还包括型面的圆润与比例的周正。设计团队很好地通过中和之道将这两点融会贯通于设计的更深层次，让用户在细品之下回味无穷。

一个好的设计必然是表里如一的，H9 恰好就是这样一个"不偏科的优等生"。全舱环绕的中轴布局、若隐若现的山水纹理、梦幻千色的氛围灯光，展现出"中直尚雅""精工致作""山水意境"的东方哲学之美。

内饰整体是红旗标志性的环抱架构，给人安全与舒适之感。整体环抱的线条从仪表板延伸至门板，宛如雕弓的满月之弦，无尽气势随时喷薄欲出；与外饰腰线相同，内饰中也通过张弛的和谐韵律打造出精致的美感，仪表板金属装饰线条流动舒畅，似曲水绕流在仪表板周围，置身其中，便有"复得返自然"之意。一张一弛，刚柔并济，尽显中和之道。

方圆结合、相映成趣的设计在内饰中也有所体现。悬浮式副仪表板整体呈方形，与内部的旋钮共同构成一片缩小的方圆天地，一切尽在掌控之中。圆形旋钮周围的纹理细节经过多轮雕琢，最终呈现出光芒万丈的态势，与内饰梦幻千色的氛围灯共同将高光时刻定格在动静之间。

内饰中不得不提的细节便是山水纹理的音响孔设计，音响孔通过精心排列的点阵勾勒出一幅幅情景交融、虚实相生、活跃着生命律动的山水画卷。通过浓淡的调和营造出重峦叠嶂的层次感，致敬华夏壮美河山。搭配新红旗独创的国乐提示音与定制的国宝级乐器演奏，飞泉鸣玉，余音绕梁。从视觉入心，从听觉入神，打造极致的驾乘体验。

浓淡调和还体现在双色的车身设计中。色彩设计赋予汽车以不同的性格，H9的色彩设计灵感来源于丝绸之路上白日里穿行的商队、夜幕下休憩的旅人，设计团队希望用色彩讲述一个千年的故事，重温丝绸之路上令人感动的瞬间。H9车身中的金色便来自丝绸之路上流动的砂石，承载着历史与文化的足迹；浅金色搭配的深紫色来源于丝绸之路夜晚天空中清澈的星河，意境唯美，引人遐想。设计团队对浓淡搭配的把控极为严格，力求找到最合适的那一点，过浓则艳，过淡则寡。经过一次又一次的尝试，最终将饱含厚重文化底蕴的双色车身呈现给用户，双色车身的背后蕴含的是大国的气魄与胸怀。

从红旗CA72到红旗CA770，再到新红旗的E115、S9，直至今天的新红旗H9，红旗品牌的内核一直传承着。简单复制会丢失灵魂，以传承为起点、以创新为目标，融合时代精神，才是品牌的进化之路。传承与创新是这个时代中国设计的必由之路。新红旗H9是一个起点，红旗设计团队将用更多优秀的中国设计致敬东方智慧，携东方设计之美走向世界。

（资料来源：林利园，2020. 气场爆棚 你绝对hold不住 新红旗H9设计理念解析[EB/OL].（2020-03-27）[2023-02-23]. https://www.sohu.com/a/383026662_430526.）

随着中国市场经济的推进，营销正在走向一个不按常理出牌的时代。由于竞争越来越激烈，消费者也越来越成熟和理性，对企业来说，原有的营销理念和方法正面临挑战。理性营销正在成为一种趋势，任何公司都必须整合各种营销力量，努力为顾客创造价值。好的公司懂得满足顾客需求，但伟大的公司会主动创造市场，而不是被动地适应顾客的需求。

营销中有一条必须永远遵循的规律就是变化，应对变化的方法很多，其中重要的就是学习和创新。对企业而言，应对变化时不能迷恋经验，而要学习新的营销理念，要提高营销人员的素质，要探索新的营销策略，要重视营销策划，以提升企业的营销力。

6.1　营销策划概述

6.1.1　营销的含义及营销力的构成

1. 营销的含义

营销大师科特勒认为，市场营销是个人和群体通过创造并同他人交换产品和价值以满足需求和欲望的一种社会管理过程。

理解科特勒的这个经典定义，需要把握以下三个要点。

（1）营销的最终目标是满足需求和欲望，所以企业一定要以顾客为中心，发现顾客的欲望并满足他们，一定要热爱顾客。顾客是企业的生命线，顾客关系是企业重要的关系之一。

（2）营销的核心是交换。交换是一个互动的过程，所谓的"顾客满意、企业盈利"，是一对辩证的关系。企业希望从顾客那里得到的是利润，所以追求的是满足有利润的需要；顾客希望从企业那里得到的是使用价值和精神上的满足，所以必须付出代价。任何对交换的曲解，都是不符合现代市场经济基本精神的。

（3）营销讲究的是整体过程，是一种社会管理过程。对一般企业而言，营销是企业在以消费者为中心的思想指导下所从事的经营活动过程，包括市场调研与预测、产品开发和生产、市场开发和拓展、财务管理乃至行政管理诸环节。企业在营销环节中，只要有一处薄弱环节存在，就会影响整体营销水平，这就是人们常说的"木桶效应"。由此看来，营销不是简单地强调企业利益的叫卖，也不只是铺天盖地的广告，更不是靠一两个"金点子"就能成功的策划。营销是强调双赢的过程，是企业通过不断创新、提供有效供给并通过有计划地整合营销手段、满足不同的需求，从而实现企业目标的管理过程。

2. 整合营销

科特勒认为，企业所有部门为服务于顾客利益而共同工作时，其结果就是整合营销。整合营销发生在两个层次：一是不同的营销功能，如销售力量、广告、产品管理及市场研究等必须共同工作；二是营销部门必须和企业的其他部门相协调。

营销组合强调将市场营销中各种要素组合起来的重要性，营销整合虽与之一脉相承，但更强调各种要素之间的关联性，要求它们成为统一的有机体。在此基础上，整合营销更要求各种营销要素的作用力统一方向、形成合力，共同为企业的营销目标服务，如图 6.1 所示。

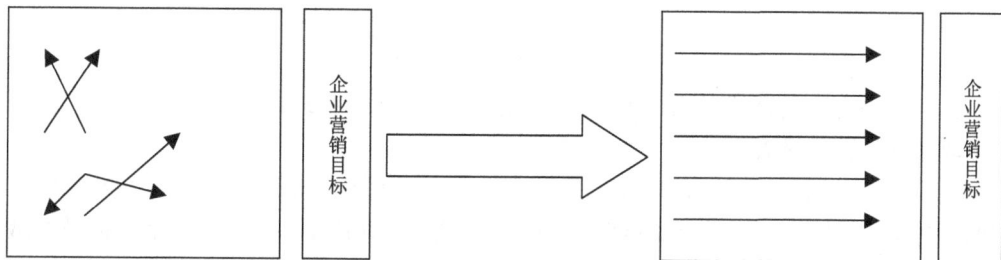

图 6.1　整合营销

3. 营销学的基本体系

营销学的基本体系如图 6.2 所示。

```
                          营销学体系
        ┌────────────────────┼────────────────────┐
   营销基础理论              市场营销策略            市场营销管理
┌──┬──┬──┬──┬──┐        ┌────┬────┬────┐      ┌────┬────┬────┐
市  市  市  市  市        目    营    国      营    营    营
场  场  场  场  场        标    销    际      销    销    销
营  营  调  预  营        市    组    营      组    计    控
销  销  查  测  销        场    合    销      织    划    制
的  观  与      战        策    策    策
含  念  研      略        略    略    略
义      究
```

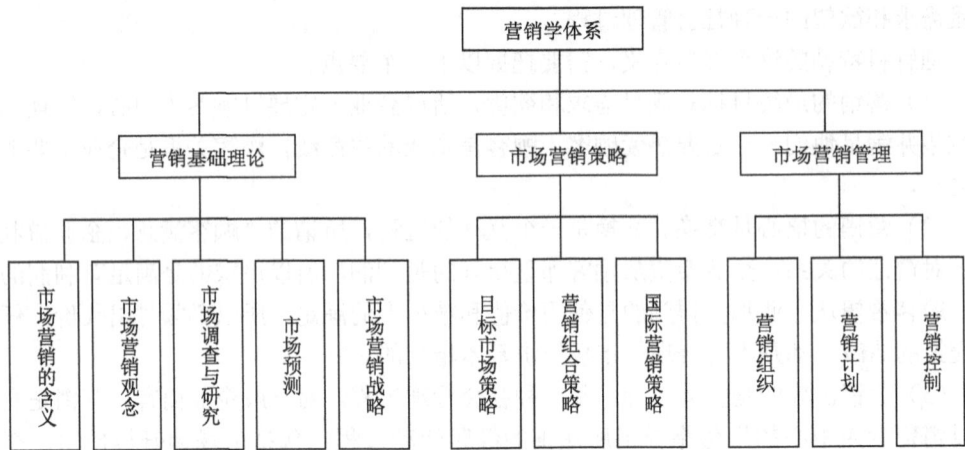

图 6.2　营销学的基本体系

4. 营销力的构成

依据现代营销理念，企业的营销力就是一种控制市场、影响顾客的能力。营销力由战略力、资源力、执行力、企划力和终端力组成，如图 6.3 所示。

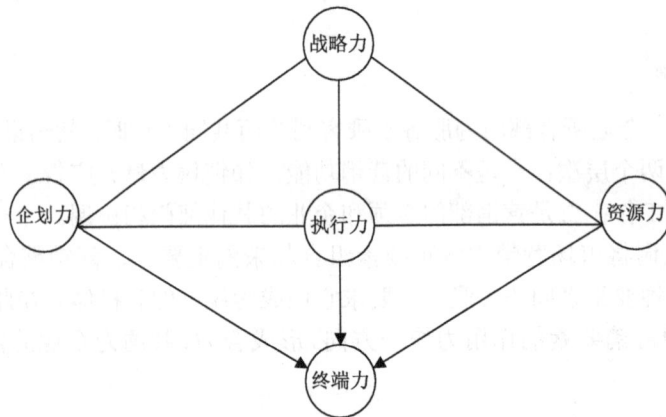

图 6.3　营销力的构成

（1）战略力。所谓战略力，就是要求企业树立现代营销理念，通过满足顾客的需要去争取顾客、留住顾客。

企业要有长远的发展观，建立与顾客的战略伙伴关系，实现扇形增长。企业要有强烈的品牌意识，树立长远的品牌战略规划，下定决心，认准品牌，打一场品牌的持久战。面对激烈的品牌竞争，战略上要藐视对手，要有一股超越或领先的锐不可当的气势；战术上要重视对手，要讲究营销手段，做行商，不做坐商。这就要求企业舍得放弃，坚持走专业化的路线。市场有太多的诱惑，但能取得长久成功的企业往往是那些专注的、追求扇形增长的企业。

（2）资源力。所谓资源力，就是要求企业具备一定的资源，表现为资金、人力资源、客户资源等。

市场经济是强者经济，讲究资源的优化配置，所以企业要树立正确的资源观。首先，要有一定的资源储备；其次，要优化资源配置；最后，要靠自身的努力去做大做强。市场经济具有马太效应[①]，它不同情弱者。企业的资源力最重要的是自身的人力资源。企业只有做到万事俱备，才能得到市场的扶持。

（3）执行力。所谓执行力，对公司而言，就是促销力。

营销要取得成功，需要营销者坚持不懈地努力。对企业来说，促销力是提升业绩的关键，只有做好促销执行，才能不断占领市场，才能建立稳定、高效的营销网络。在这一点上，企业必须丢掉幻想，实干兴企。

现实中，有以下四种不同的企业。

① 重视品牌营销，促销执行做得好、悟性高的企业，这种企业往往是真正的实干型企业。

② 善于投机的企业，它们看准一个机会，在短期内用足力气赚一把，但不愿意打持久战。这类企业善于投机，但要做到永续发展很难。

③ 认定走品牌路线，但不知道怎么做，促销能力差，坐等顾客上门，只会制订计划，但没有应对市场能力的企业。

④ 既不认同品牌营销，也不愿意做艰苦的促销工作，在市场上没有实实在在行动的企业。

（4）企划力。所谓企划力，就是营销需要有好的企划，光有精明是不能适应变化的市场形势的。

（5）终端力。所谓终端力，就是店铺力。企业的理念、资源和企划，最终都会体现在终端店铺上，终端是实现实际销量的地方，市场营销成败的关键在于终端市场占有率的高低。

市场好像是一块责任田，种上庄稼，只能说明种了，并不能说明一定有收获，要想丰收，还需精耕细作。现代市场竞争的重心越来越倾向于市场的细分、渗透、深耕，越来越重视终端力，以保证市场的稳定发展。

以上五种能力，归根到底，是由企业的人员素质决定的。所以面对新的市场竞争，企业一定要努力学习，开拓营销新思路，力克浮躁，讲究营销策划，注重实干，提升自身营销力。

6.1.2　企业营销的类型

企业营销的目的是满足人们的需要，不仅包括刺激和扩大市场需求，而且包括调整、缩减和抵制市场需求，这要依需求的具体情况而定。不同的需求状况有不同的营销任务。根据市场上需求状况和营销任务的不同，可以归纳出八种不同的企业营销类

---

① 马太效应是指强者越强、弱者越弱的现象。

型（表 6.1）。

表 6.1　企业营销的类型

营销类型	需求状况	营销任务	营销类型	需求状况	营销任务
扭转性营销	负需求	扭转需求	同步性营销	需求失衡	扭转需求
刺激性营销	无需求	激发需求	维护性营销	需求饱和	扭转需求
开发性营销	潜在需求	实现需求	降低性营销	需求超饱和	扭转需求
恢复性营销	需求衰退	恢复需求	抵制性营销	有害需求	扭转需求

（1）扭转性营销。扭转性营销是针对负需求实行的。负需求是指全部或大部分潜在购买者对某种产品或劳务不仅不喜欢、没有需求，甚至有厌恶情绪。例如，素食主义者对所有肉类有负需求。针对此种情况，扭转性营销的任务是扭转人们的抵制态度，使负需求转变为正需求。营销人员首先要了解负需求产生的原因，然后对症下药，采取适当的措施来扭转需求。

（2）刺激性营销。刺激性营销是在无需求的情况下实行的。无需求是指市场对某种产品或劳务既无负需求，也无正需求，表现为漠不关心、没有兴趣。无需求的商品通常是新产品或新的服务项目，消费者因不了解而对其没有需求，或者是非生活必需的装饰品、赏玩品等，消费者在没有见到它们以前是不会产生需求的。因此，此类营销的任务是设法引起消费者的兴趣，刺激需求，使无需求变为正需求，即实行刺激性营销。

（3）开发性营销。开发性营销是与潜在需求相联系的一种企业营销类型。潜在需求一方面是指虽然有购买欲望但目前尚无完全购买力的需求，另一方面是指多数消费者对市场上现实不存在的某种产品或劳务的强烈需求。例如，人们渴望有一种对身体无害的香烟，谁能提供这种产品，谁就会立即获得极大的市场占有率。因此，开发性营销的任务是努力开发新产品，设法提供能满足潜在需求的产品和劳务，将市场上的潜在需求变成现实需求。

（4）恢复性营销。顾客对所有的产品和劳务的需求与兴趣，随着时间的推移和环境的变化总会有发生动摇和衰退的时候。此种情况下，企业营销的任务是设法使已衰退的需求重新兴起，使已趋于冷淡的兴趣得以恢复。但实行恢复性营销有一个前提，即处于衰退期的产品或劳务有出现新一轮生命周期的可能性，否则，必将劳而无功。

（5）同步性营销。许多产品和劳务的需求是不规则的，即在不同时间、不同季节需求量不同，因而与供给不同步，如运输业、旅游业等都有这种情况。基于此，同步性营销的任务是设法调节需求与供给的矛盾，使两者达到协调同步。例如，在节假日，人们对游乐场所的需求量极大，而平时则较少。对此，可通过灵活的计价、广告和举办活动等办法，使供需趋于协调。

（6）维护性营销。在需求饱和的情况下，应实行维护性营销。需求饱和是指消费者的需求在数量和时间上同预期的数量、时间达到一致的状况。但是，需求饱和状况不会静止不变，常常因以下两种因素的影响而发生变化：一是消费者偏好和兴趣的改变；二是同行的竞争。因此，维护性营销的任务是设法维护现有的销售水平，防止出现下降趋势，其主要策略是保持合理售价、稳定营销人员和代理商、严格控制成本费用等。

（7）降低性营销。当某种产品或劳务出现超饱和需求时，应实行降低性营销。需求超饱和是指需求量超过了卖方能够供给或愿意供给的水平。这可能是由于暂时性的缺货，也可能是由于产品长期受欢迎所致。例如，对风景区过多的游人，对市场过多的能源消耗等，都应当实行降低性营销。降低性营销就是长期或暂时性地限制市场对某种产品或劳务的需求，通常可采取提高价格、减少服务项目和供应网点、劝导节约等措施。但实行这些措施时难免要受到"攻击"，营销者要有思想准备。

（8）抵制性营销。抵制性营销是针对有害需求实行的。有些产品或劳务对消费者、社会公众或供应者有害无益，对这种产品或劳务的需求，就是有害需求。抵制性营销的任务是抵制和消除这种需求，实行抵制性营销或禁售。抵制性营销和降低性营销不同，前者是强调产品或劳务的有害性，从而抵制这种产品或劳务的生产经营。例如，对毒品、赌具，有害于人体的食品、化妆品和假药等，就必须采取抵制性营销。

6.1.3　企业营销策划概念的提出

企业营销策划及其相关概念是 20 世纪 60 年代末 70 年代初在美国提出来的。在 20 世纪 50—60 年代，美国国内市场需求稳定增长，美国的工商企业管理部门通过常规性业务管理就可以取得理想利润水平，这导致了那些管理不善的企业高枕无忧、不思进取。20 世纪 60 年代末期，特别是进入 20 世纪 70 年代以后，来自日本和其他国家的低成本、高质量的商品大量涌入美国，加之能源短缺、通货膨胀加剧及失业率上升等因素，美国企业面临着来自国内外的全面挑战和激烈竞争。在连续而又沉重的打击下，一些企业开始寻求并采用新型的经营管理策略，企业营销策划应运而生。

一般地，企业营销策划至少应包括以下三项重要内容。

（1）要把企业的投资业务当作一个投资组合来管理，以使企业的资源配置能适应市场的变化。

（2）要对企业未来的市场情况进行准确的预测，并根据预测结果制订出适应市场变化的具有分析性的经营方案。

（3）要根据企业的长远目标，为每一项重要业务确定出一个"策略行动"。

企业营销策划这个概念一经提出，就在一些国家引起了强烈的反响。在短短的十几年时间内，企业营销策划在西方国家得到了广泛的发展与传播。作为一种较高级的企业营销观念，企业营销策划体现了现代企业营销的精髓。

6.1.4　企业营销策划的定义

关于企业营销策划，至今还没有一个严格、统一的定义。科特勒认为，企业营销策划是一种管理程序，其任务是发展和维持企业的资源、目标与千变万化的市场机会之间切实可行的配合。策划的目的就是发展或重新开拓企业业务与产品，将它们组合起来，以期获得令人满意的利润和发展。应用现代决策理论，我们可以将企业营销策划概括地定义为：是企业对其经营过程中的营销行为进行的超前决策，是企业在对其内外部环境予以准确分析并有效地运用各种经营资源的基础上，对一定时间内的企业营销活动的行为方针、目标、战略，以及实施方案与具体措施进行的设计和计划。

6.1.5　企业营销策划的特点

根据上述定义，不难把握企业营销策划的特点。一般地，企业营销策划具有如下特点。

1．系统性

企业营销策划作为一种管理或决策程序，从提出策划任务开始，通过对企业外部环境和内部条件的分析，选定企业目标，制定营销策略，到具体计划方案的制订、执行、反馈和控制，各个环节之间互相衔接，构成一条策划活动链。另外，为了实现企业的资源、目标与千变万化的市场机会之间切实可行的配合，企业营销策划必须对企业的各种营销要素进行立体组合，以推进企业经营业务的增长。

2．权变性

内部的可控因素和外部的不可控因素是影响企业营销绩效的两大类因素。营销策划虽然是企业自身的行为，但它要受到企业外部环境的影响和制约。因此，企业营销策划是在不断变化的市场空间中进行的，要为企业未来的营销提出预见性的行动方案。这就决定了这种策划必须集灵活性与变通性于一体，只有这样才能制订出随机、适宜的行动方案。

3．竞争性

在市场竞争中，一家企业具有全面的优势是很少见的。一般情况下，竞争各方都各有自己的优势和劣势。企业营销策划是企业在未来市场环境中扬长避短、主动超前、能动进取的内在要求。企业营销策划一改过去主要依靠价格方法提升企业形象和竞争优势的做法，使企业在未来的市场竞争中争取主动、把握机会。

此外，企业营销策划作为一种策划活动，本身同样具有一般性策划的特点，如复杂性及由此决定的主观性等。

6.2　企业营销策划的基本内容

企业营销策划的内容十分广泛，涉及产品开发、目标市场选择、市场进入分析、营销组合确定、市场细分、竞争定位、CIS 设计、营销战略与规划等许多方面。

企业制定切实可行的营销战略是营销策划的必然结果。进行企业营销策划首先应明确营销策划的基本出发点，运用层次分类法可帮助企业寻求合理的营销策划基点。企业营销策划的基本内容如下。

6.2.1 确定企业营销策划要素

确定企业营销策划要素应保持高度的企业内部协同性和显示高度清晰的企业外部差异性，一般选择以下几项要素。

（1）营销目标。营销策划的核心是准确制定营销目标。一般需要考虑三种不同的营销目标：进取性（取得市场支配地位）营销目标、防御性（防止衰退的）营销目标和稳定增长的营销目标。从当前国际企业营销的现实来看，日本企业多采取进取性营销目标，西欧企业则多趋向于防御性营销目标，而美国企业一般采取稳定增长的营销目标。营销目标与产品寿命周期的演变过程有着密切的联系。一般地，在成长的市场中应追求进取性营销目标，成熟市场与稳定增长的营销目标十分匹配，而防御性营销目标则更适合于饱和衰退的市场。

（2）策划重点。营销目标一经确定，就需要决定实现目标的策划重点。企业实现营销目标通常有三方面重点：扩大市场面、增加市场份额，以及提高生产率和降低成本。需要指出的是，上述重点并不是相互排斥的。例如，在优选策划重点时，企业会认识到，由赢得市场占有率产生的附加利益可能来源于更低的生产和经营成本。一般而言，扩大市场面最适合于成长的市场；增加市场份额适合于成熟的市场，因为此时任何销售利益的获得都将取决于竞争强度；提高生产率和降低成本则适合于饱和或衰退的市场。

（3）目标市场。为了着眼于策划重点，实现营销目标，企业可瞄准整个市场，或有选择性地细分市场和个别消费者（用户）。目标市场的选择应紧密地与消费需求的多样化相联系。在同质市场上，由于大多数消费者基本上需要相同的产品和服务，整体目标市场是很合适的；在异质市场上，选择性地细分市场目标则更为有效。

（4）竞争定位。选择好目标市场之后，企业需要决定其竞争定位。竞争定位包括质量定位和价格定位两个方面。

就质量定位而言，企业的产品质量可高于或低于竞争者的产品质量，也可以与竞争者的产品质量相同。在变化较快的市场上，如高科技产品市场，企业可采取高质量的定位，因为在此类市场上，质量经常与技术进步相联系，质量越高意味着技术水平越高。在变化缓慢或近于衰退的市场上，企业常常采取降低生产成本的手段来提高竞争力，此时，平均质量水平的定位更具有效益性。应该指出的是，高质量并不意味着高成本，尤其是在互补优化行业，高质量本身就意味着低成本。对许多企业来说，质量与成本是一项互补优化决策，作为市场需求差异程度指示器的消费者所能接受的质量水平应该是企业进行质量定位的依据。

就价格定位而言，与产品质量水平相适应，企业的产品价格也可高于、低于或等于竞争者的产品价格。在大多数市场上，当其他竞争因素相对稳定时，低价格可能是最成功的市场竞争手段，它能带来销售量的迅速扩大和市场占有率的提高。价格与质量的互动与协调是企业经营绩效的关键。例如，在产品已标准化的市场上，相对低的价格是成功的竞争定位。

6.2.2　进行企业营销策划基点分类

可将上述几项企业营销策划要素归为四类，用于营销策划分类分析（图 6.4）。进行营销策划分类分析的原则是既足以描述企业营销策划基点的多样化，又足以描述企业营销策划基点的相似性。为使企业营销策划既系统又全面，可把企业营销策划基点分为五类，这样既可保证企业营销策划基点的清晰，又具有实际应用的可操作性。这五类企业营销策划基点分别如下所述。

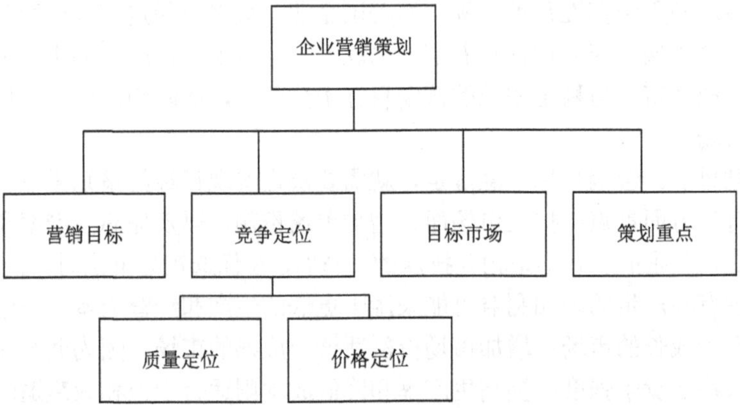

图 6.4　企业营销策划要素分类

（1）通过高价格定位实现进取性销售增长目标。企业以进取性销售增长和取得市场支配地位为营销目标，由典型的优质高价竞争定位实现稳定的高收益或整体市场扩张。这也是差别型营销战略的主要内涵。

（2）通过选择目标市场和溢价定价实现稳定的销售增长。企业通过比竞争者质量更高和价格更低的产品选择细分市场为目标市场，或由高市场份额获利，或由市场扩张寻求稳定的销售增长。这也是密集型营销战略的核心。

（3）通过选择目标市场和均衡定位实现稳定的销售增长。其思路是：企业追求集中的市场份额，采用平均质量水平和平均价格进行定位，全力服务于所选择的细分市场或个别消费者，不断渗透市场，获取稳定收益。

（4）通过高质量产品选择目标市场，实现稳定的销售增长。其思路是：企业有明确的稳定增长目标，采取高质同价定位，着眼于选择性目标市场的扩张或赢得市场份额。

（5）通过降低成本和提高劳动生产率实现防御性目标。企业集中于降低成本和提高生产率，以更具选择性的个别消费者（或用户）为目标市场，以相同或较低的价格提供较高或相同质量的产品，使企业经营领域和经营业务实现平稳过渡和转移。

显然，根据企业所面临的环境条件对五项营销策划要素进行新的组合分类，可以寻求其他有效的营销策划基点。

6.2.3　进行营销策划前的衡量和预测

企业对所选定的市场，要仔细衡量其现有的和未来的容量。同时，要想进入一个增长前景好的市场，对未来市场的预测也是很重要的。如果市场前景的预测较好，就要决定如何进入这个市场。

1. 目前市场需求的衡量

对目前市场需求的衡量，通常需要衡量总市场潜量（total market potential）、地区市场潜量、企业的实际销售量及市场占有率。

总市场潜量是指在一定区域、一定时间、一定的营销环境和一定的行业营销经费水平的条件下，该行业可能售出的产品总量。通常情况下，总市场潜量的计算公式为

$$Q = nqp$$

式中，Q 为总市场潜量；n 为特定产品或市场的购买者数目；q 为每个购买者的年平均购买量；p 为产品的平均单位价格。

地区市场潜量的衡量是指测算和比较各个不同地区的市场潜量，以便企业选择潜力最大的地区市场投入其人力、物力和财力。常用的方法是，先识别影响市场需求潜量的因素，然后分别为各因素设定一定权数（权数的大小表明该因素对购买力影响的大小），最后求出总和。实际销售量和市场份额的估算，可根据各种行业协会收集和发表的全行业销售情况来进行，或向专业的市场调研机构购买有关企业营销和各品牌销量的具体资料，然后通过研究比较得到。一般来说，影响企业市场份额的主要因素有企业与竞争者价格的差别、企业与竞争者营销费用支出的差别、企业与竞争者营销组合的不同、企业对不同产品及不同销售地区的投资比例，以及企业运用资金的效率等。

2. 市场预测的内容与方法

市场预测的内容虽十分广泛，但主要有五个方面：①市场商品容量预测、市场供求平衡和发展趋势预测及消费需求预测；②产品销售预测；③产品生命周期预测；④投资收益预测；⑤新产品开发预测。

实际上，每一次市场预测活动的内容取决于当时的预测目的。市场预测有多种方法，一般分为定量预测和定性预测。定量预测需要运用统计学、运筹学、数学和计量经济学等知识，常用的有时间序列法和回归预测法等。定性预测主要有用户调查分析法、经理评判法、专家法（德尔菲法）和产品生命周期法。

6.2.4　细分市场

如果对某一市场的预测结果表明企业可以进入该市场，接下来要做的工作就是进行市场细分。所谓市场细分，是指企业根据顾客购买行为和购买习惯的差异，把整个市场分为若干个市场或亚市场，即分为基础消费者群体，从而确定企业目标市场的过程。市场细分的依据是需求的差别性，有两层含义：一是随着生活水平的提高，消费者之间对

于某些商品原本一致的需求出现差异；二是原有差异进一步扩大。

一般来说，一个企业不可能为所有细分市场提供产品或服务，而应该根据自己的目标和资源条件，集中力量为一个或几个细分市场服务。

对于不同的产品来说，细分市场的依据往往是不同的。消费品市场细分一般按地理（区域、城乡及其规模）、人口（年龄、性别、家庭人口、收入、职业、受教育程度、种族等）和心理（生活方式、偏好状况、购买状态、使用状况等）三大标准来细分。工业品市场受个人心理因素影响较小，用户追求的利益与消费者也有区别，因而需对其在以下四方面进行补充：最终用户要求、购买组织特点、购买核心特点和购买参与者特点。

6.2.5　市场目标化

在市场细分的基础上选择一个或几个细分部分作为自己的服务对象，这些被选中的细分部分便称为目标市场。企业根据自己的资源条件选择一定的目标市场进行经营，就叫作市场目标化或目标企业营销。

目标市场应该具有四个方面的特点：①具有一定的需求规模；②具有一定的现实购买力；③该市场尚未被竞争者完全控制；④该市场是企业有能力进入的市场。

目标市场的选择有多种策略，具体有以下五种。

（1）目标集中化，即集中力量为一个细分市场服务，此模式适用于中小企业。

（2）产品专业化，即专门生产经营某一类产品，为所有各类顾客群体服务。

（3）市场专业化，即专门生产经营适合某一类顾客要求的各种产品。

（4）选择性专业化，即有选择地同时进入几个细分市场，为几类不同的顾客群体服务。

（5）全面覆盖，即同时生产经营各类产品，进入所有的细分市场，为各类群体服务。例如，美国通用汽车公司的口号就是："为每一个人、每一个钱包和每一种性格制造一辆汽车。"

6.2.6　确立市场定位

企业选定了目标市场后，还需要采取适当的策略进行市场定位。所谓市场定位，又称竞争性定位，是指在营销过程中把自己的产品确定在目标市场的一定位置上，即确定自己产品在目标市场上的竞争地位。因此，企业必须先分析竞争者产品在市场上的地位和份额，充分了解现有品牌之间的竞争关系及其对顾客需要的满足程度等，然后确定自己产品的定位，即使自己的产品在顾客心目中占领一个明确的、与众不同的和有吸引力的地位，以适应顾客的需要和偏好，树立自己的产品形象和企业形象。简言之，市场定位就是要设法建立一种竞争优势，以便在该细分市场上吸引更多的顾客。

6.2.7　适应数字时代的营销变化

随着互联网的发展及网络经济时代的到来，人们的生活方式、消费方式发生了一系列的变化。互联网的发展改变了企业的营销环境并渗透到市场营销的方方面面，网络经济改变了企业的营销理念和营销方式，企业竞争呈现新特点。以网络营销为主题的市场营销风暴对传统的市场营销模式形成了极大的冲击和挑战。为适应网络经济和数字时代的发展，企业应变革营销观念，创新促销策略，拓展网络营销渠道，注重技术创新以取得竞争优势。

抖音等短视频平台凭借易于分享、"去阅读化"等特征迅速蹿红，成为现象级产品，"短视频＋"社交模式随之兴起。移动终端规模加快提升、移动数据量持续扩大、互联网服务场景多样化，为短视频的发展创造了条件。同时，基于大数据的智能算法和分发技术，进一步提高了短视频内容多样化和用户交互度，助力短视频行业发展。短视频日渐成为移动智能时代不可或缺的角色。

随着营销进入数字时代，数字营销经历了从线上到线上线下融合、从 PC 互联网到移动 PC 及跨平台融合、从照搬传统方式到形成独有路径的过程，在云计算、社交网络和大数据的推动下，数字营销面临着新的变局。这一变局是互联网基因与传统产业融合发展的必然，也是营销行业创新转型的历史契机。互联网化的趋势是客观存在的。互联网所带来的消费者行为改变，促使营销不得不转变自身原有的策略结构。随着被动接受信息的消费者越来越少，基于社交网络、移动终端的营销手段成为主流。未来的企业要开展营销活动，必须借助互联网的力量。这种力量使得营销普遍以客户为中心，借此，企业能够知道他们在想什么、看什么、买什么。

创新往往是对原有体系的颠覆。传统营销部门与企业其他部门之间的割裂，造成了营销效果低下、品牌放大有限等弊端，不同策略、流程之间的交互融合，已成为企业亟须作出的选择。

大数据作为互联网化的一种认知框架，是互联网作用于营销领域的一种方式。通过非 Cookie（储存在用户本地终端上的数据）大数据，企业可以清楚地知晓人们在互联网上的动态行为，深层挖掘消费趋势背后的营销密码，更快地做到"找到人、找对人、讲对话、花对钱"。

数字化时代的商业发展催生了新商业文明，本质是要回到人本身，以人为本、合作共赢、开放共享，为每个人、为全社会创造价值和效益。每个商人都要高度关注人类命运，履行好社会责任，尊重他人、利及他人、成就他人，成就人生的价值，保持成长而不是追求短时间的成功。

6.3　企业营销策划的基本程序

营销策划是营销管理活动的核心，是将营销管理活动的每一个环节通过引入全新的构想与创新，事先做一个整体规划，并以之为执行准绳来跟踪、纠正、评定企业的营销绩效。营销策划过程包括确定营销目标、收集利用信息、产生创意、撰写营销策划方案、推出营销策划方案和执行营销策划方案六个步骤。

6.3.1　确定营销目标

营销目标是营销策划的出发点，营销策划是为营销目标服务的。营销目标指出了要达到销售目标必须"完成什么"，而营销策划则指出了实现营销目标的各种方法。

在拟定营销目标之前，必须先研究和检查销售目的、目标市场及问题点与机会点。检查完这些项目之后，即可知道如何设定营销目标和运用什么策略能够实现这些目标。在该过程中，创造性思考起着至关重要的作用。通过创造性思考，以问题点与机会点、销售目标、目标市场与所获得的数据为依据，可以确定营销目标和相应的目标市场，这是在策划前应该做的准备工作。

简单地说，营销目标是指要达成什么目的，实际上就是要实现的最终目标。营销目标具有以下几方面的特征。

（1）必须针对一个单一目的。

（2）可以加以评估且结果必须能够量化。

（3）有一个特定的运营期间，如 1 年或 1 年以上、未来 6 个月，甚至 1 年中的哪几个月。

（4）指出可影响目标市场的行为，如鼓励购买、试用产品、反复购买、大量购买、经常购买等，目标常常是为目标市场的个别细分市场而设定的。

营销目标有短期和长期之分。长期目标及短期目标一旦确定后就可据此制定营销策略；在营销策划过程中，长期目标和短期目标仅是暂时的、有时间限制的，可以在短期内改良或以新的目标来替换。长期目标往往以广泛的、整体性的词句来表述，而且通常涉及企业或产品形象、品牌价值及自我认知等；短期目标则更具特定性，是以明确的在特定时间内完成特定的成果来表示的。长期目标通常表述一些有关外在环境的变量，而短期目标则通常表述短期内公司资源的利用方法等。

在建立长、短期目标之前，策划者应明确一些问题。在此列出一个问题清单，具体如下。

（1）每一个长期目标及短期目标的完成如何影响公司及其整个产品线？

（2）消费者的需要是否已经确定？满足其需要的程度如何？

（3）营销对象是否已经确定？是否有足够的能力去完成营销计划？

（4）产品生命周期是否与短期目标的成长一致？

（5）竞争者对长、短期目标的反应能力如何？企业预期能得到些什么？

（6）长期目标和短期目标是否具有支持性及相容性？

（7）长期目标和短期目标执行的成本和计划的收入是否和企业需要的利润一致？

（8）有无法律、法规、道德、文化或公司政策冲突？

（9）是否每一个长期目标和短期目标都具有足够的弹性去接受改变？

6.3.2 收集利用信息

企业营销策划的第二个步骤是收集并有效地处理信息。中国有句古语"巧妇难为无米之炊"，营销策划也是如此。策划者再聪明、分析能力再强，如果没有信息，也只能是"无米的巧妇"，难以做出优秀的营销策划来。

1. 处理最新的信息

营销策划的要领是迅速处理最新的信息。要做出一项优秀的营销策划，除了具有较强的策划构想能力以外，能够选择最新的信息也是必不可少的条件。只有在别人尚未发觉时，依靠敏锐的信息意识掌握最新信息，才能做出优秀的营销策划。

2. 把握信息的收集方向

明确的目标能指出信息收集的方向。也就是说，在何种范围内收集何种信息，事先要有明确的目标，信息收集的目标一旦确定下来，就等于在目标的特定范围内安装了灵敏度极高的天线，能够迅速捕捉到有用信息。应该指出的是，我们不应该忽略某些重要的细微信息，切勿小看某些细小的信息，其中可能蕴藏着一座"金矿"。

3. 收集有价值的信息

营销策划需要有价值的信息。有价值的信息就是能够使企业心动的信息，主要有三个方面：①以前不曾有过的新现象或新信息；②与以前不一样的现象或信息；③以前不曾发生过的有趣的现象或信息。值得注意的是，有价值的信息也可能来自市场的负面信息。负面信息就是由市场或用户以各种形式对企业的产品或服务提出的意见或诉求构成的信息。例如，用户提出的意见正是产品或服务不能使消费者满意的有力证据，如果不采取及时的措施就会给企业的销售带来不利影响。因此，这些负面信息是营销策划很重要的着眼点。

4. 有效整理信息

通过各种渠道收集到第一手资料之后，下一个步骤就是把收集来的资料整理成有用的信息。整理后的信息可以作为拟定营销策划方案的重要参考依据。要达到有效整理信息的目的，应该明确四点：①要定期整理信息；②要将资料进行分类，但分类不可过细；③要定期删除失去时效的信息；④信息一般需要自己亲自整理。

通过分析产品及市场，为策划确定一个诉求重点，这个重点即策划主题。

6.3.3　产生创意

营销策划主题设定好以后，就要开始动脑筋思考具体的营销策划方案。在思考的过程中，通常面临的问题是营销策划究竟采用什么样的创意、怎样才能产生所需要的创意。我们可以借助以下三个方法产生创意。

1. 感悟灵感

创意通常是由灵感产生的，这种灵感可称为创意的联想。要使创意的灵感萌芽、成长、成熟并最终形成用于营销策划中的可能实现的构想，就要了解创意的形成过程。

按照信息论的观点来理解营销策划，可以将营销策划看作是各种信息的有机组合过程。各种创意是组成营销策划的要素，而创意是由某种信息或几种信息经过加工、整理、组合而产生的一种新信息。此外，激发创意灵感的线索或创意也是一种信息。因此，一个创意的独特性是由其他信息加工、整理、组合而成的新信息的独特性决定的。

创意产生的过程实际上是一个信息的收集、整理、加工、组合过程，可分为产生灵感的启示（线索）、产生灵感、产生创意构想三个阶段。每个阶段信息的收集、整理、加工、组合方法的优劣直接决定了最终创意乃至整个营销策划的优劣。因此，训练自己灵活地收集、整理、加工、组合信息是提高营销管理者或策划者营销策划能力的关键。

2. 放飞联想

联想可以产生灵感。联想是指由一种经验想起另一种经验，或者将头脑中储存的形象或反映事物的概念连接起来，从而产生新设想的心理活动。

联想的基本方法有相似联想、接近联想和矛盾联想。相似联想是指联想相似的事物，如由北京联想到首都。接近联想是指经过联想接近目的指向的事物。任何两个概念都可以通过相近概念的联想建立起联系，如桌子和土地、作家和猴子均属距离很远的概念，但只要在中间过渡性地增加几个相近概念的联想，便能够建立起联想的联系，如桌子—木头—树林—土地，作家—人类—动物—猴子。接近联想在构想解决问题的方案时，有益于拓展思路。矛盾联想是指从相反的角度联想与之对立的事物，如奥斯特发现电能产生磁场，法拉第则从相反的方向联想到磁场也可能产生电。

3. 重新定义问题

经常从不同的角度看同一个问题，可以改变由思考而得到的构想范围。例如，把一个使用率低的露天停车场看成一个如何提高使用率的问题，就可能会想出一些有趣的可以吸引车辆停泊的构想；如果将它当成一个房地产问题来看，它就可能会被改建成一个大建筑物，而停车场只占其中极小的空间。

重新定义问题时，应该从下面三个方面考虑。①针对主题尽可能多地提问题。例如，这个问题重要的原因是什么？如果能够得到一次解决问题的机会，希望如何解决？②向问题的范畴"挑战"。在对问题下定义的同时，其实就已经在对它设限了。通常，由于对问题所下的定义都是书面的，大家对这个定义都不会有异议。检视问题的每一个环节，找出它们的假设前提，从而打破这种限制，找出对问题的更正确的论述。依此类推，将各项因素一个一个地加以分析、构思和修正，再确定另外一些因素，就可能会产生更深入、更有意义的定义，并可能因此而构思出一个极具创意的解决方案。③时常想"为什么"。只需要对问题或问题所处的环境提出"为什么"，就可能会产生不同范畴的构想，继续问"为什么"，就可能会产生一个全新的解决方案。

6.3.4　撰写营销策划方案

营销策划方案是实施某一营销计划的书面文件，有时也是计划本身的书面说明。营销策划的作用是向接受方推销自己对某个营销问题的意见和创意，最终达到使接受方采纳自己的意见或创意的目的。

若要出色地完成一个营销项目，撰写一份完美的营销策划方案是必要的。营销策划方案的作用体现在以下几方面。

（1）营销本身的复杂性和重要性，客观上要求营销管理者对整个项目的来龙去脉作一个清晰的交代，同时充分陈述项目的意义、作用和效果。

（2）营销策划中的信息分析将为高层领导的决策提供必要的依据。

（3）营销管理者可借此学习策划项目的方法和技巧。

营销策划方案包括以下主要内容：①策划名称（策划主题）；②策划者姓名（或小组名称、成员名称）；③策划制作年、月、日；④策划目的及策划内容的简要说明；⑤策划的经过说明；⑥策划内容的详细说明；⑦策划实施的步骤说明及计划书；⑧策划的预测效果；⑨对本策划问题症结的想法；⑩可供参考的策划案、文献、案例等；⑪若有备选方案，写出其概要；⑫策划实施中应注意的问题。

6.3.5　推出营销策划方案

营销策划方案在拟定完成之后，策划者要做的第一件事情就是要让它获得他人的认同。一定要充分认识到策划采用与否的关键在于"人"，即策划方案是针对人的一项提案，事前准备的最终目标应该放在有关的"人"上。因此，在讨论前，应模拟现场的实际情况进行事前演练，在演练过程中，应尽可能展现营销策划本身的优势，淡化其不足，并对关键任务可能提出的问题预设答案。

一般地，推出营销策划方案的工作步骤如下：①模拟演练；②进行事前协调；③突出营销策划方案的"卖点"；④准备报告中使用的工具；⑤把握决策者水平；⑥提炼阻击反对意见的技巧；⑦找到提案的恰当时机。

6.3.6　执行营销策划方案

营销策划方案的执行要充分依靠组织的力量。对于任何工作，仅仅依靠个人的力量是难以完成的，在营销策划方案的执行过程中，必须依靠组织的支持和协调才能实现预期的目的。也就是说，营销策划方案执行成功与否的关键在于该策划方案是否能充分利用组织或团队的力量。因此，策划者及实施人员应该充分考虑策划与组织的关系。

在营销策划方案执行过程中，策划者要充分利用自己的组织、协调、说服能力，使各个部门既分工明确又良好协作。当然，需要注意的是，任何策划方案的执行都包含着变化，营销策划也不例外。企业要特别注意反馈。反馈首先要分析营销策划执行的结果，其次要找出问题点，最后在划清策划责任的基础上将营销策划执行的分析结果妥善保存，并加以利用。

许战海——新定位理论开创者

竞争的速度、环境变化的速度在加快，一些老的思想在今天变得不再适用。面临如今过度差异化的时代，我们真正需要思考的究竟是什么？以下是营销专家许战海先生的精彩分享。

什么是新定位理论？为什么新定位理论自从我在 2019 年 6 月 13 日提出、8 月 6 日出版之后，中国的主流企业家，特别是李斯、特劳特的客户都注重这个理论，而且中国最主流媒体也关注这个理论？

一、为什么要学习定位

在讲新定位理论之前，其实我还想给大家分享一下为什么要学习定位？它的价值在哪儿？学习定位为什么能够改变中国经济？因为定位有利于我们创建品牌，可以帮我们达成两个战略目标。为什么要达成两个战略目标？因为营销本身是一个市场的力量。市场力量的本质是竞争，而竞争在品牌层面上就是一个选择的竞争。如何赢得选择的竞争，是需要我们着重思考的，而在顾客认知中，选择的竞争是需要定位帮助解决的。

二、认知竞争，成为顾客优先之选

我们来看一个品牌——牛栏山，牛栏山是过去十几年一个成长速度比较快的品牌。

北京的二锅头非常多，最早的品牌叫红星。牛栏山通过怎样的"魔法"，让它超越了红星的地位？背后的道理，叫认知竞争。定位能够解决我们认知竞争的问题，成为顾客的优先选择。牛栏山定位口号很清晰，信息传递也很清晰：牛栏山二锅头，三百年，中国二锅头发源地在牛栏山。其实，二锅头发源地据考证有两个，一个是昌平，一个是顺义。牛栏山说二锅头发源于顺义牛栏山。认知大于客观事实，所以今天牛栏山已经成了二锅头的源头美酒。

这个"源头美酒"定位让牛栏山获得了正宗的优势，牛栏山说自己是"二锅头，三百年"。红星一恼火，说自己是八百年的传承，二锅头国粹。其实这个定位一推出，大家就知道结果了。红星是 1949 年后创立的，所以，红星的这种定位是一个错误的跟进做法，反而证明了牛栏山才是真正的有历史的品牌。所以说，定位的第一个价值是成为顾客的优先之选。

三、认知转移效应

品牌的本质就是认知转移效应。什么叫认知转移效应？比如我们知道沃尔沃安全，其实并不是广告打出来的，而是认知转移效应的成果。虽然我们都知道沃尔沃安全，但很少人是因为看沃尔沃广告而知道它安全这个特点的，所以安全这个特点来自人类的认知转移效应，而这种认知转移效应则需要一个明确的定位，如果没有明确的定位，这种认知转移效应的发生就会很慢。

一般而言，一个企业有三种定位的结果：第一，有清晰的定位；第二，无定位；第三，模糊定位。

只有定位清晰的品牌才能更好地发生认知转移效应。任何企业都不可能无限地去打广告，所以必须能够把广告传播给20%的人，让这20%的人帮你传播给剩下80%的人。所以，只有有一个定位，才能够让这个品牌发生认知转移效应。这对于品牌至关重要。

四、新定位理论对比老定位理论

定位的价值是在顾客头脑中发生的，这意味着我们要研究如何影响顾客头脑。老定位理论和新定位理论在影响顾客头脑这个角度上发生了矛盾，发生了碰撞，新老定位理论之间的区别就展开了。

虽然两种理论的目的相同，都是为了成为顾客的优先选择，都是为了发生认知转移效应，但是新老定位理论在具体的立论上、方法论上发生了重大区隔。因为时空的关系，新老定位理论在具体完成这个目标的做法上是有很大区别的。

五、重新定位差异化

我们知道，李斯特劳特定位理论强调所有的目的都是寻找一个区隔或者差异化。回顾历史，过去10年人类的商业环境、竞争环境的变化速度大于过去30年，而过去30年的变化速度要大于前100年，前100年人类发生的变化大于前1 000年。同样，未来5年人类所面临的环境变化对于竞争的影响要远远大于过去的10年甚至20年。竞争的速度、环境变化的速度在加快，原来的一些老思想在今天变得不再适用。原来那个时代，变化相对比较缓慢，那个时代差异化很重要，因为共性的变化非常弱。

今天就不一样了。因为在今天，差异化层出不穷，人人都懂差异化，每一家企业都知道差异化。今天是一个差异化过度的时代，而过去的 30 年是一个缺乏差异化的时代。这两个时代需要两个完全不一样的营销理论或者立论点来支撑。

新定位理论提出：先做共性，再找特性；共性做足，特性做透；共性防守，特性进攻。

像六个核桃，如果它只做瓶装，不会有今天的成就，与露露相比，它的渠道保持了更大层面的共性。六个核桃有一个特性，就是以核桃对抗露露的杏仁，让它有机会吸收露露的势能，取得今天的成就。如果六个核桃的包装是饮料包装，就不会有今天的成果。所以说，共性做足，特性做透。

河南郑州有一个品牌叫巴奴。它在跟海底捞竞争的过程中，说服务不是巴奴的特色，毛肚和菌汤才是。它主张产品主义，结果很多人跟着学习产品主义。其实，产品主义只是一个概念，其实质是竞争。实际上，有些方面巴奴的服务做得比海底捞还要好，这才是它说服务不是巴奴特色，毛肚和菌汤才是的原因。如果服务很差，这个口号就没有意义。

所以，共性做足，特性做透，才是我们今天要真正思考的。在相对静态的竞争环境中，共性易找，特性难寻；在剧烈变化的今天，特性很容易找，反而共性难寻。这是两个最大的区别。

六、重新定位——"定位＋配称"

"定位＋配称"这个概念，是一个重要的工具。加多宝后来推出一个金罐，实际上完全可以推出红罐升级，由 310 毫升升级到 410 毫升，和其正也是红色。加多宝之所以不用红色，是因为其强大的自信，加多宝相信自己的影响力能够决定一切。其实，在顾客心中，颜色是不能轻易变的。我们知道，一个老字号饭店换了位置后，大家往往都不再去了，很多餐饮店换了一个位置，它的生意马上就发生变化。其实对于年销售额几十亿元的快消品也是一样，如果换了颜色，就相当于换了一个位置。广药集团当年是一样的口号、一样的价格、一样的渠道，叫"怕上火，绿盒更实在"，但这个绿盒怎么都没有做起来。所以，广药集团收回王老吉之后，就说不能再用红罐。但是，如果加多宝不改罐，叫红罐升级，它今天依然还是会有机会。当然，我们知道，现在凉茶赛道已经被它们弄得没有以前声势浩大了。

（资料来源：许战海，2019. 七寸竞争战略[M]. 北京：中国商务出版社. 有改动。）

小　结

企业营销策划至少应包括以下三项重要内容：①把企业的投资业务当作一个投资组合来管理，以使企业的资源配置能适应市场的变化；②企业能够对未来的市场情况进行准确的预测，并根据预测结果制定出适应市场变化的具有分析性的经营方案；③企业能够根据其长远目标，为每一项重要业务确定一个"策略行动"。企业营销策划的特点为系统性、权变性、竞争性。

企业营销策划的基本内容是确定企业营销策划要素、进行企业营销策划基点分类、进行营销策划前的衡量和预测、细分市场、市场目标化、确立市场定位、适应数字时代的营销变化。企业营销策划的基本程序是确定营销目标、收集利用信息、产生创意、撰写营销策划方案、推出营销策划方案、执行营销策划方案。

习　题

1. 营销的本质是什么？
2. 企业营销力由哪几方面构成？
3. 企业营销策划有哪些特点？
4. 企业营销策划包括哪些基本内容？
5. 试述企业营销策划的基本程序。

第7章 企业项目策划

内容提要

　　企业项目策划是企业在项目投资决策之前对项目进行充分分析、研究、论证、评估和评价的过程。企业要做好投资工作，必须十分重视企业项目策划。本章介绍了企业项目策划的含义，阐述了企业投资项目的概念和类型，论述了企业项目策划的基本原则，对项目策划的可行性研究做了重点介绍。本章还介绍了项目策划的主要分析方法和项目策划研究报告的编写格式。

导入案例

ＸＸ空调产品研发项目管理案例分析

一、案例介绍

1. 项目背景

　　作为××空调公司的研发人员，为了提高产品的竞争力，我们建立了空调研发小组。这个项目有很多值得牢记的经验和教训，可以作为项目管理的案例来分析。

　　目标：开发新一代的空调产品。人员：研发经理1人，研发工程师2人，制图2人，其余工作由各部门协作完成。时间：1年。

2. 项目进程及详情

　　在项目初期，一切都进行得很顺利，大家的斗志也很高，做了很多准备工作，如收集市场信息和竞争对手情报，比较现有产品等，所以在产品设计初期，研发小组很快地制订出了不少可行的方案，并且进行了比较选择，最终完成了设计。可是把初步设计提交给各个职能部门时，问题出现了——收到了很多不同的反馈意见。为了使方案得到批准，研发小组不得不对设计进行进一步的修改。修改的直接结果就是导致了产品开发的延期，更可惜的是有些修改在最后被证明是不可行的。另外，在最后的样机性能试验中也出现了一些没有估计到的困难，如试验场地没有档期、测试项目人员紧缺等，致使试验没有充分完成。最终，整个项目完成的时间比计划时间晚了大半年。

二、案例分析

　　通过这个项目，有以下教训可以借鉴。

　　（1）在产品设计开发初期，设计人员应该和各个部门充分沟通，了解他们的意见和要求。研发小组虽然确实做了很多准备工作（包括了解市场和竞争对手），但是唯独没有和公司内的各个部门沟通，导致闭门造车，在设计初步完成时，才收到来自不同部门的各种意见，造成不应有的返工，延误了项目的进度。

（2）应该坚持设计人员的权威性。毕竟其他部门的同事并不是专业人士，设计人员对于收到的各种意见应进行客观的分析，认真研究它们的可行性。对不合理或不可行的意见，应该坚持自己的观点，坚决杜绝和避免不必要的资源和时间的浪费。

（3）由于试验人员设备和场地并不由研发小组绝对控制，应该充分估计试验实际操作中的困难，提前对试验进行充分、必要的准备，以免影响项目进度。

（4）详细和切实可行的计划是项目成功的保证，其中最重要的是对人力资源的需求和运用。只有做到完全了解项目的工作内容和工作量，才能提出详细的人力资源计划来支持项目的顺利完成，避免在项目进行中临时对人员进行调整和补充。

项目管理最离不开的就是人。项目管理与企业管理的不同在于，项目管理更直接，常常是面对面的。所以人的管理成为很紧要的话题。项目经理扮演着较为重要的角色，作为一名技术人员，技术上的难题基本上都是有办法解决的，但是情绪和心理上的问题将直接影响积极性和行动力。项目经理不论在多么艰难的情况下，都要表现出坚韧和不屈不挠的品质，这种品质能影响到他的属下，使他们鼓起勇气，争取机会，努力取得成功。当然这些努力不是盲目的，要更多地靠数据的分析和理论的指导。

三、理论分析

项目管理给人的直观理解就是"对项目进行的管理"，这也是其最原始的定义。它说明了两个方面的内涵，即项目管理属于管理的大范畴，项目管理的对象是项目。

项目管理是一种有意识地按照项目的特点和规律，对项目进行组织管理的活动，即采取以项目为对象的系统管理方法，通过一个临时性的专门的组织，对项目进行高效率的计划、组织、指导和控制，以实现项目全过程的动态管理和项目目标的综合协调与优化。

项目管理的五个过程：启动、计划、执行、控制与收尾。这五个过程贯穿项目的整个生命周期。

1. 项目的启动过程

项目的启动过程是一个新的项目识别与开始的过程。这是决定是否投资，以及投资什么项目的关键阶段，此时的决策失误可能造成巨大的损失。重视项目启动过程是保证项目成功的关键。启动涉及项目范围的知识领域，其输出结果有项目章程、任命项目经理、确定约束条件等。启动过程的主要内容是进行项目的可行性研究与分析，这项活动要以商业目标为核心，而不是以技术为核心。无论是领导的关注点，还是项目宗旨，都应有明确的商业目标，以实现商业预期利润分析为重点，并要提供科学合理的评价方法，以便未来能对其进行评估。

应该说，此项目在启动工程中并不存在很多问题，项目的目标和分析都很准确。

2. 项目的计划过程

项目的计划过程是项目实施过程中非常重要的一个环节。对项目的范围、任务分解、资源分析等制订一个有利的计划，能使项目团队的工作有序地开展。也因为有了计划，我们在实施过程中，才能有一个参照，并通过对计划的不断修订与完善，使后面的计划更符合实际，更能准确地指导项目工作。在项目的不同知识领域有不同的计划，应根据项目实际情况编制不同的计划，其中项目计划、范围说明书、工作分解结构、活动清单、网络图、进度计划、资源计划、成本估计、质量计划、风险计划、沟通计划及采购计划等，是项目计划过程常见的输出内容，应重点把握与运用。

很明显，此项目没有进行详尽的计划，在作计划前也没有进行综合的调查，对困难估计不足，导致计划不具有可行性。

另外，此项目也没有对项目的范围进行明确的定义并和其他部门沟通，造成了后来不必要的返工。

还有，此项目没有进行详尽的任务分解和资源分析，造成后面试验延迟。

3. 项目的执行过程

项目的执行过程一般指项目的主体内容执行过程，但执行包括项目的前期工作，因此不光要在具体执行过程中注意范围变更、记录项目信息、鼓励项目组成员努力完成项目，还要在开头与收尾过程中强调执行的重点内容，如正式验收项目范围等。在项目执行中，重要的内容就是项目信息的沟通，即及时提交项目进展信息，以项目报告的方式定期汇报项目进度，这有利于开展项目控制，为质量保证提供了手段。

在此项目中，研发小组没有进行很好的项目信息沟通，没有及时提交项目进展信息给各个部门，造成了后面工作的开展不利。

4. 项目的控制过程

项目管理的控制过程，是保证项目朝目标方向前进的重要过程，是指要及时发现偏差并采取纠正措施，使项目进展朝向目标方向。控制既包括使实际进展符合计划，又包括修改计划使之更切合现状。修改计划的前提是项目符合期望的目标。控制的重点为范围变更、质量标准、状态报告及风险应对。

在发现问题后，研发小组确实做了最大的努力，力图对项目进行控制，纠正所发生的错误，做到了使损失降到最小。

5. 项目的收尾过程

一个正式而有效的收尾过程，不仅是对当前项目产生的完整文档、对项目利益相关方的交代，更是以后项目工作的重要财富。项目收尾包括对最终产品进行验收、形成项目档案、总结经验等。

四、结语

通过对此项目的分析可以看出，在项目管理方面我们仍然需要继续学习，不断提高。当然，尽管在这一项目中出现了不少问题，延后了项目完成时间，但是凭借全体开发人员的努力，研发小组还是提交了优秀的产品设计。毕竟研发小组是一支年轻的团队，通过不懈的努力和经验的积累，其管理和驾驭产品开发项目的能力会大步提高，最终成为一支优秀、团结的队伍。

（资料来源：赵鹄，2008. 空调产品研发项目管理案件分析[J]. 项目管理技术（z1）：233-235.）

投资活动是促进生产力发展、提高社会经济发展水平的主要动力，企业进行投资活动必须进行项目策划。为什么有些企业的项目投资构想与项目实施结果存在很大差异？一个很重要的原因是项目策划没有过关。所以，企业应当十分重视项目策划，做好可行性研究，运用科学的项目研究方法，做好企业项目的整体策划。

7.1 企业项目策划概述

7.1.1 企业项目策划的起源与发展

企业项目策划是在进行项目投资决策前对项目进行技术经济论证的过程。具体来说，就是在决策一个项目之前，对其进行详细、周密、全面的调查研究和综合论证，从而制订出具有最佳经济效益的项目方案的过程。它是一种研究方法，在整个过程中涉及经济、管理、财务、决策、市场调查等多方面的知识，所以也可以将其称作一门经济论证的综合性学科。

企业项目策划最早起源于美国，是美国在 20 世纪 30 年代开发田纳西河流域时开始推行的一种技术方法，在田纳西河流域的开发和综合利用中起了很大作用。二战以后，西方工业发达国家纷纷采用这一方法，并不断加以充实完善，将其广泛应用到各个领域，逐步形成了一整套系统的科学研究方法。

我国进行企业项目策划始于 20 世纪 50 年代，当时称其为"技术经济研究（调查）或设计提案"，20 世纪 60 年代称其为"工厂规划"。党的十一届三中全会后，我国强调以经济建设为中心，经济体制改革不断深化，因而对企业项目策划的工作越来越重视，并把企业项目策划研究工作纳入我国的基本建设程序。1983 年 2 月，国家计划委员会（以下简称国家计委）颁发了《关于建设项目进行可行性研究的试行管理办法》，将项目策划的可行性研究纳入了基本建设程序和前期工作计划。1986 年，《国务院关于控制固定资产投资规模的若干规定》（国发〔1986〕74 号）明确规定，项目建议书经批准后，可以开展前期工作，进行可行性研究。可行性研究报告必须达到规定的深度。编报大中型设计任务书时，必须附可行性研究报告（利用外资、引进技术项目只编报可行性研究报告），经过有资格的咨询公司评估，提出评估报告，再由国家计委审批。1987 年 9 月，国家计委正式发布了《关于建设项目经济评价工作的暂行规定》《建设项目经济评价方法》《建设项目经济评价参数》，并于 1991 年、1992 年分别对后两个文件进行修订和补充。由此可见，企业项目策划的研究在我国越来越得到重视。

7.1.2　投资项目的概念及类型

1. 投资项目的概念

按照世界银行的解释，投资项目是指在规定的期限内，为完成一项（或一组）开发目标而规划的投资、政策、机构及其他各方面的综合体。一个投资项目一般要包括以下全部或部分因素。

（1）拥有能用于土建工程或机器设备及其安装等投资的资金。

（2）具备提供有关工程设计、技术方案，实施施工监督、改进操作和维修等的业务能力。

（3）拥有一个按集中统一原则组织起来的、能协调各方面关系、促进各类要素合理配置的高效、精干的组织机构。

（4）改进与项目有关的价格、补贴、税收和成本回收等方面的政策，使项目能与所属部门和整个国民经济的发展目标协调一致，并提高项目自身的经济效益。

（5）拟定明确的项目目标和具体实施计划。

2. 投资项目的类型

根据不同的分类标准，可将投资项目划分为不同的类型。

1）根据性质划分

根据性质的不同，投资项目可划分为基本建设项目和更新改造项目。

（1）基本建设项目，简称建设项目，是指用于增添固定资产从而扩大生产能力（或工程效益）的投资项目。基本建设项目又可划分为新建项目、扩建项目、恢复项目和迁建项目等不同的类型。

（2）更新改造项目，即固定资产更新和技术改造项目的简称，是指以新的设备、厂房、建筑物或设施替代原有的部分，或以新技术对原有的技术装备进行改造的投资项目。

基本建设项目与更新改造项目的主要区别在于，前者主要属于固定资产的外延扩大再生产，后者主要属于固定资产的简单再生产和以内涵为主的扩大再生产。在现实经济生活中，某些项目的性质是很难明确划分的。

2）根据内容划分

根据内容的不同，投资项目可划分为工业投资项目（即国民经济中各工业部门的投资项目）和非工业投资项目。

（1）工业投资项目，简称工业项目，即国家工业项目。国民经济中各工业部门的投资项目主要包括钢铁、有色金属、煤炭、石油、化学、电力、机械、建材、轻工及纺织等。

（2）非工业投资项目，简称非工业项目，即工业投资项目之外的所有投资项目，主要包括农业、水利、林业、水产、铁路、公路、民航、邮政、电信及公用事业等部门的投资项目。

3）根据用途划分

根据用途的不同，投资项目可划分为生产性投资项目和非生产性投资项目。

（1）生产性投资项目是指能为社会提供中间产品和最终消费产品的投资项目，如投资于生产机械设备的项目和生产耐用消费品的项目。这类项目的收益主要体现为产品的销售收入。

（2）非生产性投资项目是指能为社会提供服务的投资项目，其成果主要是满足人们的物质文化生活需要，如文化、教育、卫生、体育及非营利性基础设施等方面的投资项目。

4）根据投资主体划分

根据投资主体的不同，投资项目可划分为国内投资项目和外商投资项目。

（1）国内投资项目即全部由国内投资者投资兴建的项目，其资金来源可以是投资者的自有资金，也可以是在国内外筹集的资金。

（2）外商投资项目具体又包括以下两类：中外合资经营投资项目，简称合资项目，是一种股权式合营项目，即由一个或几个中国的公司、企业或其他经济组织与一个或几个外国的公司、企业和个人共同出资兴建的项目，是一种契约式合营项目，一般由中方合作者提供土地、厂房、劳动力等，由外方合作者提供设备、资金和技术等，合作各方按契约规定的比例分配收益和承担风险；外商独资项目，即由外商独自出资或筹资兴建的项目。

此外，还可根据其他不同的标准，将投资项目划分为不同的类型，如根据投资项目的设计生产能力，可将其划分为大型投资项目、中型投资项目和小型投资项目三类。

7.1.3　投资项目的决策程序

投资项目的决策程序如图 7.1 所示。

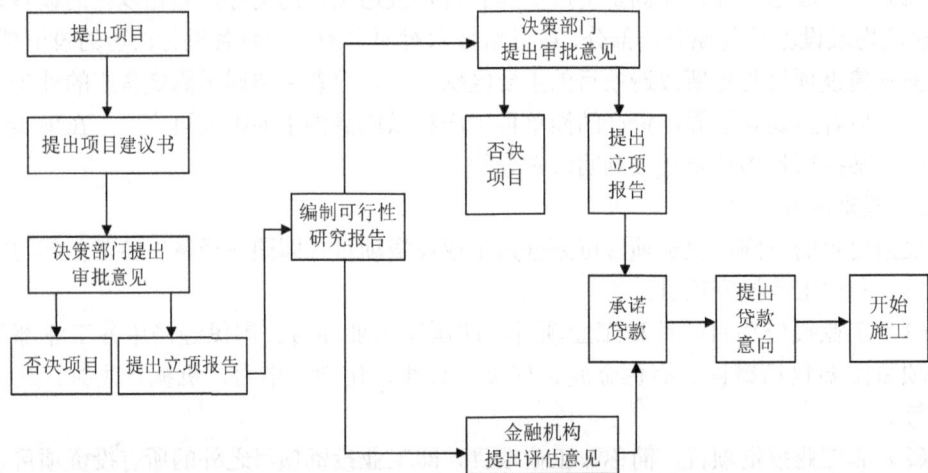

图 7.1　投资项目的决策程序

7.1.4　企业研究的分析角度

企业研究对于投资者分析投资项目至关重要，可以从以下几个角度入手来分析一家企业、确定一家企业的"质地"。

1. "天花板"

"天花板"是指企业或行业的产品（或服务）趋于饱和、接近或达到供大于求的状态。在进行投资之前，我们必须明确企业属于下列哪一种行业，并针对不同情况给出相应的投资策略。在判断上，既要重视行业前景，又要关注企业素质。

（1）已经达到"天花板"的行业——极度饱和的行业。

（2）产业升级创造新的需求，旧的"天花板"被解构，新的"天花板"尚未形成或正在形成的行业。

（3）行业"天花板"尚不明确的行业。

2. 商业模式

商业模式是指企业提供哪些产品（或服务），企业用什么途径或手段向谁收费来赚取商业利润。例如，制造业通过为客户提供实用功能的产品获取利润；销售企业通过各种销售方式（直销、批发、网购等）获取利润等。

研究商业模式的意义在于回答以下三个问题。

（1）是不是个好生意？

（2）这样的生意能够持续多久？

（3）如何阻止其他进入者？

这三个问题分别对应商业模式、核心竞争力和商业壁垒。

商业模式、核心竞争力和商业壁垒三位一体构成公司未来投资价值。商业模式是指企业的盈利模式，核心竞争力是指实现商业模式的能力，商业壁垒是指通过努力构筑的阻止其他公司进入的代价。

3. 核心竞争力

优秀企业的关键是具备与所构筑商业模式相应的核心竞争力。核心竞争力的内容包括股东结构、领军人物、团队、研发、专业性、业务管理模式、信息技术应用、财务策略、发展历史等。

4. 经济"护城河"（市场壁垒）

"护城河"是一种比喻，通常用它来形容企业抵御竞争者的诸多保障措施。上面所述的核心竞争力是"护城河"的重要组成部分，但不是全部，我们还可以通过以下几个条件来确认企业"护城河"的真假和深浅。

（1）回报率。

（2）转化成本。

（3）网络效应。

（4）成本与边际成本。

（5）品牌效应。

5. 成长性

成长性侧重未来的成长，而不是过去的状况，要从"天花板"理论着眼看远景。可以对成长性进行定性分析，但无法进行精确的定量分析。对于新兴行业来说，历史数据的参考意义不大。但对于成熟行业来说，较长时间的历史数据（最好涵盖一个完整的经济周期）能够提供一些线索，将其作为参考还是很有必要的。

7.2 企业项目策划的可行性研究

7.2.1 可行性研究的阶段划分及其作用

可行性研究是在投资项目拟建之前，通过对与投资项目有关的市场、资源、工程技术、经济和社会等方面的问题进行全面分析、论证和评价，从而确定投资项目是否可行或选择最佳实施方案的一项工作。

1. 可行性研究的阶段划分

1）投资机会研究阶段

投资机会研究亦称投资鉴定，即寻求最佳投资机会的活动。投资机会研究可分为一般机会研究和具体研究。一般机会研究又可划分为三种：一是地区研究，旨在通过研究某一地区的自然地理状况、行业在国民经济体系中的地位及自身的优劣势来寻求投资机会；二是部门（或行业）研究，旨在分析某一部门（行业）由于技术进步、国内外市场变化而出现的新的发展和投资机会；三是以资源为基础的研究，旨在分析由于自然资源的开发和综合利用出现的投资机会。在进行一般机会研究时，可参考国内外同类项目、同类地区和同类投资环境的成功案例。在发展中国家，一般机会研究通常由政府部门或专门机构进行，作为中央政府制定国民经济长远发展规划的依据。具体研究是指与项目直接有关的内容研究。

2）初步可行性研究阶段

初步可行性研究亦称准可行性研究，是指在机会研究的基础上，对项目可行与否所作的较为详细的分析论证。初步可行性研究是介于投资机会研究与详细可行性研究的中间阶段，起着承上启下的作用，对于大型复杂项目而言，是一个不可缺少的阶段。一般来说，详细可行性研究需要收集大量的基础资料，花费较长的时间，支出较多的费用。因此，在此之前进行项目初步可行性研究是十分必要和科学的。

3）详细可行性研究阶段

详细可行性研究亦称最终可行性研究，是投资决策的重要阶段。在该阶段，企业要全面分析项目的全部组成部分和可能遇到的各种问题，并最终形成可行性研究的书面成果——可行性研究报告。

2. 可行性研究的作用

可行性研究的最终成果是可行性研究报告，它是投资者在前期准备工作阶段的纲领性文件，是进行其他各项投资准备工作的主要依据。对投资者而言，可行性研究有如下作用。

（1）为投资者进行投资决策提供依据。

（2）为投资者申请项目贷款提供依据。

（3）为商务谈判和签订有关合同或协议提供依据。

（4）为投资企业上市提供依据。

（5）为工程设计提供依据。

7.2.2　可行性研究的内容和程序

1. 可行性研究的内容

（1）实施纲要。简要描述可行性研究的结论，并归纳出可行性研究报告的各个关键性问题。实施纲要的结构与可行性研究报告的正文相一致。归纳的关键性问题主要包括有关商业环境的数据及可靠程度；投资项目的投入物和产出物；对市场、供应和工艺技术趋势所作预测的误差（不确定性风险）幅度和范围及投资项目的设计等。

（2）投资项目的背景和基本设想。投资项目的背景和基本设想主要考虑投资项目的设想如何适合有关国家总的经济情况的基本结构及工业发展的情况。对投资项目要详细地加以叙述，对投资项目发起人（投资者）及他们对投资项目感兴趣的理由都要加以审定。

（3）市场分析与销售设想。市场分析与销售设想是可行性研究的重点之一，要求对投资项目的市场供求量进行预测和分析，判断项目产品是否有市场潜力，然后确定销售产品的规划和设想，为实现预期利润打下基础。

（4）原材料和供应品。原材料和供应品主要叙述并确定工厂生产所需的不同的投入物，分析并叙述各种投资物的来源和供应情况，以及估算最终生产成本的方法，为进行财务基础数据估算打好基础。

（5）建厂地区、厂址和环境。建厂地区、厂址和环境主要叙述确定投资项目建厂地区、厂址的分析方法和选择方法，并就投资项目对环境的影响进行深入的分析和评价。

（6）工程设计和工艺。工程设计的任务是设计工厂规定的产品所必需的功能布置图和各单项工程的布置图。工艺选择及技术的取得也是工程设计的一个必要组成部分。在工艺选择及技术取得中要涉及工业产权问题。工程设计和工艺选择要考虑整个建筑工程的布局和设计、生产能力的确定、工艺的筛选、设备的选型和安装及各项投资支出和生产运营支出的估算。

（7）组织和管理费用。组织和管理费用涉及管理和控制工厂整体运行所需组织和管理的发展与设计，以及相关的费用支出。

（8）人力资源规划。人力资源规划论述制定的人力资源计划，涉及项目对人力资源的质量和数量要求，以及人员来源及培训的需要、工资和其他与人员有关的费用及培训成本的估算方法。

（9）实施计划的预算。实施计划的预算论述项目实施计划和预算的目标，叙述主要的实施工作特点和主要的限制因素，并介绍编制实施计划的技术。

（10）财务分析与投资评估。财务分析与投资评估主要是在上述投资估算和有关财务基础数据（如销售收入及生产运营成本等）的基础上编制一系列带有汇总性质的表格，并计算相应的指标，进行项目的财务效益分析和国民经济效益分析，以及各层面的不确定性分析。

2．可行性研究的程序

（1）组织工作小组。
（2）进行数据调研和分析论证。
（3）形成可行性研究报告初稿。
（4）论证和修改可行性研究报告。

7.2.3　企业项目策划研究的步骤和原则

1．企业项目策划研究的步骤

（1）初始阶段。在初始阶段，承办单位要详细讨论项目策划研究的范围，明确业主的目标，与业主讨论项目的范围与界限。

（2）调查研究。调查研究的内容要包括项目的各个方面，如市场需求与机会、产品选择与分析、价格与市场竞争、工艺技术方法与设备选择、原材料的供给、能源动力供应与运输、建设与使用及环境保护等。每个方面都要做深入调查，全面地占有资料并进行详细的分析评价。

（3）优化与选择方案。优化与选择方案是指将项目的各个方面进行组织，设计出各种可供选择的方案，然后对备选方案进行详细讨论、比较，通过定性与定量分析相结合，最后推荐一个或几个备选的优秀方案，提出各个方案的优缺点，供业主选择。

（4）详细研究。对选出的最佳方案进行更详细的分析研究，明确项目的具体范围，进行投资及收入估算，并对项目的经济与财务情况作出评价，同时进行风险分析，表明成本、价格及销售量等不确定性因素的变化对经济效益产生的影响。这一阶段得到的结果必须认证出项目在技术上的可行性、条件上的可达到性和资金上的可筹措性，并且要分析项目实施风险的大小。

（5）编制项目策划报告书。国家对于项目策划报告书的编制内容有一般的规定，如国家对工业项目、技术改造项目、技术引进和设备进口项目、利用外资项目及新技术新产品开发项目等都有相关的规定。每一项目都要根据项目自身的特点并结合国家的一般规定，编制相应的项目策划报告书。

（6）编制资金筹措计划。项目的资金筹措在项目方案选优时已经做过研究，但项目实施情况的变化也会导致资金使用情况的改变，这就要编制相应的资金筹措计划。

2. 企业项目策划研究的原则

承担项目策划研究的单位或部门在投资项目策划研究中应遵循如下原则。

（1）科学性原则。科学性原则要求相关单位或部门按客观规律办事，这是企业项目策划研究工作必须遵循的基本原则。因此，企业项目策划研究必须做到：①用科学的方法和认真负责的态度来收集、分析和鉴别原始的数据资料，以确保数据、资料的真实性和可靠性；②每一项技术与经济指标都有科学依据，是经过认真分析计算得出的；③项目策划报告书的结论不能掺杂任何主观成分。

（2）客观性原则。相关单位或部门在进行企业项目策划研究时，要坚持从实际出发、实事求是的原则。企业项目策划研究要根据项目的要求和具体条件进行分析和论证，以得出可行或不可行的结论。因此，项目所需条件必须是客观存在的，而不是主观臆造的。

（3）公正性原则。公正性原则要求企业项目策划研究要尊重事实、尊重现实，不能弄虚作假，不能按领导旨意办事。

7.2.4　企业项目价值分析

企业项目价值分析是从企业的角度来分析项目的财务效益，借以判断项目的盈利情况及价值水平。价值分析是企业项目策划研究的核心内容，主要解决"项目值不值得做"的问题。为了确保项目投资决策的正确性和科学性，研究项目价值是十分必要的。

企业项目价值分析的指标是多种多样的，它们从不同角度反映项目的经济性。这些指标主要分为两类：第一类是以时间单位计量的价值型指标，如净现值、净年值、费用现值、费用年值等；第二类是以比率形式表现的效率型指标，如投资收益率、内部收益率等。由于这两类指标分别从不同的角度考察项目的经济性，在对项目方案进行经济效益评价时，应当尽量同时选用这两类指标。

项目价值分析方法根据是否考虑资金的时间因素，可分为静态分析法和动态分析法两种。静态分析法是指不考虑资金时间价值的分析方法。这种方法简单、明了、直观、使用方便，但不够精确。它经常用于企业项目策划研究初始阶段的粗略分析和评价。动态分析法则考虑了资金的时间价值，采用复利计算方法，为项目方案的比较确立了相同的时间基础，并能反映未来时期发展变化趋势。动态分析法主要用于详细企业项目策划研究中对方案的最终决策。

7.3　企业项目策划研究的分析方法
和企业项目策划研究报告的撰写

7.3.1　企业项目策划研究的分析方法

企业项目策划研究的内容涉及面广，既有专业技术问题，又有经济管理与财务问题，其采用的分析方法主要有以下三种。

1. 价值分析方法

价值分析主要从资金的角度来分析项目的可行性，主要解决项目能不能盈利的问题。从企业的角度来看，项目能不能带来收益，是最直接也是最重要的问题。一个项目合理与否的标准就在于，是否能以较少的投入取得较大的经济回报。价值分析方法就是从企业的角度来分析项目是否可行的方法。

价值分析的具体方法如下。

1）静态分析法

静态分析法主要适用于建设投资额小、规模小、计算期短的项目或方案，也用于对技术经济数据不完备和不精确的项目进行初步经济分析或方案筛选。静态分析法的主要优点是计算简单、使用方便、直观明了；缺点是没有考虑资金的时间价值，分析比较粗糙，与实际情况相比会产生一定的误差。常用的静态分析法有以下几种。

（1）投资回收期法。投资回收期是指以项目的净收益来抵偿总投资所需要的时间，主要用于衡量项目的经济效益和风险程度。投资回收期反映了项目在财务上偿还总投资的真实能力，是资金周转速度的重要指标，一般情况下越短越好。

（2）投资收益率法。投资收益率是指项目达到设计生产能力后一个正常生产年份内的年净收益额与项目投资总额的比值。它反映项目投资支出的获益能力，适用于项目初期勘察阶段或者那些投资小、生产简单、变化不大的项目的财务盈利性分析。由于这一方法舍弃了更多的项目寿命期内的经济数据，一般仅用于技术经济数据不完整的初步研究阶段。

（3）借款偿还期法。借款偿还期是指按国家的财政规定及项目的具体财务条件，在项目投产后可以用作还款的利润、折旧及其他收益额偿还固定资产投资本金和利息所需要的时间。它可以用来反映项目本身的清偿能力，借款清偿期越短，说明项目偿还借款的能力越强。

2）动态分析法

动态分析法不仅考虑了资金的时间价值，还考虑了项目发展的可能变化。这对投资者和决策者合理评价项目、提高经济效益具有十分重要的作用。因此，动态分析法是较静态分析法更全面、更科学的分析方法。当然，它所需要利用的资源和占用的时间也会相应地增加。常用的动态分析法有以下几种。

（1）动态投资回收期法。动态投资回收期是在考虑资金时间价值的条件下，按设定的基准收益率收回投资所需要的时间。它克服了投资回收期未考虑时间因素的缺点。但是动态投资回收期由于没有考虑回收期后的经济效益，不能全面反映项目在寿命周期内的真实效益，通常只用于辅助性分析与评价。

（2）净现值法。净现值是反映项目在建设期和生产服务年限内获利能力的综合性动态评价指标。净现值指标有财务净现值、经济净现值和外汇净现值，分别适用于项目的财务评价、国民经济评价及涉外项目评价。三类指标的计算方法是相同的。

（3）内部收益率法。内部收益率法是指利用净现值理论，寻求项目在整个计算分析期内的实际收益的一种技术经济方法。内部收益率是指项目在计算期内各年净现金流量现值累计（净现值）等于零时的折现率，它是反映项目获利能力的一种常用的综合性的动态评价指标，常作为一项主要评价指标来对项目的经济效益作出评价。

（4）获利能力指数法。获利能力指数是经营净现金流量的现值与初始投资之比，表明项目单位投资的获利能力，便于在投资额不等的多个项目之间进行比较和排序。

2．决策分析方法

决策就是做决定，是人们为了实现特定的目标，运用科学的理论与方法，通过对各种主客观条件的系统分析，提出各种预选方案，并从中选取最佳方案的过程。

项目决策分析主要解决项目可不可以做的问题。决策分析方法主要有确定型决策分析法、不确定型决策分析法和风险型决策分析法。

3．风险分析方法

风险是由不确定性引起的出现损失的可能性。项目风险分析主要解决项目如果要做，可能的风险是什么的问题。风险分析方法主要有盈亏平衡分析法、敏感性分析法、概率分析法、蒙特卡罗分析法及模拟分析法等。

7.3.2　企业项目策划研究报告的撰写

1．撰写企业项目策划研究报告的依据

（1）国家经济和社会发展的长期规划，部门与地区规划，经济建设的指导方针、任务、产业政策、投资政策和技术经济政策，以及国家和地方性法规等。

（2）经过批准的基础建议书和项目意向性协议等文件。

（3）由国家批准的资源报告，国土开发整治规划、区域规划和工业基地规划。另外，交通运输项目建设还要有相关江河流域规划与路网规划等。

（4）国家进出口贸易政策和关税政策。

（5）拟建厂址的自然、经济、社会等基础资料。

（6）有关国家、地区和行业的工程技术、经济方面的法规、标准等资料。

（7）由国家颁布的建设项目经济评价方法与经济评价参数等。

（8）包含各种市场信息的市场调查报告。

2. 企业项目策划研究报告的撰写规范

下面以现代工业项目策划研究报告为例，介绍企业项目策划研究报告的撰写格式与规范。它一般由 11 个部分和若干附件组成，其中 11 个部分的具体内容如下。

第一部分　总论

这部分要综合叙述报告中各部分的主要问题和研究结论，并对项目的可行性提出最终建议，为项目策划研究的审批提供方便。主要内容如下。

1. 项目背景

（1）项目名称。

（2）项目的承办单位。

（3）项目的主管单位。

（4）项目拟建地区和地点。

（5）承担项目策划研究工作的单位和法人代表。

（6）研究工作依据。

（7）研究工作概况，包括：①项目建设的必要性；②项目发展及项目策划研究工作概况。

2. 项目策划研究结论

（1）市场预测和项目规模。

（2）原材料、燃料和动力供应。

（3）厂址。

（4）项目工程技术方案。

（5）环境保护。

（6）工厂组织及劳动定员。

（7）项目建设进度。

（8）投资估算和资金筹措。

（9）项目财务和经济评价结论。

（10）项目综合评价结论。

3. 主要技术经济指标

4. 存在问题及建议

第二部分　项目背景和发展概况

1. 项目背景

（1）国家或行业发展规划。

（2）项目发起人及发起缘由。

2. 项目发展概况

（1）已进行的调查研究项目及其成果。

（2）试验试制工作（项目）情况。

（3）厂址初勘和初步测量工作情况。

（4）项目建议书（初步项目策划研究报告）的编制、提出及审批过程。

3. 投资的必要性

第三部分　市场分析

1. 市场调查

（1）拟建项目产出物用途调查。

（2）产品现有生产能力调查。

（3）产品产量及销售量调查。

（4）替代产品调查。

（5）产品价格调查。

（6）国外市场调查。

2. 市场预测

（1）国内市场需求预测。

① 本产品的目标对象。

② 本产品的消费条件。

③ 本产品更新周期的特点。

④ 可能出现的替代品。

⑤ 本产品使用中可能产生的新用途。

（2）产品出口或进口替代分析。

① 替代进口分析。

② 出口可行性分析。

（3）价格预测。

3. 市场促销策略

（1）促销方式。

（2）促销措施。

（3）促销价格。

（4）产品销售费用预测。

4. 产品方案和建设规模

（1）产品方案。

① 产品名称。

② 产品规模与标准。

（2）建设规模。

5. 产品销售收入预测

第四部分　建设条件与厂址选择

1. 资源和原材料

（1）资源详述。

（2）原材料及主要辅助材料供应。

（3）需要做生产试验的原料。

2. 建设地区的选择

（1）自然条件。

（2）基础设施。

（3）社会经济条件。

（4）其他应考虑的因素。

3. 厂址选择

（1）厂址多方案选择。

（2）厂址推荐方案。

第五部分　工厂技术方案

1. 项目组成

2. 生产技术方案

（1）产品标准。

（2）生产方法。

（3）技术参数和工艺流程。

（4）主要工艺设备选择。

（5）主要原材料、燃料、动力消耗指标。

（6）主要生产车间布置方案。

3. 总平面布置和运输

（1）总平面布置。

（2）厂内外运输方案。

（3）仓储方案。

（4）土建工程造价估算。

4. 其他工程

（1）给排水工程。

（2）动力及公用工程。

（3）抗震设防。

（4）生活福利设施。

第六部分　环境保护与劳动安全

1. 建设地区的环境现状

2. 项目主要污染源和污染物

3. 项目拟采用的环境保护标准

4. 治理环境的方案

5. 环境监测制度的建议

6. 环境保护投资估算

7. 环境影响评价结论

8. 劳动保护与安全卫生

（1）职业危害因素分析。

（2）职业安全卫生主要设施。

（3）劳动安全与职业卫生机构。

（4）消防措施和设施方案建议。

第七部分　企业组织和劳动定员

1. 企业组织

（1）企业组织形式。

（2）企业工作制度。

（3）人员培训及费用估算。

2. 劳动定员

第八部分　项目实施进度安排

1. 项目实施的各阶段

（1）建立项目实施管理机构。

（2）资金筹集安排。

（3）技术获得与转让。

（4）勘察设计和准备订货。

（5）施工准备。

（6）生产准备。

（7）竣工验收。

2. 项目实施进度表

（1）甘特图。

（2）网络图。

（3）里程碑事件图。

3. 项目实施费用

（1）建设单位管理费。

（2）生产筹备费。

（3）生产职工培训费。

（4）办公和生活家具购置费。

（5）勘察设计费。

（6）其他应支出的费用。

第九部分　投资估算与资金筹措

1. 项目总投资估算

（1）固定资产总额。

（2）流动资金估算。

2. 资金筹措

（1）资金来源。

（2）项目筹资方案。

3. 投资使用计划

（1）投资使用计划。

（2）借款偿还计划。

第十部分　财务效益、经济和社会资产评价

1. 生产成本和销售收入估算

（1）生产总成本。

（2）单位成本。

（3）销售收入估算。

2. 财务评价

3. 国民经济评价

4. 不确定性分析

5. 社会效益和社会影响分析

第十一部分　项目策划研究结论与建议

结论与建议

以上是比较完整且典型的企业项目策划研究报告的写法。针对不同规模及不同特点的项目，企业项目策划研究报告的内容可依据实际情况有所删减，但总的思路是一定要为项目业主提供一个系统完整的思路，指出项目可行性的结论及实施要点和关键点，整个报告要有观点、有依据、可实施，可信度高。

补充案例

H集团液晶电视出口北美S商城项目管理案例分析

一、项目背景

液晶电视出口北美S商城项目（简称S项目）是在电子行业内比较具有影响力的项目，其主要目的是在复杂多变的国际竞争和经济环境中，合理利用自身的竞争优势，争取到S商城的订单，并在非常紧迫的时间内（5月份进行初步接触，7月份就必须按期出货），合理安排生产、财务、船运等各个环节，准时完成订单，并做好后续的服务、备件及销售退机的工作。S项目最终是由H集团完成的，但在整个项目的完成过程中，各方都付出了艰苦的努力。

1. 项目各方介绍

H集团是国内液晶电视行业具有领导趋势的大型电子企业，在国内外具有多个生产基地，并在美国、澳大利亚、欧洲等多个国家和地区设立了销售机构。销售额逐年攀升，争夺S商城的订单既是其业务发展的需要，也是其开拓北美市场、扩大市场占有率的有力支撑点。因此，夺得S项目是其年度发展的重要目标。

S商城是北美地区非常知名的电子商城，是当地消费者十分认可的电子消费中心，拥有非常完备的销售渠道和广阔的客户源，其每年仅单一品牌单一型号的电子产品采购额就达几千万美元。S商城计划当年在中国采购26英寸（1英寸≈2.54厘米）等三个尺寸型号的液晶电视约 13 万台，预计销售收入 6 500 多万美元。

虽然 H 集团在国内的影响力极大，但它同时必须面对国内的其他竞争对手。这些竞争对手各自拥有不同的优势，尤其是我国南方的某些厂商，借助地缘优势等，可以获得比身处北方的 H 集团更加低廉的产品配件，从而在产品价格上具有竞争优势。如此巨大的项目订单，价格往往是至关重要的一环，在质量相同的情况下，任何采购商都希望获得更低廉的价格。

2. 项目建设的目标和意义

作为供应商，只要有能力完成就都希望获得这样采购量极大的订单。该订单不仅产品数量可观，而且由于其统一生产的数量巨大，实际生产时的配件数量的采购也会很大，可以以更加低廉的价格获得资源，从而在原材料中就可获得部分收益。加之销售收入也是非常可观的，势必会引起利润额收益的增加。不仅如此，如前所述，S 商城是在北美地区具有很强影响力和很高地位的商城，当地消费者的认知度高，行业影响力强。作为供应商，更多的是对市场占有率的争夺，尤其是作为 H 集团这样的大型企业，若与 S 商城这样的大型零售商建立合作关系，不仅可以确保每年的销售量，更可以为日后打入北美市场做准备，提前抢夺到当地的市场资源，增强自身的品牌优势和渠道优势。因此，完成 S 项目是对企业年度销售额的巨大贡献，更是企业未来开拓市场战略的重要一环，夺得并完成该项目具有重要意义。

二、项目计划的制定

项目计划是指项目组织根据项目目标，对项目实施工作中的各项活动做出的周密安排。项目计划应围绕项目目标的完成来确定项目的任务、安排任务进度、编制完成任务所需的资源预算等，从而保证项目能够在合理的工期内，以尽可能低的成本和尽可能高的质量完成。

1. 项目范围分析

1）项目总目标

S 项目的总目标就是获得 S 商城的订单，在其要求的非常有限的时间内按时提供高质量的产品，并按要求运送到指定的船运公司，完成整个项目从接单到售后的全过程。

2）项目工作结构分解

S 项目可按如下方式分解结构，从而完成项目工作。

（1）争取并获得订单。

① 北美驻外机构人员进行信息的搜集和市场调研，明确客户的需求和要求的各个时间点。

② 北美驻外机构人员了解 S 商城的采购渠道和方法，进行客户的联络与商谈。

③ 北美驻外机构人员与国内项目相关人员密切联系，互相沟通，了解国内资源和为 S 项目所做的准备，及时告知国内负责人项目洽谈进度，共商对策。

④ 国内外负责人员积极主动地了解竞争对手的情况和动态，及时提出应对策略。

（2）对于接到的订单按照时间要求分解生产。

① 了解客户对所提供产品的各项要求。

② 由于客户的订单数量巨大，且交货期、最终发运地和尺寸型号各不相同，因此需要对订单进行分解生产。同时，作为供应商，还会遇到产能、零配件的供应等问题，需将不同型号的产品按照现有资源进行分配。因此，需对已分解生产的各个小订单再次进行分解。

③ 根据交货期首先分类。

④ 将相同交货期中的产品型号进行分类。

⑤ 根据产品型号不同，对使用不同资源的产品型号进行分类。

⑥ 根据资源分类完毕的各个型号所要求的生产期、工厂交货期对生产责任进行确定。

⑦ 对分类产品进行客户检验和工厂检验。客户检验是指由S商城的采购机构委派人员到工厂进行产品质量的检查。

（3）物流运输。

① 由于S商城拥有自己的物流运转系统和船运代理商，需在其物流系统中提前制单，因此H集团要指定专人负责学习该套系统的物流管理工作。

② 根据不同的交货期要求，提前联系工厂，合理安排装卸人员，进行报关装运工作。

③ 根据系统要求完成货物发出后的各项制单工作。

（4）备件的发运和售后服务。

① 根据所发运的货物和北美上架时间，合理发运、储备备件。

② 北美驻外机构的售后服务部门及时跟进，提供售后服务。

2. 项目的里程碑

S项目可以分为三个阶段。一是初级阶段，即项目开始时争取订单的阶段。这一过程中的里程碑是接到订单、签订销售合同。二是生产阶段，即订单的整个生产装运阶段。这一阶段既可将各个分解的小订单的完成作为一个分支阶段的里程碑，也可以将最后一个小订单的生产完成、发运结束作为一个里程碑。三是售后阶段。这一阶段的里程碑是用户在使用所购产品后需要的后续服务。

3. 项目实施计划

（1）合同进度计划。由于S商城所要求的交货期、到港期是相对固定的，否则就会错过产品的销售旺季，而一台液晶电视的生产周期也是相对固定的，产品存在一个原材料到货期、研发期和产品制造期等，因此应在确定的生产完成周期内要求北美驻外机构签订采购合同。

（2）生产进度计划。由于S项目的交货期是7—10月份，是分期、分批、分港、分型号地发运，因此要根据前文提到的分类方式和不同交货期，按进度完成生产，一旦某个环节的进度延误，就会影响其他订单的生产。因此，必须严格执行生产进度计划。可实施有效措施，争取提前完成，但绝不能拖后进度。

（3）售后进度计划。售后进度主要是指将备件及时、合理地储备和发运，这也具有一定的难度，因为售后服务必须在问题实际产生之前制定应对措施。这就需要对产品的返修率和消费者使用要求作出预测，要在合理的范围内储备和发运易损件。

4. 风险管理计划

S 项目具有极大的风险，这种风险体现在各个方面，现列举如下几点。

（1）原材料储备库存积压风险。由于该订单数量巨大，决策者必须在订单洽谈的过程中作出适当的决策，储备部分长周期物料，以备后续生产能够按时完成。但这时所储备的原材料未必能够确实地使用到订单中，因为此时订单可能没有最后敲定，各个产品的实际出货数量并没有最终确定，如果不储备长周期物料，有可能造成生产的延期，合同签订后，一旦发生延期，供应商就要承担索赔的风险。因此面对这种风险又必须拿单的状态，作为项目的决策者，必须适时地跟进客户，准确地掌握客户动态，深入谈判商讨，在科学分析的基础上作出决策。

（2）汇率风险。这也是整个国际贸易中不可避免的财务风险。由于汇率是不受人为控制的风险因素，在任何国际贸易业务中，都存在货币贬值或升值的风险。2008年受经济危机的影响，美元的汇率波动较大，贬值趋势明显，在这种情况下只能由财务方面的人员通过保值等财务手段，提前做好各种预防工作。

（3）液晶屏的价格波动风险。作为液晶电视的制造商，液晶屏价格也是对产品价格影响非常大的因素，而液晶屏的价格却不是一成不变的。导致液晶屏价格发生变化的因素有很多，有液晶屏生产材料价格因素的影响，有行业内不同尺寸大小生产数量因素的影响，而市场供求因素的影响尤为明显。因此，采购部应密切注意各个液晶屏生产商的生产情况，掌握它们的生产状态，有效地分析各个型号屏幕的走势和市场趋势，必要时可采取风险采购，即在低价时储备采购，高价时启用库存。

三、项目的实施与控制

在 H 集团北美驻外机构与国内项目相关人员的共同努力下，H 集团最终获得了S 商城的订单，但这仅仅是项目的第一个里程碑，是项目刚刚启动的阶段。进入生产阶段，物料、资源和市场供求等各方面因素的变化，会不同程度地打乱项目最初制订的计划。为了确保项目能够按计划顺利实施，项目负责人必须充分联系与项目相关的各个部门，充分共享和沟通各方面的信息，及时解决有可能造成项目滞期或延后，有可能造成成本上升、技术落后、现场管理不良等方面的问题，确保项目按照计划的进度、方式和方法进行。

在整个项目实施与控制的过程中，有许多可以采取的具体方式与方法，列举如下。

（1）使用周报制度。每周举办从采购、生产、运输到制单的全体汇总会议，确保大方向上的准确发展。

（2）使用日报制度。每日确认是否按照进度完成了当日的生产计划，确保每个分类订单按计划进行。

（3）实施随时通报制度。明确项目责任人，一旦任何一个环节出现问题，立即通知项目责任人，由项目责任人作出统一安排和决策规划。

（4）全部信息共享。凡是跟项目相关的所有需要传递的信息，都以邮件形式发给项目组的每一个人，确保各个环节信息共享，使每一个相关人都了解项目进度。

（5）项目负责人员定时深入生产一线，了解实际生产中出现的问题并协助工厂质检部门，按照要求检测机器。

四、项目收尾与成果

最后一批订单完成生产并交货后，就标志着第二个里程碑的到来，也标志着整个项目进入了收尾阶段。从项目的整体来看，完成了整个订单的交货，整个项目主体就已经完工了。毕竟作为商城来说，验收成果的最直接的方法就是按时收到所要求的产品，售后则是后续的延伸工作，可以合理地补充进行。从项目的启动到项目的收尾阶段，项目的各个团队配合越来越默契，整个操作流程也越来越顺畅，因此到达收尾阶段时，各方的任务已经基本完成。

五、经验与总结

通过参与 S 项目的整个过程，笔者首先认识到，在项目的实施过程中，各方的沟通合作与团队通力协作的重要性。也就是说，一切工作和项目的完成都是靠项目各个环节中的人来完成的。因此，笔者认为在整个项目管理中，人力资源起着十分重要和关键的作用，甚至是整个项目成败的关键点，只有拥有良好的团队建设，整个项目才能在健康良好的环境中运行。其次，良好沟通机制的建立是项目正常运行的保障。在整个项目管理的过程中，信息的沟通是项目正常运转的保障，只有各方及时了解彼此的信息，才能在第一时间对整体项目的发展趋势有所了解并作出及时的反应，避免行动时滞性的出现。再次，项目计划的完备性是项目合理运转的最有效方式。在项目的运转中，项目计划应起到一个准备和预知风险的作用，将可预知的问题和可预知的情况提前准备，合理地做好应急预案与措施，这样在碰到问题时就能够及时解决。最后，项目的控制是整个项目任务能够及时完成的关键。项目的控制可以帮助项目管理人员及时发现问题、解决问题，将不可预知的风险和各种妨碍项目正常运转的因素及时找出，及时解决，避免小问题越积越多，导致最终无法解决，迫使项目推迟或者造成环节失败。

（资料来源：郑婵，2009. H 集团液晶电视出口北美 S 商城项目管理案例分析[J]. 中国建设信息（12）：26-28.）

小   结

企业项目策划是项目投资决策前对项目进行技术经济论证的过程。可行性研究是在投资项目拟建之前，通过对与投资项目有关的市场、资源、工程技术、经济和社会等方面的问题进行全面分析、论证和评价，从而确定投资项目是否可行或选择最佳实施方案的一项工作。

　　企业项目策划研究的步骤：初始阶段、调查研究、优化与选择方案、详细研究、编制项目策划报告书、编制资金筹措计划。企业项目策划研究要遵循科学性原则、客观性原则、公正性原则。企业项目价值分析是从企业的角度来分析项目的财务效益，借以判断项目的盈利情况及价值水平。企业项目价值分析的指标主要分为两类：第一类是以时间单位计量的价值型指标；第二类是以比率形式表现的效率型指标。

　　企业项目策划研究的分析方法有价值分析法、决策分析法、风险分析法三种。

习　　题

1. 阐述投资项目的概念。
2. 投资项目的决策程序包括哪几个阶段？
3. 什么是可行性研究？可行性研究的作用是什么？
4. 有哪些价值分析方法可以运用于项目分析？
5. 分析研究企业可以从哪些方面入手？

第8章 企业重组策划

内容提要

企业重组是企业通过产权流动、整合带来的企业组织形式的调整，是企业为了改善其经营状况，获取其资产的最大利益，对存量资产进行企业间转移，进而实现各种生产要素的优化配置和组合。我国并购市场进入爆发成长期，上市公司成为一股非常重要的参与力量，上市公司应将并购主体的选择作为整个并购结构设计中的重要一环，综合评估自身资产、市值等情况，以及标的企业盈利能力、成长性、估值等情况，选择、设计合适的并购主体开展并购，打开公司并购成长的通路。

本章介绍了企业重组的类别、我国上市公司典型的重组模式、公司并购的操作程序，着重阐述了企业重组中的财务整合问题，其中的一些经典案例虽然时间已久远，但仍具现实意义。

导入案例

北京海兰信数据科技股份有限公司发行股份购买资产

一、方案概况

北京海兰信数据科技股份有限公司（以下简称海兰信）拟向智海创信、珠海劳雷、永鑫源、上海梦元、杭州兴富、杭州宣富、上海丰煜、王一凡非公开发行股份，购买其持有的海兰劳雷的45.62%的股权。截至本报告书签署日，海兰信已拥有海兰劳雷54.38%的股权。本次交易完成后，海兰信将取得海兰劳雷100%的股权。

根据东洲评估出具的《海兰劳雷评估报告》，以2017年9月30日为评估基准日，采用收益法对标的公司进行评估，截至2017年9月30日，海兰劳雷母公司报表账面净资产为125 848.14万元，评估价值为145 360.00万元。经交易各方协商，确定标的资产海兰劳雷45.62%股权的交易价格为66 315.37万元。

二、方案看点

1. 收购股权的原因和必要性

劳雷产业为境外公司且其部分股东为境外自然人，海兰信不能直接向其发行股份，在海兰信控制劳雷香港和萨姆维尔（Summerview）的100%股权前，劳雷产业的股权结构如下。

股权的谈判过程中，劳雷产业原股东杨慕燕及方励对收购资金需求较为紧迫，要求尽快取得收购现金对价。因此，海兰信无法直接通过向杨慕燕（中国香港籍）

及方励（美国籍）发行股份的方式收购劳雷产业 45% 的股权。

截至 2016 年 12 月 31 日，海兰信合并资产负债表货币资金科目余额为 29 331.52 万元，因海兰信无法在短时间内筹集收购所需的现金，故海兰信无法直接通过现金方式收购劳雷产业 45% 的股权。

2016 年以来，我国对外投资监管政策进行了相应的调整。2016 年 12 月 6 日，国家发展改革委、商务部、中国人民银行、外汇管理局四部门发布了《发展改革委等四部门就当前对外投资形势下加强对外投资监管答记者问》。根据相关监管政策及与相关主管部门的咨询沟通，如果由海兰劳雷以外的其他主体收购劳雷产业 45% 的股权，在对外投资的审批方面存在较大的不确定性。结合海兰劳雷 2015 年收购劳雷产业 55% 的股权及海兰劳雷的实际经营情况，通过海兰劳雷收购劳雷产业剩余的 45% 股权符合境外投资监管政策调整后的相关要求，能够有效推动后续收购。

本次重组交易架构的设计系综合交易对方的特点与需求、上市公司货币资金缺口、境外投资监管政策等多方面因素考虑所做出的，本次交易不属于《上市公司重大资产重组管理办法》第十三条规定的情形，不构成重组上市，亦不存在规避重组上市监管的情形。

2. 锁定安排

珠海劳雷、永鑫源、上海梦元、杭州兴富、杭州宣富、上海丰煜、王一凡承诺："①满 12 个月，12 个月内不转让；不满 12 个月，则自上市之日起 36 个月内不转让。②在上述股份限制转让期间届满后，采取集中竞价交易方式在任意连续 90 个自然日内，减持本次非公开发行获得的股份总数，不超过上市公司股份总数的 1%；在股份限制转让期间届满后 12 个月内，通过集中竞价交易减持本次非公开发行获得股份的，减持数量不超过持有的本次非公开发行股份的 50%。"

智海创信承诺："①海兰信拟在本次交易中向本企业发行股份（以下简称本次发行）。本企业承诺在本次发行结束之日起至以下日期孰晚之日前不得以任何方式转让所持上市公司股份：自本次发行结束之日起 36 个月届满之日；在海兰劳雷完成《业绩承诺及补偿协议》项下全部业绩承诺或本企业履行完毕《业绩承诺及补偿协议》项下全部业绩补偿、减值补偿义务（如有）之日。②本次交易完成后，由于上市公司送红股、转增股本、配股等原因而使本企业增加持有的上市公司股份，亦应遵守上述承诺。"

3. 业绩承诺及补偿安排

基于对海兰劳雷及海兰信未来业绩的信心，智海创信作为上市公司关联方，对本次重组作出如下业绩承诺及补偿安排。

智海创信承诺，海兰劳雷在 2018 年度、2019 年度及 2020 年度合并报表中扣除非经常损益后，归属于母公司所有者的净利润分别不低于 8 929.91 万元、10 163.27 万元、11 072.00 万元。

当期应补偿金额 =（截至当期期末累计承诺净利润 - 截至当期期末累计实现净利润）

÷（业绩承诺期间内各年度承诺净利润数总和×智海创信取得的交易对价）

—累计已补偿金额

4. 关于涉密信息披露的相关事项

根据《军工涉密业务咨询服务安全保密监督管理办法实施细则》的规定，为军工单位涉密业务提供咨询、审计、法律、评估、评价、招标、设计、施工、监理、载体制作、设备设施维修、展览展示、物资采购代理、信息系统集成和安全防范工程等服务的法人单位或组织，应当具备相应的安全保密条件，在国防科技工业管理部门备案；咨询服务单位的涉密人员（包括外聘专家）应当通过国防科工局组织的军工涉密业务咨询服务安全保密专项培训和考核，获得军工保密资格认证中心颁发的安全保密培训证书。

为本次交易提供军工涉密业务咨询服务的中介机构均已取得了国防科工局颁发的军工涉密业务咨询服务安全保密条件备案证书。同时，本次交易的中介机构项目团队配备了具有安全保密培训证书的相关人员，已具备开展涉密业务的资质。

三、并购重组委审核意见

请申请人结合报告期及 2018 年 1—8 月收入实现情况等因素，说明标的公司主要资产持续盈利能力及预期业绩可实现。请独立财务顾问和评估师核查并发表明确意见。

四、观点

本案例实质上是收购标的公司少数股东权益。该项目从开始做到上会，历时较长。标的公司、方案设计的特殊性等因素一定程度上影响了项目推进的时间。从收购少数股东权益角度，该项目应当为比较简单且具备充分理由的项目，但是从方案设计及反馈意见关注重点来讲，项目推进过程中也存在一定的压力。

（资料来源：佚名，2018. 上市公司并购重组最新案例解读[EB/OL].（2018-12-17）[2023-02-23].
https://www.sohu.com/a/282509508_99924606?sec=wd.）

8.1　企业重组概述

8.1.1　企业重组的概念及差异

企业重组的本质是资产的重组，企业资产是企业拥有或控制的能以货币计量的经济资源。也就是说，一项资源能被确认为某一企业的资产须符合三个基本条件：一是企业必须对其具有所有权或控制权，这是企业得以独立运用该项资源的前提保证；二是必须具有价值性质，这就意味着对该项资源的取得、使用、转让应当是有偿的；三是能给企业带来经济利益，即具有使用价值。从不同的角度，可以对资产进行不同的划分，从而使企业的资产表现为不同的种类，如实物型资产、价值型资产、有形资产、无形资产、固定资产、流动资产等。各种资产的不同组合不仅决定了企业的生产经营内容，而且会形成企业的不同生产能力，反映其技术水平和经营能力，从而直接决定着企业的获益潜能和竞争力状况。

企业重组是指企业之间通过产权流动、整合带来的企业组织形式的调整，是企业为改善经营状况、获取其资产的最大利益，对存量资产进行企业间转移，进而实现各种生产要素的优化配置和组合。

1. 关于企业重组的概念

西方国家虽然没有明确的企业重组概念（日本有企业重组的概念，称为"再编成"或"再建"），但其存在着兼并收购理论及其所概括的那些经济现象，因而它们的企业兼并概念与我们所讲的"重组"相当接近。"兼并"一词，在英语中有两个词汇，一个是"annexation"，另一个是"merger"。前者是指一个国家正式宣告对原不属于其管辖范围内的某一领土享有主权的行为，这显然不是我们所讲的"企业兼并"；而"merger"一词才是国际惯例中通行的"企业兼并"的原意。从现实看，我们可以从以下五个方面把握企业重组的概念。

（1）兼并（merger）。兼并又称吸收合并或存续合并。《大不列颠百科全书》指出，兼并是指两家或更多的独立企业合并组成一家企业，通常由一家占优势的公司吸收一家或更多的公司。兼并的方法：①用现金或证券购买其他公司的资产；②购买其他公司的股份或股票；③对其他公司股东发行新股票以换取其所持有的股权，从而取得其他公司的资产或负债。根据《大不列颠百科全书》的诠释，兼并的一般含义是指两个或两个以上的公司通过法定方式重组，重组后只有占一定优势地位的公司继续保留其合法地位。

（2）联合（consolidation）。联合又称新设合并或创立合并。《美国标准公司法》和日本的《公司更生法》对联合的解释是在接收几家现有公司基础上设立一家新公司。可见联合的含义是指两个或两个以上的公司通过合并组成一家新公司。一般情况下，参与合并的公司不再继续保留其合法地位，但有时参与合并的公司也可作为新公司的子公司而继续存在。

（3）收购（acquisition）。收购是指一家公司在证券市场上用现金、债券或股票购买另一家公司的股票或资产，以获得该公司的全部或某项资产的所有权，或获得对该公司的控制权。收购包括资产收购和股票收购两种。

（4）接管（takeover）。接管是指某公司原来属于控股地位的股东因出售或转让股权，或者股权持有数量被其他人超过而导致控股权转移。

（5）标购（tender offer）。标购又称公开收购，一般是指一家公司为了获取另一家公司的控制权，而向另一家公司的股东提出购买他们所持有股份的要约。

2. 我国理论界对于企业重组的概念

我国理论界对于企业重组的概念也有不同的理解和解释，比较有代表性的有以下几种。

（1）企业重组是指企业间通过产权流动、整合带来的企业组织形式的调整。更具体地说，它是企业通过联合、合并、兼并、收购、破产、承包及租赁等方式进行的企业组织的再造，企业组织、资产结构和组织结构的改变和优化，债务结构的改变和优化。

（2）企业重组是指在成熟的市场经济体系中，运用兼并、收购等手段使两个或两个以上的企业按照市场经济基本规律结合在一起，从而使企业的经营资源的支配权或产权随之发生转移的一种经济行为。重组企业获得了被重组企业资产的一部分或全部的支配权时，便发生了企业间的结合。这种结合从本质上来说，是资源的一种重新配置。

（3）企业重组实质上就是企业买卖。把企业这一生产要素的集合体推进市场，按照商品经济原则进行买卖就是企业买卖。企业重组实质是在公开的市场上对企业控制权的一种商品交换活动。交换的主要内容是由各种生产要素构成的整体产品——企业，其目的是获得对一个企业的控制权。

上述观点虽然从不同角度对企业重组的概念进行了探讨和界定，但尚未揭示企业重组的全部实质，仍需要对其概念进行进一步的补充和完善。

企业重组实质上是企业所有者的行为，而且是企业所有者的一种投资重新组合行为。企业所有者把资产要素投入企业，目的是获取最大化的利润，当企业所有者发现或预期自己投入某一企业中的资产与其他企业的资产要素融合能够获取更大利润的时候，便会采取以下三种措施来完成融合：一是投资购买其他企业的全部或部分资本要素；二是把自己创办的两个或两个以上企业的资本要素进行合并；三是与其他企业所有者协商，通过把一个企业并入另一个企业的形式来实现两个企业资本要素的融合，或者通过两个或两个以上企业合并组成一个新企业的形式来实现资本要素的融合。企业所有者投资的重新组合，必然会带来企业所有权的变化。这种所有权的变化或表现在企业所有权交易上，或表现在企业所有权合并上。

3. 企业重组的内涵

从产权角度我们可以把企业重组界定为：两个或两个以上企业进行的所有权交易或所有权重组行为。它具体包括以下三个方面的内容。

第一，企业重组是一种吸收合并行为。吸收合并是指两个或更多的独立企业通过产权合并组成一个企业，一般是处于劣势地位的企业被居于优势地位的企业所吸收。在吸收合并式的企业重组中，被吸收企业解散并丧失法人地位，继续存在的企业（又称存续企业）则继续保留法人地位；被吸收企业的债权、债务由存续企业承担。

第二，企业重组是一种收购行为。收购是指一个企业通过收购另一个企业的部分产权，从而取得另一个企业全部或部分业务控制权的产权交易行为。收购或重组包括股份收购和资产收购两种形式。股份收购是指一个企业通过收购另一个企业的部分股权，从而取得另一个企业控制权的行为。股份收购的前提是产权股份化或证券化。资产收购是指一个企业通过收买另一个企业的部分资产，从而取得另一个企业部分或某一方面业务的收购行为。资产作为产权的载体是收购的前提。

第三，企业重组是一种新设合并行为。新设合并是指两个或两个以上的企业通过产权合并组成一个新的企业。一般而言，在新设合并的企业兼并中，参与合并的各方企业解散并全部丧失法人地位，合并各企业的全部资产、业务、债权与债务由新设企业接管。但有时根据需要，在新设企业成立后，参与合并的企业也可以不解散，经过改组后成为新设企业的全资子公司。

8.1.2　企业重组的分类

企业重组是以盘活存量资产、提高现有资产的使用效率为主要目标和基本特征的，其形式可以按不同的标准做不同的分类：按推动力量的性质划分，可分为经济方式、行政方式、法律方式；按重组范围划分，可分为产权整体性重组和产权部分性重组；按重组的交易方式划分，可分为货币交易式、股份交易式、承担债务式、契约式（承包、租赁、托管）；按重组方法划分，可分为吸收式、合并式和出让式；按重组资产的技术经济关系划分，可分为横向重组、纵向重组及混合重组等。本书拟从以下的分类方式进行一般分析。

1. 根据重组的方式分类

根据重组的方式，企业重组可分为联合重组，兼并、合并、收购重组，破产重组。

1）联合重组

联合重组是指若干企业组成各种形式的经济联合体，原有法人继续保留，以各种形式在生产、技术、经营上进行联合与合并，并分享利益。联合重组既包括生产同一产品、同一行业的联合，也包括相关行业的企业联合。联合的形式多种多样，既包括以资产为纽带的紧密联合体，也包括那些松散的联合和有期限的生产合作形式。联合可以使企业共用供货渠道、共用重要设备、共用先进技术和管理优势，共同使用商誉和产品名称等。联合可大大降低成本，有利于形成生产集中和规模效益的控股大企业集团（如汽车、家电等），是现代大生产迅猛发展的组织基础。

2）兼并、合并、收购重组

兼并与收购是市场经济中资产重组的重要形式。兼并又称为吸收合并，是企业重组的一兴一灭形式，兼并意味着兼并企业保留，被兼并企业解散、法人地位消失。合并是指原有企业均解散并成立新企业，也称为新设合并。收购是一方以出资、入股等方式成为另一方股东。兼并、合并、收购这种企业组织结构的变动和调整，在西方发达的资本主义国家，不仅在经济运行中经常发生，而且越来越向着广度和深度发展，并在一定时期形成高潮，成为实现资产、产权流动重组的主要经济杠杆。

在发达资本主义国家，兼并、合并、收购重组是在竞争的强制下和大企业的压力下进行的，即所谓的"大鱼吃小鱼"，并促使自由竞争的资本主义转化为垄断资本主义。但是，它毕竟是市场经济自我调整机制的体现，是实现产品、行业、产业和企业组织结构调整的有效方法，市场经济自发性运行中必然会产生的种种结构失衡，正是依靠这一自我调整机制而得到缓解的。兼并、合并、收购重组是企业存量资产调整和优化组合的重要形式，不仅能盘活存量资产，而且能借优化组合创造出新的生产力。

3）破产重组

破产重组包括企业倒闭和清算，是企业依法被宣布解体，资产被全部变卖，以进行偿债。由于变卖的资产（机器、设备和车间）要成为购买者的生产要素，破产是一种企业淘汰式的资产重组。破产不只是企业倒闭、清算，还包括重组和调整。重组是企业依法进行财务整顿后存活；调整是在法庭之外，由债权人与债务人进行和解存活。可见，重组与调整均是因资不抵债而破产的企业，经过债务整顿，如采取债权转股权等方法实现资本结构重组，以及经过领导班子的调整，生产、经营计划的改变，兼并与收购，从而获得重生。这种破产重组与调整，不是诉诸企业解体与消灭，而是一种加以"救活"的企业整合与资产的再组合。它的作用如下。

（1）对于债权人：避免在破产清算中因资不抵债而受损。

（2）对于职工：防止因企业解散而引起的大量失业及其带来的社会动荡。

（3）对于企业：避免企业因破产而信誉受损，有利于企业在申请破产过程中继续运转，从而减少企业解体造成的经济振荡。

破产清算是破产的主要形式，尽管企业解体会给债权人造成损害，给遣散的职工带来痛苦，但是它毕竟促进了资产（包括劳动力）的流动、再配置和再组合，起着结构调整和扶优汰劣的作用。在西方发达的资本主义国家，每年因破产倒闭的企业达数十万家。

总之，企业联合重组，兼并、合并、收购重组，破产重组等形式，实现了市场经济中产品、行业和产业结构的调整，起到了生产要素的再组合，特别是存量资产盘活和优化配置的作用。同时，它又具有调整和优化企业组织结构与资产结构的功能。

2. 根据重组的内容分类

根据重组的内容，企业重组可分为产权重组、资本重组、组织结构重组、管理重组和债务重组。

1）产权重组

产权重组是指产权的重新组合，它既可以是终极所有权（出资者产权）的转让，也可以是经营使用权的让渡。产权转让的对象既可以是整体产权，也可以是部分产权。

通行的重组主体是微观企业，企业间重组的实质是产权、资本的重组。重组后其资本或者合并，或者股权置换，产权主体发生改变，或者企业间成为母子公司的产权关系。在这里，产权重组主要表现为企业的一种自主的利益冲动和调整行为。

企业资产的认定和运用是以控制支配权为前提的，所以，产权重组是资产重组的纽带，资产重组是产权重组的载体和表现形态。从特定的意义上看，市场经济中的多种生产要素的流动都包含产权的转移与让渡。从这个意义上说，企业重组必须以明确的产权界定为前提，这是对既定的产权关系的重新组合，资产重组的效果主要取决于产权关系的调整状况。现实资产运转的高效率是以财产关系中的产权界定清晰为前提的。

随着财产关系内部权利外在化、外部权利内在化的趋势，企业组织形式得到不断演进，从而为企业重组形式的丰富和内容的完善奠定了新的制度基础。然而，这并不意味着产权重组完全等同于企业重组。从企业资产作为资本或资金的范畴来看，企业重组包含的产权重组，都是以价值增值为目的的。但是从资产运作的具体增值过程（增值价值的形成—增值价值的实现）来看，资本或资金的价值增值，取决于投资向资产实物量的转化、增值价值的生长机制及资产的运行过程。所以，从狭义的资产定义来看，企业重组只涉及企业的实体资产，它是与产权重组一起发生在同一企业不同层次的交易活动。

2）资本重组

产权重组后的企业是通过资本重组来实现其经济效益和资源的合理配置的。资本重组是一项复杂而系统的工作，它既与当时的经济政策、法律法规有关，也与企业自身的市场位置、经营战略及市场环境等有关。因此，在宏观层面，资本重组是通过现有资产存量在不同产业部门之间的流动、重组或在相同产业中的集中、重组，使产业结构得以调整优化，提高资本增值能力。在微观层面，资本重组主要是进行生产经营目标及战略的调整，这主要有两个方面的含义：一方面，对重组方来说，须充分考虑企业原来既定的生产经营目标，当被重组资产到手后，如果有意想不到的情况发生，就必须对原生产经营目标及战略进行调整；另一方面，在重组过程中，对被兼并企业的原生产经营体系的安置，要体现被兼并企业经营目标与新的生产经营目标的一致性，包括为其重新设置目标与战略。

企业间资本重组实现之后，就要确定企业的市场定位、产业选择、产业发展方式等，并要通过统一经营规划、统一生产计划、统一产品开发、统一市场销售、统一采购供应、统一财务管理、统一进口等对符合发展战略的资源要素进行有机组合，提高生产集中度，提高市场占有率，提高产品竞争能力，实现规模经济，消除重组前存在的重复投资、相互竞争的状态。对不符合发展战略的资源，要进行清理、剥离，可以通过停业、转让和破产等方式来实现。

3）组织结构重组

组织结构重组就是在企业继产权重组、资本重组后，确定组织架构。例如：组织形式是总公司、分公司体制，还是母子公司体制；是按产业、产品设立事业部，还是按地区成立分公司；设立哪些专业性功能公司；集团公司（控股公司）是单纯管理型公司，还是综合经营型公司；是横向分类型全资子公司、控股子公司，还是纵向分类型一、二、三级公司，甚至更多等。组织结构重组主要解决设立哪些组织机构、具备哪些职能、机构间的相互关系如何处理、协调及管理层人选如何调整等问题。

不同的组织结构、组织形式会有不同的组织成本和管理费用，会有不同的市场效率，进而会影响企业未来的市场竞争能力。

原有企业的组织机构、组织形式要按照新企业的框架进行重组，既可以全面重组，也可以局部调整。但无论程序如何，都应以重组后能充分发挥企业整体优势、综合优势和提高企业的运作效率为目标。

4）管理重组

管理重组是指在已确定的经济环境中，由于企业重组活动涉及企业管理组织、管理责任及管理目标的相应变化而需重新确立管理架构。管理重组的目的是创造一个能够长远发展的管理模式或方式，帮助企业在激烈的市场环境中良好地生存与发展。

由于不同企业之间的企业文化、管理制度、管理方式与管理手段差异很大，企业文化的融合、管理制度的整合显得复杂、困难，因此，如何确立管理的总体框架，是企业资产重组的重要内容之一。首先，创造一个开放与规范有序的管理系统，使管理制度、管理标准、管理程序等能有效地实施。其次，创造一个有整合力、协调力的管理体系，使规划、投资、生产、研发、技术、采购、销售及财务等诸多管理部门在其中能有效地组合。最后，要培养具有一定管理素质、管理技能和管理水平的专业人才队伍。

5）债务重组

企业负债是指企业所承担的能以货币计量的、需以资产或劳动偿付的债务，包括长期负债和流动负债。在企业重组过程中，不少待兼并或被兼并企业亏损严重，负债很高，使得有兼并意图的企业望而却步。因此，债务重组是推动企业重组的一个重要方面。

3. 根据重组的目的分类

根据重组的目的，企业重组可分为生产经营性重组、资产经营性重组、生产经营与资本经营混合性重组和体制变革性重组。

1）生产经营性重组

生产经营性重组的目的在于经营组织自身的产品。首先，要达到自己生产规模的扩张；其次，要提高产品的市场占有率；最后，要提高产品质量，降低生产成本。它的最终目的就是使自己的产品成为一流的产品、知名的品牌。在 21 世纪初的兼并浪潮中，许多公司采用兼并手段的目的就正是如此。虽然在当前这个工业高度集中的时代兼并手段已大大减弱了其原有的作用，但它仍然是一个强有力的重组方式。

2）资本经营性重组

资本经营性重组是投资者在对资本市场的状况进行分析、对资本市场进行选择后决定企业的并购与卖出，决定企业规模的发展与紧缩，决定资产在不同企业之间的重组。投资人追求投资回报是进行社会资产重组的主要动力。需要指出的是，这里的资产重组严格地讲应该是资本重组。流动和增值是资本的本质属性，并且资本只有在流动中才能增值。资本经营性重组既可以在全社会范围内进行，也可以在一个企业内进行，但如果投资人只在一个企业（即原企业）内转移投资，就不会带来资产重组，只会带来投资主体的变化。在投资人对资本市场进行分析和选择后，一般采取以下手段进行资本经营性重组。

（1）投资人看好某个企业，直接向该企业投资。一是购入该企业的股票，成为该企业的股东；二是买断这个企业，成为该企业的唯一所有者；三是投资人已经是该企业的股东或唯一所有者，增加向该企业的投入。

（2）投资人看好某个企业特有的功能，通过协议或参股的方式与该企业结成集团，利用专业化分工的方式改变原有资产配置。

（3）投资人看好某一新的投资领域，缩减原有企业的投资规模，转而投资开发新产业。

（4）投资人转让所持股份，转而投资开发新产业。

3）生产经营与资本经营混合性重组

生产经营与资本经营混合性重组的最终目的还是经营资本。生产经营者和资本经营者所处的位置不同，决定了两者从观念到经营行为的不同。首先，生产经营者最大的特点是运营自身的产品，而资本经营者最大的特点是运营资金，使之不断增值；其次，对企业安全而言，生产经营者靠单一的"产品保护"，而资本经营者靠多元化的"产业保护"；再次，生产经营者最怕的是贷不到款，而资本经营者最着急的是资金增加、资产闲置；最后，对于技术改造而言，生产经营者关心的是技术水平的先进性，而资本经营者关心的是投资回报率。综上所述，生产经营者和资本经营者之间的区别是很大的，在实践中，许许多多成功的企业走的几乎都是在进行好生产经营的同时，依托资本经营的方式，实现企业急剧扩张的道路。

4）体制变革性重组

体制变革性重组是指通过对企业的产权制度、领导体制和管理体制进行根本性改革，使企业真正成为自主经营、自负盈亏、自我约束、自我发展的经济实体，形成产权清晰、权责明确、政企分开和管理科学的新机制。体制变革性重组往往能使企业在生产经营得到大发展的同时，达到资产增值的良好效果，具有巨大的重组活力。

总之，资产重组在我国经济体制改革过程中的作用是不可低估的。无论是生产经营性重组、资本经营性重组，还是生产经营与资本经营混合性重组、体制变革性重组，它们都有各自的领域和侧重点，都有各自的优势。在建立现代企业制度过程中，各种类型的重组方式应同时存在、共同发挥作用，从而促进经济体制改革的进行。

8.2　我国企业重组的典型模式

我国企业重组的典型模式多是由上市公司创建的，现在证券市场已逐步走向成熟，重组创新的模式很多，在此主要介绍 10 种具有代表性的模式。

1. 承担债务式重组

在目标企业资债相当或资不抵债的情况下，企业将被兼并企业的债务及整体产权吸收，以承担被兼并企业的债务为条件来实现兼并。兼并交易不以价格为准，而是视债务和整体产权价值之比而定。

> **案例**
>
> ### 仪征化纤收购佛山化纤
>
> 仪征化纤是我国特大型化纤骨干企业，占我国聚酯产量的一半。在市场需求有保障的前提下，该企业希望进一步扩大生产能力，提高市场占有率。佛山化纤由佛山市政府靠全额贷款建设而成，由于债务负担过重，加之规模小、经营管理不善，到 1994 年 10 月 31 日，其账面总资产为 13.9 亿元，总负债为 20 多亿元，资不抵债近 7 亿元。1995 年 8 月 28 日，仪征化纤以承担与转让价相等的佛山化纤债务额的形式，接收佛山化纤的全部产权。收购后，通过仪征化纤担保，佛山化纤从银行贷款数亿元，偿还了以前的高利率负债，大大降低了财务费用。
>
> （资料来源：李田香，2006. 我国上市公司资产重组形式的案例分析[J]. 当代经理人（下旬刊）（11）：29. 有改动。）

运用承债收购方式，对于收购方而言，可以避免企业资产重组中的筹资障碍，也不用挤占自己的营运资金，而是用抵押、协议的方式承担被收购企业的债务，同时通过品牌运营迅速扩大自身生产能力，增强竞争实力；对于被收购方而言，可以在短期内改善企业财务状况，实现扭亏为盈。该方式适用于收购兼并资不抵债或资产负债率较高的企业。同时，收购方要对被收购方的行业状况、发展前景、兼并后的盈利水平有深刻的了解和客观的评价，否则可能会"引火烧身"。

2. 出资购买资产式重组

出资购买资产式重组是指兼并企业出资购买目标企业的资产。这种形式一般以现金为购买条件，将目标企业的整体资产买断。因此，购买时，只计算目标企业的整体资产价值，并依其价值确定兼并价格。

案例

上海石化收购金阳腈纶厂

上海石化是我国石油化工行业的"排头兵"，资金实力雄厚。原属上海久事公司的金阳腈纶厂，在生产技术、产品质量、市场占有率方面均处于国内领先地位，但有 7.1 亿元的长期负债，企业运营存在困难，而上海久事公司也希望通过资产重组退出非其经营所长的领域。1996 年 8 月 16 日，上海石化出资 3 880 万元收购金阳腈纶厂的权益，同时承担全部债务。收购后，上海石化年产腈纶 10 余万吨，市场占有率由原来的 11.6%提高到 16%，并形成了技术、管理、无形资产等方面的优势，而上海久事公司则把转让收入投入到其擅长的基础设施领域中，取得了更好的效益。

（资料来源：李田香，2006. 我国上市公司资产重组形式的案例分析[J]. 当代经理人（下旬刊）（11）：29. 有改动。）

出资购买资产式重组可以将资本转化为现金这种流动性最强的形态，其好处：一是退出直截了当；二是可以方便地将退出后的资产转移到更有价值的用途上去，实现优势互补和资源优化配置，提高企业规模经济效益和市场竞争能力。该模式适用于实力雄厚、现金支付能力强的收购企业，但这一点正是我国潜在收购者的普遍弱点。此外，如何确定合理的价格是该模式的关键，同时必须提高出售过程的公开性和竞争性。

3. 吸收股份式重组

吸收股份式重组是指将被兼并企业的净资产作为股金投入兼并企业，被兼并方相当于以实物或企业整体产权的方式与兼并企业合资，或投资于兼并企业；如果兼并企业是一家有限责任公司，就相当于以被兼并企业的产权去购买兼并企业的股权，因此吸收股份式重组又称资产换股式重组。

案例

沙隆达并购蕲春农药总厂

　　湖北沙隆达股份有限公司（以下简称沙隆达）是我国最大的农药企业之一，1995年 7 月，湖北蕲春农药总厂通过本县国有资产管理局（以下简称国资局），将其经会计师事务所审计后的净资产，与湖北荆沙市（今荆州市）国资局交换沙隆达公司的 3 002 709 股国家股，这样蕲春农药总厂遂成为沙隆达的全资子公司，由沙隆达对其行使统一规划、经营管理权。通过资产与股权互换，沙隆达和蕲春农药总厂实现了优势互补，表现如下：①兼并提高了沙隆达产品在鄂东及沿江地区的市场占有率，它可以利用当地人才、地缘优势，节约劳动力成本和运输成本；②蕲春农药总厂的氨基甲酸酯产品系列生产已形成规模，而这正是沙隆达所缺，兼并可弥补沙隆达在产品种类上的不足，使其产品更具系列化、规模化。

（资料来源：李田香，2006. 我国上市公司资产重组形式的案例分析[J]. 当代经理人（下旬刊）（11）：29. 有改动。）

　　吸收股份式重组适用于被兼并企业资大于债的情况，被兼并企业的所有人将企业的净资产作为股金，成为兼并企业的一个股东，被兼并企业所有人虽对原有企业净资产仍享有所有权，但仅体现在股权上。

　　4. 控股式重组

　　控股式重组是指兼并企业通过购买被兼并企业的股票或股权达到控股地位，以控制被兼并企业的生产经营行为。

案例

恒通协议收购棱光

　　珠海恒通置业（以下简称恒通）是以国有法人股为主的股份公司，主营业务为房地产、航运、高科技、商贸、文化和旅游，公司发展迅速，实力雄厚，欲在上海选择较大的投资项目。棱光实业（以下简称棱光）是由国营上海石英玻璃厂改制而成的上市公司，它的最大控股股东为上海建材集团，主业为半导体用多晶硅而非建材产品。受整个行业不景气的影响，棱光的主营业务利润甚微，经营艰难，其国家股为 1 879.9 万股，占总股本的 55.62%，上市流通股数为 1 100 万股，占总股本的 32.55%，属沪市中小盘三线股。1994 年 4 月 28 日，三家公司经协商达成协议，由恒通以每股 4.3 元的价格收购棱光国有股 1 200 万股，成为棱光实业的第一大股东，占棱光总股本的 35.5%。该项协议收购使恒通获得了一条低成本进入资本市场的通道，若要在二级市场完成，恒通至少需要花费约 2 亿元，而通过协议受让国有股的方式，只花了 1/4 的资金。收购完成后，恒通通过棱光重点发展电子式电能表，有利于扩大生产规模、提高市场占有率，为其未来的发展打下了良好的基础。上海建材集团获得 5 000 多万元资金进行资本运营，取得了巨大的效益。恒通与上海建材集团作为棱光的两大股东，发挥各自的优势和影响力，有利于改善棱光的公司素质、投资结构、产品结构。因此，这种善意收购对于各方均有利。

（资料来源：李田香，2006．我国上市公司资产重组形式的案例分析[J]．当代经理人（下旬刊）（11）：29．有改动。）

控股式重组是部分兼并而不是整体式购买，这种重组使被兼并企业作为经济实体仍然存在，具有法人资格，兼并企业作为被兼并企业的新股东，对被兼并企业的原有债务不负连带责任，其风险仅以控股出资的股金为限。这种重组不再是以现金或债务转移作为必要条件，而是以所占企业股份额是否达到控股条件为主要特征。这种重组是企业正常条件下的一种投资行为，通常是为了实现经营权的控制，服务于兼并企业的发展战略。

5．二级市场收购

二级市场收购是指并购公司通过二级市场收购上市公司的股权，从而获得上市公司控制权的并购行为。我国《股票发行与交易管理暂行条例》规定，任何法人直接或间接持有一家上市公司发行在外的普通股的 5%时应作出公告；发起人以外的任何法人直接或间接持有上市公司发行在外的普通股的30%时，应发出收购要约；收购要约期满，收购要约人持有的普通股达到该公司发行在外的普通股总数的50%，视为收购成功，否则视为收购失败。

> **案例**
>
> ### 宝安收购延中
>
> 　　1993 年 9 月 29 日，宝安上海公司（以下简称宝安）通过场上交易，秘密持有延中公司（以下简称延中）股票的 4.56%，而在此之前，其关联企业宝安华阳保健用品公司和深圳龙岗宝灵电子灯饰公司在 9 月 28 日所持有的延中股票已经分别达 4.52%和 4.57%。9 月 30 日，宝安下单扫盘，并作出公告，其持股比例已超过 5%。实际上，三个公司合计持有的延中股票已达 17.7%。宝安收购延中时事先未与延中经营者商议，而是暗中进行、突然发难，其收购受到了延中的强烈反对，属敌意收购。宝安通过股票市场大规模的资本运作，一举成为延中的第一大股东，这是我国第一例在二级市场投资、控股并欲收购一家上市公司的典型，虽然最后双方握手言和，收购变为参股，但是，它标志着我国股市在功能和结构上都发生了具有历史意义的变化。
>
> （资料来源：李田香，2006．我国上市公司资产重组形式的案例分析[J]．当代经理人（下旬刊）（11）：29．有改动。）

在股权有偿转让的方式下，并购公司每股支付的成本要高于每股净资产的价格，而二级市场收购时每一次公告市场价格都要大幅上涨，因而与股权有偿转让相比，二级市场收购成本较高，完成收购的时间较长。

6．投资控股重组

投资控股重组是指收购公司向被收购公司投资，将其改组为收购公司的控股子公司的并购行为。投资控股重组的基本特征是收购公司向被收购公司追加投资并以之为持股基础，被收购公司的所有者以其净资产作为并购后公司的产权持股，并购后成为收购公司的绝对或相对控股子公司。

> **案例**
>
> **牡康模式**
>
> 　　康佳是主营家电的上市公司，1993 年 3 月 15 日，康佳与遥居我国北陲的牡丹江电视机厂合资组建牡丹康佳实业公司（以下简称牡康），注册资本 3 000 万元，康佳以现金 1 800 万元投入，占 60%股本，牡丹江电视机厂以厂房、设备等作价投入 1 200 万元，占 40%股本，迈出了通过低成本扩张实现规模化经营的第一步。牡康当年投资，当年创利税 2 500 万元，比牡丹江电视机厂成立 20 年来的利润总和还要多。1996 年，牡康的年产量达 60 万台，成为东北、华北及内蒙古市场的生产基地，康佳本身也在急速的规模化中大大降低了成本，市场份额大增，这一重组方式被称为"牡康模式"。1995 年 7 月，康佳借鉴"牡康模式"的成功经验，与陕西如意电器公司合资兴建陕西康佳电子有限公司，康佳出资 1 200 万元，拥有 40%的股权，当年合资投产即创利税 400 万元。1997 年 5 月，在华南、东北、西北成功"扎营"的康佳，又将开拓的重点转向华东，与安徽滁州电视机总厂合资建立了安徽康佳电子有限公司，康佳出资 4 225 万元，拥有 65%的股权，从而形成了一个以彩电生产经营为核心、以资本为纽带的康佳集团。
>
> （资料来源：李田香，2006. 我国上市公司资产重组形式的案例分析[J]. 当代经理人（下旬刊）（11）：29. 有改动。）

　　投资控股重组的主要优点在于运用较少的资金就能控股一家企业，与整体重组相比，这是一种低成本、高效率的重组方式。这种低成本横向一体化成长方式，可以突破区域、资金、成本等不利因素的制约，融合合资双方各自的优势，实现集团化规模经营，产生 1＋1＞2 的效果。同时，对于那些经营不佳的企业而言，通过该方式把自己的经营性资产剥离出来与优势企业合资，可以有效地盘活资产，卸下自身沉重的债务负担和社会包袱，这对于合资双方、银行、地方政府均有益无害。投资控股重组的主要缺点在于同整体重组相比，其重组后的运行有较多的制约因素。投资控股重组适用于以下几种情况：①重组的目的主要在于减少竞争对手和迅速占领市场；②被收购公司身处异地；③收购企业对被收购企业的行业熟悉。该模式取得成功的关键在于要切实转换机制，从"输血"转为"造血"，这是合资双方共同发展的基础。

　　7. 资产置换

　　资产置换是指企业用其自身闲置的资产或目前尚能使用，但根据企业调整发展战略的意图将来不再使用的资产，与企业自身发展所需要的资产相交换的活动。

万森—环宇电器资产置换

北京万森（以下简称万森）是以产权融通业务形式运作的公司，1995 年 9 月，万森与环宇达成协议：万森用收购的位于顺义的工业厂区产权、配套设备及土地使用权与环宇位于东直门外小街 75 号厂区产权、配套设备及土地使用权相交换，并补贴环宇 2 400 万元。万森用换来的土地建造商住楼，经评估的投资回报率为 62%。

（资料来源：李田香，2006. 我国上市公司资产重组形式的案例分析[J]. 当代经理人（下旬刊）（11）：29. 有改动。）

资产置换是资产的双向流动过程。这种以资产置换资产、余额用现金补齐的方式，可以使企业在资产重组中节约大量现金。同时，企业通过资产置换可以有效地进行资产结构调整，将不良资产或是对公司整体收益效果不大的资产剔除，将对方的优质资产或与自己的产业关联度大的资产调整出来，从而有助于盘活资产存量，发挥双方在资产经营方面的优势，优化资源配置效率，提高企业自身的竞争力。建立在平等互利基础之上的资产置换，有助于降低交易成本，提高资产重组的经济效益和社会效益。该模式最大的限制在于，在我国市场经济不发达、信息交流不充分的条件下，置换对象难以寻找。

8. 借壳上市

借壳上市是指集团公司或某个大型企业先将一个子公司或部分资产改造上市，然后将其他资产注入，达到整个集团公司上市的目的。

天津港务局借津港储运上市

天津港务局是津港储运的国家股东，1996 年 8 月，津港储运公司决定以天津港务局为依托，将公司的业务重心由港口物资集散逐步转向集港口装卸、储运及配套服务于一体的多功能、全方位的港口经营，实质就是天津港务局准备借津港储运的"壳"，将天津港务局所属的一些业绩较好的企业组合进现在的津港储运，实现借壳上市。1997 年 3 月，津港储运收购了天津港务局所属的全资子公司——天津港货运公司 90%的股票。通过这些举措，津港储运成功地实现了从证券市场融资，并实现了公司的良性循环。

（资料来源：李田香，2006. 我国上市公司资产重组形式的案例分析[J]. 当代经理人（下旬刊）（11）：29. 有改动。）

这种母借子壳的资产重组方式适用于母公司对子公司绝对控股并拥有较多优质资产的情况，其特点是通过新股上市募集资金或配股的方式，母公司将优质资产不断地注入子公司，子公司获得资产，母公司获得资金。对于子公司而言，收购母公司现成的优质资产，风险小、见效快；对于母公司而言，可用置换资产所得的资金配股，既不需要支付这笔配股资金，又可不减少股权比例，若有剩余，还可用于投资，培育新的利润增长点，以便日后向子公司注入新的优质资产。由此形成一种良性循环：母公司向子公司注入的优质资产越多，子公司的业绩越好、股价越高，配股时从证券市场募集的资金越多；子公司从母公司手中购得的优质资产越多，母公司越能培植出更多的优质资产。该模式还有助于企业开拓新的市场，实现多元化经营，而且，由于资产的流动在集团内部进行，交易成本大大降低。

9. 买壳上市

买壳上市是指非上市公司通过证券市场收购已挂牌上市的公司，再以反向收购的方法注入自己的有关业务和资产，达到间接上市目的的一种企业并购行为。买壳上市的过程不仅是控股的过程，也是两个企业合并的过程，通常收购企业与目标企业融合后，目标企业不再独立存在，收购企业可以改变原有企业名称，并获得目标企业的财产权、所有权等其他权利。

案例

重庆华亚—金融街重组案

1999 年 12 月 27 日，原重庆华亚的控股股东华西集团与北京金融街集团签订了股权转让协议，华西集团将其持有的 4 869.15 万股（占股权比例的 61.88%）国有法人股转让给金融街集团；2000 年 1 月 15 日，财政部批准了该股权转让行为；2000 年 4 月 6 日，中国证券监督管理委员会（以下简称中国证监会）批准同意豁免金融街集团要约收购义务；2000 年 4 月 12 日，金融街控股、金融街集团及华西集团就股权转让事宜分别在《中国证券报》上进行了公告；2000 年 5 月 24 日，金融街集团在深圳证交所办理了股权过户手续。至此，重庆华亚第一大股东就由华西集团变更为金融街集团，基本完成了股权转让过程。

2000 年 5 月 15 日，股东大会审议批准了《资产置换协议》，协议主要内容：金融街控股将所拥有的全部资产及全部负债整体置出公司，金融街集团按照净资产相等的原则将相应的资产及所对应的负债置入公司，置入净资产大于置出净资产的部分作为金融街控股对金融街集团的负债，由金融街控股无偿使用三年。金融街控股整体资产置换完成后，全面退出包装行业，主要从事房地产开发业务。此后，金融街控股于 2000 年 5 月 27 日进行了股本变动，总股本从 78 691 500 股变更为 125 906 400 股，公司注册资本也从 7 869.15 万元变更为 12 590.64 万元，同时进行了董事会改组。2000 年 8 月 8 日，公司名称由 "重庆华亚现代纸业股份有限公司" 变更为 "金融街控股股份有限公司"，公司股票简称由 "重庆华亚" 变更为 "金融街"。2001 年 4 月，金融街控股将注册地由重庆迁往北京。至此，金融街控股除保留 "重庆华亚" 的股票代码，完全变成了一个全新的公司。

（资料来源：孙建新，2004. 国内企业买壳上市的运作研究：以金融街建设集团兼并重庆华亚为例[D]. 济南：山东大学. ）

买壳上市在我国现行的对股份公司公开向社会发行股票实行总量控制、限报家数的规定下，为优势企业拓展了一条进入资本市场的有效通道。通过买壳上市，企业可以利用壳企业的配股权和发行新股权，较为便利地募集所需资金，或者通过反向注入公司的优质资产，达到业务扩大化和经营多样化的目的。同时，买壳上市也是解决法人股、国家股的一条有效途径。但买壳方需具备足够的资金实力、经营管理实力，以及真正的优质资产，同时还要对目标公司有深刻了解，否则难以产生协同效应，甚至可能背上沉重的包袱。

10. 托管经营

托管经营是指企业资产所有者根据一定的法律，将企业全部或部分资产的经营权、处置权等以契约形式，在一定条件下和期限内，委托给具有较强管理能力并能承担经营风险的法人和自然人去运作，以实现企业资源的再分配及委托资产的保值、增值。

托管经营实现了企业经营权与所有权的分离，将企业经营者从企业要素中分离出来，以受托方的身份与委托方签订经营合同，专事企业的经营管理，具有良好的风险约束机制，能使托管方切实担负起资产保值、增值的责任。托管时，资产所有权仍留在委托方，也不产生职工安置问题，容易为各方所接受。此外，受托方可以在不增加大规模投入的前提下，取得良性资产，优化资产存量，通过聚合实现资产的规模经济。但是，因为托管的对象是生产要素的集合体——企业，操作难度较大，所以受托方往往难以把托管资产和自己的资产进行一体化运作。该模式适用于投资少、周期短、见效快但目前经营管理不佳的企业。

8.3　企业并购的操作程序

企业并购涉及很多经济、政策和法律类问题，如商业交易类、金融类、证券类、公司类、会计类、税收类及反不正当竞争法律等。公司并购的运作过程极其复杂，本章就企业并购的一般操作程序做一个概括性的介绍。

8.3.1　企业并购的一般操作程序

1. 关于并购的董事会决议

1）吸收合并决议

吸收合并决议的主要内容如下。

（1）拟进行并购的双方企业名称。

（2）并购的条件。

（3）把被吸收企业股份转换为存续公司或任何其他企业的股份、债务或其他证券，全部或部分地转换为现款或其他财产的方式和基础。

（4）关于因并购而引起存续企业的企业章程的任何更改的声明。

（5）有关并购所必需的或合适的其他条款。

2）新设合并决议

新设合并决议必须载明以下内容。

（1）拟进行联合的诸企业的名称及拟联合成立的企业名称。

（2）联合的条款与条件。

（3）把每个企业的股份转换为新设企业的股份、债券或其他证券，全部或部分地转换为现款或其他财产的方式及基础。

（4）就新设企业而言，依《中华人民共和国公司法》（以下简称《公司法》）设立的企业章程必须载明的所有声明。

（5）被认为对拟进行合并所必需的或合适的其他条款。

2. 股东大会讨论并批准并购的决议

董事会应将通过的拟并购决议提交股东大会讨论，由股东大会表决通过。美国的公司法一般规定在获得有表决权的多数股份持有者的赞成票后，决议应被通过。德国的公司法规定，凡股份有限公司的并购协议，需要经全部有表决权的股东中的 3/4 通过方为有效。我国的公司法规定，凡股份有限公司的并购协议，必须经 2/3 以上有表决权的股东的通过方为有效。

3. 并购双方签订并购合同

兼并或收购各方应当签订并购合同。并购合同必须经双方董事会和股东大会批准，并应载明如下事项：①存续企业增加股份的种类和数量；②存续企业如何对被并入公司的股东分配新股；③存续企业应增加的资本额和关于怎么处理公积金的事项；④存续公司应支付现金给被并入公司股东的具体规定；⑤并购双方召开股东大会批准合同的时间；⑥进行兼并的具体时间安排。

新设合并企业合同应包括如下内容：①新设企业发行股票的种类和数量；②新设企业的注册地；③新设企业对合并双方原股东分配股份或现金的规定；④新设企业的资本额和公积金的规定；⑤合并各方召开股东人会批准该公司的时间和进行合并的具体时间安排。

并购合同一经股东大会批准，应在限定时间内到政府主管部门登记。存续企业应当进行变更登记，新设企业应进行设立登记，被解散的企业应进行解散登记。只有在有关政府部门登记注册后，并购才正式生效。在德国等一些国家，并购事项在上报商业注册处后必须予以公布。并购一经登记，因并购合同而解散的公司的一切资产和债务，概由存续或新设企业承担。

8.3.2　上市公司的并购程序

上市公司的购并程序随着证券市场制度的不断修订而完善，这里仅对通常的程序做一些介绍，最新的程序以交易所公布的规则为准。

1. 要约收购程序

要约收购或标购是指收购人通过向目标公司的股东发出购买其所持该公司的股份的意思表示，并依法公告收购要约中所规定的收购方式、收购条件、收购价格、收购期限及其他规定事项的行为。它是上市公司收购的一种最常见、最典型的方式。《中华人民共和国证券法》（以下简称《证券法》）在上市公司收购一章中对要约收购的程序做了详细的规定。要约收购程序分为一般程序和特殊程序。一般程序是指所有要约收购都必须经过的程序，而特殊程序是指某些要约收购必须经过的程序。现就两种程序分别加以介绍。

1）一般程序

（1）持股披露。为保护中小股东的权益及证券市场的稳健发展，法律要求收购人在持股达30%以前的某些阶段对其持股比例予以披露。持股披露的程序包括通过证券交易所的证券交易。《证券法》第六十三条规定："通过证券交易所的证券交易，投资者持有或者通过协议、其他安排与他人共同持有一个上市公司已发行的有表决权股份达到百分之五时，应当在该事实发生之日起三日内，向国务院证券监督管理机构、证券交易所作出书面报告，通知该上市公司，并予公告，在上述期限内，不得再行买卖该上市公司的股票，但国务院证券监督管理机构规定的情形除外。"

（2）发出要约。通过证券交易所的证券交易，投资者持有或者通过协议、其他安排与他人共同持有一个上市公司已发行的有表决权股份达到百分之三十时，继续进行收购的，应当依法向该上市公司所有股东发出收购上市公司全部或者部分股份的要约。

（3）公告收购报告书。依照前条规定发出收购要约，收购人必须公告上市公司收购报告书，并载明下列事项：收购人的名称、住所；收购人关于收购的决定；被收购的上市公司名称；收购目的；被收购股份的详细名称和预定收购的股份数额；收购期限、收购价格；收购所需资金额及资金保证；公告上市公司收购报告书时持有被收购公司股份数占该公司已发行的股份总数的比例。

上市交易的证券，有证券交易所规定的终止上市情形的，由证券交易所按照业务规则终止其上市交易。证券交易所决定终止证券上市交易的，应当及时公告，并报国务院证券监督管理机构备案。

收购要约约定的收购期限不得少于三十日，并不得超过六十日。在收购要约确定的承诺期限内，收购人不得撤销其收购要约。收购人需要变更收购要约的，应当及时公告，载明具体变更事项，且不得存在下列情形：降低收购价格、减少预定收购股份数额、缩短收购期限、国务院证券监督管理机构规定的其他情形。

（4）做出承诺。收购人在发出要约并公告后，受要约人应当在要约的有效期限内作出同意。以收购要约的全部条件向收购要约人卖出其所持有的证券的意思表示，即承诺。要约一经承诺，双方当事人之间的股票买卖合同即告成立，在未获得有关机构的批准前，双方不得单方面解除合同。

（5）履行合同。上市公司收购合同一旦成立，要约人与受要约人之间的权利、义务也就确定了。收购人负有依照要约规定的期限、价格支付股票价款的义务，而受要约人负有按期交付股票的义务。为有效保护受要约人的利益，各国法律一般都要求收购人在收购要约期限内，不得采取要约规定以外的形式和超出要约的条件买卖被收购公司的股票。

（6）收购结束后的报告及公告。《证券法》第七十六条规定，收购行为完成后，收购人应当在十五日内将收购情况报告国务院证券监督管理机构和证券交易所，并予公告。

（7）对收购人某些行为的限制。在上市公司收购中，收购人对所持有的被收购的上市公司的股票，在收购行为完成后的六个月内不得转让。《证券法》做这种限制主要是为了防止投资者利用收购行为进行市场炒作，哄抬股价，扰乱证券市场秩序；同时，也为了保障上市公司生产经营的持续稳定。

2）特殊程序

（1）终止上市交易。上市交易的证券，有证券交易所规定的终止上市情形的，由证券交易所按照业务规则终止其上市交易。证券交易所决定终止证券上市交易的，应当及时公告，并报国务院证券监督管理机构备案。

（2）变更公司性质。收购行为完成后，被收购公司不再具有《公司法》规定的条件的，应依法变更公司性质。

（3）失去法人资格，更换原有股票。收购行为完成后，属于吸收合并的，被收购公司失去法人资格，被吸收公司的股票由收购人依法更换。

2. 协议收购程序

协议收购是指收购人通过与目标公司的股东协商，在征得目标公司管理层同意的基础上，达成协议，并按协议所规定的收购条件、收购价格、收购期限及其他规定事项的方式进行收购。协议收购对目标公司的股票价格不直接产生影响，因此，它可以减少证券市场的价格波动。但是，由于协议收购在信息公开、交易公正、机会平等方面具有很大的局限性，证券监督管理机构很难对此实施有效的监管，从而不能有效地保护广大投资者的利益，因此，很多国家和地区的法律排除了协议收购的合法性。我国证券法所确认的协议收购制度主要是为解决国家股和法人股的流通问题而设立的。关于协议收购的程序，我国证券法没有详细规定，结合其他国家及实践经验来看，协议收购一般要经过以下程序。

采取协议收购方式的，收购人可以依照法律、行政法规的规定同被收购公司的股东以协议方式进行股份转让。以协议方式收购上市公司时，达成协议后，收购人必须在三日内将该收购协议向国务院证券监督管理机构及证券交易所作出书面报告，并予公告。在公告前不得履行收购协议。

如收购人欲受让国有股权，转让双方必须遵守《证券法》、《股份有限公司国有股权管理暂行办法》和《股份有限公司国有股股东行使股权行为规范意见》中关于国有股转让的规定。①转让国家股权应以调整投资结构为主要目的。②转让国家股权须遵从国家有关转让国家股的规定，由国家股持股单位提出申请，说明转让目的、转让收入的投向、转让数额、转让对象、转让方式和条件、转让定价、转让时间及其他具体安排。③转让国家股权的申请报国家国有资产管理局和省级人民政府国有资产管理部门审批；向境外转让国有股权的（包括配股权转让）报国家国有资产管理局审批；国家股转让数额较大，涉及绝对控股权及相对控股权变动的，须经国家国资管理局会同国家发改委及有关部门审批。④非国有资产管理部门持股的股东单位转让国有股权后，须向国有资产管理部门报告转让收入的金额、转让收入的使用计划及实施结果。⑤国家股配股权转让必须遵从证券监管的有关规定。

1）谈判签约

收购人的收购意向确定后，要与被收购公司股东在收购价格、数量、期限上进行协商。若达成协议，应通知目标公司董事会，取得董事会的支持，确保收购协议能够正常履行。另外，由于协议收购从文件的草签到审批直至正式公告，经历的时间较长，为了防止任何一方中途不履行合同而导致收购失败，《证券法》第七十二条规定："采取协议收购方式的，协议双方可以临时委托证券登记结算机构保管协议转让的股票，并将资金存放于指定的银行。"

2）报告及公告

收购协议达成后，收购人必须在三日内将收购协议向国务院证券监督管理机构及证券交易所作出书面报告，并予公告。在未作出公告前不得履行收购协议书。

3）编制并公布公开说明书

《证券法》对此未作规定，但是《深圳市上市公司监管暂行办法》可资借鉴。该办法第五十六条规定，收购公司应在协议公布后的20天内编制并公布公开说明书，其内容应包括：

（1）公司名称、注册地及收购代理人。

（2）控股公司、附属公司及董事、高级行政管理人员持有收购公司和被收购公司股份的数量。

（3）收购价格、支付方式及其说明。

（4）日程安排。

（5）收购人的义务及被收购公司股东的权利。

（6）前三年的资产负债概况、盈亏概况及持股状况。

（7）公司及其附属公司的借款、贷款、抵押及债务担保等负债情况。

（8）重大合同及其说明。

（9）公司章程及有关内部规则。

（10）对被收购公司继续营业计划。

（11）对被收购公司资产重组计划。

（12）对被收购公司职员的安排计划。

（13）资产重估及其说明。

（14）主管机关要求的其他资料。

4）履行协议

协议双方经报告、公告及公布说明书后，正式履行协议。

5）报告及公告

协议收购行为结束后，收购人应当在 15 日内将收购情况报告国务院证券监督管理机构和证券交易所，并予以公告。

3. 我国对公司实施并购的一般性要求

1）《公司法》对于公司并购的规定

（1）收购方的内部决策程序。公司章程是公司存续期间的纲领性文件，是约束公司及股东的基本依据，对外投资既涉及公司的利益，也涉及公司股东的利益，《公司法》对公司对外投资没有强制性的规定，授权公司按公司章程执行。因此，把握收购方主体权限的合法性，重点应审查收购方的公司章程。其一，内部决策程序是否合法，是否经过董事会或者股东会、股东大会决议通过；其二，对外投资是否有限额，如有，是否超过对外投资的限额。

（2）出售方的内部决策程序及其他股东的意见。出售方转让目标公司的股权，实质是收回其对外投资，这既涉及出售方的利益，也涉及目标公司其他股东的利益。因此，出售方转让其股权必须经过两个程序：其一，按照出售方公司章程的规定，应获得出售方董事会或者股东会、股东大会决议通过；其二，依据《公司法》的规定，应取得目标公司其他股东过半数同意。

程序上，出售方经本公司内部决策后，应就其股权转让事项书面通知其他股东征求同意，其他股东自接到书面通知之日起满 30 日未答复的，视为同意转让。其他股东半数以上不同意转让的，不同意的股东应当购买该转让的股权；不购买的，视为同意转让。

由于有限责任公司是人合性较强的公司，为保护其他股东的利益，《公司法》对有限责任公司股权转让做了相应的限制，赋予了其他股东一定的权利，具体如下。

第一，其他股东同意转让股权的，其他股东有优先购买权。经股东同意转让的股权，在同等条件下，其他股东有优先购买权。两个以上股东主张行使优先购买权的，协商确定各自的购买比例；协商不成的，按照转让时各自的出资比例行使优先购买权。

第二，其他股东不同意转让股权的，根据《公司法》第七十四条处理。《公司法》第七十四条规定："有下列情形之一的，对股东会该项决议投反对票的股东可以请求公司按照合理的价格收购其股权：（一）公司连续五年不向股东分配利润，而公司该五年连续盈利，并且符合本法规定的分配利润条件的；（二）公司合并、分立、转让主要财产的；（三）公司章程规定的营业期限届满或者章程规定的其他解散事由出现，股东会会议通过决议修改章程使公司存续的。自股东会会议决议通过之日起六十日内，股东与公司不能达成股权收购协议的，股东可以自股东会会议决议通过之日起九十日内向人民法院提起诉讼。"

（3）国有资产及外资的报批程序。收购国有控股公司，应按企业国有产权转让管理的有关规定向控股股东或国有资产监督管理机构履行报批手续。

国有股权转让应当在依法设立的产权交易机构公开进行，并将股权转让公告委托交易机构刊登在省级以上公开发行的经济或者金融类报刊和产权交易机构的网站上，公开披露有关国有股权转让信息，广泛征集受让方。可采取拍卖、招投标、协议转让等转让方式。

外国投资者并购境内企业，应符合中国法律、行政法规和规章及《外商投资产业指导目录》的要求。涉及企业国有产权转让和上市公司国有股权管理事宜的，应当遵守国有资产管理的相关规定。

外国投资者并购境内企业设立外商投资企业，应依照《关于外国投资者并购境内企业的规定》经审批机关批准，向登记管理机关办理变更登记或设立登记。

（4）以增资扩股方式进行公司收购的，目标公司应按照《公司法》的规定，由股东会决议，并经出席会议的股东所持表决权的 2/3 以上通过。

2）对上市公司实施并购的要求

（1）任何法人直接或间接持有一个上市公司发行在外的普通股达到 5%时，应自该事实发生之日起三个工作日内，向该公司、证券交易所和中国证券监督管理委员会作出书面报告。但是，因公司发行在外的普通股总量减少，致使法人持有该公司 5%以上发行在外的股份，在合理的期限内，不受此限制。

（2）任何法人持有一个上市公司 5%以上的发行在外的普通股后，其持有该种股票和增减变化每达到该种股票发行在外总额 2%时应自该事实发生之日起两个工作日内，向该公司、证券交易所和中国证券监督管理委员会作出书面报告。

（3）法人在依照前两款规定作出报告之日起两个工作日内和作出报告前，不得再行直接和间接买入或卖出该种股票。

（4）法人发生第（1）、第（2）款持股情况时，应当按照中国证监会制定的准则规定的内容和格式将有关情况刊登在至少一种指定的全国性报刊上。

（5）发起人以外的任何法人直接或间接持有一个上市公司发行在外的普通股达到 30%时，应当自该事实发生之日起 45 个工作日内，向该公司所有股票持有人发出收购要约，以货币付款方式购买股票时，应按照下列价格中较高的一种价格：

① 在收购要约发出前 12 个月内收购要约人购买该种股票所支付的最高价格。

② 在收购要约发出前 30 个工作日内该种股票的平均市场价格；

前款持有人发出收购要约前，不得再行购买该种股票。

收购要约人在发出收购要约前应当向中国证监会及证券交易所作出有关收购的书面报告；在发出收购要约的同时应当向受要约人作出书面报告。证券交易所提供本身情况的说明和与该要约有关的全部信息，并保证材料真实、准确、完整，不产生误导。

（6）收购公告书概要刊登在至少一种中国证监会指定的全国性报刊上，同时向中国证监会和证券交易所报送 10 份供备案，并备置于公司所在地、挂牌交易的证券交易所、有关证券经营机构及其网点，以供公众查阅。

8.3.3　非上市公司的并购

1. 非上市公司的并购程序

1）意向书

编写意向书是一个有用但不是必需的步骤（法律上对此无强制规定）。意向书能表达双方的诚意，有助于双方在以后的谈判中相互信任，以便节约时间和金钱。采取这一步骤，能够使卖方准备透露给买方的机密不至于被外人所知。意向书中一般会表示，出于双方的要求，通常需要做进一步的调查，并且核准所需资本消耗。然而意向书又是双刃剑，并购双方往往会因为要花大力气解释意向书中不太确切的允诺过的条款而陷入困境。因此，意向书应该尽可能地简短，只要对每一方总的意向予以肯定即可。

2）尽职调查

尽职调查的目的是使买方尽可能地发现有关其要购买的股份或资产的全部情况。从买方的角度来说，尽职调查就是风险管理。对买方和其融资者来说，并购本身存在着各种各样的风险，如目标公司过去财务账册的准确性，并购以后目标公司的主要员工、供应商和顾客是否会继续留下来，是否存在任何可能导致目标公司运营或财务运作分崩离析的义务。因而，买方有必要通过实施尽职调查来补救买卖双方在信息获知上的不平衡。一旦通过尽职调查明确了存在哪些风险和法律问题，买卖双方便可以就相关风险和义务应由哪方承担进行谈判，同时买方可以决定在何种条件下继续进行并购活动。

对于一项大型的涉及多家潜在买方的并购活动来说，尽职调查通常需经历以下程序。

（1）由卖方指定一家投资银行负责整个并购过程的协调和谈判工作。

（2）由潜在买方指定一个由专家组成的尽职调查小组（通常包括律师、会计师和财务分析师）。

（3）由潜在买方和其聘请的专家顾问与卖方签署保密协议。

（4）由卖方或由目标公司在卖方的指导下把所有相关资料收集在一起并准备资料索引。

（5）由潜在买方准备一份尽职调查清单。

（6）建立一套程序，让潜在买方能够有机会提出有关目标公司的其他问题并能获得数据室中可以披露的文件的复印件。

（7）由潜在买方聘请的尽职调查小组作出报告，简要介绍对决定目标公司价值有重要意义的事项。尽职调查报告应反映尽职调查中发现的实质性的法律事项，通常包括根据调查中获得的信息对交易框架提出的建议及对影响购买价格的诸项因素进行的分析。

（8）由买方提供并购合同的草稿以供谈判和修改。进行尽职调查能使买方得到一个由专家独立作出的对卖方财务、商业和行政事务的评价。虽然一份典型的尽职调查报告很容易理解，但明确会计师所用术语的含义十分重要。同时，买方的律师应当对公司的账册（如关于借贷情况的摘要）和地方特许权（如果土地和建筑物是关键资产）做一次特别调查，并且检查所有的原始合同、保证书和许可证等。这些很可能是因为公司将被并购而被刻意安排的。买方律师还希望调查卖方雇员的雇佣条件、工会的意见、工厂惯例和退休金安排等。买方律师应特别注意是否有关键的要约（如许可证、经销或专利许可等）会因为公司被兼并而终止。

3）董事会批准

如果一项并购或转让由一家独立公司，或由一个企业集团的核心公司实施，通常在签订法律上不可变更的协议之前，需要得到董事会全体成员的批准。如果买方或卖方是企业集团的附属公司，在签订合同前，也需要准备一份项目报告，取得与之有关的母公司董事会的许可。

4）政府部门批准

在欧洲，如果并购达到垄断指控的标准，很可能会涉及反垄断方面的问题。在美国则要取得证券交易委员会（Securities and Exchange Commission，SEC）的批准，并提防触犯反托拉斯法。

5）谈判

谈判主要涉及交易的方式（股权或资产）、补偿的方式和数额（在企业转手的情况下补偿金如何在资产中分配）。然而与其他事情相比，谈判更需要花费时间来统一意见的是明确买方能够提供的特许条款和税收抵免的范围。并购双方经常失望地发现，他们在原则上达成的协议及好不容易建立起来的商誉和良好的合作势头，会因接下来在鸡毛蒜皮小事上（有时是苛刻的）的争论不休而被毁掉。虽然转售协议需要较长的篇幅，是个复杂的文件，但没有理由耽搁。使用现代的文字处理技术，一份原则上达成协议的合同草案能在一两天内完成，此后的谈判应该紧扣一个经过仔细计划的时间表。

6）并购决议

依据并购双方达成的协议形成并购决议。

7）交换合同

在交换合同时，并购双方都必须作出承诺：从无条件交换合同之时起，买方成了公司的所有者。因为此时仍有风险，所以出于保险的考虑，买方必须确保投入足够的保险金以保护企业。

8）声明

在交换合同时，并购双方通常会向新闻界发表声明（根据证券交易规则也可能确实需要这样做）。根据英国1981年企业交易（雇佣保护）管制规则，并购双方需要发表这样的声明。这个声明需要细心准备。雇员们不应首先从报纸上或从工会代表那里知道这桩交易，这显然非常重要。同样的道理，主要的客户和供应商应该在私下里通过电函得到通知。先召开一次高级管理层会议，再安排一次会议把所需的信息传达给基层。

9）核准

合同交换后，买方的律师一般会提出调查卖方土地的产权，或者卖方的律师自己提供买方所能信赖的产权证明书或报告。在通常的证券交易情况下，买方股东要核准一张通知函及其特别股东大会的通知，同时代理委托书也将送到买方股东手中。这一切都在合同交换后进行。这一阶段可能要花大量的时间、精力和费用去收集、处理和组合大量信息。它要求企业每天同印刷商、专业顾问联络，无休止地召开起草会议和定期向证券交易所递交未得到认可的草稿的校样。同时，所有合同中所要求的特别许可或权威机构许可，都是在这一阶段申请的。例如，如果牵涉到一个持有英国在北海开采石油的特许证的企业，就需要获得能源部的批准。交换合同以后，如果存在这种危险，即税务部门怀疑交易的动机和效果，或者对是否会遇到减税存在某些疑问，则还需要申请税收票据交换。在"文件对文件（paper for paper）"的并购中，或者在出卖拥有地产的公司时，或者在税务部门有能力反对他们，认为是出于避税考虑并购的情况下，对税收票据的交换应当是很谨慎的。

10）特别股东大会

当需要股东核准的时候，并购方公司将举行特别股东大会，对赞成还是反对交易进行投票表决。如果将发行新股作为一部分补偿，并购方的股东还需要批准股东的增加和补偿股的发行。

11）董事会改组

董事会改组通常是指被并购的公司召开董事会会议，通过即将离任的董事辞职和任命并购方提名的人员的方式改组董事会。股权证和把股票从卖方转到买方的过户表格，将经过被并购方董事会的重新登记和盖章。公司的法定账簿、被兼并证明、地契、动产和其他有关的全部文件都将上交给并购方。所有对这场交易所作的承诺，按照流动品抵押、股票贷款信托及和双方有关的条款所要求的，都将提出并加以审查。最后，当检查完毕、一切井然有序以后，买方将付给卖方补偿金，若是现金补偿，通常由买方用银行汇票支付。

12）正式手续

董事会改组后，应在限定时间内到政府部门登记。存续公司应当进行变更登记，新设公司应当进行设立登记注册，被解散的公司应当进行解散登记。只有在有关政府部门登记注册后，并购才正式生效。在德国等一些国家，并购事项在上报商业注册处之后必须予以公布。并购一经登记，因并购合同而解散的公司的一切资产和债务便由存续公司或新设公司承担。完成交易后，买方可能会给顾客、供应商和代理商等发出正式通知，必要的时候还将重新安排契约。报告书将存档，股权转移的凭证要存放好，以便支付印花税。正常情况下，完成日期过后，卖方会要求买方向目标公司投入资金以偿还卖方或卖方集团其他公司欠下的所有债务。同样，如果目标公司的借款由卖方（或可能是卖方董事）的保证书或慰问信提供担保，那么出售协议会要求买方或买方集团中的其他公司提供保证书或其他担保，以解除卖方的这些义务。所以，买方在完成并购后需要立即依靠银行以保证这些承诺的履行。买方还可以利用这个机会，向目标公司的银行提供载有新提名人选签名的新的委任书。就证券交易的第一类情形而言（不要求股东批准），一般在收购完成后向股东发送解释的通知函，而不是在交换合同时发送。在这种情况下，通知函的目的只是向股东提供信息，而不是争取他们的同意。

13）重整

并购完毕后，买方要进行的下一步是向被并购公司的全体高级管理人员解释买方目前的打算、管理企业的常用方法及向谁报告工作，同时职权也要界定清楚，新的银行委托书要填好。通常并购方的会计人员会很快解释买方将来所需的财务报告要求。只有完成了所有这些正式步骤以后，一体化的工作才正式开始。

2. 我国对非上市公司实施并购的有关要求

我国对非上市公司实施并购的有关要求如下。

1）上市公司并购非上市公司的注意事项

（1）股份有限公司合并或者分立，必须经国务院授权的部门或者省级人民政府批准。

（2）上市公司涉及公司股份变动的行为，如上市公司与非上市公司合并，以及上市公司进行股票面值拆细等行为，应按照"先立法、后试点"的原则进行，在国家有关管理办法出台前，不得擅自行动。

（3）公司向其他有限责任公司、股份有限公司投资的，除国务院规定的投资公司和控股公司，累计投资额不得超过本公司净资产的50%，但在投资后，接受被投资公司以利润转增的资本，其增加额不包括在内。

（4）对金融机构的并购需事先报经中国人民银行审批，受让方的投资入股资格也应事先报经中国人民银行审查。

（5）对金融机构的投资一般不得超过自身资本的20%。

（6）涉及国有资产的并购，需经具有从事证券业务资格的评估机构对其进行资产评估，并经有关国有资产管理部门审核确认。

2）披露的内容

（1）公司发生的重大投资行为或者购置较大的长期资产行为，一次投资总额或交易总额或6个月的合计额占公司最近年度资产总额的10%以上时，应作为重大事项予以公告。

（2）公司并购行为导致经营环境的重要变化，如全部或重要业务变化或生产资源取得、产品销售方式或渠道发生重要变化等，应作为重大事项予以公告。

（3）公司一般性并购活动应在董事长或总经理的年度业务报告中予以披露，并简要分析年度内公司投资额相比上年的变动数及增减幅度，以及被投资的公司名称、其主要经营活动、占被投资公司权益的比例等。

（4）在年度报告摘要中，公司的收购兼并活动应在重要事项一栏中进行说明。

（5）未经及时报告并经证券交易所同意，公司不得擅自以董事会或个人名义向新闻媒介披露有可能对其股票价格产生影响的并购信息或评估。

8.4　企业重组中的财务整合策划

企业重组的目的是实现企业价值的最大化。从某种意义而言，重组容易整合难，重组企业在实现战略整合、人力资本整合与文化整合的同时，必须进行及时有效的财务整合。因为财务管理是公司管理体系的核心与神经，不仅关系到重组战略意图能否贯彻，而且关系到重组方能否对被重组方实施有效控制及重组目的实现。

8.4.1 企业重组中财务整合的必要性

企业财务管理本质上是对企业资金运动及其所体现的财务关系的管理，是维持再生产运动的必要途径。随着企业生产经营活动的进行，人、财、物、信息等生产要素也必然发生运动，从而客观地存在着一种资金的运动。资金运动是企业再生产过程的价值形式，它的价值形式综合地反映着企业的再生产过程。资金运动和物资运动是企业生产经营过程中同时存在的经济现象，物资运动是资金运动的基础，资金运动是物资运动的反映。因此，资金运动的实质是再生产过程中运动着的价值。所以，离开财务管理，任何企业的再生产过程都将难以维系。

重组企业在战略整合中必须"正确行事"，在财务整合中必须行事准确，即财务必须实现一体化管理，被重组企业必须按重组一方的财务制度运营。

企业重组中财务整合的必要性体现在以下四个方面。

（1）财务整合的必要性来自财务管理在公司运营中的重要作用。任何一个企业，如果没有一套健全高效的财务制度体系，一定不能健康成长；财务体系破坏到一定程度，最终必将导致企业破产、倒闭或被兼并。事实上，一般被兼并、收购或接管的企业，很多情况下其财务制度体系存在问题。由于财务管理不善、投资结构不合理，其在产品成本上便无竞争优势。同时，随着科技的纵深发展、经济环境的快速变化，世界上许多优秀的企业已把财务管理的目光聚焦在更远的战略焦点。冲突的股东权益、信息和财务信号效用、全球金融一体化、电子贸易的增长，以及其他种种因素都渗透在财务管理和决策制度领域，财务管理日益成为企业经营的神经系统。国外大企业无论是在合资还是兼并中，所派出的高级管理人员首先考虑的是财务总监或财务主管，这些高级财务人员具有很高的素质，不仅懂得生产经营运作，还通晓市场、金融、财税等多方面的知识。反观我国那些在重组中失败的企业，很多情况下其派出的高级财务人员素质较差，必然造成重组企业难以有效控制被重组企业的运营。

（2）财务整合的必要性来自企业扩张的需要。企业为了实现其基本目标、使企业价值最大化，就必须进行扩张，否则，"逆水行舟，不进则退"，企业将难以留住对企业成功起关键作用的有进取心的管理人员，从而在竞争中处于劣势。一般来说，企业的成长和发展有内部扩张和外部扩张两种途径。内部扩张是指利用企业的留存收益或者外筹资金，依据资本预算程序所确定的可行性投资方案进行资本投资，以扩大企业的生产经营规模，促进企业成长。内部扩张是企业发展的主要途径，但它存在投入大、时间长、风险高等缺点。企业要想在短期内使其规模迅速扩大，必须进行外部扩张，即以不同的方式直接与其他企业结合，利用其设备、技术、管理和其他有利条件，扩大生产经营规模，实现优势互补，促进企业迅速成长。外部扩张的特点是投入少、见效快。企业实施外部扩张战略，重要的问题之一是对目标公司进行财务整合。财务整合不成功，其扩张之路一定失败。

（3）财务整合是发挥企业重组所具有的"财务协同效应"的保证。企业之所以重组，是因为重组具有"放大效应"。企业并购理论之一——财务协同效应认为，企业之所以并购或重组，是因为财务具有协同效应。所谓财务协同效应，主要是指兼并给企业财务方面带来的种种效益，这种效益的取得不是由于效率的提高而是由于税法、会计处理惯例及证券交易等内在规定的作用产生的一种纯资本性效益，一般表现在两个方面：一是通过兼并实现合理避税的目的；二是预期效应对兼并的巨大刺激作用。

（4）财务整合是重组企业对被重组企业实施有效控制的根本途径，更是实现重组战略的重要保障。重组企业对被重组企业的生产经营实施有效控制并作出及时、准确决策的重要前提是具有充分的信息。财务具有信息功能，也是重组企业获取被重组企业信息的重要途径。但一般而言，重组双方的会计核算体系、定额体系、考核体系、财务制度等并不完全一致，因此重组企业客观要求统一财务会计口径，只有这样才能实施有效的控制。只有做到财务的有效控制，才能实现重组的战略意图。

8.4.2 企业财务整合的做法和基本内容

1. 企业财务整合的做法

企业财务整合是指重组企业对被重组企业的财务制度体系、会计核算体系进行统一管理和监控。对于财务整合，不同的重组企业有不同的做法，但一般来说可以概括为"一个中心、三个到位、七项整合"。

（1）"一个中心"：以企业价值最大化为中心。

（2）"三个到位"：对重组企业经营活动的财务管理到位；对重组企业投资活动的财务管理到位；对重组企业融资活动的财务管理到位。

（3）"七项整合"：财务管理目标导向的整合；财务制度体系的整合；会计核算体系的整合；存量资产的整合；业绩评估考核体系的整合；现金流转内部控制的整合；重组企业权责明晰的整合。

2. 企业财务整合的基本内容

重组企业的财务整合必须以企业价值最大化为中心，如果偏离这个中心，会使财务整合走向官僚化和低效率。以企业价值最大化为中心的同时，财务整合必须以重组企业的发展战略为准绳。财务整合能够使重组企业经营活动统一管理、统一规范，使重组企业投融资活动统一规划，最大限度地实现重组企业的整合与协同效应。具体而言，企业财务整合包括以下几项基本内容。

1）财务管理目标导向的整合

财务管理目标是一个重要的财务理论问题，因为它直接影响着财务理论体系的构建；财务管理目标也是一个不容忽视的财务实践问题，因为财务目标的确定直接决定了各种财务决策的选择。在微观经济分析中，一般以利润最大化作为厂商的目标函数，并以此展开厂商行为的分析。但在财务理论中，利润最大化目标受到了普遍批评。股东财富最大化与企业价值最大化是目前较常用的财务管理目标。在很多情况下，重组双方的财务目标是不一致的，因此必须予以整合。财务管理目标是企业优化理财行为结果的理论化描述，是企业未来发展的蓝图。通常情况下，目标函数描述为某些变量（如利润、企业规模、财务价值、社会财富等）的最大化，或者某些变量（如风险、成本等）的最小化，其中以最大化较为常见。重组企业整合理财目标十分重要，表现如下：①有助于财务运营的一体化；②有助于科学地进行财务决策；③有助于日常理财行为的高效与规范化；④有助于理财人员科学理财观念的树立。一个合理的财务目标须具备以下特征：①明确性；②可计量性；③运行成本较低；④与企业价值最大化一致；⑤可控制性。

2）财务制度体系的整合

财务制度体系的整合是保证重组企业有效运行的关键。所有重组成功的企业，其财务制度体系的整合都是成功的；相反，重组失败的企业，其财务制度体系的整合几乎都是失败的。财务制度体系的整合包括投资制度、融资制度、固定资产管理、流动资金管理、利润管理、工资制度管理、财务风险管理等的整合，对于外向型重组企业，还包括国际财务管理的整合。财务制度体系的整合不是轻而易举的，存在着许多具体困难。例如，由于每个企业的工资制度不同，在进行制度上的整合时，工资制度就是敏感的问题。

3）会计核算体系的整合

会计核算体系的整合是统一财务制度体系的具体保证，也是重组企业及时、准确获取被重组企业信息的重要手段，更是统一绩效评价口径的基础。不论是收购还是兼并，若欲对双方营运作业予以合并，则账簿形式、凭证管理、会计科目等都必须予以统一，以利进行业务的融合。

4）存量资产的整合

存量资产的整合是重组企业高效运营的重要一环。一般来说，被重组企业资产结构不尽合理，债务过多，不良资产较大，尤其我国国有企业普遍存在这一现象。因此，对于经营业绩或财务状况不佳的企业，接收后的首要工作常常是处理不良资产、停止获利能力弱的产品线、办公转移到地租较便宜的地段、裁减人员等。

5）业绩评估考核体系的整合

业绩评估考核体系的整合是指重组企业对财务运营指标体系的重新优化与组合，这一评估考核体系是提高被重组企业经营绩效和运营能力的重要手段。业绩评估考核体系是由一组考核指标组成的，包括：①偿债能力指标（流动比率、速动比率）；②资产管理指标（营业周期、存货周转率、应收账款周转率、流动资产周转率、固定资产周转率、总资产周转率）；③负债指标（资产负债率、债务股权指标、有形净值比率、利息保障倍数、影响长期偿债能力的其他指标）；④盈利能力指标（毛利率、销售净利率、成本费用利润率、资产净利率）；⑤市价比率指标（每股盈余、市盈率、每股股利、股利分派率、每股账面价值）；⑥发展能力指标（市场占有率、产品研发投入）。对于这些指标，不同的企业有不同的标准，重组企业应根据企业的实际、历史及国内外同行业的先进水平重新制定，以保证企业具有可持续发展的竞争力。成功的重组企业均将业绩评估考核体系经过整合输入到被重组企业。

6）现金流转内部控制的整合

现金流转质量关系到企业的资金运用及效益水平，因此必须予以有效控制。不同的企业对现金流转的控制程度不尽相同，重组企业必须对其进行整合，明确相应制度，并定时进行分析。

企业里的实际现金流转情况不可能与预算完全相同，其原因不仅在于实际现金流转受理财环境的变化及企业任何责任中心偏离预算的影响，而且预算本身是一种主观的产物，所以预算本身也不一定符合实际情况。编制现金预算的真正价值不在于把预算变成现实，而在于发现两者之间的差异，分析产生差异的原因，在适当的时候调整营业或财务上的安排，以防止损害企业财务状况的事情发生，同时可以改善和提高企业的运营质量。重组企业须明确规定什么时候被重组企业需汇报现金流转情况，主要包括现金收支日报、现金收支月报以及企业预算执行情况的详细分析报告。这样可使重组企业决定何时调整影响现金流转的营业和财务活动，以及在多大程度上进行这种调整。如果重组双方距离较远，为使数据信息及时传递，可以采用网上传输的形式。

7）重组企业权责明晰的整合

重组企业为了实现有效运营及有效控制，通常采用统一领导、分级管理的原则。分级管理的具体形式，则因重组企业组织结构的不同而各有所异。但无论怎样，实行责任会计制度的企业，必须使每个责任单位对其所进行的经济活动有十分明确的权责范围，做到权小责小、权大责大，权责紧密结合。在管理会计中，这种权责范围，即各个单位能够进行控制的活动区域，叫作责任中心。责任中心的设置，是企业组织结构向分权化发展的必然结果。

重组企业权责明晰的整合应按照责任中心的原则进行。责任中心根据所控制区域和权责范围的大小，一般可分为成本中心、利润中心和投资中心三类。重组企业只有构建起这种梯度明确的权责机制，才能有效实现战略与战术、投资发展与生产经营、资本经营与资产经营、收益与支出的有效整合，才能保证公司持续、稳定经营和高速发展。

8.4.3　整合前的财务审查

整合前的财务审查同步于重组前对目标企业的财务分析，因此，它有两个作用：为重组企业的运行提供可行性分析；发现被重组企业财务上存在的问题，以利于在整合过程中有的放矢，并提高整合效率。财务审查的目的在于使重组企业确定被重组企业所提供的财务报表是否充分地表达该企业的财务状况。财务审查的内容及意义可以概括为以下几方面。

（1）审查被重组企业的财务报表的过程中常常能发现很多未透露之事。例如，通过查核企业的律师费支出并向律师函证，可能发现未透露的法律诉讼案件。此外，通过一般财务分析，如各种周转率分析，可以发现有无虚列资产价值或虚增收入等现象；通过定额分析，可以发现生产率的水平。

（2）在资产科目审查方面，一般包括：对应收账款按其可收回性，估列适当的备抵呆账；存货则注意有无提列足额的跌价、呆滞、坏账损失准备；长期股权投资应注意被投资公司的财务状况等。

（3）在负债方面，对于未估列或估列不足的负债应予调整，年终奖金、利息支出等应按权责发生基础计提调整。若有些负债早已到期未付，则应注意债权人法律上的追索问题及额外利息的支付。应付的税负可能不止账上所列，重组企业应与被重组企业确定在交割前经营上所发生的额外税负，被重组企业应自行负责由于过去漏报税负而在未来发生的补税、罚金、利息。此外，重组企业应尽可能查明任何未记录的负债，进而可要求被重组企业开立证明，保证若有未列负债出现应自行负责。在财务的审查上，最易疏忽的是是否有负债，而且很难预料其确定金额，如企业某车辆最近涉及车祸，赔偿与否未定，金额不可能确定。其他则如对他人的背景保证，均可能使目标企业必须负连带责任而招致额外财务损失。

应注意的是，最基本的财务审查工作，是洞悉目标企业所提供的经过装饰的财务报表。因此，应注意资产评价的方法、是否采用提前认列收益的会计处理、不合理冲销的各种损失准备、最近巨额资产的买卖及大量费用的资本化等。因此，对于资产负债、获利能力、现金流量的变化情形，应予以深入查核，找出异常情况并予以调整。

8.4.4　整合后的财务控制

整合前的财务审查是保证财务整合成功的前提，整合后的财务控制是保证财务整合有效实施的基础。整合后的财务控制一般包括四个方面：①重组企业责任中心的控制；②成本控制；③现金流转控制；④风险控制。下面着重对前两个方面进行阐述。

1. 重组企业责任中心的控制

对重组企业责任中心的控制，主要是指对成本中心、利润中心和投资中心进行有效的考核。任何考核，首要的问题是确定考核什么、对什么考核。因此，控制指标的科学确定是有效控制的前提。

1）成本中心的考核及其指标

成本中心可以分为两类：标准成本中心和费用中心。标准成本中心必须是所生产的产品稳定而明确，并且已经知道单位产品所需要的投入量的责任中心。标准成本中心的典型代表是制造业工厂、车间、工段及班组等。费用中心适用于产出物不能用财务指标来衡量或者投入和产出之间没有密切关系的单位。这些单位往往是不参与生产活动、仅提供一定专业性服务的单位，如人事部门、法律部门、总务部门及会计部门等。

一般来说，标准成本中心的考核指标是既定的产品质量和数量条件下的标准成本。标准成本中心不对生产能力的利用程度负责，只对既定产量的投入量承担责任。如果采用全额成本法，则成本中心不是对闲置能量的差异负责，而是对固定成本的其他差异负责。标准成本中心的考核指标不仅包括成本，还包括按规定的质量、时间标准和计划产量来进行生产。确定费用中心的考核指标比较困难，通常用费用预算来评价费用中心的成本控制业绩。费用预算可以考察同行业类似企业的情况，也可以使用零基预算法，详尽分析支出的必要性及其取得的效果，确定预算标准。还有一些企业根据历史数据和业务趋势来判断费用预算的高低，这种方法虽然简单，但效果并不十分好。

2）利润中心的考核及其指标

利润中心是既对成本负责，又对收入和利润负责的责任中心。它既要控制成本的发生，又要对取得的相应收入和利益进行控制，但是却没有责任或没有权力决定该中心资产投资的水平，因而可以根据其利润的多少来评价该中心的业绩。利润中心适用于企业管理中具有独立收入来源的较高阶层，如分公司、分厂。利润中心有两种类型：自然形成的利润中心和人为的利润中心。自然形成的利润中心直接向企业外部出售产品，在市场上参与购销业务。人为的利润中心不直接在市场上参与购销业务，主要是在企业内部按照内部转移价格出售产品。

值得注意的是，并不是每一个可以计量利润的组织单位都是真正意义上的利润中心。例如，尽管也可以采用利润指标来计算研究发展部门的经营成果，但我们还是把研究发展部门作为成本中心。利润中心的真正目的是激励下级制定有利于整个企业的决策并努力工作。

利润中心的考核指标可在分布式利润表中体现出来，见表 8.1。

表 8.1　分布式利润表

项目	金额/元
收入	
减：变动成本	
边际贡献	
减：可控固定成本	
部门可控利润	
减：不可控固定成本	
部门利润	
减：分摊的公司管理费用	
税前部门利润	

以可控边际贡献作为利润中心业绩评价的依据可能是最好的，它反映了部门经理在其权限和控制范围内有效使用资源的能力。部门经理能控制收入、变动成本和一部分固定成本，所以应该以可控边际贡献作为考核标准。但实际上可控固定成本与不可控固定成本间不存在特别清晰的界限，这就限制了可控边际贡献的应用。利润中心的财务控制还涉及市场价格、协调价格、双重价格和变动成本加固定费用转移价格。

3）投资中心的考核及其指标

投资中心有两种界定：一种是指某种分散经营的单位或部门，如事业部、分公司等，其所拥有的权力不仅包括制定价格、确定产品和生产方法等短期经营决策权，还包括投资规模和投资类型等的参与权和部分决策权；另一种是指重组企业总部或集团公司战略本部负责投资并检查监督执行情况、协助有关部门审批对子公司及其他单位的投资业务的部门，拥有包括投资类型和投资规模的决策权。前者主要是从投资的标的及资金运营角度对公司、子公司或控股公司进行界定；后者主要是从投资决策权角度进行界定。这里所讲的控制主要是指对后者的控制，但对后者的考核评价离不开对前者投资运行的分析。

评价投资中心的决策效果，不仅要衡量投资标的企业或项目的利润，而且要衡量其资产，并把利润与其所占用的资产联系起来，同时要衡量市场的远景和技术的远景。投资中心的考核指标主要有四个：①投资回报率；②剩余收益；③现金回收率；④市场及技术的远景。

2. 成本控制

成本控制有两种不同的含义。①狭义的成本控制是指运用以成本会计为主的各种方法，预定成本限额，按限额开支成本和费用，以实际成本和成本限额的比较来衡量经营活动的成绩和效果，并以例外管理原则纠正不利差异，以提高工作效率，实现实际成本不超过预期的成本限额。②广义的成本控制是指管理方面对任何必要作业所采取的手段，目的是以最低的成本达到预先规定的质量和数量。广义的成本控制实质上就是成本管理，包括了一切降低成本的努力。

成本控制的意义如下：①成本控制是企业增加盈利的根本途径，直接服务于企业的目的；②成本控制是抵抗内外压力、求得生存的主要保障；③成本控制是企业发展、提高企业市场竞争力的基础。

成本控制的原则如下：①经济的原则；②全面的原则；③责、权、利相结合的原则；④因地制宜的原则；⑤例外管理的原则。

补充案例

企业破产重整价值评估案例分析

一、沧化破产重整背景

沧州化学工业股份有限公司（以下简称沧化）于 1994 年 3 月成立，注册资本为 42 142 万元，主要经营 PVC（polyvinylchloride，聚氯乙烯）树脂批发和零售；还经营本企业自产产品和技术的出口业务以及本企业所需的机械设备、原辅材料、零配件的进口业务。由于扩张迅速，沧化建设石油树脂工程项目占用了流动资金，以及为宝硕股份提供高达 86 700 万元的担保。2007 年，宝硕股份和其母公司宝硕集团先后破产，导致沧化被宝硕股份的债权人连带追偿，引发大量涉诉案件，影响了正常经营。以上两个原因导致沧化资金匮乏，经营状况急剧恶化。

2005 年和 2006 年沧化连续两年亏损，上海证券交易所对其股票交易实行退市风险警示特别处理。经审计确认，截至 2007 年 4 月 30 日，沧化账面资产 289 223.50 万元，账面负债 419 340.19 万元，资不抵债 130 116.69 万元。因不能清偿到期债务，被债权人申请破产还债。

二、沧化破产重整和破产清算偿债对比

1. 沧化债权概况

沧化的重整计划债权分为四类：担保债权、职工债权、税收债权和普通债权。第一，担保债权申报额为 37 762.84 万元。第二，职工债权总额为 8 816.28 万元。第三，税收债权涉及两家税务机关债权人，债权总额为 4 112.25 万元。第四，大额普通债权人共计 131 家，债权总额 506 101.67 万元；小额普通债权人共计 287 家，债权总额 3 093.66 万元。

2. 沧化重整受偿额和受偿比例的确定

（1）沧化破产重整计划中的现金流入。根据沧化重整计划及 2007 年和 2008 年的年报对沧化的重整情况进行分析，其现金流入主要来自资产重整收入和债务人经营方案的现金流入。

沧化的资产重整收入包括整体转让沧州沧井化工有限公司（以下简称沧井化工）和揭阳华南沧化实业有限公司（以下简称揭阳华南沧化实业）这两个控股子公司的收入。沧井化工已经被破产清算，其破产财产通过竞拍方式被河北大众拍卖有限责任公司以人民币 16 000 万元竞得。沧化持有沧井化工 75% 的股权，因此，沧化获得 12 000 万元的竞拍资金，全部用于偿还债务。

揭阳华南沧化实业仍正常运营，采用市场比较法对其转让收入进行计算，选择的参照企业为与揭阳华南沧化实业业务相似、同样是沧化控股子公司的沧州沧骅化学品工业有限公司（以下简称沧骅化学品工业公司）。沧骅化学品工业公司 2008 年的营业收入是 27 025.50 万元，资产总额为 82 630.70 万元，营业收入和资产总额的比值是 0.327。运用市场比较法计算揭阳华南沧化实业的价值，将沧骅化学品工业公司的营业收入和资产总额的比值作为参照指标，揭阳华南沧化实业 2008 年的营业收入为 26 801 万元，因此通过估算得出，揭阳华南沧化实业的价值为 81 961 万元。

沧化出资人权益调整主要涉及持股 10 万股以上（不包括 10 万股）的股东，共 162 家，占公司全部注册股东的 4.5‰；股东所持股份 10 万股以上的部分，每户无偿减持 11%，10 万股以上的部分共计 29 868.45 万股，共计减持 3 285.53 万股。这部分股票通过有偿转让的方式获取资金用于偿还普通债权，以提高普通债权的受偿比例。这部分股权由金牛能源获得，金牛能源以 7 000 万元拍得沧化 12 800 万股，其中的 3 285.53 万股价值 1 796.77 万元。沧化债务重整收入来自向金牛能源委托贷款 3.9 亿元。贷款利息按银行同期贷款利率计算，2007 和 2008 两年共支付利息 4 212 万元，债务重整收入为 34 788 万元。沧化的后续经营收入主要来自聚氯乙烯树脂的生产和销售。23 万吨生产设备在停产长达一年半后，于 2008 年 4 月底恢复生产。根据沧化 2009 年审计报告得出，沧化恢复生产以来获得收入 74 333 万元。其中成本 68 271 万元，净利润 6 062 万元。由于重整期间不发放股利，沧化已经资不抵债，因此股本的资金成本为零。沧化的资本成本主要是新增贷款的资金成本。沧化的所得税率为 25%。

（2）沧化破产重整计划中的现金流出。沧化重整计划的现金流出就是破产费用、共益债权及调整后的其他债权。根据沧化的财务报告分析，其共益债权为 1 615 万元，重整条件下的破产重整费用为 3 037 万元。以上数值来自国泰君安证券股份有限公司关于金牛能源收购沧化的财务顾问报告。

根据重整计划，担保权为 37 762.84 万元，实际有效担保债权为 22 200 万元。

担保债权超过有效担保部分为 15 562.84 万元，转入普通债权。根据债权调整方案，22 200 万元有效担保债权全部受偿，不做调整。

职工债权总额为 8 816.28 万元，税收债权总额为 4 112.25 万元，也同样不做调整。大额普通债权总额为 506 101.67 万元，担保债权有 15 562.84 万元转入普通债权作为大额普通债权。大额普通债权变为 521 664.51 万元。大额普通债权中 50 万元以内（含 50 万元）的部分为 6 600 万元，按30%受偿，超过 50 万元的部分为 515 064.51 万元，拟定按 14.28%受偿。因此，大额普通债权的预留受偿额为：6 600×30%+515 064.51×14.28%≈75 531.21（万元）。小额普通债权总额为 3 093.66 万元，按30%受偿。因此小额普通债权预留受偿额为：3 093.66×30%≈928.1（万元）。以上债权按上述调整后总额为：1 615+3 037+22 200+8 816.28+4 112.25+75 531.21+928.1=116 239.84（万元），即 116 239.84 万元，小于重整收入 136 372 万元。因此，按照以上比例，担保债权、职工债权和税收债权都能够得到全额受偿。也就是说，职工债权和税收债权偿还比例都是 100%。普通债权也能按以上比例得到受偿，因此需计算普通债权的真正受偿比例。

（3）沧化重整普通债权受偿额和受偿比例。沧化重整普通债权的受偿额等于重整收入减去破产费用、共益债权、担保债权、职工债权和税收债权之和后的余额。

沧化重整普通债权的受偿额＝（战略重整收入＋财务重整收入）－（破产费用＋共益债权＋担保债权净额＋职工债权净额＋税收债权净额）=136 372.152 23－（1 615+3 037+22 200+8 816.28+411 225）=96 591.622 23（元）。沧化重整普通债权的受偿比例就是受偿额与普通债权总额的比值。普通债权总额＝大额普通债权总额＋小额普通债权总额=5 216 645 100+30 936 600=5 247 581 700（元）。沧化重整普通债权受偿比例=965 916 222.30÷5 247 581 700≈18.41%。

3. 沧化清算受偿额和受偿比例

因为沧化股份已经进入破产重整阶段，沧化清算收益只是一个预估的数值。

（1）沧化破产清算估计现金流入。破产清算的现金流入就是破产财产收入。以下是对沧化整体变现的收入进行的评估：由于在沧化破产的同时沧井化工也破产清算了，并且通过拍卖方式获得清算收入，而沧井化工的情况与沧化情况相似，因此沧化可以把沧井化工作为参照企业计算清算收入。沧井化工的拍卖价值可以看作是其市价，为 160 000 000 元。拍卖时资产的账面价值是 695 443 866.61 元，市价与账面价值的比值=160 000 000÷695 443 866.61≈23%。清算企业与普通企业不同，由于破产清算企业资产可利用价值受损，同时还要受到快速变现的影响，其价值小于账面价值。因此沧化的清算价值就是参照企业的比值与沧化账面价值的乘积。沧化的账面价值为 3 739 130 434.80 元，沧化清算价值=0.23×3 739 130 434.80≈860 000 000（元）=86 000（万元）。

（2）沧化破产清算估计现金流出。沧化清算的现金流出也是破产费用、共益债权、担保债权、职工债权、税收债权和普通债权。但是与重整不同的是，这里的担保债权、职工债权、税收债权和普通债权并不做调整。

根据财务公告，沧化的共益债权为 1 615 万元，清算条件下的破产清算费用为 7 337 万元（增加资产快速变现费用 4 300 万元）。清算时担保债权仍为有效担保债权，为 22 200 万元。担保债权超过有效担保部分为 15 562.84 万元，转入普通债权。职工债权总额为 8 816.28 万元，税收债权总额为 4 112.25 万元，大额普通债权总额为 521 664.51 万元，小额普通债权为 3 093.66 万元。清算收入为 86 000 万元，除去普通债权后企业的债权费用总额为 44 080 万元。能够偿还全部担保债权、职工债权和税收债权，这三种债权的偿还比例也都为 100%。同样，清算也只需计算普通债权受偿额。

（3）沧化清算普通债权受偿额和受偿比例。

沧化清算普通债权受偿额＝清算财产变现收入－（破产费用＋共益债权＋担保债权＋职工债权 + 税收债权）＝860 000 000－（16 150 000＋73 370 000＋222 000 000＋88 162 800＋41 122 500＋5 216 645 100＋30 936 600＝860 000 000－440 805 300＝419 194 700（元）。

沧化清算普通债权受偿比例＝419 194 700÷5 216 645 100≈8%。

沧化的重整偿债比例是 18.41%，大于清算的偿债比例 8%。沧化如果破产清算，企业的大部分员工将会失业，增加社会负担，造成社会不稳定，而破产重整可避免此类不良结果产生。因此，从股东和债权人角度更倾向于选择重整。但是，判断企业重整与否并不仅仅取决于企业的债权受偿比例，企业重整的最终目的是拯救濒临破产的企业，使其能够恢复经营。因此，沧化重整中的经营计划及重整后企业的发展状况也是值得思考的方面。

三、沧化破产重整经营计划

沧化陷入破产状况，既有资金短缺债务负担严重的原因，也有企业经营方面的原因。因此，要想使企业持续发展，就必须改变企业经营策略，提高企业经营管理水平，这样才能使重整充分发挥作用。同时经营方案也是企业重整收入的主要来源，因此债务人的经营方案对于重整计划非常重要。

债务人的经营方案主要包括以下几方面。

（1）引入战略投资者。2007 年 12 月 21 日，金牛能源通过公开竞拍的方式获得沧化 30.29%的股权，并于 2008 年 3 月 28 日办理了股权过户手续，成为沧化第一大控股股东。

（2）尽快恢复生产。沧化进入破产程序后，生产经营已全面停滞。恢复企业生产，尽快实现主营业务盈利，是企业重整再生的基础。沧化于 2008 年 4 月底顺利恢复生产。恢复生产以来，公司生产运营正常。

（3）进行工艺改造。工艺改造要在企业恢复生产的基础上进行。2008 年，沧化恢复了 8 万吨离子膜烧碱项目建设，实施了 12 万吨盐酸技改项目。这些项目的实施，将进一步优化沧化 23 万吨 PVC 工艺路线，形成规模效益。

（4）控制产品成本和质量。在重整计划执行过程中，企业将采取有效措施，降低产品成本，提高产品质量，严格把关产品质量和成本控制。

（5）调整投资结构。根据实际情况，对效益差、与主营业务关联度不高的沧井化工和揭阳华南沧化实业这两个控股子公司进行整体转让，实现投资结构和投资收益的优化。

四、沧化重整后的企业状况

沧化的重整取得了成功，它已恢复上市，经营也进入正轨。沧化通过破产重整出售部分效益差的子公司，甩掉了包袱，优化了产业结构；同时引入战略投资者，投入资金及优质资产，使企业扭亏为盈；企业的经营管理水平也有很大提高。重整后的企业治理结构更加优化，建立了更加民主的决策机制；企业的内部控制也更加完善，企业管理者的风险意识加强；能够及时准确地做好信息披露工作，重新树立沧化在市场和投资者心目中的形象。

沧化拥有 40 万吨和 23 万吨电石法 PVC 树脂生产线，同时还有液体码头和灌区工程，经过战略投资者的投资已经可以使用。沧化还将重新设计 40 万吨 PVC 项目流程。沧化在金牛能源的资金支持和经营管理下，正在恢复昔日在 PVC 行业的辉煌地位。沧化通过破产重整已经重新上市，并且股价也在不断攀升。从以上情况来看，沧化未来的发展前景无可限量。

（资料来源：栾甫贵，李佳，2010. 企业破产重整价值评估案例分析[J]. 中国农业会计（7）：36-38.）

小　结

企业重组是指企业之间通过产权流动、整合带来的企业组织形式的调整，是企业为改善其经营状况、获取其资产的最大利益，对存量资产进行企业间转移，进而实现各种生产要素的优化配置和组合。企业重组根据重组的方式，可分为联合重组，兼并、合并、收购重组，破产重组；根据重组内容，可分为产权重组、资本重组、组织结构重组、管理重组、债务重组；根据重组的目的，可分为生产经营性重组、资本经营性重组、生产经营与资本经营混合性重组、体制变革性重组。

我国企业重组的典型模式有承担债务式重组、出资购买资产式重组、吸收股份式重组、控股式重组、二级市场收购、投资控股重组、资产置换、借壳上市、买壳上市、托管经营。

公司并购的一般操作程序为关于并购的董事会决议、股东大会讨论并批准并购的决议、并购双方签订并购合同。上市公司并购程序为要约收购程序、协议收购程序。非上市公司的并购程序为意向书、尽职调查、董事会批准、政府部门批准、谈判、收购决议、交换合同、声明、核准、特别股东大会、董事会改组、正式手续、重整。

企业财务整合包括如下几项基本内容：财务管理目标导向的整合，财务制度体系的整合，会计核算体系的整合，存量资产的整合，业绩评估考核体系的整合，现金流转内部控制的整合，重组企业权责明晰的整合。

习　题

1. 什么是企业重组？
2. 根据重组的内容来划分，企业重组可以分为哪几类？
3. 要约收购要经过哪些程序？
4. 企业重组过程中为什么要十分重视财务整合？

第9章 企业公关策划

内容提要

本章先阐述企业公关策划的含义与特点、类型及基本要求,在介绍公共关系基本原理的基础上着重介绍公关策划中常用的一些基本策略;同时从四个方面介绍企业公关策划的基本技巧。本章前三节主要讲解公关策划的基础知识,后三节主要说明企业公关策划的实务:一是事件公关策划、项目公关策划、营销公关策划、品牌公关策划及会议公关策划等专项活动的公关策划;二是企业文化策划的要求、方法及企业文化策划中应引起注意的几个误区;三是企业危机公关策划的基本思路、危机管理和危机管理中易犯的错误等。

导入案例

赢了官司 输了世界——恒升公司公关失败案例评析

恒升公司(以下简称恒升)是我国第一家获得生产许可证的笔记本电脑厂商,恒升电脑从品牌创立后销售量逐年上升,在 1997 年以前市场占有率一直在前三名。然而,因为与消费者的一场官司,恒升最终使自己陷入了困境。人们对此的经典评论是:赢了官司,输了世界!分析这一案例的得与失,能够使我们更加重视公共关系在维护企业形象中的重要作用。

一、事件的由来

1997 年 8 月 5 日,王先生在北京中关村安特明科技有限责任公司(以下简称安特明公司)购买了一台恒升笔记本电脑。1998 年 6 月,王先生因电脑出现质量问题送安特明公司维修。次日,安特明公司要求王先生交纳 7 300 元修理费,否则不予维修。王先生认为电脑尚在保修期内,应免费修理,双方发生分歧。王先生数次至京交涉未果,自觉上当,在互联网上发表《请看我买恒升上大当的过程》一文。该文详细介绍了购买经过、所出现的质量问题和交涉过程。王先生曾向北京市海淀区消费者协会投诉并在互联网上设立名为"声讨恒升,维护消费者权益"的个人主页,并通过链接方式指向其他留言板。1998 年 7 月 28 日,《生活时报》发表题为《消费者网上诉纠纷,商家 E-mail 律师函》一文报道了该事件。1998 年 8 月 10 日,中国计算机世界出版服务公司所属《微电脑世界》周刊发表《谁之过?一段恒升笔记本的公案》一文,报道了双方的纠纷情况。此后,恒升于同年 8 月免费修理好电脑。

　　恒升认为上述三方的言论和报道有诽谤、侮辱内容，侵害了其名誉权。1998年9月7日，恒升状告王先生侵害公司名誉权。《微电脑世界》周刊和《生活时报》也被推上法庭。1999年12月15日，一审判决恒升胜诉。被告三方均表示不服，提起上诉。2000年12月19日，北京市第一中级人民法院二审判决，维持一审判决中关于侵权责任的认定。2001年3月12日，王先生因"拒不履行判决"被北京海淀法院司法拘留。然而，恒升为其不成熟的危机公关行为付出了沉重的代价。到1998年恒升起诉消费者王先生之时，厂商表示恒升因为这次事件所引起的退货额已高达2000多万元。在长达三年之久的官司结束时，恒升笔记本已经在市场上奄奄一息了。

　　二、恒升的失误

　　1. 告了不该告的人

　　企业在经营过程中，总要和自己的消费者打交道，在这一过程中总会出现大大小小的摩擦，如果处理不当，可能会引发企业的各种危机。在处理这些危机时，一个重要原则就是：以消费者利益为危机处理的最高原则。

　　在平时，"顾客第一""消费者是上帝"的宗旨不绝于耳，消费者很难关注，而真正到了危机事件发生时，社会各界才会睁大眼睛去观察该企业是否言行一致。在处理危机时，不论是何种性质的危机，不管危机的责任在何方，企业都应主动承担责任，妥善处理危机。即使受害者在事故发生中有一定责任，企业也不应首先追究其责任，否则会各执己见，加深矛盾，不利于问题的解决。在情况尚未查明而公众反应强烈时，企业可采取高姿态，宣布如果责任在己，一定负责赔偿，以尽快消除影响。恒升却反其道而行之，在自己的产品质量确有问题的情况下，不是通过积极与消费者协商化解矛盾，而是以消费者侵权为由将其告上法庭，并经过三年的周折，最终将侵权的消费者送进了拘留所。难怪官司了结之后，一些网友发帖："千万不要买恒升笔记本和其他任何产品，因为他既然敢告消费者，就决不会把消费者当一回事。"

　　一般来说，在企业与消费者的摩擦中，不管责任在哪一方，最关键的问题是消费者在使用自己的产品中遇到了麻烦。所以，作为产品的提供者，应该先把"责任"二字放在一边，全力去解决消费者的问题。很多企业喜欢把事情全部查清后再决定自己的态度，这是完全没有必要的。抚慰措施一定要迅速而有力，态度一定要诚恳和谦恭。调查工作可以同时进行，但目的不应该是明确对错责任，而是找出工作的薄弱环节，把握改进的机会。在这期间，应该关注事件对自身企业形象和长期利益的影响，而不应在乎眼前利益的得失。试想，如果恒升在危机初期就很快通过对消费者利益的关注，彻底解决产品给消费者带来的不便，甚至当与客户就处理方案达成一致后，再追加赠送一些礼品作为回报，以超出客户预期的方式真诚道歉，同时再次感谢他选用本公司的产品和服务，再通过与媒体的沟通，指出消费者一方的不足，那么，恒升最终反而会因祸得福，赢得广泛的同情与支持。

2. 媒体公关的失误

在企业危机处理过程中，媒体扮演着重要的角色。媒体既是客观事实的报道者，也是社会舆论的监督者，无形之中还是公关危机的受益者，因为这些危机，它们的新闻有"料"了。为了这个"料"，媒体会继续关注整个事态的全过程。这就涉及企业与媒体的关系如何，对媒体的敏锐度如何。媒体的报道有时可能会直接关系到危机公关的成败。因此，企业与媒体建立良好的关系，争取媒体客观的报道，将自己的想法传播出去是很重要的。

在危机处理过程中，坦诚面对媒体，也就是真诚面对公众。这是因为信息社会的一个必然现象就是新闻媒体在社会中的地位和作用日趋重要，它们对于企业的评判往往会左右社会舆论，它们的舆论口舌将关系到企业的声誉和品牌形象。所以，在危机发生之后，应开辟高效的信息传播渠道。在迅速调查事情原因、弄清真相的基础上，尽可能地把完整情况告诉新闻媒体，避免公众的各种无端猜疑。诚心诚意才是企业面对危机最好的策略。企业应掌握宣传报道的主动权，通过召开新闻发布会，使用互联网、电话、传真等形式向公众告知危机发生的具体情况，企业目前和未来的应对措施等内容，信息应具体、准确；随时接受媒体和有关公众的访问，以低姿态、富有同情心和亲和力的态度表达歉意、表明立场。如果遇到一时弄不清楚的问题，应主动表示将尽快提供答案，并言出必行；如果遇到不方便提供的信息，就礼貌地表示无可奉告并说出原因，切忌恼羞成怒，采取与媒体对立的态度。

非常令人惋惜的是，恒升不但没有与媒体很好地沟通、合作，传达自己的声音和态度，反而将《生活时报》和《微电脑世界》周刊两家媒体推上法庭，最终失去了媒体的支持。从这一案例中，企业要吸取的教训是：不但危机时要注意与媒体保持良好的关系，更重要的是要未雨绸缪，在平时就设立专门负责媒介的部门，如新闻中心、宣传部、企业文化中心、外联部等。这些部门的功能就是和媒体打交道，与企业相关的各种媒体建立关系，联络企业的宣传事宜，协调企业与媒体的利益关系。建立这种通路的目的，不只是在媒体有一两个朋友，而是一个公关网络的建设和维护问题，企业负责媒介的部门应与各种相关媒体编织起一张立体交叉的关系网，并建立良好、融洽的"工作感情"，以保证企业的宣传造势活动有媒体及时地参与报道和发布。

3. 危机处理的失误

企业在处理危机时，要根据具体情况，采取不同的危机处理策略，如危机中止策略、危机隔离策略、危机排除策略、危机利用策略。危机中止策略就是要根据危机发展的不同阶段、不同程度、不同范围，主动承担危机造成的损失，如停止销售、收回产品。美国强生公司在处理一种能给人带来生命危险的药品时，就果断采取了以电子邮件的方式通知销售商，收回全部产品的措施。危机隔离策略是指一种危机往往会带来连锁反应，为此，企业在发生危机时，应设法把危机的负面影响限制在最小范围内，避免"城门失火，殃及池鱼"的情况发生，尤其是一些实行多元化经营的企业，更要注意这一点。危机排除策略需要企业的危机处理小组根据既定的危机处理措施，对症下药，迅速有效地消除危机带来的负面影响。对本企业职工要告知危机发生的真相；对客户要说明局势已得到控制，以增强他们对本企业的信心。危机利用策略就是把握危机发生的特点和扩散的逻辑，从而找到危机处理的最佳策略，使企业在危机的磨炼中更加成熟。

恒升在处理危机时，正确的做法应该是迅速采取危机中止策略、危机隔离策略、危机排除策略，如马上与王先生本人取得联系，立即免费为其修理电脑；请王先生马上在互联网上撤除发表的文章，并立即着手调查事情的真相，迅速将结果实事求是地公之于众；对安特明公司及恒升在售后服务中存在的不足，进行反省和检讨；如有必要应该对售后服务制度作出改进，并就此开展公关宣传活动。在避免事态扩大的同时，迅速在消费者面前树立起勇于承担责任的正面形象，取得消费者的谅解，切实让消费者感受到厂商维护消费者利益、不断改进工作的优良作风，树立牢不可破的公关形象，进一步提升品牌美誉度。

但是，恒升没有采取危机隔离策略，而是人为地去放大危机，致使其产品和服务中的不足和瑕疵，在长达三年的时间里，被各种新闻媒体公开、集中、突出地展示在社会大众和目标消费者面前，并投下了挥之不去的阴影。事件在由一个消费者权益保护问题迅速演变成一个网络名誉权侵害问题的过程中，舆论对厂商而言非但没有变得更为有利，反而在维护消费者权益上变得焦点化了。越来越多的强势媒体加入进来，如中央电视台、《南方周末》、新浪网、《北京青年报》等，不计其数的社会大众和网民也加入进来。于是，不仅对于厂商不利的各种客观和主观信息量被指数级地放大，而且批评、抨击、贬损以至摧毁厂商形象的言论也变得肆无忌惮了。如果想考证恒升的企业形象被重创后的情形，只需要看看二审宣判后网络上的言论就可以了。在新浪网这个当时国内最大的新闻网站上，一天内有 60 条以上评论经审查发出，其中支持消费者王先生和支持厂商的比例是 60 ∶ 1；有将近一半的网络留言，以各种语气和手法发泄对厂商的极度不满；有近一成的帖子或直接或含蓄地表达和呼吁抵制厂商及其产品。二审判决当天下午，恒升的网站主页更遭到攻击，页面被黑客肆意更换成："赢了官司，输了世界！"这足以说明其危机处理不当的严重性。

（资料来源：庄诗白，2006. 赢了官司 输了世界：恒升公司公关失败案例评析[J]. 企业改革与管理（6）：46-47.）

9.1　企业公关策划概述

9.1.1　企业公关策划的含义与特点

1. 企业公关策划的含义

企业公关策划是指公关专家运用高层次的公关方法、技能和智慧，对企业公关活动形成可操作性的整体战略、策略和运筹规划，提出公关决策、实施公关决策和检验公关决策，并对其全过程作双向对称考虑和安排。因此，公关策划与具体公关业务具有显著区别，是高级的公关活动。

企业公关策划主要是为企业进行形象方面的策划，包括企业形象、产品形象、企业家形象三大部分。其中，企业形象包括员工形象、实体形象和价值观形象；产品形象包括核心产品形象、有形产品形象和附加产品形象；企业家形象包括思维意识、心理意识、知识结构、能力结构和工作实绩。

企业形象、产品形象、企业家形象融合成为知名度、美誉度、信誉度，最终形成无形资产。所以说，良好的形象是企业宝贵的财富。企业公关策划，就是要通过高层次、高水平的策划，给企业和产品塑造出颇具魅力的形象，以引起顾客的好感。

2. 企业公关策划的特点

企业公关策划是一个系统、科学、完备的程序，具有科学性、艺术性、长远性、可调适性、系统性、创新性、可行性及有效性等特点。

1）科学性与艺术性的有机结合

科学强调客观理性，重实验、重推理，主要靠理智，以抽象思维为主；艺术强调主观感受，重想象、重美感，主要靠激情，以形象思维为主。企业公关策划是一门科学，同时也是一门艺术，科学与艺术的有机结合，形成了独具魅力的公关策划世界。

2）长远性与可调适性的有机结合

在公关策划过程中，有目的地保持整体最优化，就要考虑全局，要有长远性。但针对瞬息万变的市场，公关策划又是稳定的，在操作过程中要分阶段进行。同时，策划活动也不是一成不变的，而是灵活的，具有一定的可调适性。尤其是在充满竞争的市场氛围中，环境时刻在变化，竞争对手也在时刻调整策略，"以不变应万变"不是最好的策略，公共关系的弹性是不可缺少的。公关策划还是一种理性行为。任何一种策划既是一种预测，也是一种决策。作为预测，它是对组织未来的前景和趋势进行科学的论证和准确的评估；作为一种决策，它要在预测的基础上，对组织的应对方式及行为措施进行大胆、独特的选择。

3）系统性与创新性的有机结合

企业公关策划本身是一项系统工程，除要求公关从业人员具有较高的专业技能外，还要求其具有科学、完整的策划系统，这是公关策划高效率、高水平运作的保证。企业公关策划一般先有一个准备期，分为公关调查、形象现状及原因的材料分析、确立目标三个步骤；然后是实际策划阶段，分为设计主题、分析公众、选择媒介、预算经费、确立方案、评估六个步骤。当然，也可以将企业公关策划的评估单独作为一个阶段。

在这样一个完整的系统工程中，我们可以发现，公关策划首先是一种战略行为，策划本身就是为了使公关活动能够更好地满足组织目标的要求。不同的组织有不同的主客观条件，公关策划人员要根据社会条件的变化、公众心理变化、组织内部情况的变化等进行策划。这就需要策划有很强的创新性。离开了创新，公关策划也就失去了价值和魅力。

4）可行性与有效性的有机结合

策划是公关战略的核心，也是顺利达成公关目标的前提。公关运作需要以策划为基础，而运作本身就是实现公关策划的活动。就企业而言，在实施公关活动时做到有章可循、有条不紊，既可以节省企业的人、财、物，又可以增强企业组织形象管理的有效性、目的性和计划性。也就是说，企业开展公关策划活动，一个很重要的前提是策划方案本身是可行的、可操作的。

3. 公关策划与市场营销的关系

从市场营销的角度来看，公共关系是一种促销手段。企业通过与公众的良好关系争取公众对企业的认识、理解和支持，为企业的市场营销创造良好的外部环境，树立企业的良好形象，以不断提高企业的信誉和知名度，促进企业产品销售。正如国外公关专家所言："广告诉求至人心，公关诉求至人脑；广告动之以情，公关晓之以理。"现在越来越多的海外企业在调整对外宣传策略时会削减部分广告开销，以加大"营销公关"的投入。据有关人士统计分析，企业运用"营销公关"所取得的传播投资回报率，约为一般传统广告的三倍。

公关策划的目的是树立企业和产品在人们心目中的美好形象。美好的企业或产品形象可以保证营销工作的可持续推进，从而保证企业长期的可持续发展。市场营销工作离不开公关策划。公关策划和市场营销的基本关系如图9.1所示。

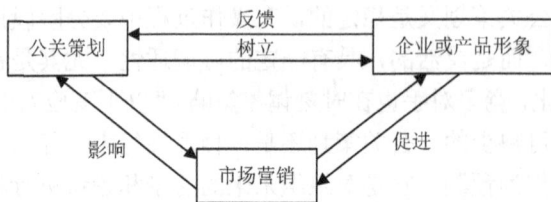

图 9.1 公关策划和市场营销的基本关系

企业在公关活动与营销活动上的认识误区，主要是把公关活动等同于营销活动。实际上两者的目标、重心、手段均不同。公关活动的目标是提高美誉度，提升亲和力；营销活动的目标是提高销售额和市场占有率。公关活动的重心是公众、媒体、政府；营销活动的重心是消费者。企业同时需要营销、公关两种职能，但两种职能不能通用。公关是社会行为，营销是经济行为；公关活动关注公众，营销活动关注消费者。公关与市场区别较大，营销的手段不适用于解决公关问题。公关活动面向的公众非常多，消费者只是公众的一种。不同的公众，使用的公关手段也不一样。

9.1.2 企业公关策划的类型

根据不同的划分标准，企业公关策划的类型有很多种：按内外来分，有内部公关策划、外部公关策划；按形象来分，有企业的产品形象策划、企业的管理形象策划、企业的人员形象策划、企业的环境形象策划、企业的文化形象策划、企业的社区形象策划、企业的标识形象策划、企业的媒介形象策划等。按职能来划分，企业公关策划的类型有以下几种。

1. 传播沟通型公关策划

传播沟通是指社会组织与公众之间自觉进行的信息交流与传递行为。传播沟通型公关策划就是通过充分合理地运用传播与沟通的途径达到企业公关的目的。传播与沟通的途径既可以是大众媒介，也可以是名人、明星等特定的媒介。传播沟通型公关策划的特点是主导性强、时效性强、传播面广，能比较有效地利用媒介与目标公众进行沟通联系。

2. 社会交际型公关策划

社会交际型公关策划是指不借助其他媒介，而只在人与人或组织与组织的交往中开展公关活动，目的是通过人与人的直接接触，深化交往层次，巩固传播效果，为组织广结良缘，创造亲密气氛。社会交际型公关策划是各类公关策划中应用最广泛的模式，尤为广泛地运用于旅游业、旅馆、饭店等第三产业。社会交际型公关策划的特点是直接、灵活、亲密、温暖、富于人情味，能使人际沟通进入"情感"的层次，因此实效性较大，是获得信息和扩大传播对象的有效手段，同时不存在信息失真的问题。社会交际型公关策划的要点是，公关以攻心为上，也就是要达到"不战而屈人之兵"的境界。

3. 优惠服务型公关策划

优惠服务型公关策划是一种以提供优惠服务为主要手段的公关策划方式，其目的是以实际行动来获取社会公众的了解和好评，建立自己的优良形象。实施这一策划至少要考虑两个方面：一是要有服务方向、服务设施和服务内容；二是要做到服务得好、服务得巧、服务得颇有成效。优惠服务型公关往往与一个组织机构的业务密切相关。因此，不能仅靠公关部门去进行，而要通过企业全体员工的努力。此公关策划类型最显著的特点在于实在的行动，它能有效地使人际沟通达到"行动"的层次，促使企业自身的全方位建设与公众要求及其潜在需要日渐吻合。

4. 协调关系型公关策划

协调关系型公关策划是指企业利用各种社会性、公益性和赞助性活动，协调自身与公众的关系，赢得公众的了解、支持、赞赏和爱护，使企业与公众的关系处于一种和谐状态，为企业发展创造一个"人和"的环境。协调关系型公关策划的特点在于其公益性、文化性，它不拘泥于眼前的得失，而着眼于长远效益和整体形象。

5. 增进效益型公关策划

效益是企业存在的基本前提。增进效益型公关策划是指企业通过信息交流、协调关系完善组织结构，从而发挥其全面增进企业工作效益的职能。增进效益型公关策划包括以下几方面内容。

（1）增进组织成员工作效益的公关策划。增进组织成员工作效益的公关策划，即通过双向沟通增进成员之间的接触和理解，可以早些消除可能产生的不满，及时建议领导层改进管理方式和完善管理办法，营造一种良好的氛围，增强组织的凝聚力，培养员工的责任感，进而提高组织的工作效益。

（2）增进组织经济效益的公关策划。企业要做到产品的适销对路就必须及时准确地捕捉市场信息，了解市场需求及其变化的趋势，即通过研究各项经济政策，开发经济信息，了解社会公众的消费心理、消费水平和同行业的生产状况等，准确、及时、全面地提供市场信息，为决策服务。这样做就为生产适销对路的产品奠定了基础。

（3）增进社会整体效益的公关策划。一方面，公关可以成为企业与社会、微观经济与宏观经济间接联系的重要渠道，促进微观经济服从于宏观经济指导；另一方面，公关有助于地区、行业和部门之间的专业化协作和生产要素的重新组合，形成更加合理、高效的经济体系，进而形成全国统一、开放的市场体系，更加有力地促进社会主义市场经济的发展。通过公共关系工作的开展，企业可以加强同各级政府部门的联系，以积极的姿态解决企业在生产过程中可能造成的环境问题。同时，一切有效的公关活动都可以收到改善社会风气的效果。总之，公关策划在社会综合发展过程中的运用，必然增进企业的社会整体效益，推进"两个文明"的建设。

9.1.3 企业公关策划的基本要求

1. 目标明确并可量化

公关活动一般比较耗费人力、物力、财力。企业出于塑造优良形象的需要，为了在目标市场建立起品牌的知名度、认知度、美誉度，从而促进销售，在策划合理的基础上，是舍得花这笔钱的，尤其是在新产品初上市时。这就要求公关策划者明确本次公关活动策划的目标，并且目标要能量化。有些企业盲目学样、盲目攀比，要求活动规模比他人更大、规格更高、发稿更多，却又不知道为什么要开展活动，要传播什么样的卖点、概念，即目标不明确，其结果可想而知。有的企业则目标过多，知名度、美誉度、促进销售都想实现，却没有把目标量化（提高知名度、美誉度的百分比，促进销售的数量或市场份额等），方向模糊，错把目的当目标，这也是不妥的。

2. 卖点集中适宜传播

由于对公关活动的理解不透，一些企业花钱举办活动却没有给公众留下深刻的印象。公关策划必须有一个鲜明的卖点，这里的卖点是指公关活动环节设计中最精彩、最传神的地方，能够给人留下深刻的印象。公关活动策划需要创造这样一个非常精彩的高潮环节，要把这个高潮环节设计得更具唯一性、相关性和传播性。

3. 深入调查切合实际

"没有调查就没有发言权"运用在策划领域是非常有道理的。现在公关公司做策划，省略公众调查这一重要工作环节司空见惯。公关策划者只有在调查中了解企业在市场中的优劣势、洞悉公众心理与需求、掌握竞争对手的市场动态，才能扬长避短，策划出富有新意的、有效果的公关策略，从而取得公关活动的成功。

4. 策划周全且可操作

公关活动不是拍电影、电视剧，不能重来。也就是说，公关活动给我们的机会只有一次，一旦出现失误便无法弥补，所以绝不能掉以轻心。策划人在实施公关活动时一定要考虑周全，真正做到一切在自己的掌握之中。当然，实际执行中总有考虑不周的地方，这就需要策划者有备用举措，有应变能力。策划周全是一方面，另一方面是策划的方案要具有可操作性。操作的每一个环节、每一个步骤事先都要有安排，并对可能出现的情况、问题有一个深入、细致、全面的考察，同时提出应对方案，保证活动的顺利进行。

5. 人员专业合作愉快

公关是利用传播手段去影响、改变人们的态度和行为，使之有利于组织的生存与发展。也就是说，公关关心的是企业人际环境的优化。与西方发达国家相比，我国公关真正落后的是实务技术。造成这种落后的原因，一方面是专业公关策划人才的奇缺，另一方面是公关高手合作精神欠佳。毋庸讳言，近 20 年来，公关在我国的发展之所以表现欠佳，与公关从业人员的素质有着很大的关系。优秀的公关从业人员，除了应具备基本的知识，更应是谙熟人性、掌握传播技术与规律、善于分析把握甚至运作舆论且富于创新意识和创新能力的高级人才，同时也是具有很好的团队精神和合作意识的高情商人才。

6. 策划结果应予评估

企业在对公关活动进行评估时，往往只评估实施效果，评估不够全面。评估公关活动时，除实施效果外，还要评估活动目标是否正确、卖点是否鲜明、经费投入是否合理、投入与产出是否成正比、公众资料搜集是否全面、媒体组合是否科学、公众与媒体关系是否更加巩固、社会资源是否增加及各方满意度是否量化等，只有这样，公关活动的整体效果才能体现出来。这种全方位评估有利于活动绩效考核、责任到人，更能增加经验，为下一次公关活动的策划与实施打好基础。

9.2　公共关系的基本原理与企业公关策划的基本策略

9.2.1　公共关系的基本原理

将复杂的公关过程简化以后可以发现，公关活动的三个基本要素是组织、传播和公众。任何公关活动都是由这三个要素构成的。在这三个要素中，组织和公众是公共关系的承担者，分别是公共关系的主体和客体。这两者之间的相互作用方式是"传播"，而现代公关传播的本质是组织与公众之间信息的双向交流。组织与公众沟通交流的"双向性"是现代公关传播的本质特征，如图9.2所示。

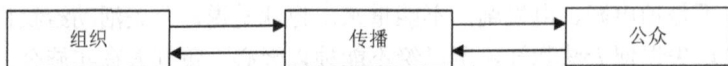

图 9.2　现代公关传播三要素联系图

可见，三个要素之间的联系就是组织与公众之间通过传播活动所形成的信息的双向交流。现代公共关系是组织的一种管理职能，这种管理职能的本质属性就是"组织与公众之间的传播管理"。

在企业策划学里，组织是指企业这一组织形式。

1. 企业——公共关系的主体

企业是公共关系的主体，即公共关系的承担者、实施者、行为者。企业作为公共关系的主体，有其总体目标和需要。公共关系的诸项功能并不是游离于企业的总体目标之外而孤立存在的。因此，公共关系是从属于企业总目标的，是企业整体功能中的一个有机组成部分，是企业职能系统中的一个子系统。

从传播主体的角度看，公共关系是一种有目的、有计划、受控制的持久过程。组织要管理或控制自己的公共关系状态和活动，必须建立一定的管理和控制系统，形成相应的公关职能和工作机制，配置必要的职能机构和专业人员。

2. 传播——公共关系的过程和方式

传播是公关活动的过程和方式。公关活动的过程，就是运用各种传播媒介和沟通手段，在组织与公众之间建立有效的双向联系和交流，促成相互间的了解、共识、好感与合作。"communication"一词在中文里既可译作"传播"，又可译作"沟通"，其含义是人类社会中信息的传递、接收、交流和分享，即运用一定的符号，通过一定的媒介，将信息传递给对方。对方接收到信息后产生一定的反应，并以一定的形式将信息反馈回来。通过这种双向的交流，双方逐渐达到分享信息、相互了解、形成共识的目的。

人类社会依靠传播形成各种社会关系。特别是在信息社会，要有效地形成和发展各种社会关系更加离不开传播。传播既是公共关系的方式，也是公共关系的过程。离开了传播这个要素，就无法界定公共关系。

企业、公众、传播这三个要素展开成为公共关系的基本原理。

3. 公众——公共关系的对象

公众是公共关系的对象。公共关系是由企业运行过程中涉及的个人关系、群体关系、企业关系共同构成的。这些关系之间相互影响、相互作用，即公关过程是企业与公众之间经过传播活动相互影响、相互作用的过程。公众是任何公关活动都不可缺少的一个方面。离开了公众，公关活动就无所指向，本身也会失去意义。因此，企业在进行公关策划的时候，必须首先确认自己的公众对象，分析研究自己的公众对象，根据公众对象的特点去制定公关工作的目标和计划，随着公众对象的变化去调整自己的公关政策和行为。

公众作为公共关系的对象、客体，并不是完全被动的，而是有意志、有愿望、有行动的个体、群体或组织。因此，公众的观点、意见、态度和行为在公关过程中是一系列不断运动、变化的因素。

9.2.2　企业公关策划的基本策略

1. 以直接宣传为特征的公关策划策略

1）新闻媒介法

新闻媒介法可以是组织自己整理材料，然后将这些材料交给新闻界传播给公众，也可以是组织举办一些有吸引力的活动，让那些争抢新闻的报社、电台等新闻机构主动将这些材料传播给公众。

虽然宣传媒介不由企业控制，但企业公关策划做得好就可以让传播媒介主动宣传，这往往比大量做广告更有效。

2）音像视听法

音像视听法是由公关人员利用幻灯片、录音、录像、光碟等音像视听材料在特定的时间和特定的场合向特定的公众作宣传。

音像视听法应用的场合主要有以下几种。

（1）组织召开一些会议时作为讲解的辅助手段，这样可以加强效果。

（2）组织举办展览会时，运用音像视听法可以使与会者更详细地了解展品和展览会上没有的东西，提高与会者的兴趣。

（3）在组织公众参观时，加上一些音像视听材料也可达到详细介绍的目的。

音像视听材料可由公关人员随身携带，并在适当的场合进行展示，不一定邀请公众前来。将这些成本并不高的音像视听材料作为礼物或资料赠送给某些主要的公众，可以取得很好的效果。

3）刊物图片法

组织在公关活动中定期或不定期地出版一些刊物、图片等印刷品的方法称为刊物图片法。组织所发行的刊物一般有对内和对外两种。专为组织内部成员发行的刊物称为内部刊物，专为外界发行的刊物称为外部刊物。刊物一般有以下几种类型：杂志、报纸、文宣品、年度报告及纪念刊等。

发行这些刊物必须注意：要明确对象；要明确编辑方针，即编辑刊物的目的；要明确发行数量；要有好的刊物名称。另外，刊物图片的印刷方式、印刷次数、收费标准及发行方式等都是需要考虑的问题，只有在事前充分考虑了各种情况，才能使刊物及图片有较好的效果。

内部刊物是做好组织内部公关的一种较好的方法，外部刊物对提高组织在外界的形象大有好处，是做好对外公关的良好工具。

4）公关广告法

公关广告又称"形象塑造广告"。公关广告法就是通过发布合适、有效的公关广告来实现组织的公关目的的一种策划方法。

公关广告的目的是树立企业的形象、取得尽可能多的公众支持和谅解，以及消除误会。另外，公关广告可以表明企业的发展目标，但不能让人觉得不切实际，更不能为了提高自己而指责别人。公关广告中若要说明取得的成绩，应注意不要将这些成绩归功于一人或少数人，而要提到组织的全体成员和公众。

公关广告在实施时还要注重媒介的选择。报纸、广播、电视等新闻媒介的特点不同，所以宣传效果也不尽相同，而广告的宣传除了通过这三种主要媒介外，还可通过招贴、竖广告牌、邮寄及互联网发送等。公关人员应了解所有这些手段的特点和宣传效果，并能根据需要选择不同的媒介和宣传方法。

2. 以收买人心为特征的公关策划策略

1）赞助、捐献法

赞助、捐献都是企业为了求得本身的发展而发动的一种宣传攻势。有的属于"推销"——在"黄金时间""热门项目"上花一些宣传费用，以便达成巨额的交易；有的则属于"攻心"——资助公益事业或社会福利事业，为企业树立形象。

体育赞助营销具有路径清晰、轻资产运营、见效快等优势，同时还能很好地整合盘活体育资源，实现服务升级。因此，无论是顶级的还是大众的体育赛事，都越来越受到各类品牌的青睐。

体育公关之所以热门，不单是由于它具有很高的投入产出比，也是由于体育运动为广大的社会公众所热切关注和积极参与。企业想要通过支持一项公众关心的活动，表现其社会责任感，求得公众的喜爱与信任，可赞助的不只是体育，凡是有益的社会活动都应当加以考虑。多行善事，同样可以收到体育公关的效果。归结起来，除了体育活动，可赞助的社会活动主要有以下几类。

（1）各种社会福利事业。赞助社会福利事业，包括捐助社会上的残疾人、孤寡老人，救济经济困难者和失业者，援助受灾或经济落后地区等。

（2）各种文化活动。开展文化活动，如为某一主题开展义演、义展，出资拍摄影视，扶持民族文化、艺术等。

（3）资助、兴办教育。国外尤其重视教育这一千秋大计。根据美国教育促进与支持委员会（Council for Advancement and Support of Education）2019 年的报告，从 2017 财年到 2018 财年，美国高校的校友捐款增加了 6.9%，达到 121.50 亿美元。

（4）公共节日的庆典活动。公共节日的庆典活动的影响力和影响面值得重视。

捐款宣传往往体现着企业的精神风貌和道德倾向，恰当地运用这一方法可起到很好的抛砖引玉作用。

2）躬亲服务法

躬亲服务法是指企业始终如一地注意为客户提供服务与方便，以形成攻势强大的口碑效应，俘获公众的心。这种方法虽然耗时长且任务艰巨，但其影响却是美好而深远的。一个好的公关部门负责人，总是身体力行，教育和督促企业中的员工创造最佳服务，在微小细节上对顾客负责，以实际行动赢得企业的声誉。

只要有公关意识，积极地开动脑筋，为顾客提供优质服务，就能有效地推进公共关系，为企业争取良好的生存环境。

3）拆篱芳邻法

"拆篱芳邻"的"拆篱"是指建立开放型的企业，"芳邻"则是亲善邻里，即：一方面是要开放门户，不要画地为牢；另一方面是要亲善邻里，为社区事务多做贡献。

开放门户是指企业不应成为公众的禁区，应当欢迎并且想办法招来公众参观。那种门口挂上"工厂重地，谢绝参观"牌子的做法，从公关角度来看是愚蠢的，因为那样会赶跑潜在顾客，使热心的公众望而却步，在企业和公众之间无形中筑起了藩篱。国外一位有经验的董事长曾深有体会地说："消费者参观过工厂后，对所参观的企业印象深刻，自然而然会有一种亲切的感觉，会对所用的产品产生深厚的感情。"这正是"参观促销"的根本原因所在。日本丰田公司就把让人参观工厂作为拓销产品的较好、较快的方法之一。

亲善邻里是指对社区公众有利、有实惠的事情，企业都应当努力去做。因为做这些事的同时也等于在做自己的公关广告，能够塑造企业的形象，提高企业的知名度和受公众拥戴的程度。

3. 以确定目标为特征的公关策划策略

1）调查研究法

组织给外界的形象如何？公众的要求和意见有哪些？广告战略的效果怎样？哪种媒介的覆盖面大？要回答这些与组织的公关目标密切相关的问题，就需要公关人员去搜集各方面的资料，调查、了解并研究各方面的信息，以寻求这些问题的答案，这就是调查研究法。

2）培训服务法

将培训服务法作为经营公共关系的一种方法，是因为这么做不但方便了顾客、介绍了产品，还联络了主顾的感情。现在，企业在售出产品的同时免费提供培训服务已是一种盛行的做法了。一些企业除了提供一次性的免费培训，还为买方以后的人员培训、新技术的授让提供种种优惠和方便。培训的方式一般有"派出去"和"请进来"两种："派出去"就是企业派出技术骨干到买方开展培训；"请进来"则是企业邀请买方人员直接到企业中受训。培训的对象也不仅仅局限于现有顾客，有远见的企业家会把眼光放到更广泛的潜在顾客身上。培训已经被作为一种介绍产品、招揽顾客、传播信誉的手段，因为许多时候人们对广告宣传的产品到底怎么样持将信将疑的态度，对产品的功能仍然不甚了解，希望可以有进一步的了解。这时，培训就为这些潜在顾客提供了机会，不但让他们了解产品，也让他们了解企业本身，在双方的接触中相互增进感情与信任。在这些人当中，即使有些不会成为顾客，也会成为企业的义务宣传员。

进行培训服务时，要注意严格挑选教员和学员，有一方面不合格，都可能起到相反的效果。传授当中，要倾其精华，使学员学有所获。

3）目标定位法

策划公关活动要有准确的目标定位。企业为一项公关活动投入了大量的人力、物力和财力，当然就要关心到底取得了什么效果。那种只管播种、不问收获的做法，谁也不愿去干。因此，检验公关活动效果的问题，实质上就是检验其是否达到预定目标的问题。显然，关键点又回到了公关活动开始前的目标制定上。那么，怎样才算是达到了目标？评价的标准是什么？只要标准落实了，效果的检验就容易做了。在制定标准时，还应注意将定性的评价标准转换成若干定量的评价标准。

采取目标定位法策划公关活动，有三个重要环节：一是确定公关目标；二是制定公关目标要达到的衡量标准；三是确定评价公关活动效果的方法。评价公关活动效果的方法主要有以下几种。

（1）统计问询数字，即一篇有关本企业的新闻报道刊出后，或本企业的公关展览展出后，公众通过信函、电话及口头等方式发出的问询有多少？这一统计数字可在一定程度上反映此类公关活动所产生的效果。

（2）定期进行民意调查，了解公关活动进行前后公众对本企业态度的变化。

（3）统计在新闻媒介上出现本企业的名字、事迹、广告及照片等时，公众的收视情况，由此分析公众对本企业的关注程度。

（4）调查公众对本企业了解程度的增加情况，包括他们对本企业的性质、产品特点、销售方式特点的了解程度是否进一步加深。

9.3　企业公关策划的基本技巧

9.3.1　军事谋略式策划技巧

1. 知己知彼

"知己知彼"是军事战略中的基本原则。在公关活动中，透彻地把握公关对象的习性、爱好，然后尽可能地满足对方，使对方心情愉悦，能够比较容易地达到自身目的。

2. 迂回战术

迂回战术在军事上是指军队绕向敌人后背深远处，寻其薄弱环节或要害部位痛击，从而瓦解其全军的作战行动。公关活动也可以借用此战术，以削弱对方的抵触情绪和逆反心理。这种方法往往比正面交锋效果更好。运用迂回战术的方法主要有调动情感法、控制心理法、展示后果法等。

3. 全面攻防

全面攻防是企业遇到危机时的一种以攻为守的公关方法，使用这一方法的前提是引起危机的事件是有关方面的一种误解、一种冤枉，或是一种恶意竞争。全面攻防是为此而进行的全方位地保护自身利益的一种主动出击的行为。

4. 出奇制胜

军事行动贵在出其不意，在敌方还没意识到或没明白过来时突然出手而大奏奇效。出奇制胜也是公关策划的重要方略之一。最好的计谋是他人还一时难以认识的计谋，最高明的行动是他人没有意料到的行动。出奇制胜的公关策划，就是要独具慧眼，见人所未见，知人所未知，先人而出，先人而动。

5. 随机应变

"将在外君命有所不受"，说的就是战场上情势瞬息万变，为将者要能依据情势随机应变。在公关策划中，随机应变是指在客观条件发生变化的情况下，公关人员能作出得体的、有利的反应，进而维护企业的地位、利益和信誉。在市场经济竞争环境中，市场局势瞬息万变，新情况、新问题、意外之事可能随时出现，这就要求公关人员具备应变技巧和能力。

6. 洞察时势

军事行动需要有高瞻远瞩的战略眼光，公关策划也是如此——站得高，看得远，想他人所未想，及他人所不及。具体是要能发现需求点，服务需求点；把握良机，大展拳脚；长期规划，未雨绸缪。

7. 分秒必争

"迅雷不及掩耳"说的是在战争中要抓住先机，快速反应。公关策划也要充分运用这一原理，以"卒电不及瞬目"之势，分秒必争，先发制人，以快取胜，掌握时间的主动权。

9.3.2 抓住公众心理式策划技巧

1. 利用好奇心

人都有好奇的心理，公关策划要充分利用人的这一特点，激发其好奇心，或通过制造奇物，或通过渲染奇情以满足消费者的需要。

2. 运用暗示

暗示是一种信号化的刺激，即不公开地、隐蔽地、含蓄地给人以启示，让人明白所要表达的意思。从社会心理学的角度来看，暗示是在无对抗的条件下，用含蓄、间接的方法对人的心理和行为产生影响。这种影响表现为使人按一定的方式去行动或接受一定的意见，它是一种被主观愿望肯定了的假设，不一定有根据，但由于主观上已肯定了它的存在，便使人的心理尽力趋向于这项内容。暗示分为点化式暗示、引发式暗示、他人暗示、自我暗示等。

3. 避开忌讳

不同国家、不同民族、不同时代的人们各有不同的忌讳。公关策划中必须做到知己知彼，了解对方忌讳，避开"雷区"，以求顺利过关，达到目的。忌讳有说话的忌讳、行为的忌讳、服饰的忌讳、思想的忌讳等。

4. 察言观色

察言观色是指深刻地了解公关对象，透过扑朔迷离的表象抓住背后隐藏的本质来策划公关活动。

5. 攻心为上

公关以攻心为上策，是指根据顾客的需要，有针对性地启发对方改变自己，达到公关的目的。

6. 人性弱点

利用顾客或对手的人性上的弱点进行公关，往往能取得奇效。当然，这种公关只适合针对少数人或个别人。

7. 友情与事情

俗话说："事情是事情，友情归友情。"但心理学证明两者有着必然联系。如果能在一个人所关心或者爱好的事情上成为他的伙伴或者支持者，感情就容易建立；如果彼此有感情，则双方也希望在一些事情上能有共识。这就是心理学上所谓的"相似性"。在公关策划中，为做好事情，可以从建立友情着手。

9.3.3 巧借社会资源式策划技巧

1. 对症下药

在公关策划中，要弄清楚公关的起点或缘由，了解公关环境的基本情况，然后对症下药，以使"药到病除"。

2. 败中求胜

好的公关往往能消除损失，不仅不让它产生有害的负面影响，反而使它有利于企业形象。要想在败中求胜，需要做到以下两点。①正确对待已发生的事件。由于组织是在极其复杂的现实环境中运行的，因而，任何人均无法对事情的发展作出准确无误的预计，失误在所难免，而且失误的发生直接影响商品和企业的形象。一旦发生，企业必须承认过失，承担责任，而不是消极推诿、逃避责任。②及时对失误进行补救。所谓及时，即在失误被发现的第一时间就开始进行补救，这样才会尽可能地减小负面影响。

3. 惊人之举

为了大力提升企业形象、拓展新产品市场，公关策划中可以运用惊人之举的技巧，制造新闻，形成惊世骇俗的效果。当然，这需要有巨大的财力作支撑。例如，索尼公司于 1989 年 9 月以 46 亿美元买下美国哥伦比亚制片娱乐公司，引起全世界的极大关注，在美国引起的激荡更是强烈。《华盛顿邮报》惊呼："索尼买走了美国的一部分灵魂。"

4. 制造新闻

一件在常人看来平淡无奇的事，到了公关策划专家眼中会有意想不到的价值。在许许多多的免费宣传性公关活动中，利用新闻媒介制造新闻是最主动、最有效的传播方式。它使企业积极主动地寻求扩大影响的机会，抓住时机"制造"新闻，从而引起新闻媒介的兴趣，转而对企业进行免费宣传。它同时以社会组织充分认识新闻媒介公众的地位为前提，如果对新闻媒介公众的作用缺乏足够的认识，是无法也不可能产生"制造"新闻的热情的，因而也不可能经常保持与媒介公众的友好关系。

制造新闻要满足两个条件。一是该新闻要新、奇、好。新，是指近期的、独一无二的；奇，是指事件能激起公众的好奇心；好，则是指事件本身富有一定的社会效益，同时也必须有典型性。二是把握发布时机。

5. 名人公关

名人公关是指借各界名人的影响树立企业形象或产品形象。

6. 举一反三

"举一反三"出自《论语》，意思是善于推理，善于进行由此及彼的联想。在公关策划中，举一反三是指要将一件事作为契机，扩展开来，由此及彼、由小到大地造出声势，扩大对企业有利的影响。

7. 信誉无价

建立信誉是公关策划中的重要内容。建立信誉等于建立了一个公众联络网，对企业而言是无价的。

9.3.4 以情感人式策划技巧

1. 情感投资

情感投资是公关策划中常用的技巧，对公众以礼相待、以情动人，是情感投资；对公众坚持永久服务也是情感投资。沃尔玛在店堂醒目位置挂上："第一，顾客永远是对的；第二，如果顾客有错，请参看第一条。"这既是对员工的教育和提醒，也是一种情感投资。

2. 以静制动

公关交往中，对方有时情绪会不稳定，或者是火冒三丈、说话粗鲁、不留情面，使人十分难堪，或者是语带讥讽，或者是委婉含蓄地抱怨。遇到这些情况，企业应当做到以下几点：①冷静处理；②先理解，再化解；③以幽默作中介；④洞察动机，万勿上当。

3. 诚信为本

诚信永远是公关策划的主题之一，一个可持续发展的企业必须以诚信为本。诚实守信对企业而言，是获得公众信任的主要途径。有时自揭其短，也能收到意想不到的效果。

4. 适时幽默

在公关活动中适时地运用幽默，既可以化解危机，冲淡怨恨，平息纷争，也可以博取好感，强化记忆，解决问题。

5. 追求卓越

追求卓越是指在公关活动中把追求卓越放在首位，追求品牌的卓越、品质的卓越、服务的卓越，以此来开拓新顾客，留住老顾客。

6. 入乡随俗

在公关活动中必须讲究入乡随俗。各地、各族的习俗，是其传统文化的积淀。如何在公关活动及营销过程中区别对待不同的文化传统，以缩短双方之间的情感距离，减少因文化背景的悬殊而造成的经销失败，是公关策划人员要着力考虑的。

7. 精诚所至

"精诚所至，金石为开"，意为人们做事要抱定至诚的追求、信念，矢志不渝，最后必然能够获得成功。做公关工作，就需要具有这种精神。

9.4　企业专项活动公关策划

9.4.1　事件公关策划

20 世纪 90 年代初，某集团在长江上游的一家四星级酒店刚开张不久，便连续淘汰了两位年轻貌美的公关部经理，第三位是德国的总经理亲自挑选的一位 30 多岁的女经理。到任之前，这位女经理连"公关"这两个字都没有听说过。情急之下，禁不住向人探问，到底该怎样做公关。谁都没有给她详细的解释，那位德国的总经理也只是告诉她，上任第一周内她必须想出八件"事情"，在当地交上八个新闻界的朋友。结果这位有着高校教师资历的女经理想出了邀请当地记者协会与酒店白领举办一场足球比赛的"点子"，一下子为酒店交下了远不止八个新闻界的朋友。这就是事件公关策划，即通过策划具体的事件，达到企业公关的目的。

事件公关策划还要能巧妙利用事件。日本电通公司曾利用企业搬迁这一平常事件，成功地导演了一出公关好戏。1967 年 7 月 1 日清晨，2 000 多名职工在公司经理的率领下，举着"谢谢银座各界人士过去的照顾"和"欢迎驻地各界人士以后多赐教"的旗子，浩浩荡荡地离开银座旧楼，向驻地新楼行进，沿街的公司、商店从业人员和顾客目睹这一壮观场面后，都异口同声地赞美该公司。

事件公关策划中要注意以下事项。

（1）任何事件的公关策划都要考虑到这件事带来的未来影响：若是正面影响，则要加以充分利用；若是负面影响，则要全盘考虑，要对如何消除负面影响有一个应对之策。

（2）树立企业或者产品的形象是公关策划永远的主题。日本电通公司 2 000 多人的搬迁行为，多多少少有扰民的成分在里面，但巧妙的策划使大家没有感觉到被打扰，反而兴致勃勃地观看起来，对促进公司形象起了重要作用。

（3）善于从平凡的事件中发现不平凡的策划主题。日本电通公司搬迁时打出的两条标语，银座的人看着欢喜，驻地的人看着高兴，既没失去原来社区的支持，又得到了新社区公众的信任。

9.4.2　项目公关策划

项目公关策划是比较大型的公关策划，是指通过有效的公关策划，形成一个投资项目、开发项目。1977 年，日本兵库县舟波山上的居民请一位专家为自己的村落进行脱贫致富的策划。这位专家认真地进行现场考察，他看到的是深山寒舍、崎岖山路、茂密丛林，荒凉无比；听到的是呼啸的山风、鸟鸣兽叫，这里等于"没有任何东西"，而没有任何东西就等于生活在"原始"状态中。这种令人绝望的贫穷并未使专家丧失信心。他考虑到，生活在高度物质文明下的其他地区的日本人，普遍存有追求新奇生活、渴望回归大自然的心理，于是就从山区的"原始"状态开始策划，让居民在大树上建造小屋，并使其布满全山。小屋离地三四米，能住五六人，透风、摇晃，能听到风声、鸟鸣……消息传出，城市人都想体验一下人类祖先在树上栖居的滋味，结果，人们纷至沓来，平均每天约有 100 人像猴子一样爬至树上小屋住宿，很是刺激。当然，体验这些都需要付费。三年过后，这里宽阔的道路铺上了，巴士开进来了，居民收入人为增加，村落开始繁华起来。

这里，策划专家把社会学、心理学等科学知识应用到策划领域，以艺术化的手法使一个落后的山村一跃成为旅游胜地，是成功的项目公关策划。

项目公关策划要遵循以下原则。

1. 项目的可行性

项目策划不同于出主意，仅仅是"脑袋一拍，计上心头"是远远不够的。项目是一个系统的工程，要有一个完整的策划，策划方案要具有可行性。

2. 项目的效益性

做项目需要有投资，而且可能投资巨大，所以必须准确预算项目的投入与产出比，既要保证一定的经济效益，也要达到较好的社会效益。

3. 项目的独创性

独创性是所有策划的共同要求，项目尤其如此。项目本身没有可重复性，重复的项目，从公关策划的角度来说，已无多大意义。

4. 项目的关联性

项目公关策划不是一项孤立的行为，必须依据原有的基础、现实的状况、社会的需求等展开。同时，项目策划还要与政府的整体规划、当地的风俗民情及企业的发展能力等相关联。总之，要综合考虑各方面因素进行策划。

9.4.3　营销公关策划

通过成功的公关活动达到预期的营销目标的策划称为营销公关策划。

日本索尼公司在开发超小型立体声放音机——"步行者"这一产品时，没有对它寄予太大的希望。因为该产品虽然具有体积小、分量轻的优点，但不具备录音功能，这使人感到美中不足。但是，当产品投入市场后，在同类产品每日最多只能销售 1 万台的形势下，超小型放音机的销售量却直线上升，进而在日本青年人中间迅速普及，成为市场上的一大畅销商品。意料之外的畅销来源于卓有远见的公关策划，索尼公司没有让该产品只风靡一时，而是把它作为一个社会现象和社会习俗固定下来。具体的计划是把宣传超小型放音机同当时正在流行的散步和滑雪等健身需要、室外活动需要结合起来，展开了一场独特的公关攻势。具体的做法是将公布这一新产品诞生的记者招待会安排在东京闹市区的代代木公园内举行，之所以在公园，是为了强调超小型放音机能满足室外活动需要的功能。索尼公司雇用了很多模特，他们或戴着立体声耳机，边散步边听音乐，或穿着旱冰鞋往来穿梭，给公园的游客留下了一种边进行体育锻炼、边欣赏音乐的深刻印象。此外，索尼公司广赠说明书给记者，或请他们试用，并将产品赠送给知名人士，聘请他们做评论员，还在繁华地区作产品展览，很快"步行者"成为一种消费时尚。

从这个案例中我们可以发现，营销公关策划要注意以下几点。

（1）通过有效的市场调查，把准产品和消费者的脉搏，寻找公关活动的切入点。

（2）商业味不能太明显。公关毕竟是公共关系活动，本意虽是营销，但不是直接推销。

（3）要有明确的公关目标，或是引导潮流，或是满足需求，或是提升生活品质等。

9.4.4　品牌公关策划

品牌公关策划是一种战略性策划，能够起到树立品牌形象、提高品牌知名度、激励销售人员和经销商等作用。建立品牌是所有公司谋求长远发展的共同选择。20 世纪 80 年代初，富士胶片公司向柯达公司发起挑战并屡屡得手，柯达公司却不太在意。1984 年，富士胶卷被指定为奥运会官方专用产品，胶卷市场形成了两强争霸的格局后，柯达公司才把富士胶片公司当作一个真正的对手，才有了宏观的战略规划，并制定了战略公关的总计划。

进行品牌公关策划要注意以下事项。

1. 应与民族文化传统相吻合

品牌的背后是文化，品牌的力量来自根植在品牌之中的深厚的文化内涵。任何地域的文化都带有品牌发源地的民族文化烙印，因此，品牌公关策划应与民族文化相吻合。无论产品销往何处，特有的民族文化内涵是其品牌得以发扬光大的前提。民族的品牌才是世界的品牌。

2. 应坚持面向消费者的准则

良好的品牌形象是公关策划追求的目标，塑造一个良好的品牌形象不容易。如同每个人都渴望自己有个好名声，对于一个品牌来说，其与消费者关系融洽，就能带给消费者信赖和可信的感受，这是品牌得以生存和升华的根本。

3. 应在市场细分基础上锁定目标公众

消费者这一数目庞大的公众群体，可以划分为各种各样的团体，要根据市场细分原则使品牌的公关策划与推广策略针对特定的目标公众。例如，麦当劳以个人特色和麦当劳之家为定位的杠杆支撑，将力量集中在售点乐趣和孩子两件事情上，其设计的各项活动为许多孩子和家庭创造了一个快乐的环境。由孩子这一特定群体介入进而打开广大的市场，为麦当劳创造了举世闻名的品牌并带来滚滚财源。

4. 重在创新、贵在可持续发展

良好的品牌形象是公关策划追求的目标，当宏观的总体公关战略确定以后，就需要利用各种方法和手段来实现这一目标。成功的公关策划既是品牌建设，也是一个企业逐步发展和走向腾飞的关键。越来越多的企业开始致力于品牌公关策划，并希望能够找到适合自己发展的公关策略。在日复一日之中，企业获取了许多"公关法则"中的精髓，而在林林总总的公关策划中，成功者大多是创新者。

同时，品牌公关策划是一个长期的战略策划，须充分考虑其是否可持续发展。

9.4.5　会议公关策划

美国公关大师 J. 伍德（J. Wood）曾经为他所服务的伍尔沃思百货公司做出过"总裁擦皮鞋"的会议公关策划，伍德在回忆这件事时写道：

伍尔沃思百货公司以自以为是、倔强傲慢而著称，这在静坐示威的危机年代里对自己可是没有一点好处。我知道，这个公司在它贵族式的外表背后有着真正的热情，所以我一直在想办法使这一真相广为人知。

一天，我很偶然地和一位名叫迈克的可敬的老先生聊了起来，这位老先生几十年来在伍尔沃思的经理办公室里一直干着给人擦皮鞋的活儿。他告诉我，整整50年来他一直是靠在这里擦皮鞋养家糊口的。别的不说，他靠自己擦皮鞋的收入把两个孩子送进了大学。

我建议在这家公司的曼哈顿办公大楼为迈克举行一个祝贺他在伍尔沃思百货公司工作满50周年的晚会，公司满怀热忱地批准了这个建议。报界和电视台的人们也被这一消息吸引，我想我们很可能会得到有利的报道。就在这时，我突然想到了一条保证得到有利报道的途径。

我走到了伍尔沃思百货公司总裁 B. 柯克伍德（B. Kirkwood）面前。"柯克伍德先生，"我说道，"我可能会为此被解雇，但我还是愿意提个建议，我觉得如果你要是给迈克擦擦鞋的话，这将是个很好的举动。"

柯克伍德目瞪口呆地盯着我，好半天缓不过神来。但是他很清楚我说的是什么。我不需要给他拿出理由，他完全理解这些理由。这个想法太美妙了，没办法抛开。

他点了点头。"把刷子和鞋油拿来，我这就去干。"他说。

全国的报纸和电视都再现了这一幕情景。此情此景之下，谁还会觉得伍尔沃思百货公司是一个"自以为是、倔强傲慢""墨守成规"的机构呢？

这里，伍德的策划其实是把会议策划与事件策划巧妙地结合在一起，获得了成功。实际上，纯粹的会议策划也是很多的，如各类庆典会议策划、联谊会议策划、展销会策划、记者招待会策划等。这部分内容在公共关系学里已有相关介绍，这里不再展开。

9.5　企业文化策划

9.5.1　企业文化策划的要求

1. 企业文化策划的核心是"以人为本"

"以人为本"是形成良好企业文化的基础，但国内很多企业的经营理念未真正做到以人为本。成立于1812年的花旗银行，历经两个世纪的潜心开拓，已成为当今世界规模最大、声誉最响的全能金融集团之一。它的成功与创业初始就确立了"以人为本"的战略是分不开的，花旗银行十分注重对人才的培养与使用。它的人力资源政策主要是不断创造出"事业留人、待遇留人、感情留人"的亲情化企业氛围，让员工与企业同步成长，让员工在花旗银行有"成就感""家园感"。企业文化策划，就是要紧紧抓住这一核心，真正把"以人为本"落实在具体的策划方案中。

2. 企业文化策划的基础是经营管理理念

1）企业经营理念要以消费者为中心服务社会

"以消费者为中心"是对企业经营的最根本的要求，是企业文化的基础。失去消费者，企业就失去了生存的根本。当然，大家都想让消费者满意。只有采取尽量比他人做得更好的原则，才能有机会把自己的特色展现出来，形成以服务为中心的企业文化。

2）企业管理是企业文化策划的基础

企业文化的形成没有捷径，只有通过完善管理，一点一滴地凝聚、升华企业精神，才能为企业文化打好坚实的基础。

3. 企业文化策划须建立共同愿景

美国著名的管理学家彼得·圣吉（Peter Senge）在其著作《第五项修炼》中提出了企业共同愿景理论，意思是说一个企业及其员工必须有一个共同为之奋斗的目标，这个目标可以作为核心凝聚力使员工团结起来共同努力。在激烈的市场竞争中，企业如果没有一个自上而下的统一目标，是很难参与市场角逐的，更难在竞争中求得发展。

企业也是一个利益共同体，其员工需要一个共同的目标，通过对目标的努力，逐步形成员工精神，确立企业文化。企业文化是企业优良传统的结晶，是维系企业生存发展的精神支柱。共同的价值观、共同的信念会使企业员工凝聚成一个整体，并在工作中遵守企业的行为准则和道德规范，为实现企业的经营目标而努力。

4. 企业文化策划离不开宣传和企业形象识别系统

企业文化与企业形象相辅相成，企业形象具有很高的价值。据国际设计协会统计，在企业形象上投资1美元，可得到227美元的回报。企业文化策划要重视宣传，同时要导入企业形象识别系统。

企业形象识别系统是 21 世纪企业发展的一种新战略和新动力。企业形象识别系统能够塑造、完善和提升企业形象，强化企业市场竞争能力。它通过整合把嘈乱纷杂的声音精炼提纯，将企业原本模糊的特点鲜明地展现出来。企业形象识别系统将企业经营理念贯穿其中，能使人产生共性的意识形态，帮助企业在逐步的积累和发展过程中形成企业文化。

5. 企业文化策划要把握好时机

企业文化策划应引导企业把形成企业文化的各种条件、基础工作做好；引导员工目标思想统一，逐步形成适合企业发展的企业精神。企业文化是根据企业的状况和环境形成的，不适合的企业文化会适得其反。张瑞敏接手青岛电冰箱总厂时，制定的第一个规定竟然是"车间禁止大小便"，先整顿企业文化认同感混乱的现象。在将提高质量、降低成本的基础工作落到实处后，他果断地提出"创新"的口号。通过创新，海尔走向世界。在这个过程中，员工看到了"创新"对于企业的重要意义，统一了奋斗目标，围绕"创新"形成了自己的企业文化。假如张瑞敏一开始就把"创新"贯彻下去，员工可能就不会看到"创新"对于濒临破产企业的意义，企业精神也难以树立。

6. 企业文化策划必须先有自己的特色再创新

"特色"就是一个企业的文化个性，是这个企业在文化上与其他企业不同的特征。它只为这个企业所有，只适用于这个企业，是这个企业生存、发展的条件及其历史延续的反映。

假如把企业看作一个生命体，企业文化就是它的思维方式和行为举止。企业文化策划不能一味地模仿别人，要有自己的特点。企业文化必须突出重点，将不同的价值观念进行分析整合，精心提炼出最适合本企业发展、最有价值的精神。国内外的优秀企业，都是具有鲜明文化个性的企业。提到 IBM 公司人们就会想到"IBM 就是服务"的企业精神，提到沃尔玛大家都知道"低价销售、保证满意"，它们的成功与企业文化适合本企业现在和未来的发展目标密不可分。

市场在不断变化，企业一成不变的结果只能是被市场淘汰。《第五项修炼》中预言道，21 世纪竞争胜利的企业只能是那些学习型的组织，最终的竞争优势取决于一个企业的学习能力及将其迅速转化为行动的能力。企业必须不断地扬弃过去、超越自我、展望未来，提升原有的企业价值观和企业文化，坚持创新、改造自己、追求卓越才是先进企业文化的内涵。

9.5.2 企业文化策划方法

1. 提炼企业理念

提炼企业理念的一般程序如图 9.3 所示。

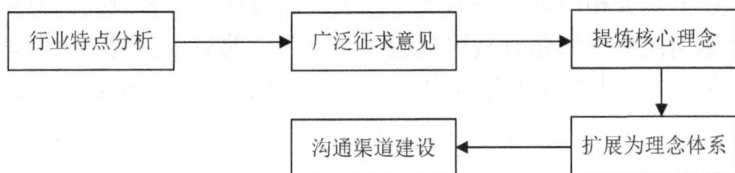

图 9.3　提炼企业理念的一般程序

（1）行业特点分析。行业特点分析是指在进行企业文化策划时做到策划方案与行业特性和企业的经营特点相一致。

（2）广泛征求意见。广泛征求意见是指企业高层管理者要创造各种机会让全体员工参与进来，共同探讨企业的文化。不妨先由高层制造危机感，让大家产生文化变革的需求和动机；然后在各个层面征求意见，取得对原有文化糟粕和精华的认知；最后采取扬弃的办法，保留原有企业文化的精华部分，并广泛进行宣扬。

（3）提炼核心理念。企业必须首先树立自己的核心价值理念，而且要使之成为企业员工都认知和认同的理念。同时，在做品牌推广时，要让顾客也认同企业的这种价值理念。例如，海尔的"真诚到永远"已经由最初的产品和品牌理念上升为一个企业的理念，成为海尔企业文化的核心。

（4）扩展为理念体系。扩展为理念体系就是将提炼出来的核心理念拓展为企业各个层面的管理思想和方法，这样才能使企业文化理念体系完整起来。例如，海尔围绕它的核心理念，形成了完整的理念体系：人才理念——海尔赛马不相马；质量理念——有缺陷的产品就是废品；兼并理念——吃休克鱼；研发理念——用户的难题就是我们的难题。这些理念背后，又有相应的办法和制度作为支撑，使整个理念体系变得生动而有效。

（5）沟通渠道建设。沟通渠道建设，即在企业的各个沟通渠道进行宣传和阐释。企业内刊、板报、宣传栏、各种会议、研讨会和局域网，都应该成为企业文化的宣传工具，要让员工深刻理解企业的文化是什么，怎么做才符合企业文化。同时，还应在各种场合有意识地宣扬企业的文化，让顾客认知本企业的文化，成为企业的忠诚客户。

2. 将企业文化转化为相应的制度

优秀的文化要落到纸面，让大家有章可循。尤其对于人力资源制度，包括招聘、培训、考核、薪酬、任免及奖惩等，都应该深刻体现本企业的文化。惠普公司之所以能成为行业内的楷模，就在于它不仅树立了一种优秀的"以人为本"的文化，还使这种文化生根发芽，制定了科学的制度来落实这些优秀的理念。

3. 将企业文化以合适的方式向合适的对象传播

优秀的企业文化除了让企业的中高层管理者认同，还要让所有的员工，甚至是临时的员工都认同。企业在导入新的企业文化时，应该根据自己提炼的企业理念，找出企业内部现在或者过去相应的先进人物、先进事迹进行宣传和表扬，并从企业文化的角度对其进行重新阐释。海尔总裁张瑞敏"砸冰箱"的故事，就是企业理念故事化的典范。同时，在企业文化的长期建设中，先进人物的评选和宣传要以企业理念为核心，注重从理念方面对先进的人物和事迹进行提炼，对符合企业文化的人物和事迹进行宣传报道。

4. 架起沟通的桥梁，使员工有强烈的归属感

企业文化要从大处着眼、小处着手。在日常工作中稍加注意，一样能塑造出浓浓的企业文化氛围。在惠普，即使对董事长，都是直呼其名。同样地，在联想集团，从总经理到基层员工，大家都提倡直呼其名。因为这样的称呼能够拉近员工之间的心理距离，从而提升员工之间的凝聚力。高层管理者是企业文化的建设者，也是传播者。通用电气在自己的价值观里明确提出"痛恨官僚主义"，提倡管理人员深入基层，进行调查走访。通用电气前总裁杰克·韦尔奇（Jack Welch）经常和中层、基层主管进行沟通，他的一句名言就是"管理就是沟通、沟通、再沟通"。

不管是大型公司，还是小型企业，高层管理人员定期（每月或者每季）安排一个固定的时间，单独会见基层的员工——可以是表现突出的，也可以是问题员工，倾听他们的意见和建议，也是一种企业文化建设。

5. 企业高层管理人员是企业文化建设的关键

一些企业高层管理人员总感觉企业文化是为了激励和约束员工，其实更应该激励和约束的恰恰是高层，因为他们是企业文化的塑造者，一言一行都对企业文化的形成和推广起着至关重要的作用。企业的高层领导有时是各种理念、制度的直接破坏者，他们的负面言行对企业文化的破坏作用更大。

企业文化的精髓应该集中在企业日常管理的点点滴滴。作为企业管理者，不管是高层还是中层，都应该从自己的工作出发，改变自己的观念和作风，从小事做起，从身边做起。例如，在思科流传着这样一个故事：一位思科总部的员工看到他们的总裁约翰·钱伯斯（John Chambers）先生大老远地从街对面小跑着过来，后来才知道，原来钱伯斯先生看到公司门口的停车位已满，就把车停到街对面，但又有几位重要的客人在等着他，所以他只好小跑着回公司。因为在思科，最好的停车位是留给员工的，管理人员哪怕是全球总裁也不享有特权。又如，通用电气有一个价值观的卡片，要求每位员工必须随身携带，就连总裁也要随时拿出这个卡片，对员工进行宣传，对顾客进行讲解。

塑造企业文化的办法有很多，但根本的还是在于企业管理者尤其是高层管理者有没有决心和勇气先把自己塑造为企业文化的典范，能不能自己先认同并传播企业的文化，这是决定企业文化成败的关键。

9.5.3 企业文化策划中要注意的几个误区

1. 企业文化可以脱离员工独立存在

员工是企业文化的载体，如果企业文化难以在员工中体现出来，就不能算是真正的企业文化。如果企业的员工对自己的企业是厌恶甚至憎恨的，那企业就没有文化可言。

2. 企业文化可以脱离消费者独立存在

依据这种思想所制定的企业文化是不切实际的，会令企业的发展目标违背市场规律，使企业误入歧途。企业文化脱离了消费者的实际需求的企业，是难以生存下去的。

3. 企业文化是靠宣传产生的

建设企业文化的重要一点就是依靠宣传，但是单单依靠宣传建设企业文化就走入了误区。有些人认为企业文化就是几个领导联合制定的标语口号，甚至聘请专家予以指点使之念起来更加朗朗上口、铿锵有力，努力营造出企业文化的环境；在公众面前树立企业文化的形象，使之成为广告的一种表现形式，让媒体来影响公众，让公众来认可企业文化；为了使内部员工感受到企业文化，进入企业就像进入标语的海洋，从厂部到班组，从办公楼到工作现场，到处都悬挂或张贴着标语口号。严格来讲，以上这些都不是企业文化。

4. 企业文化就是员工的行为规范

有人理解的企业文化是员工统一身着企业的制服，清早排列成行，做体操、喊口号，用铁的纪律和准军事化进行管理，这是一种误解。能否形成企业文化，取决于员工对制度是否真心拥护。如果这种做法令员工厌恶，就难以形成优秀的企业文化。强化纪律不是形成企业文化的必要过程和手段。

5. 企业文化是一些大企业的专利，中小企业用不着也没有能力发展企业文化

有这种想法的企业不在少数。这恰恰是这些企业永远只能是小企业、发展无力的根本原因。发展企业文化并不在于钱多钱少，一些企业的资金并不匮乏，但是缺少对企业文化的执着追求，没有形成一个核心价值观，同样难以形成企业文化。另一些企业，即使在艰苦创业阶段，条件简陋，也并不妨碍其优秀企业文化的形成。大企业正是由充满活力、有着优秀企业文化的小企业发展起来的。

6. 企业文化就是企业的发展规划

国内很多企业所宣传的企业文化，总给人一种似曾相识的感觉。"艰苦创业""团结拼搏""顾客是上帝""市场是命""质量是血"等，空洞又乏味。这些口号因为想要涵盖各个方面，反而难以形成核心，无法集中资源进行重点突破。说到做不到，时间久了，员工的思想产生惰性，企业文化的形成便遥遥无期。

9.6　企业危机公关策划

9.6.1　危机公关策划的基本思路

广义地讲，危机公关是指从公共关系角度对危机的预防、控制和处理。对危机事件的公关处理主要有两个方面：一是积极预防，严防危机来临；二是危机一旦发生，就要立即采取有效措施，缓解危机，尽量避免重大损失。

1. 明确问题

危机一旦发生，所谓的"问题"就来了。问题出现的形态一般有两种：一是环境直接向企业提出问题；二是问题的存在致使某种事态发生，企业需要从危机事件中找出问题所在。无论是何种情况，问题往往不是危机事件本身。危机事件是各种信息相互交错的综合表现，它只是某种现象，并不会告诉人们问题的实质是什么。问题的明确界定是人脑对来自危机事件的信息进行的深度加工，面对同一事件，不同的人理解不同，发现的问题肯定也不一样。问题需要被深刻地理解和清晰地表达。从危机事件本身到问题的明确化不是一个简单、直接、容易的过程，而是一个复杂的、很伤脑筋的信息处理过程。另外，只有明确了问题，才能保证有的放矢地解决问题，否则，差之毫厘，谬以千里。

问题的提出、确立需要明晰化、具体化，必须找到问题的实质和核心。对问题的理解与分析不够具体、透彻，是不利于有效地策划、解决问题的。

2. 解决问题

明确问题是为了解决问题。解决问题是公关工作的目的所在。危机公关策划的有效性表现在解决问题上。公关是为解决问题而存在的。如果公关工作不能解决企业面对的形象问题，公关工作就是无效的、多余的，是没有理由存在的。企业的形象主要取决于其公关工作的有效性，即解决问题的力度。

从公共关系角度解决问题的方式有两种：一是信息落实；二是信息传播。所谓信息落实，就是使以信息方式存在的问题获得实际解决，即解决实际问题。所谓信息传播，就是将信息落实的情况向公众传达。信息落实是基础，信息传播是必要手段。想更有效地解决组织面临的公关问题，就必须遵循这个基本思路，步步落实，从而完善地解决问题。仅有信息传播或信息落实是片面的，是不能彻底解决问题的。没有信息传播，企业难以在更大的范围里塑造形象；没有信息落实，企业不可能从根本上摆脱困境，达到塑造良好形象的目的。如果说信息传播是"务虚"，那么信息落实就是"务实"。

危机公关策划要求在问题与问题的解决方案之间建立起必然的、直接的、根本性的联系，而不是偶然的、间接的、表面的联系。公关人员必须从对问题进行信息分析入手，找到问题的实质，并在此基础上寻找解决实质问题的最有效手段和办法。

9.6.2　公关策划中的危机管理

美国《危机管理》一书的作者菲特普曾对《财富》500 强的高层人士进行了一次调查，高达 80%的被访者认为，现代企业不可避免地要面临危机，就如人不可避免地要面对死亡一样。14%的人则承认自己曾面临严重危机的考验。危机出现时，错误地估算局势，只能使危机恶化，而做好危机管理，则能收获危机中潜在的成功机会。那么，企业应该如何进行危机管理呢？

1. 未雨绸缪

未雨绸缪是指企业应对自己的所有产品和相关信息有清楚的了解，洞悉危机发生的潜在因素，然后列出危机评估表，将可能发生的危机按重要性依次排列，并制定好相应的对策。在做准备工作时，企业应预先确定处理危机的发言人——这个人可以是总裁、总经理或对危机处理最为了解的人，他应具有相当的沟通能力，以便在最短时间内建立可信度和权威感，在第一时间传递出最恰当的信息。

2. 迅速反应

危机一旦爆发，往往伴随着行政部门和新闻媒体的介入，此时企业必然处在外界的一片指责声中，按兵不动或采取"鸵鸟政策"都是大忌，唯一的办法是由发言人在最短时间内发表坦诚的声明，承诺将迅速对危机进行处理，并及时对外通报、及时与相关部门沟通。此时企业必须认识到，只有诚恳的态度才是挽救自己的唯一途径，傲慢无礼或推诿责任只能招致外界的更大反感。至于事件的真相到底如何，应在处理完危机后再进行调查。

3. 说真话、主动说、赶快说

在进行危机管理时必须注意，一定要在被"揭发"之前把企业所掌握的真相坦诚地公之于众，即说真话、主动说、赶快说。因为一旦外界通过别的手段了解到某些事实真相，将会使企业陷于非常不利的局面。

4. 利用权威意见处理危机

在某些特殊的公关危机处理中，企业与公众的看法不一致，难以调解，这时，必须邀请权威来发表意见。例如，某市银行支行发生挤兑风潮，该银行负责人邀请市政府官员来到现场，向蜂拥而至的提款人做了权威性的解释说明，从而平息了风波。能够处理公关危机的权威主要有两种：一是权威机构，如政府部门、专业机构及消费者协会等；二是权威人士，如公关专家、行业专家等。在很多情况下，权威意见往往能对公关危机的处理起到决定性的作用。

5. 利用法律调控危机

利用法律调控危机是指运用法律手段来处理公关危机。法律调控手段主要包括两种：一是依据事实和有关法律条款来处理；二是遵循法律程序来处理。运用法律调控处理公关危机有两个作用：一是维持危机事件的正常处理秩序；二是保护企业和公众的合法权益。在企业信誉受到侵害时，运用此种方法，会收到较好的效果。

6. 做好善后工作，尽快挽回声誉

企业发生了事故，必须承担起相应的责任，给予公众一定的精神补偿和物质补偿。例如，河北省某市一家大药店的营业员在销售药品时拿错了药，顾客回家发现后，找到了药店。药店管理层迅速作出反应：一是向顾客道歉；二是以数十倍的赔偿弥补顾客的损失；三是以数千元的罚款惩罚管理者，并对负有直接责任的员工作出了处理；四是制定出重塑企业良好形象的一系列措施。以上举措得到了顾客的谅解，避免了药店的信誉受损，赢得了公众的理解与支持。

总之，公关危机的出现会使企业的形象受到或多或少的损害。虽然公关危机得到了妥善处理，但并不等于危机已经结束，企业还必须恢复和重建自身的良好公众形象。要针对形象受损的内容和程度，重点开展弥补形象缺陷的公关活动，密切保持与公众的联络与交往，敞开企业的大门，欢迎公众的参观和了解，告诉公众企业新的工作进展和经营状态，生产质量过硬的产品，打造一流的服务，从根本上改变公众对企业的不良印象。

9.6.3　危机沟通中易犯的错误

1. 采取回避态度或危机公开后才介入

有的企业希望没人知道自己出了事，采取回避态度，如鸵鸟般把头紧紧埋在沙滩里，两耳不闻窗外事，这只会使事态恶化。例如，2001 年 2 月，日本渔船被美国核潜艇撞沉后，时任日本首相森喜朗在得知该消息后没有立即返回官邸处理善后，而是继续打高尔夫球，五个小时后才返回办公室，结果招致全国上下一片骂声。又如，1999 年可口可乐公司在欧洲先后遭遇食物中毒和包装瓶带霉菌事件，但公司在处理问题时行动迟缓，对消费者的态度缺乏诚意，引来欧洲消费者一片讨伐之声。

就算不采取"鸵鸟政策"，若决定不做任何准备，放任危机的扩大，也是很危险的。实际上，在危机公开之前，企业仍然有其他的积极选择。例如，强生公司在因氰化物污染胶囊引发了一系列死亡事件后，迅速回收了 3 100 万粒胶囊，并重新设计包装，通过各种媒介大做广告，公众的不满逐渐平息，公司不仅挽回了声誉，还提高了在消费者心中的地位。因此，为了让企业的危机处理在公众心目中有一个较强的支点，务必让人确信自己的发言是从防卫者的角度出发的。

2. 陷入被动回应模式，不采取积极主动姿态

许多人说过，一篇消极的文章能突然间肢解一个企业。

消极的文章发表后，企业发表声明回应，接着，另一篇文章发表，企业又得发表另一篇声明回应。这样很容易招来公众的辩驳，使自己处于舆论的风浪口上，任他人随心

所欲地评论，使自己陷入一个正极力为自己辩护的"罪人"的境地。

当企业最后一次遭遇消极的新闻报道时，也许是在法律顾问的建议下，也许是企业自己认为不管说什么，媒体总是会曲解，于是，不再对媒体进行回应。结果，接踵而至的是社会公众和企业内外部对企业的负面关注，而这种负面关注需要很长时间才能慢慢消退。所以，当下一次危机出现时，就不得不做同样的处理，因为"又有胡言兴起"。企业虽试图改善沟通，却苦于无法改善处境。

3. 总自以为他人与自己一样知道事实

危机公关策划人知道事情的真相后，如果因为相信公众最终也会意识到这一点而把希望寄托在"事实是这样的，大家一定会理解和支持的"，那么危机公关策划人就会引导企业在这次危机中走向万劫不复。

4. 视媒体为敌人

危机发生后，媒体做了各种对企业不利的报道。于是企业对媒体心生反感，以各种方式告诉媒体，其在报道本企业时非常糟糕，且不负责任，或者在大众论坛上说媒体的坏话。这样做只会激怒媒体，甚至会促使其把这种情绪宣泄到对企业的报道中，从而使情形变得更加糟糕。

9.6.4　企业网络危机的有效处理

当前，网络已经成为企业危机公关的触发器与放大器——来自网络的企业危机一触即发；随着"地球村"时代的来临，人人都有选择的权利，墙倒众人推，危机事件不断被放大。企业必须与专业危机公关机构合作，加强网络媒体监控，以增强自身的网络危机公关能力。

由于网络的介入，危机造成的负面影响极易扩散并造成严重后果。因此，提前准备一个预警系统是必不可少的。企业要尽一切努力避免自己陷入网络危机，一旦遇到网络危机，则应该接受它、化解它，还可以与国内知名网络危机公关公司共同解决网络危机带来的影响。

企业网络危机有效处理方针如下。一是利用网络技术为企业建立起高效的危机预警监测系统以监测企业环境。二是当网络中出现引起关注的负面报道时，企业应该立即启动网络危机应对方案，与危机发生的源头网站进行沟通，及时找出危机源头，迅速处理、化解危机，这是消除事件进一步被炒作和被民众猜测的最好方法。三是企业应该勇于承担责任，公正还原事件真相。当网络危机出现后，企业应该勇于承担，因为在危机公关中"态度决定结果"。四是优化搜索引擎，这是解决网络危机的一个重点技术应用区域。

面对网络环境下的危机，企业必须同时作用于网络媒介内外环境。在加强网络监管、传统媒体网站品牌建设及提高公民媒介素养的同时，企业应建立完善的应对网络环境下的危机管理系统，及时调整应对危机的方式、方法，关注网络、手机等新媒体的发展。

心连心公司的农化营销策划

2017年6月，河南心连心化学工业公司（以下简称心连心）推出了以"牛"为主题的全新品牌形象，并发布了融入心连心企业文化图腾——牛的全新包装；2019年7月1日，心连心卡通吉祥物"大力牛"正式诞生，并同步推出大力牛系列动画片。至此，心连心全新的品牌形象及视觉系统正式推出，并在全国范围内逐步应用于心连心全品牌接触点。

品牌升级，绝不是请一个代言人、做一个创意活动、拍一个广告片那么简单。特别是在市场竞争日益激烈、行业环境复杂多变、消费者逐渐趋于理性的农资行业，品牌升级只有采用集团军协同作战的方式，进行全方位、变革性的华丽蜕变，才有可能在市场竞争中全面获胜。例如，推出全新品牌形象、企业卡通吉祥物，聚焦腐植酸系列产品的心连心，就是一次典型的案例示范。

正在进行品牌升级的心连心，并不仅仅只有品牌形象的升级，在产品、技术、营销、服务、传播等多个核心品牌触点，心连心也早已持续发力。通过这一体系化的运作、品牌的全面升级，心连心这一成长了50年的肥料品牌焕发出新的光彩。

2018年10月，董事长刘兴旭在公司销售业务会议上指出，面对当前农资竞争的激烈态势，营销模式的创新是每个企业都必须面对的新课题，立足社会资源，营销系统只有大胆尝试"技术+农化+业务"的"铁三角"工作模式，切实找到终端大户的痛点和需求点，内部快速反应，满足终端需求，才能不断提升企业核心竞争力，塑造心连心品牌。

在日常工作中，刘兴旭要求心连心人将销售、研发、农化相结合，做好产品的研发、服务和销售工作。他自己长年累月在市场一线扎根调查，把握农民兄弟的需求脉搏，了解农业生产的时代要求。

从品牌的生命周期看，每一个品牌都会经历初入市场、成长、成熟再到衰退的过程，要想长时间地打造并维持品牌价值，就必须学会在适当的节点进行品牌升级。

一、形象升级，大力牛诞生，演绎品牌新形象

品牌形象是品牌与用户最初的接触点，是品牌资产最重要的有形载体，关系到用户如何认识和记忆品牌。

为承接全新战略，心连心2017年启动了全新的品牌升级，这是继"高效肥倡导者"的品牌定位后，心连心又一次在品牌建设上的大动作。为了更顺利地进行品牌升级，心连心另辟蹊径，更新了一套与众不同的企业视觉识别系统，包括全新的品牌形象、基础产品包装设计。

具体来说，在心连心的企业视觉识别系统中，每个设计元素都深刻体现了心连心的文化和发展战略：从中国传统的农耕文化中汲取灵感，选择"牛"作为企业的文化图腾，寓意心连心人"恪守耕牛的品质，崇尚斗牛的精神"，"牛"是心连心创新进取、诚信文化的象征。

除了更新品牌形象外，心连心还特别设计了自己的专属卡通形象"大力牛"。"大力牛"的牛角又红又壮，代表激情奋进；尾巴像火焰，象征丰收富足、红红火火。"大力牛"浑身皮肤黝黑，这是亿万年天地精华赋予它的丰收力量，其寓意是心连心聚焦腐植酸肥料的品牌战略。

整套企业视觉识别系统统一突出"牛"字，象征肥效是心连心不曾动摇的核心，既能够向消费者传递关于产品的品质感受，更能够始终提醒自己对于品质的承诺与坚持。

为此，心连心将新的品牌形象应用到终端店铺、促销活动等每一个消费场景，让消费者时时刻刻能够从形象升级中感受到心连心品牌升级的变化。

二、产品升级，聚焦腐植酸肥，开启高效肥 2.0 时代

产品是品牌的基础，拥有一个好产品是品牌得以建立的前提条件，而品牌想要升级，则更离不开产品的更新迭代。

推广新品是各肥料企业参与市场竞争的一大法宝，心连心也不例外。心连心一直在追求更高效、更环保的肥料产品。心连心此次品牌升级主推的腐植酸系列肥料就是高效肥料的代表。

整合资源，聚焦腐植酸肥料，心连心通过产品的迭代更新，帮助种植户提升产品品质，让种植户形成了"心连心高效肥"的心智印记，也让品牌升级变得理所应当、顺其自然。

三、传播升级，多渠道、多场景提升用户体验

为了让消费者认知并真正认可心连心品牌的改变，共同参与心连心的品牌升级，心连心还进行了一系列的宣传推广工作。它在央视、新华网等平台进行宣传，提升黑力旺腐植酸形象和品牌影响力。在终端市场，心连心在全国先后建设了 120 多家高效农业服务中心，探索实施"智能配肥站+化验室+营销大数据平台"的高效农业服务中心服务新模式，打造系统的农化服务体系，并启动了"丰收王全国评选"系列主题活动，让消费者亲身感受到了心连心肥料品牌升级后的高品质。

心连心认为，终端不只是卖东西的场所，更是品牌展示的前沿阵地。为了能将品牌的质感演绎到极致，心连心还专门制定了肥效展示方案和腐植酸生根发芽试验，让种植户直观地、生动地感受到心连心高效肥的高肥效。

通过复盘心连心这一系列的品牌升级动作，我们可以感受到，这是一次由内而外的整体品牌升级。在打造简约、大气的视觉风格的同时，心连心从产品、渠道、营销等多个触点布局，赋予品牌科技化、创新化的内涵和气质，带领用户一起进行"减肥增效""科学种植"，让消费者认同心连心品牌的升级，对心连心形成稳固的忠诚度和美誉度。

（资料来源：佚名，2019."大力牛"诞生 心连心启动品牌形象新升级[EB/OL].（2019-11-28）[2023-02-23]. http://www.hnxlx.com.cn/news/content/cid/63/id/2258.）

小　结

　　企业公关策划是指公关专家运用高层次的公关方法、技能和智慧，对企业公关活动形成可操作性的整体战略、策略和运筹规划，提出公关决策、实施公关决策和检验公关决策，并对其全过程作双向对称考虑和安排。企业公关策划主要是为企业进行形象方面的策划，包括企业形象、产品形象、企业家形象三大部分。企业公关策划是一个系统、科学、完备的程序，具有科学性、艺术性、长远性、可调适性、系统性、创新性、可行性及有效性等特点。

　　企业公关策划的基本要求是目标明确并可量化、卖点集中适宜传播、深入调查切合实际、策划周全且可操作、人员专业合作愉快、策划结果应予评估。企业公关策划的基本策略包括以直接宣传为特征的公关策划策略、以收买人心为特征的公关策划策略、以确定目标为特征的公关策划策略。企业公关策划的基本技巧有军事谋略式策划技巧、抓住公众心理式策划技巧、巧借社会资源式策划技巧、运用以情感人式策划技巧。

　　企业专项活动公关策划包括事件公关策划、项目公关策划、营销公关策划、品牌公关策划及会议公关策划。

　　企业文化策划的方法包括：提炼企业理念；将企业文化转化为相应的制度；将企业文化以合适的方式向合适的对象传播；架起沟通的桥梁，使员工有强烈的归属感；企业高层管理人员是企业文化建设的关键。

　　危机公关策划的基本思路是明确问题、解决问题。公关策划中的危机管理包括：未雨绸缪；迅速反应；说真话、主动说、赶快说；利用权威意见处理危机；利用法律调控危机；做好善后工作，尽快挽回声誉。

习　题

　　1. 企业公关策划的含义、特点、类型和基本要求分别是什么？企业形象在人们接受事物时起什么作用？

　　2. 公关策划与市场营销是什么关系？

　　3. 企业公关策划一般有哪些策略技巧？

　　4. 各类专项活动的公关策划应注意哪些事项？

　　5. 简述企业文化策划的要求、方法和认识误区。

　　6. 处理企业危机有哪些基本方法？应避免哪些常见错误？

第 10 章　企业策划书

内容提要

　　企业策划书是企业策划活动的重要沟通手段和媒介，企业策划者的劳动成果通过企业策划书表现出来。本章介绍了企业策划书的作用、一般格式和撰写技巧，列举了市场经营策略企划书和营销策划案的主要内容，并以案例形式对企业策划书进行了举例。

　　企业策划的最终成果将在策划书中体现出来，因此，企业策划书和企业策划具有同等重要的意义。

导入案例

新媒体营销推广策划方案

　　新媒体运营是指利用微信、微博、贴吧等新兴媒体平台进行品牌推广、产品营销的运营方式。它通过策划与品牌相关的优质、传播性强的内容和线上活动，向客户广泛或者精准推送消息，提高客户参与度，提高企业知名度，从而充分利用粉丝经济，达到相应的营销目的。新媒体运营按不同的方式可以分为不同的种类。

　　（1）根据运营级别划分：初级运营、中级运营、高级运营。

　　（2）根据运营流程划分：拉新（低成本获取用户）、留存（让用户持续使用产品）、促活（唤醒不用产品用户）。

　　（3）根据运营内容划分：用户运营、内容运营、社区运营、商务运营、活动运营等。

　　一、制定目标

　　一般来说，制定目标需要参考以下几个原则。

　　（1）如果能将直接从第三方平台上获取的数据作为目标，就直接以后台目标数据值作为参考，如微信、微博。

　　（2）第三方平台无法呈现数据作为目标引导时，可以交付给技术部门制作统计报表系统。可先从日指标入手，再延伸到周、月、季、年去做统计。

　　（3）团队需要有一个终极目标。例如，对于 O2O（online to offline，线上到线下）项目来讲，团队的终极目标就是日订单量；对于一个工具型 App（application，手机软件）来讲，团队的终极目标是日活跃率。

　　（4）各部门对目标进行分解：事务目标可分为每周×篇内容，其中×篇做原创；结果目标可分为微博曝光量、粉丝较上月的增长比例等。

（5）目标的设置不能太宽泛，要有具体数字。例如：当月目标为日均新增激活人数从 8 000 到 12 000，注册转化率达到 40%。

二、做预算

根据推广方案和每个推广周期涉及的推广细项做预算，预算越精细，可控性越强，执行效果越明显。

新媒体运营是为达到目的所做的高效、系统的协调工作，建议关注、学习、钻研与之相关的体系，建设自己的系统，而不是只把关注点放在预算、性价比这些问题上。

三、写方案

1. 推广整体策略（方法+执行力）

测试最有效的推广方法，集中优势资源在一个可能爆发的点上，不断放大、不断分析，直到引爆。

目标消费者集中出现在哪里，市场推广就集中在哪里。

2. 种子用户期

寻找 1 000 名种子粉丝，为期一个月。

种子用户特征：经常互动，主动推广公众号，经常对公众号提供有效意见和建议。

推广方法：在商圈、小区、学校、写字楼发广告；发动身边的同事、朋友、合作伙伴加入体验。

微信群管理：建立两个 500 人的微信群，管理种子用户，收集产品用户意见。

3. 初始用户期

初始推广期要去尝试各种推广渠道，找到自己最擅长的渠道，让粉丝每天自然增长，最终完成目标。

拥有渠道的好处就是，每一天都能获得稳定的粉丝，而不是一天增加 500 个粉丝，再过 3 天就没有粉丝关注。

方法：微博引流；加群引流；小号引流；自建官方微信群；活动策划；本地公众号、微博、社区、网站等渠道投放。

4. 品牌推广期

（1）继续实行初始用户期推广方法，稳定获取每日流量。

（2）与本地 O2O 服务号或 App 合作。经过初期推广后，新媒体账号已经积累了一定粉丝量，可以与本地 O2O 一起合作推广。

（3）地面推广。可以有针对性地与商场、学校、社区等商圈合作，进行线下活动策划推广。

（4）参加行业性会议展览。可以通过参加一些行业性会议展览，带上二维码，做好微信营销方案。

（5）加入本地行业联盟，进行产品推送，提升服务号在本地的品牌知名度。

5. 公共关系

1）用日常稿件保持稳定的曝光

每个月要根据公司和产品的变化来决定向外界传递什么声音，恰当的表达和持续的内容产出会让公司的曝光率及行业的关注度逐渐提高。

2）维护好已有的媒体资源，积极扩展新资源

与自己熟识的记者和媒体保持沟通和交流，告诉他们自己的团队在做什么。深信只有反复的沟通，才会把故事的闪光点打磨得抓住人心。

3）选择的渠道决定了传播的效果

自媒体这一领域实力参差不齐，选择有中立观点和实力派的自媒体发声，不失为好的选择。

4）做好对营销传播效果的评估

对营销传播效果的评估包括人群的覆盖率、点击量、阅读量等。每一次的数据都会告诉你下一次的内容应该怎样做才会变得更好。

四、团队搭建及岗位描述

成立新媒体推广小组，负责新媒体推广。新媒体推广小组由以下成员组成（涵盖岗位职责和岗位描述，可根据项目的指标做人数上的微调，初期项目可以采用1+1+2+1+1原则）。

1. 新媒体推广经理（1 名）

新媒体推广经理需在初始用户期引入，其岗位职责如下。

（1）负责公司微信公众号、微博的日常运营工作，增加粉丝数，提高关注度。

（2）根据制定的内容方向发布各种符合要求的优质、有传播性的内容。

（3）提高粉丝活跃度，与粉丝做好互动，对粉丝的网络行为进行分析与总结。

（4）挖掘和分析微信用户需求，收集用户反馈，分析用户行为及需求，及时掌握当下热门话题。

（5）根据运营需求，独立策划与组织各类线上、线下活动，增加曝光率，提高粉丝数量及用户黏性。

（6）监控推广效果和数据分析，对推广效果进行评估改进。

2. 文案策划人员

文案策划人员需在初始用户期引入，其岗位职责如下。

（1）明晰项目目标，快速了解客户需求，并与相关协同部门密切合作，提供快速、精准、精彩的文案支持。

（2）负责宣传推广文案及宣传资料文案的撰写。

（3）负责创意内容撰写，为线上活动、广告传播、线上公关稿件撰写相关文案。

（4）沉淀创意产出和内容撰写的经验，形成知识管理，供其他项目借鉴。

3. 新媒体运营专员（2 名）

新媒体运营专员需在初始用户期引入，其岗位职责如下。

（1）负责微信公众号的日常运营工作。

（2）负责文案内容的编写、发布及粉丝管理和互动。

（3）收集用户意见及建议。

（4）分析和挖掘网友的使用习惯、情感及体验感受，及时掌握新闻热点，能够完成专题策划、活动策划，并对策划案的执行效果进行跟踪。

（5）定位目标客户群并提高产品在目标客户群中的知名度。

（6）思维活跃，有市场策划能力及执行力。

4. 渠道经理（1名）

渠道经理可在品牌推广期引入，其岗位职责如下。

（1）参与制定渠道策略和拓展目标计划。

（2）根据公司业务发展需求，寻找、挖掘有利于公司的合作资源。

（3）负责公司微信服务号商务拓展及合作，与各推广渠道建立良好的业务合作关系。

（4）对推广数据进行分析，有针对性地调整推广策略，提高粉丝量、订单量及活跃度等。

5. 媒介经理

媒介经理的岗位职责如下。

（1）负责平台媒体投放资源的拓展。

（2）负责线上推广渠道的建立、过程的控制及协调。

（3）负责整合市场各项资源、制定合作实施计划、开展深度合作。

（4）负责项目的危机公关、媒体资源公关等相关工作。

五、绩效考核

创业项目启动前期的事情会比较多，如产品研发、产品测试、市场推广和物料准备等。因此，专业人士的建议是等产品过了试运营期再定目标和 KPI（key performance indicator，关键绩效指标）。

创业初期各个部门的 KPI 考核尽量简单点，不实行薪酬激励制度，完成多少工作就获得相应的报酬。例如，新媒体运营的 KPI 为月关注粉丝目标是多少，完成和未完成目标能拿多少。

微博考核指标：微博营销涉及的数据大致有微博信息数、粉丝数、关注数、回复数、平均评论数。

微博信息数：每日发布的微博数量（条/天）。

（资料来源：佚名，2019. 如何写一份新媒体营销推广策划案！ [EB/OL]. （2019-03-04）[2023-02-23].
https://www.sohu.com/a/298981464_403902?sec=wd. ）

10.1 企业策划书的作用

企业策划的最终成果将通过企业策划书展现出来，企业策划书一直被看作企业策划的共通语言。任何一种企业策划，只要通过企业策划书的内容就可以了解策划者的意图与观点。

企业策划书是实现企业策划目标的行动方案，是正确表达企业策划内容的载体。因此，企业策划书实际上是能够说明从事企业策划工作的主体的行动并指导其行动的方案。企业策划书不仅可以有效地传递企业策划的内容，从而方便实施者理解，而且可以有效地说明企业策划的内容，从而保证其顺利实施。所以，企业策划书的意义在于它对企业策划内容的表现、理解及说明。

企业策划书有多种形式，常见的有经营策略企业策划书、营销企业策划书、专项活动企业策划书等。

企业策划书的具体作用可以从以下四个方面去理解。

1. 企业策划书是提案书

企业策划书是策划者与委托人联系、沟通的工具。策划者为了使企业策划内容得以顺利实施，必须通过企业策划书充分、有效地说服委托人。一份合格的企业策划书，首先要使委托人相信，在此基础上再使委托人认同。策划者追求的是委托人能采纳其意见，并按企业策划书的内容去实施。

2. 企业策划者的观点、意见将通过企业策划书得以充分展现

策划者往往会将实现目标的难点、优势、劣势及目标的价值在企业策划书中进行充分的说明，并依此提出自己的意见。

企业策划以企业策划书的形式表现出来，因此，企业策划书的内容能否准确地传达策划者的真实意图显得极为重要。一般认为，企业策划书是达到企业策划目的的第一步，而且是关键的一步。

3. 企业策划书是计划书

企业策划书包含具体的行动计划方案，因此，企业策划书可以加强策划者与实施者之间的沟通。

4. 企业策划书是记录书

策划者要在企业策划书中记录下自己思考的结果。企业策划书所展示的各项活动内容也许是假设的，但它们将在未来的行动中被验证。因此，企业策划书可以使策划者与其自身进行很好的沟通。

综上所述，企业策划书最重要的作用是它是企业策划活动的重要沟通手段和媒介。

10.2　企业策划书的撰写

10.2.1　企业策划书的基本构成要素

企业策划书的种类，因提出的对象与内容不同而在形式和体裁上有很大的差别。但是，任何一种企业策划书的构成都必须有"5W2H1E"，共八个基本要素。

what（什么）：企业策划的目的、内容。

who（谁）：企业策划的相关人员。

where（何处）：企业策划的实施场所。

when（何时）：企业策划的时间。

why（为什么）：企业策划的缘由、前景。

how（如何）：企业策划的方法和运转实施。

how much（多少）：企业策划的预算。

effect（效果）：预测企业策划的结果、效果。

任何一种真正意义上的企业策划书都必须具备上述八个基本要素。值得一提的是，要注意 how much 和 effect 对整个企业策划案的重要意义。如果忽视企业策划的成本投入，不注意企业策划书实施效果的预测，这种企业策划就不是一种成功的企业策划。只有"5W1H"的企业策划书不能称为企业策划书，只能算是计划书。

10.2.2　企业策划书的一般格式

企业策划书的一般格式大致如下。

1. 企业策划书的名称

企业策划书的名称必须写得具体清楚。例如，"如何提高销售企业策划书"的名称就不够完整、准确，应该修正为"××公司下半年提升销售企业策划书"。

2. 策划者的姓名

策划者的姓名、工作单位和职务均应一一写明。如果是集体策划，所有相关人员的姓名、工作单位和职务均应写出。

3. 企业策划书完成的时间

依照企业策划书完成的时间据实填写。如果企业策划书经过修正之后才定案，除了填写"×年×月×日完成"，还要加上"×年×月×日修正定案"。

4. 企业策划的目标

企业策划的目标要具体明确。例如，××公司下半年销售额提升 10%。

5. 企业策划的内容

企业策划书的内容是整个策划书中最重要的部分，包括策划缘由、前景资料、问题点及创意关键等。企业策划书的具体内容虽然会因企业策划种类的不同而有所变化，但必须以让读者一目了然为原则，切忌过分详尽、拉杂，否则会令读者感到枯燥无味。此外，还要注意避免强词夺理的内容。

6. 预算表和进度表

企业策划是一项复杂的系统工程，需要花费一定的人力、物力和财力，因此，必须进行周密的预算，最好绘出表格，列出总目和分目的支出内容，这样既方便核算，又便于以后查对。

企业策划进度表则是把企业策划活动的全部过程拟成时间表，即将何月何日要做什么标示清楚，以便日后检查。

7. 企业策划实施所需场地

在企业策划书的实施过程中需要提供哪些场地、何种场地，需提供何种方式的协助等，均要在企业策划书中加以说明。

8. 预测效果

企业要根据掌握的情报，预测企业策划书实施后的效果。一个好的企业策划书，其实施效果是可期待、可预测的，而且结果经常与预测的效果相当接近。

9. 参考文献资料

有助于策划者完成企业策划书的各种参考文献资料包括报纸、杂志、书籍、演讲稿、企业内部资料、政府统计材料及调查报告等。这些参考文献资料均应一一列出，一来表明策划者负责的态度，二来增加企业策划书的可信度。

10. 其他注意事项

为使企业策划活动顺利进行，其他重要的注意事项应附在企业策划书上，如执行企业策划书应具备的条件；必须取得其他部门的支持协作；希望企业领导向全体员工说明该企业策划书的重要意义，借以达成共识，通力合作；等等。

上述企业策划书的主要内容可归纳为表 10.1。

表 10.1　企业策划书的主要内容

企业策划书的构成要素	企业策划书的一般格式
封面	1. 企业策划书的名称 2. 策划者的名称 3. 企业策划书完成的时间

续表

企业策划书的构成要素	企业策划书的一般格式
正文	4. 企业策划的目标 5. 企业策划的内容 6. 预算表和进度表
细化内容	7. 企业策划实施所需场地 8. 预测效果
附件	9. 参考文献资料 10. 其他注意事项

10.2.3　企业策划书的写作要求

1．进行准确的企业环境分析

要对企业及其产品原有经营成果进行评估，以便确定企业策划的起点；要对营销的环境进行分析，以便准确地进行市场定位和策略制定；要对问题与机会进行分析，以便使企业策划结果起到事半功倍的效果。

2．大胆而慎重地制定营销策略

要利用收集的信息和分析的结果进行大胆而慎重的策划。所谓大胆，是指要冲破常规、眼光放远，注意各事物间内在的联系，在策略制定上敢于开拓、勇于冒险；所谓慎重，是指在谋略时要充分考虑各因素的影响作用，小心而周密地策划，达到少投入高产出的目标。

3．提出的方案要具有可操作性

营销策划不是纸上谈兵，而是要根据策划的结果具体实施的。因此，策划的方案要便于执行、便于操作，要能够通过控制达到企业预定的目标。

4．述说清楚、语言简洁

企业策划书在叙述说明各项内容时，要让实施者迅速领会其意图，以便在执行中不出差错，因此语言必须准确、简洁。

企业策划书撰写完成后，还要从下面几个方面对其做出评价。

（1）企业策划书结构：概念性架构、组织逻辑、文字表达、资料收集是否充分且严谨。

（2）创新程度：策划主题、动机、目的及执行策略是否有独到见解。

（3）可行程度：成本效益评估、执行方式是否可行。

（4）贡献程度：对非营利事业经营是否有所贡献。

10.2.4　企业策划书的撰写技巧

企业策划书和一般的报告文章不同，它对可信性、可操作性及说服力的要求特别高。

因此，运用撰写技巧提高可信性、可操作性及说服力也是策划书撰写追求的目标。

1. 寻找一定的理论依据

企业欲提高策划内容的可信性，并使实施者接受，就要为策划者的观点寻找理论依据。事实证明，这是一个事半功倍的办法。但是，理论依据要有对应关系，纯粹的理论堆砌不仅不能提高可信度，反而会给人脱离实际的感觉。

2. 适当举例

适当举例是指通过正反两个方面的例子来证明自己的观点。在企业策划中加入适当的成功与失败的例子既能起到调节结构的作用，又能增强说服力，可谓一举两得。需要指出的是，举例以多举成功的例子为宜，选择一些国外先进的经验与做法以印证自己的观点是非常有效的。

3. 利用数字说明问题

企业策划书是一份指导企业实践的文件，其可靠程度是决策者首先要考虑的。策划书的内容不能留下查无实据的迹象，任何一个论点都要有依据，而数字就是最好的依据。在策划书中利用各种绝对数和相对数来进行比较对照是必不可少的。要注意的是，各种数字最好都有出处以证明其可靠性。

4. 运用图表帮助理解

运用图表有助于实施者理解策划书的内容，同时，图表还能提高页面的美观度。图表的主要优点在于有强烈的直观效果，用其进行比较分析、概括归纳、辅助说明等非常有效。

图表的另一优点是能调节实施者的情绪，从而有利于其对策划书的深刻理解。

5. 合理利用版面安排

策划书视觉效果的优劣在一定程度上影响着策划者的发挥，合理利用版面也是策划书撰写的技巧之一。

版面的安排包括字体、字号、字距、行距、黑体字的采用及插图和颜色等。如果整篇策划书的字体、字号完全一样，没有层次和主辅，这份策划书就会显得呆板，缺少生气。总之，合理的版面安排可以使策划书重点突出、层次分明、严谨而不失活泼。

随着文字处理的计算机化，这些工作是不难完成的。策划者可以先设计几种版面，通过比较分析，确定一种最好效果的设计，最后才正式打印。

6. 注意细节、消灭差错

细节和差错往往会被人忽视，但是对于策划书来说细节十分重要。可以想象得出，一份策划书中错字、漏字连续出现的话，实施者是不可能对策划者抱有好印象的。因此，策划者要对打印好的策划书进行反复仔细的检查，不允许有一个差错出现，特别是对企业的名称、专业术语等更应仔细检查。例如，一些专门的英文单词的差错率往往是很高的，在检查时要特别注意。因为一旦出现英文字母的差错，实施者往往会认为策划者本身的知识水平不高，这就会影响其对策划内容的信任度。

另外，一些细小的方面，如纸张的好坏、打印质量等，都会对策划书本身产生影响，所以也绝对不能掉以轻心。一般情况下，应尽量选择质量高的纸张，用激光打印机打印。

10.3　市场经营策略企划书的内容

市场经营策略企划书的具体内容如下。

1. 前言

在市场营销决定企业成败的经营理念下，为追求企业的经营革新、管理卓越及强化企业体质并创造营销利润，企业应以营销管理作为创新企业经营模式的制胜秘诀。

营销在市场竞争中讲求的是整体营销作战模式与总体市场竞争战略。以某信息企业为例，对高科技产品营销的经营应侧重以下几方面的内容：商品定位、市场定位、营销战略、价格竞争秘诀、广告策略、经销商辅导与公关（特殊的营销渠道）。

2. 策略规划内容

策略规划内容包括以下几方面。
（1）业务评估。
（2）市场占有率的提高。
（3）市场销售量（市场业绩）。
（4）商品定位。
（5）市场定位。
（6）营销策略：①产品规划；②定价策略；③渠道策略；④促销策略。
（7）广告诉求表现及策略。
（8）经销商辅导与教育训练。
（9）管理制度。

3. 辅导改善内容

初次进入某一新产品市场的企业，在市场经营及企业内部管理方面应侧重制度管理，其辅导改善内容如下。
（1）人事战略提升。
（2）产品整合（内制、外包）。
（3）包装设计。

（4）管理制度建立。

（5）经营理念设计。

4. 销售计划

销售计划包括以下几方面的内容。

（1）确立总目标。

（2）订立明细市场目标。

（3）提升业务人员的销售能力。

（4）招募业务人员并加以教育、训练。

（5）确立目标市场。

（6）市场定位与商品定位。

（7）业绩评估与控制。

（8）每月业绩的实现。

5. 总进度日程预定表

总进度日程预定表见表 10.2。

表 10.2 总进度日程预定表

序号	内容	进度日程预定表											
		2021 年						2022 年					
		8 月	9 月	10 月	11 月	12 月	1 月	2 月	3 月	4 月	5 月	6 月	7 月
1	了解公司现状及内部管理合理化	←	→										
2	市场调查			←→									
3	产品定位、市场定位				←	→							
4	行销策略规划				←	→	···	···	···	···	···	→	
5	行销策略控制与管理制度建立						←	—	→	···	···	···	→
6	广告策略						←	—	—	—	→	···	→
7	竞争策略											←	→

10.4 完整的营销策划案的内容

现实中由于信息来源不充分及受制于公司实力等一系列因素，我国很多企业对营销策划考虑得不是很周全。

企业的领导层应该非常注重营销部门的地位，因为企业的生产经营战略都是建立在营销部门对大量市场信息进行综合分析评价并提出意见的基础上的，即企业的战略是绝对以市场为导向、以顾客需求为核心来制定的。

10.4.1　分析营销机会

1. 管理营销信息与衡量市场需求

（1）获取营销情报并进行调研。

（2）进行预测概述和需求衡量。

2. 评估营销环境

（1）分析宏观环境的需要和趋势。

（2）对主要宏观环境因素进行辨认并做出反应，包括人文统计环境、经济环境、自然环境、技术环境、政治法律环境和社会文化环境。

3. 分析消费者市场和购买行为

（1）分析消费者的购买行为模式。

（2）分析影响消费者购买行为的主要因素，包括文化因素、社会因素、个人因素及心理因素等。

（3）分析购买过程，包括参与购买的角色、购买行为、购买决策中的各阶段。

4. 分析团购市场与团购购买行为

分析团购市场与团购购买行为，包括进行团购市场与消费市场的对比，分析团购购买过程的参与者、机构与政府市场。

5. 分析行业与竞争者

（1）识别公司竞争者，包括行业竞争观念和市场竞争观念。

（2）辨别竞争者的战略。

（3）判定竞争者的目标。

（4）评估竞争者的优势与劣势。

（5）评估竞争者的反应模式。

（6）选择竞争者以便进攻和回避。

（7）在顾客导向和竞争者导向中进行平衡。

6. 确定细分市场和选择目标市场

（1）确定细分市场的层次、模式、程序，确定细分消费者市场的基础、细分业务市场的基础及有效细分的要求。

（2）选择目标市场，评估细分市场，选择细分市场。

10.4.2　开发营销战略

1. 营销差异化与定位

（1）差异化包括产品差异化、服务差异化、渠道差异化和形象差异化。
（2）开发定位战略，包括推出多少差异、推出哪种差异。
（3）传播公司的定位。

2. 开发新产品

（1）新产品开发的挑战，包括外部环境分析，即机会与威胁分析。
（2）进行有效的组织安排和架构设计。
（3）管理新产品开发过程，包括营销战略发展、商业分析、市场测试、商品化。

3. 管理生命周期战略

（1）产品生命周期包括需求生命周期、技术生命周期等产品生命周期的各个阶段。
（2）产品生命周期中的营销战略，包括引入阶段、成长阶段、成熟阶段、衰退阶段的战略，以及产品生命周期概念的归纳和评论。

4. 自身定位

自身定位是指为市场领先者、挑战者、追随者和补缺者设计营销战略。
（1）市场领先者战略，包括扩大总市场、保护市场份额与扩大市场份额。
（2）市场挑战者战略，是指确定战略目标和竞争对手，选择一个特定的进攻战略。
（3）市场追随者战略，是指企业通常会以模仿竞争对手先前的创新产品或经营模式为立足点，力求占领部分市场。
（4）市场补缺者战略，是指专门为规模较小或较大企业不感兴趣的细分市场提供产品和服务。

5. 设计和管理全球营销战略

（1）关于是否进入国际市场的决策。
（2）关于进入哪些市场的决策。
（3）关于如何进入该市场的决策，包括直接出口、间接出口、许可证贸易、合资企业直接投资、国际化进程。
（4）关于营销方案的决策。

10.4.3　制定营销方案

1. 管理产品线、品牌和包装

（1）产品线组合决策。

（2）产品线决策，包括产品线分析、产品线长度、产品线现代化、产品线特色化和产品线削减。

（3）品牌决策。

（4）包装和标签决策。

2. 设计定价策略与方案

（1）制定价格，包括选择定价目标，确定需求，估算成本，分析竞争者成本、价格和提供物，选择定价法，选定最终价格。

（2）修订价格，包括地理定价、价格折扣和折让、促销定价、差别定价、产品组合定价。

3. 选择和管理营销渠道

（1）渠道设计决策。

（2）渠道管理决策。

（3）渠道动态。

（4）渠道的合作、冲突和竞争。

4. 设计和管理整合营销传播

设计和管理整合营销传播，即开发有效传播，包括确定目标受众、确定传播目标、设计信息、选择传播渠道、编制总促销预算、管理和协调整合营销传播。

5. 开发和管理广告、销售促进和公共关系

（1）开发和管理广告包括广告目标确定、广告预算决策、广告信息选择、媒体决策和评价广告效果。

（2）销售促进。

（3）公共关系。

6. 管理销售队伍

（1）销售队伍的设计包括销售队伍目标、销售队伍战略、销售队伍结构、销售队伍规模和销售队伍报酬。

（2）销售队伍管理包括招聘和挑选销售代表，对销售代表进行培训、监督、授权和评价。

10.4.4 执行营销管理

营销管理是企业规划和实施营销理念、制定市场营销组合，为满足目标顾客需求和企业利益而创造交换机会的动态、系统的管理过程，具体包括以下几方面。

（1）营销组织，包括营销部门的演进、组织营销部门的方法、营销部门与其他部门的关系、全公司营销导向战略的制定。

（2）进行营销执行监控以保证营销的有效性。

（3）控制营销活动，包括控制年度计划、盈利能力与效率。

（4）根据营销部门的信息来进行战略控制。

10.5 企业策划书案例

本节通过具体的案例来对企业策划书的撰写方法进行详细说明。

案例

"盖娅传说"服饰营销策划书

一、基本情况

北京盖娅传说服饰设计有限公司（以下简称盖娅传说）于 2015 年 1 月 22 日创立。

盖娅传说坐落于北京 CBD（central business district，中心商务区），是一家集研发、设计、销售于一体的、着力构建中国设计和品牌输出平台的创新型服装企业。盖娅传说拥有一批由我国著名服装设计师熊英领衔的一流资深研发设计团队和我国传统手工艺传承者团队。

盖娅传说始终坚持"以中为体，以西为用；融东西文化之瑰宝，纳古今艺术之精华；在传承中创新，在创新中传承"的设计理念，其产品时尚的版型、上乘的取材、匠心的裁剪、精妙的工艺、优良的品质，使之在服装行业中逐渐形成了盖娅传说风格和品位。

二、熊英和盖娅传说

熊英是我国著名的设计师，作为传承与创新中国服饰美学的艺术家代表、中国服装高定协会发起人之一，她曾受邀参加丝路映像——中国时装艺术精品展、担任首届上合组织国家电影节开闭幕式服装大秀总设计师，并代表中国设计师参加在南非举行的金砖五国时装论坛，把盖娅传说一次又一次带进公众视野。

尤其是连续四年在巴黎时装周及中国国际时装周的隆重亮相，更使熊英和盖娅传说赢得了国内国际、业内业外的好评。行业的认同、专家的认可、消费者的认知，确立了盖娅传说在时尚领域的领跑地位。

三、项目背景与项目定位

1. 项目背景

中国制造为我国服装行业的发展提供了新的契机。我国是世界上最大的纺织服装生产国、消费国和出口国，我国服装行业正在从简单的定牌生产（original equipment manufacturing，OEM）向原厂委托设计（original design manufacture，ODM）和品牌生产（original brand manufacture，OBM）转变，面临从以产量取胜的外延型发展向以产品质量和创意、品牌美誉度和经营管理模式取胜的重要转变，城镇居民人均衣着消费支出在持续增加，时尚变革加速行业细分，移动社交成为新消费引擎，服装设计师肩负着文化时尚创新的重任和把中国制造的服饰产品做精做深、做出个性文化的职业责任，创意的重要性已经不言而喻。

随着我国居民收入水平的提高，消费结构也在不断升级，居民将逐步增加对可选消费品的消费比重。消费升级在服装领域具体表现为逐步改变原有的纯功能性消费理念，更加注重品牌体验，由注重产品的使用价值转向注重产品的个性化、时尚化和文化内涵，消费者将更加关注兼具品质、品牌风格、品牌文化及购物体验的中高端女装，对中高端女装的消费意愿和消费能力逐步增强。2018 年，中国中高端女装零售额占女装市场规模的 22.8%，到 2023 年将达到 23.4%，中高端女装市场拥有良好的市场前景。

2. 项目定位

盖娅传说紧紧围绕"中国设计和中国制造"这一划时代的主题，基于中国传统服饰文化艺术，致力于传承中国智慧美学和精湛服饰工艺，坚持将原创精神转化为独特的服饰美。

盖娅传说遵循自然之道，融入道法自然的哲学慧思，将生命之美与灵性智慧融于设计，寻求服饰在平衡包容中自然流露的绝尘逸世之美，实现传统艺术神韵与西式表现手法的完美结合，既内敛含蓄，又时尚大气，展现"心与表的天然合一"。

盖娅传说秉承东方的审美，结合西式剪裁，集古法印染、刺绣、手绘、钉珠、盘扣等传统工艺于一体，扎扎实实地践行"服饰秀非遗，时尚传文化"的研发设计思路，以无用之用的哲思、若隐若现的美感重现东方文化的魅力，站在世界的高度展现中国美。

盖娅传说秉承"文化艺术、生态环保、智能科技"三大基因，在文化之源中发掘，在创新之潮中问鼎，在时尚之河中逐鹿。

盖娅传说精心构建中国设计与品牌输出平台，让中国设计走出国门，让中国品牌影响世界，推动中国设计和中国创造的脱胎换骨，改变中国服装在国际市场上的廉价形象。

四、产品策略

1. 产品定位

盖娅传说避开竞争激烈的低端市场，立足中高端市场，通过创造产品高附加值来提高产品销售利润水平。它立足国内市场，瞄准国际市场，着力打造"研发设计平台"和"品牌孵化平台"，走自主研发设计、销售和设计输出、品牌输出双轨发展路线。

2. 产品研发思路和技术路线

盖娅传说以践行"中国设计"为第一目标，沿着设计领先的技术路线，创新研究设计产品。盖娅传说的研究设计产品首先立足服务自主品牌的原创 IP、礼服、商务装、生活装（便服）、度假装五大系列产品，通过研究设计的不断创新，塑造自主品牌形象。通过自主品牌形象的提升，促进盖娅传说产品的输出。再通过向盖娅传说子公司或同类企业提供设计服务，反过来提升盖娅传说的知名度，实现有形产品与无形产品的良性互动。

盖娅传说五大系列产品主要瞄准中产阶层，突出文化化、职业化、个性化、生活化、时尚化的特点，使之穿出身份、穿出品位、穿出气质、穿出内涵。

五、目标市场细分

盖娅传说的目标市场细分见表 10.3。

表 10.3　盖娅传说的目标市场细分

中高端消费群体分类		目标人群	主要活动场所
社会精英	实业界	公司总裁、公司高管、金领、实业家、私营企业主、其他成功人士	企业家协会、行业协会、俱乐部、金融机构、教育培训机构、高端论坛、商学院、大学 EMBA（executive master of business administration，高级管理人员工商管理硕士）班、会所、高档社区等
	文化艺术界	歌星、影星、主持人、高级媒体人、高级设计师、艺术家	行业协会、影视公司、电台、电视台、文化艺术团体、演唱会、会所、高档社区等
年轻新锐	都市新贵	高阶商务族、富家子弟等	大型购物中心、展览会、名车汇、演唱会、高级俱乐部、会所、高档社区等

六、商业模式

盖娅传说基于女装中高端细分市场，基于有形产品和无形产品相结合的产品定位，基于以有形产品为市场开发先导、以无形产品树立品牌形象和实现市场扩张的营销策略，构建了以产品让消费者喜欢、以服务让消费者舒服、以社会精英和年轻新锐为服务对象的"价值链整合+异业合作+社群体验+会员制+组合营销+品牌输出"的商业模式。盖娅传说的价值链整合是围绕企业运营全过程展开的，它对原料供应商、OEM 工厂、设计院所、专业院校、行业组织及专家学者等企业外部资源进行了整合，以使之与企业内部资源形成合力。

盖娅传说自成立以来，一直在紧密结合自己的产品特点和客户特点，立足于打造以异业合作为基础的市场营销模式，其组合营销模块是基于盖娅传说几年来异业合作的成功经验构建的。

盖娅传说的品牌输出模块是一个知识产品型、品牌战略型模块，它是设计创新的结晶，是品牌形象知名度的硕果。

七、市场运营策略

重人才，打造专业团队；重培训，强化知识营销；重激励，激发内在潜力；重策划，追求最佳效果；重计划，强化目标管理；重信息，坚持数据导向；重服务，增强客户黏性；重创新，优化营销模式。

1. 市场开发策略

1）打造专业化营销团队

盖娅传说始终致力于打造一支集产品专业知识、市场营销技巧、市场开发能力、客户维护能力于一身的专业团队，并通过他们在不同消费群体中发现、培养一批兼职销售人员。

2）创立社群体验会所

盖娅传说在特定群体集中的社群建立体验会所，变被动营销为主动营销，把高大上的T台搬到社区，通过产品展示、T台走秀、流行趋势发布、服装服饰文化论坛、读书会、时尚穿搭与女性礼仪讲座等形式影响消费者。消费者在会所能看、能穿、能沟通，能享受到专业化、人性化、个性化服务。盖娅传说通过社群营销实现了市场的"蝴蝶效应"。

3）开设直营连锁店

一是与异业合作模式互为犄角，把自主品牌的中高端成衣产品系列快速推向市场，形成市场规模；二是把社群体验营销的形式融会到直营店中，吸引新锐族和高阶商务族的目光，促进高端定制；三是在商业环境、公众视野中展示企业品牌形象，扩大品牌知名度，为设计和品牌输出铺路。

4）品牌输出

品牌输出既是战略也是策略。从市场开发的角度来看，它既可以整合同类企业，不断扩大市场规模，又可以带动设计产品输出。

2. 产品销售策略

（1）品牌IP策略。

（2）私人定制策略。

（3）个性化设计分享策略（设计师驻店）。

（4）形象大使策略。

（5）会员秀演策略。

（6）会员生日酒会策略。

（7）会员奖励策略。

（8）人性化服务策略。

（9）创立时尚会所策略。

（10）培训课程策略。

（11）资源共享策略。

（12）广告植入策略。

（13）组合营销策略。

3. 营销管理

编制标准教材，培养标准讲师，组织标准培训，训练标准从业人员，建立管理内行、销售专业的营销团队。

编制《市场运营手册》，制定《市场管理规范》《销售人员守则》《价格管理制度》《奖励制度》。建立市场监督机制，设立市场督导。定期组织市场发展与策略研讨会，推动市场稳步发展。

制度是组织之法，是公司有效运营的保证。盖娅传说已建立健全了《管理制度手册》《岗位责任制手册》《员工手册》《技术设计规范》《专业技术培训手册》《市场运营手册》。

盖娅传说本着同创业、同分享、同发展的"三同原则"，制定了切实可行的薪酬制度、奖励制度、分配制度和与之相适应的绩效评估体系。

八、财务预测

（略）

（资料来源：李生校、曹喜平根据"盖娅传说"公司提供的资料编写，熊英审核。）

小　结

企业策划书是实现企业策划目标的行动方案，是正确表达企业策划内容的载体。企业策划书有多种形式，常见的有经营策略企业策划书、营销企业策划书、专项活动企业策划书等。企业策划书的一般格式：企业策划书的名称、策划者的姓名、企业策划书完成的时间、企业策划的目标、企业策划的内容、预算表和进度表、企业策划实施所需场地、预测效果、参考文献资料和其他注意事项。企业策划书的写作要求：进行准确的企业环境分析，大胆而慎重地制定营销策略，提出的方案要具有可操作性，述说清楚、语言简洁。企业策划书的撰写技巧：寻找一定的理论依据，适当举例，利用数字说明问题，运用图表帮助理解，合理利用版面安排，注意细节、消灭差错。

习　题

1. 如何撰写企业策划书？
2. 完整的企业策划书包括哪些方面的内容？
3. 试评析"盖娅传说"服饰营销策划书。

参 考 文 献

阿比吉特·班纳吉, 埃斯特·迪弗洛, 2018. 贫穷的本质: 我们为什么摆脱不了贫穷[M]. 景芳, 译. 修订版. 北京: 中信
　　出版集团.

阿维纳什·K. 迪克西特, 巴里·J. 奈尔伯夫, 2002. 策略思维: 商界、政界及日常生活中的策略竞争[M]. 王尔山, 译. 北
　　京: 中国人民大学出版社.

巴巴拉·明托, 2002. 金字塔原理: 思考、写作和解决问题的逻辑[M]. 王德忠, 张珣, 译. 北京: 民主与建设出版社.

彼得·杜拉克, 2000. 创新与企业家精神[M]. 彭志华, 译. 海口: 海南出版社.

彼得·圣吉, 2002. 第五项修炼: 学习型组织的艺术与实务[M]. 郭进隆, 译. 2 版. 上海: 上海三联书店.

蔡树堂, 2001. 企业战略管理[M]. 北京: 石油工业出版社.

曹孟勤, 韩秀景, 1996. 现代企业策划: 21 世纪企业新突破[M]. 兰州: 兰州大学出版社.

陈放, 1998. 策划学[M]. 北京: 中国商业出版社.

陈共, 周升业, 吴晓求, 2000. 公司购并原理与案例[M]. 3 版. 北京: 中国财政经济出版社.

陈火金, 1999. 策划方法学[M]. 北京: 中国经济出版社.

陈信康, 1999. 营销策划概论: 艺术与案例[M]. 北京: 东方出版中心.

德内拉·梅多斯, 2012. 系统之美: 决策者的系统思考[M]. 邱昭良, 译. 杭州: 浙江人民出版社.

丁兴良, 2010. 塑造工业品营销品牌[M]. 北京: 经济管理出版社.

菲利浦·萨德瑞, 2001. 管理咨询: 优绩通鉴[M]. 段盛华, 译. 北京: 中国标准出版社.

付春玲, 刘世虎, 1998. 企划人[M]. 北京: 企业管理出版社.

胡屹, 1999. 策划学全书[M]. 北京: 中国社会出版社.

黄宪仁, 2000. 行销高手实务[M]. 广州: 广东经济出版社.

孔繁任, 1995. 一个企划人的独白[M]. 深圳: 海天出版社.

拉夫·W. 法伦, 李生校, 2016. 战略管理: 整合与实践路径[M]. 王海涛, 马可云, 译. 武汉: 武汉大学出版社.

拉里·唐斯, 2003. 企业策略机器[M]. 闫正茂, 译. 北京: 中信出版社, 沈阳: 辽宁教育出版社.

李宝山, 张利庠, 2003. 企业策划学[M]. 北京: 企业管理出版社.

李广仁, 1987. 企业诊断学[M]. 台北: 五南图书出版公司.

李桂华, 2012. 零售营销[M]. 北京: 机械工业出版社.

李怀斌, 2008. 企业形象策划[M]. 大连: 东北财经大学出版社.

李杰, 许燕, 宋霞, 2017. 网络营销策划[M]. 长春: 吉林大学出版社.

刘煜, 祝翠琴, 1998. 常用工具软件使用指南[M]. 北京: 中国水利水电出版社.

罗伯特·布德瑞, 2003. 企业研究院[M]. 盛逢时, 译. 北京: 中信出版社.

罗伯特·E. 史蒂文斯, 大卫·L. 洛顿, 布鲁斯·雷恩, 等, 2000. 营销规划[M]. 王琦, 等译. 2 版. 北京: 机械工业出
　　版社.

迈克尔·波特, 1997. 竞争战略[M]. 陈小悦, 译. 北京: 华夏出版社.

迈克尔·波特, 2002. 国家竞争优势[M]. 李明轩, 邱如美, 译. 北京: 华夏出版社.

迈克尔·波特, 2003. 竞争论[M]. 高登第, 李明轩, 译. 北京: 中信出版社.

迈克尔·波特, 2005. 竞争优势[M]. 陈小悦, 译. 北京: 华夏出版社.

梅尔·西尔伯曼, 2002. 咨询师的工具箱[M]. 高变华, 译. 北京: 机械工业出版社.

慕刘伟, 1998. 策划公关: 新视野[M]. 成都: 西南财经大学出版社.

屈云波, 1997. 营销企划实务（上、下册）[M]. 北京: 企业管理出版社.

屈云波, 1999. 企划人实战手册[M]. 北京: 企业管理出版社.

施炜，2019．管理架构师[M]．北京：中国人民大学出版社．

舒明武，2002．智慧光源：舒明武商企创意策划案[M]．北京：中国财政经济出版社．

舒咏平，1996．实用策划学[M]．北京：中国商业出版社．

司徒达贤，2019．管理实用全书[M]．南昌：江西教育出版社．

宋绮辛，2020．企业策划[M]．杭州：浙江工商大学出版社．

苏姗，2002．现代策划学[M]．北京：中共中央党校出版社．

孙丽辉，李生校，2015．品牌管理[M]．北京：高等教育出版社．

孙晓光，周鸿，2017．企业策划学[M]．北京：经济管理出版社．

覃礼刚，2001．现代全能策划[M]．北京：中国经济出版社．

田方萌，2002．麦肯锡决策方法[M]．北京：民主与建设出版社．

托马斯·彼得斯，1988．乱中求胜：美国管理革命通鉴[M]．朱葆琛，陈守双，等译．北京：科学普及出版社．

王保利，2016．互联网时代的企业营销策划研究[M]．北京：中国商业出版社．

王成，2018．战略罗盘[M]．修订版．北京：中信出版集团．

王成，2020．人才战略：CEO如何排兵布阵赢在终局[M]．北京：机械工业出版社．

王道文，2011．战略管理[M]．任庆涛，译．2版．北京：科学出版社．

王道文，2013．国际商业：国际商业环境要素[M]．上海：上海财经大学出版社．

王易，2018．微信营销与运营全能一本通：视频指导版[M]．北京：人民邮电出版社．

王志纲，1998．策划旋风[M]．广州：广东经济出版社．

吴灿，2004．策划学[M]．北京：中国人民大学出版社．

伍忠贤，1998．实用策略管理[M]．台北：远流出版公司．

徐淳厚，2002．商业策划[M]．北京：经济管理出版社．

许战海，2019．七寸竞争战略[M]．北京：中国商务出版社．

叶万春，万后芬，蔡嘉清，2015．企业形象策划：CIS导入[M]．4版．大连：东北财经大学出版社．

张正霖，帅重庆，张靖若，1993．管理哲学[M]．北京：企业管理出版社．

朱玉童，2011．非常策划[M]．深圳：海天出版社．